사랑학

아하브로지 Ahavelogy

사랑학

아하브로지 Ahavelogy

박신배 지음

한국학술정보㈜

서문

왜 사랑학을 말하는가. 박신배의 사랑학은 무엇인가. 이 책을 들고 보는 독자들은 의아해 할 것이다. 먼저 인간이란 무엇인가라는 질문에서부터 시작하자. 생물학적ㆍ인류학적으로 인간을 지칭하는 말이 있다. 처음 인간은 호모 에렉투스(직립 인간), 인간이 진화되면서 서서 걸어 다니는 인간이 되었다는 것이다. 그 후에 네안데르탈인, 호모 사피엔스(슬기로운 인간)가 된다. 머리를 사용하여 불과 도구를 이용하는 인간, 지혜로운 인간이 유전적으로 강해지면서 지구에 생존하는 존재가 되었다는 것이다.

1,400만 년 전 라마원인(原人)으로 시작된 인간이 오늘날의 슬기슬기 사람(호모 사피엔스 사피엔스)으로 진화되기까지 인간은 이 세상에서 존재하며 살아남았다.

하지만 인류가 지구상에서 영원히 존재할 것이라는 사실은 확실하지 않게 되었다. 지구의 온난화 현상이 급격화되면서 북극과 남극 주위의 빙하지대가 빠른 속도로 녹아내리고 있고 그로 인한 엘니뇨 현상이 일어나고 있다. 그래서 지구는 지진과 홍수, 사막화와 기후 변화로 인해 점점 황폐화되고 있어서, 과학자들은 이구동성으로 종말이 가까웠다고 말하고 있다. 이러한 시대에 인간이 끝까지 살아남아 하나님의 창조 세계를 계속 유지시키며 보존할 수 있는지, 이 문제가 관건이 되고 있다. 인간은 호모 이마고 데이(Homo Imago Dei), 하나님의 형상을 가진 인간이라는 신학적 정의가 있다. 이 말은 하나님의 형상으로 지어진 인간, 하나님을 닮은 인간은 하나님과 함께하는 존재이며, 하나님의 통치를 받는 존재이기에 인간은 신과 함께하는 공동 운명체인 것이다. 과학이 발전하고 문명이 발전되고 유전자혁명이 이뤄지고, 전자세계가 발전되어 컴퓨터 인간, 복제 인간, 로봇 인간이 생성된다고 해도 인간의 미래는 여전히 하나님의 손에 달려 있다고 보아야 한다.

인간과 지구, 우주의 생성과 기원, 미래에 대한 많은 문제들이 제기되고 있고, 지구의 미래에 대한 예측이 과학자들을 중심으로 논의되어 왔다. 스티브 호킹이 제기한 빅뱅설이 현재 가장 설득력을 얻고 있고, 최근 우주와 지구의 미래, 인간의 존재에 대하여 언급하였다. 그는 인간이 화성과 같은 다른 행성, 지구와 비슷한 환경에서 새롭게 존재할 수 있을 것이라는 이론을 제기하고 있다. 이런 과학이 제기하는 이론도 신빙성이 있지만 그보다도 인간과 지구, 우주의 미래는 하나님의 창조 섭리와 계획 가운데 이끌어가고 있다는 신념, 그리고 그와 더불어 과학의 이성이 조화된 세계가 우리에게 필요하다.

요즈음 통섭을 주장하고 있는 이화여대의 생물학자 최재천 교수의 새로운 인간상은 호모 심비우스(Homo Symbious)이다. 이 말은 '공생하는 인간'으로서 유전자의 세계에서 인간이 살아남을 수 있는 것은 인간과 조화로운 자연환경과 공존으로, 더불어 섞여 사는 인간, 그리고 인간의 세계화와 지구화 속에, 함께 더불어 사는 인간으로서 건강한 인간과 자연환경을 만들어야 한다는 주장이다. 물론 과학적 세계관과 생물 진화론적 관점의 시각에서 인간의 미래와 인간의 본성, 인간의 사명을 지향하는 말로서 의미 있는 말이라고 본다.

보다 인간의 본질을 집어 주고 인간의 미래지향적·이상적 실존을 인문학적인 차원에서 말할 수 있는 말이 필요하지 않을까. 왜냐하면 인간은 '사랑의 존재'이기 때문이다. 인간은 사랑함으로써 존재하는 동물이다. 인간은 사랑할 때만이 의미를 가질 수 있고, 사랑함으로써 생존할 수 있는 존재이기 때문이다. 그래서 인간은 '사랑의 동물(호모 아모레)'이라고 말할 수 있다.

수많은 학자들은 인간에 대한 정의를 하며 인간을 파악하려고 하였다. 인간은 사회적 동물이다(아리스토텔레스). 인간은 집단화를 이루며 문화와 문명을 만드는 존재들이다. 인간은 마음을 가진 존재이다. 말하는 동물(카시러), 이성을 가진 동물(소크라테스), 인간을 도구를 사용하는 존재 등등. 좀 특이한 이론 중에 인간은 호모 루덴스(Homo Ludens), 놀이하는 인간이라는 정의가 있다. 네덜란드의 문화사학자 하위징아(Johan Huizinga)는 인간의 본질은 사유나 존재, 윤리에서 찾지 않고 놀이에서 보았다.

무엇보다도 오늘 우리의 위기 현실에서 우리에게 필요한 인간, 생존할 수 있는 자연과 환경, 사회 환경을 만들기 위해 인간은 무엇에 천착(穿鑿)해야 할까. 윤리적 인간(호모 에티쿠스)으로서, 생물학적 인간, 사회적 인간을 뛰어넘어 인간과 자연, 사회와 국가, 민족을 아우르며 존속할 이상적 인간은 무엇인가. 그것은 바로 아가페 사랑의 인간, 인간을 사랑하고 신을 사랑하는 인간, 정말로 우주와 자연, 지구와 사람을 사랑할 수 있는 인간이다. 이 인간은 우리는 호모 아모레, 사랑 사람이라고 말할 수 있다.

사랑만이 인간의 문제를 해결할 수 있다. 아가페 사랑으로 인간과 사회를 좀 더 깊이 사랑할 수 있다. 이 사랑은 아하브 사랑(행동하는 사랑)으로, 그리고 사회와 민족, 국가와 세계를 살리는 방향으로 평화와 정의, 행복과 진리, 자유와 보존을 위해 살리는 정책을 만들고 미래를 준비하는 인간으로서 거시적 사랑의 시각으로 세계와 인간, 우주를 바라보게 된다.

지구화 세계에 필요한 인간상은 '호모 아모레'(Homo Amore)임을 주지(主知)하며 우리 주위에 이웃을 먼저 보고 하늘을 보면서 사랑하며 살자. 그것이 오늘을 사는 지혜이자, 한 줄기 슬기의 원천이 될 것이다. 인간은 사랑의 동물이니 사랑하면 영원히 존재할 것이다.

이제 사랑학(아하브로지) 발문(跋文)의 서언을 마감할 시간이다. 사랑학과 호모 아모레 담론(談論)의 화두를 던지며, 이 책의 여행에 같이 동참하며 호모 아모레, 아하브로지의 항해를 시작하자. 교정 작업에 참여해서 좋은 글이 되도록 도와준 장혜란, 신승희, 방은주 학생과 방우열 목사님에게 감사드리며, 이 책을 사랑하는 나의 아버지 박봉희, 한연단 어머니에게 바칩니다.

출판해주신 한국 학술정보 출판사 사장과 이주연, 표지와 수정을 도와주신 김소영 선생님께 감사하며 지금까지 사랑으로 돌봐준 청량리 교회 고성주 목사님, 존경하는 김진건 총장님, 그리스도의 교회 교역자들과 그리스도 대학교 동료 교수와 직원 선생님, 학생들, 그리고 사랑하는 아내 임미경과 휘석이, 가빈이에게 감사의 마음을 전합니다.

무슨 사랑학이냐? 누군가 묻는다면 저번에 『평화학』이란 책을 써서 이번에는 사랑에 대한 이야기를 하고자 '사랑학'이라고 제목을 잡았다고 말하려고 한다. 지난번에는 평화학이라고 책을 내고 반응을 보니, '평화', '평화신학'이라고 제목을 잡고 책 표지를 만들었으면 더 좋았을 것이라는 조언을 들었다. 원래는 '기독교 평화학'이라고 부제를 달려고 하였다. 이번에도 '사랑', '사랑신학'이라고 제목을 잡으면 좋겠다는 생각을 해본다. '신학자가 본 사랑' 또는 '기독교 사랑학'이라고 하면 더 나을 듯도 하다. 또 '성경이 말하는 사랑'이라고 제언하는 학생도 있었다.

'무식이 용감하다'라는 말은 이 경우에 해당되는 것 같다. '사랑학'이라는 용어를 아하브로지(Ahavelogy)라는 용어로 사용한다. 물론 노우호 목사가 『신학은 사랑학』이란 책 제목으로 사용하고 있지만 말이다. 아가페로지(Agapelogy)라는 용어는 노우호 목사가 만들어 신조어로 사용하고 있는 것을 원고를 출판사에 주고 나서 뒤늦게 알게 되었다. 다행히 '아하브로지'라는 용어가 태어나게 되는 계기가 되었다. 이 책에서는 많은 문학가와 예술가, 철학가들이 사랑에 대하여 말한 수많은 정의와 이야기, 사랑의 저작들을 다루어 책을 만들었다. 구약신학자로서 또는 전도자, 목사, 설교자로서 하나님의 사랑의 관점에서 사랑에 대하여 생각해본 글들을 중심으로 책을 엮었다.

사랑학이라는 용어를 사용했으니, 사랑학의 용어정의와 사랑학에 대한 방법론, 사랑에 대하여 책을 낸 분들의 연구 결과들을 소개하는 연구사, 에리히 프롬의 사랑의 기술에 대하여 대화하며 사랑에 대한 이야기를 서설에서 다루고자 한다. 그리고 사랑에 대한 짧은 생각들을 나누고, 사랑에 대한 설교를 통하여 아가페 사랑에 대한 생각을 하고자 한다. 특히 이 책에서는 구약학자로서 구약성서에 나타난 사랑에 대하여 살펴보고, 아가서의 사랑에 대하여 집중적으로 연구한다. 신학적인 전문논문으로 아가서의 저술 목적이 무엇인가 연구하고 그 신학적 의미를 오늘날의 독자의 입장에서 그 윤리적 요청에 따르는 관점에서 새롭게 논의를 한다.

그리고 마지막으로 문학작품과 예술적 관점, 종교와 문화 속에 나타난 사랑의 이야기를 살펴보며 아하브(아가페)로지의 관점이 어떤 것인지 비교하여 하나님의 사랑에 대한 이해를 도모하고자 한다. 이 책은 논란의 여지가 많겠지만 어쨌든 시험적 성격을 가진 내용으로서 사랑학 연구 분야를 개척하고자 하는 효시가 되고 싶은 책이다. 또 사랑학이라는 관점에서 이야기를 전개하고자 하면 사랑에 대한 심도 깊은 단계를 논의할 수 있고, 우리는 사랑학에 있어서 어떤 상태인지도 점검할 수 있다.

예를 들어 자신을 돌아보면 사랑의 기초 단계에 있는 것 같다. 이 연구를 진행하면서 나는 사랑에 대하여 얼마나 문외한인지 알게 되었다. 이 글을 써나가면서 책이 완성될 즈음에는 어느 정도 사랑학의 고등학교 단계를 마칠 수 있지 않을까 생각해보기도 하였다. 사랑학의 학부 과정, 학사학위가 있다고 하면, 그다음은 전문단계의 석사과정, 석사학위 취득생이 있겠고, 그다음 단계 고급단계인 박사과정이 있고, 박사학위 취득자가 있을 것이다. 사랑학은 지식의 단계보다도 실천과 적용단계가 중요한 학문이 될 것이라는 것은 자명한 것이다.

이 글을 통해 사랑에 대하여 학문적으로 연구하는 일이 생기고 사랑학의 학문적 발전이 이뤄져서 이 세상이 사랑의 사회, 사랑의 세상이 되기를 바란다. 사랑이 점점 그리워지는 세상이 되지 않았는가. 이 세상이 온통 컴퓨터 천지가 되다 보니 점점 사람들은 개인주의화 되고 전산화, 인터넷 세상으로 바뀌면서 가상세계 속에 살아가는 존재들만 가득하게 되었다. 허구와 가상의 사람들이 많아지다 보니 세상은 점점 인간성이 메말라가는 세계가 되고 있다. 이런 때 인간이 인간다워지는 길이, 서로 사랑하며 살아가는 세상이 아닌가 생각한다. 이 졸저를 읽는 분들을 통하여 사랑을 알고 사랑을 실천하는 사람들이 많아지는 계기가 되기를 바라며, 이 글이 사랑학 연구의 시작을 알리는 나팔 소리가 되기를 바란다.

목차 ^{contents}

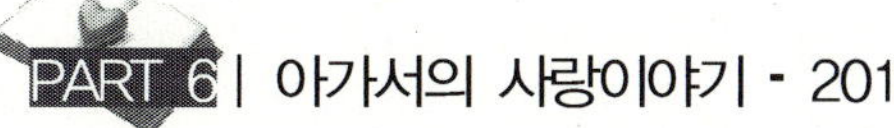

PART 6 | 아가서의 사랑이야기 · 201

아하브로지
(Ahavelogy) 용어

아하브(아가페)라는 말은 대상의 가치를 추구하는 사랑을 뜻하는 에로스에 상대하여 쓰이는 말로, 신의 사랑이다. 신이 죄인인 인간에 대하여 자기를 희생하며 긍휼히 여기는 행위로, 신약성서에서 예수의 사랑으로 표현되어 있는 사상이다. 초기 기독교의 종교적인 회식, 애연(愛宴), 예찬 등을 칭하는 말이기도 하다. 사랑이라는 말을 이 책에서는 아하브(아가페)의 사랑을 위한 사랑의 정의를 말하고자 하며 종교적인 사랑학에 대한 새로운 용어로 아하브로지(Ahavelogy)를 사용하고자 한다. '아하브로지'라는 사랑학 용어는 신조어로서 아하브라는 히브리어의 사랑이라는 말과 로지(logy)라는 영어 '학', '학문', '논리'라는 말이 결합된 말이다. 아하브와 로고스(Logos)가 결합된 말이 아하브로지이다. 사랑학이라는 학문이 성립될 수 있는지 이 책에서 연구하고자 한다.

사랑에 대한 수많은 책들이 나왔지만 사랑학이라고 표지를 내걸고 사랑을 연구한 책들은 아직 보지 못하였다. 물론 이 책을 탈고할 즈음에 노우호의 『신학은 사랑학이다』라는 책을 발견하였지만 말이다. 왜 사랑에 대한 깊은 학문적 논의를 하려고 하지 않았는지, 그러한 성격이라고 보지 않아서인지, 사랑이란 윤리적 영역의 하나라고 본 이유이기 때문이다. 윤리적 가치로서 사랑, 자유, 평화, 진리 등의 개념으로 본 것이라 윤리학에서 다루어야 할 하나의 윤리적 주제로 보아서 그런지 이를 깊이 연구한 주제는 별로 보지 못했다. 따라서 '아하브+로고스'의 학문적 성격을 아하브로지(아가페로지)로 풀어낼 대가를 기다리며 이 책을 시작하고자 한다. 하나의 시학(侍學)으로서 사랑을 모시는 시학, 학문으로서 사랑학을 여는 시험적 학문이다. 귀인을 모시고 있는 사람, 학자를 기르는 시학으로서 첫걸음을 내딛고자 한다. 또한 시학(始學)으로서 사랑학, 사랑학의 시작을 한다는 의미에서 사랑의 시학이라 말할 수 있다.

아하브로지(사랑학)를 시작하려면 사랑학사(史)와 사랑학 방법론, 사랑학 학자들에 대한 연구가 필요하다. 이 사랑학은 연애론이나 연애학과는 다른 것이며 문학 속에 나타난, 즉 소설이나 시, 수필이나 희곡, 연극에 나타난 사랑의 정의나 이야기를 연구해야 하며, 역사를 보편사와 구속사의 선상에서 구원의 역사(구속사, Heilsgeshichte)에 대한 연구가 필요하고, 또한 종교에 나타난 사랑과 자비의 신들과 종교개념을 연구해야 할 것이다. 고전에 나타난 사랑의 개념과 정의, 사랑의 현상과 철학 등을 연구해야 할 필요가 있으며, 크게 동양적 사랑의 의미와 개념과 서양적 사랑의 정의에 대하여 대별할 필요가 있다. 문화적 개념과 시대적 사랑의 개념이 다른 것을 구별해야 한다.

그러면 먼저 사랑에 대한 그리스 사람들의 생각을 살펴보자.

큐피드는 그리스 로마 신화에 나오는 사랑의 신으로 에로스라고도 불리는데, 미의 여신 아프로디테의 아들이기도 하다. 큐피드의 화살은 두 가지 종류가 있는데 황금으로 된 화살에 맞게 되면 사랑에 빠지지만, 납으로 된 화살에 맞게 되면 사랑을 싫어하고 미워하는 마음을 갖게 된다고 한다. 큐피드는 장난이 많아 많은 신들에게 화살로 장난을 치곤했는데 그 또한 화살에 맞아 그로 인해 사랑에 빠지게 된다.

큐피드는 빼어난 미모 때문에 많은 남성들의 사랑을 받아 자신의 어머니 아프로디테의 노여움을 산 프시케(인간)에게 납으로 된 화살을 맞혀 다른 이들에게 사랑을 받지 못하게 만들게 하러 갔지만 오히려 자신이 황금 화살에 찔려 사랑에 빠지게 된다. 그래서 아프로디테의 노여움을 이기고 아내로 맞이하게 된다.

큐피드는 활과 화살을 들고 다니는 아기천사의 모습으로 묘사가 된다. 큐피드가 쏜 화살을 맞은 사람은 처음 보는 상대에게 사랑의 감정을 느낀다. 황금 화살과 납으로 만든 화살이 있는데, 납으로 만든 화살은 반대가 된다. 일반적으로 큐피드의 화살이라고 하면 사랑의 화살을 이야기하는 것이다. 화살처럼, 그리스 신화에는 미다스의 손과 판도라의 궤가 의미하는 것이 특이하다.

미다스의 손은 금과 재주를 상징한다. 미다스는 손만 대면 모든 물건을 금으로 만들어버리는 능력을 가지게 된다. 무엇이든 잘 만들고, 잘 고치는 유능한 재주를 가진 사람에게 많이 쓰는 표현이다. 사랑을 획득하기 위해 성공적인 능력, 미다스의 손이 필요한 것이 오늘날의 사랑의 개념에 많이 있기도 하다.

그다음의 화살에 필요한 것이 바로 희망의 판도라상자이다. 판도라의 상자 안에는 불행과 재앙, 죄악이 있다가 판도라 상자를 열자 불행이 나오고 이제는 희망이 남았다고 한다. 제우스가 모든 죄악과 재앙을 넣어 봉한 채로 판도라를 시켜 인간세상으로 내려보냈다는 상자가 판도라의 상자이다. 판도라가 열어보지 말라는 제우스의 명령을 어기고 호기심이 생겨 상자를 여는 바람에 인간의 모든 불행과 재앙이 그 속에서 쏟아져 나왔는데, 당황한 나머지 급히 닫아 '희망'만이 그 속에 남아 있게 되었다고 한다. 희망의 판도라 궤를 가지고 사는 것은 무엇을 의미하는가.

인생은 행과 불행의 상자에서 마음의 선택에 따라 재앙과 희망이 교차하는 것이다. 사랑의 황금 화살을 맞게 되면 사랑할 수 있고 미다스의 손을 가지고 부와 재주를 가지고 행복의 조건을 만들어가는 것이 이 세상에서 행복하게 살아가는 지혜의 삶이라고 말할 수 있다. 사랑을 신화적 이야기로 이해하는 것은 재미있는 일이지만 인생은 복잡 다차원적이어서 단순하게 사랑을 한마디로 축약하여 말할 수 없는 것이다. 다만 그리스 신화가 말하고자 하는 사랑의 모티브를 이해하여 사랑의 힌 스토리와 그리스 문화의 다신론직 배겅과 에로스적 사랑의 득성과 성적 자유의 문화를 이해할 수 있다. 서양에서는 이러한 사랑의 개념이 지배적이며 서구의 사랑의 개념과 정서가 밑바탕에 깔려 있는 것을 알 수 있다.

그래서 인간 제조와 신들의 선물, 여자와 불 이야기는 제우스와 연관되어 있다. 제우스는 프로메테우스 형제에게 동물들을 만들라고 하였다. 그러자 프로메테우스는 동물을 만들고 에페메테우스는 그들에게 선물을 하나씩 주었다. 새에게는 날개를 주었고 맹수에게는 이빨과 발톱을 준다. 사람의 차례가 되었는데 남은 선물이 하나도 없어서 그런 사람을 불쌍히 여긴 프로메테우스가 신들만이 사용하는 불을 인간에게도 선물로 주게 된 것이다. 신이 사용하는 불을 준 벌로 프로메테우스는 제우스로부터 벌을 받아 독수리에게 간이 쪼이는 형벌을 받게 된다. 어떻든 인간이 불을 가지게 된 것이 두려워진 신은 여자를 만들게 된 것이다. 신들이 그 여자에게 선물을 하나씩 주었고 제우스는 그녀를 '판도라'라고 이름 짓고 에페메테우스에게 선물로 그녀를 주게 된다.

큐피드의 화살로 인해 비너스가 아도니스를 사랑하는 이야기와 아폴론과 다프네가 사랑하는 이야기를 보게 된다. 화살이라는 도구가 사랑의 사건을 만든다는 신화적 개념과 사랑의 개연성이 상통하고 있는 것을 본다.

큐피드 엄마는 비너스이다. 어느 날 큐피드가 화살을 가지고 놀고 있었는데 실수로 엄마인 비너스를 쏘게 된 것이다. 화살에 맞자 비너스는 상처가 아물 때까지 숲 속에 숨어있게 되었다. 그런데 마침 사냥꾼 아도니스가 그곳을 지나가게 되었다. 큐피드의 화살을 맞으면 처음 보는 사람하고 사랑에 빠지기 때문에 비너스는 사냥꾼 아도니스를 사랑하게 된 것이다. 비너스가 사랑에 빠져서 아도니스를 사랑하며 지내다가, 어느 날 비너스가 볼일이 생겨서 잠시 하늘로 간 사이에 아도니스에게 불행한 사건이 발생한 것이다. 아도니스가 사냥하다가 멧돼지 뿔에 받혀서 죽게 된 것이다. 아도니스가 지른 비명을 듣고 비너스가 왔지만 너무 늦은 것이다. 비너스가 아도니스의 상처에 신들이 마시는 술, 넥타르를 뿌렸는데 땅에서 꽃이 피게 되어 그 꽃을 도금향이라고 부른 것이다. 자식이, 엄마가 사랑에 빠지도록 만든다는 모티브는 우리의 동양적 관념에서는 이해할 수 없는 것이다. 서양문화는 이러한 그리스 신화의 배경에서 형성되어 있다.

큐피드의 사랑이야기에 장난기가 보인다. 아폴론이 뱀 니폰을 죽이고 의기양양해 있을 때 큐피드가 화살을 가지고 노는 것을 보았다. 그래서 아폴론이 큐피드를 비웃으면서 화살은 나 같은 사냥꾼에게 어울리니 나에게 달라고 한다. 너 같은 꼬마한테 어울리는 것이 아니라고 하니 화가 난 큐피드가 아폴론을 혼내주려고 사랑의 화살을 아폴론에게 쏘게 된다. 그리고 미움의 납 화살을 다프네에게 쏘게 된다. 그러자 아폴론은 다프네를 사랑하게 되었고 다프네는 아폴론을 증오하게 된다. 그래서 다프네는 아폴론에게서 달아나고 아폴론은 그런 다프네를 쫓아가게 된다. 다프네가 잡힐 위기에 처하자 아폴론으로부터 피하기 위해 월계수로 모습을 바꾼다. 그러자 아폴론이 후회하고 월계수를 자신의 나무로 삼게 된다. 이 이야기에서는 사랑의 양면성을 보여준다. 짝사랑하는 것과 같이 한 사람은 사랑하지만 다른 상대자는 그 사랑에 아랑곳하지 않고 오히려 미워하는 것을 볼 때 사랑의 상반적 속성을 보여준다. 큐피드(에로스)의 사랑의 속성은 애증적 속성을 가지고 있음을 보여주는 좋은 예이다.

"신화와 끝없는 족보에 착념치 말게 하려 함이라 이런 것은 믿음 안에 있는 하나님의 경륜을 이룸보다 도리어 변론을 내는 것이라 경계의 목적은 청결한 마음과 선한 양심과 거짓이 없는 믿음으로 나는 사랑이거늘 사람들이 이에서 벗어나 헛된 말에 빠져…… 우리 주의 은혜가 그리스도 예수 안에 있는 믿음과 사랑과 함께 넘치도록 풍성하였도다."(딤전1:4-14) 그리스 신화에 빠져 하나님의 사랑의 본질을 깨닫지 못하게 하는 일이 신약교회 시절에 있었음을 보여준다. 신화의 세계에서 계속 이어지는 족보의 세계는 재미를 더하지만 인본주의적 생각과 다신론적 세계관 속에서 성 윤리 파괴의 상태로 빠지게 되어 육체적인 에로스 사랑에서 주저앉게 만들고 만다. 그래서 선한 양심을 잃어버리게 만드는 헬레니즘 문화에 젖어들어 파멸의 세계로 나가게 한다.

사랑에 대한 용어에 대하여 영어사전과 한글사전에 있는 단어를 살펴보면, 다음과 같은 단어들이 나온다. 아가페 모네(Agapemone)라는 말이 있는데, 사랑의 집은 19세기 중엽, 영국의 자유연애주의자 단체, 자유연애장을 지칭하는 말이다. 이는 우리말의 사랑과 유사한 말로 집의 안채와 떨어져 있어 바깥주인이 거처하며 손님을 접대하는 곳, 객당 외실, 외당이라고 말한다. 사랑(舍廊)놀이는 개인의 집 사랑에서 음식과 기악을 갖추어 술을 마시며 노는 일을 말한다. 사랑이라는 말과 사랑놀음은 같은 어원에서 비롯된 것임을 알 수 있다.

<사랑가>는 조선 잡가의 하나로 영조 때부터 서민층에 불려 내려온 노래로 『춘향전』 중에서 이도령과 성춘향이 서로 사랑하며 노는 장면을 가곡으로 꾸민 것이다. 세속적인 놀음과

달리 기독교 애찬의식은 거룩한 사랑의 모임이었다. 사랑 축제라는 애찬(lovefeast)은 기독교도의 회식이나 사랑, 아가페(비타산적인 사랑)의 뜻을 가지고 있다. 어떠한 정신으로 모이는가, 무엇을 하기 위한 모임인가에 따라 거룩한 사랑의 모임인지, 놀고 즐기는 쾌락의 모임인지 사랑의 말에서 우리는 알 수 있는 것이다.

사랑에 대한 사전적 의미는 이렇다. ① 중히 여기어 정성과 힘을 다하는 마음, ② 이성에 끌리어 몹시 그리워하는 마음 또는 그런 관계나 대상, ③ 일정한 사물을 즐기거나 좋아하는 마음, ④ (성경) 동정, 긍휼, 구원, 행복의 실현을 지향하는 정념, 곧 독생자 예수를 보낸 하나님의 사랑, 하나님을 사모하는 사람의 사랑으로 나눈다. ①번과 ④번의 사랑을 박애(博愛), 자비(慈悲), 아가페(agape)라고 한다.

동양에서 사랑의 의미는 어떠했는가. 증선지의 『십팔사략』이나 『삼국지』에 보면 남녀의 사랑은 극히 남자 중심의 사랑으로 일관(一貫)되고 있는 것을 볼 수 있다. 여자는 단지 미인계의 이용물이거나 유비를 섬기게 하기 위해 하나의 제물로 보는 극단적 경우도 볼 수 있다. 홍루몽의 이야기는 조금 다르지만 말이다. 불교와 유교의 사랑관이 동양사상의 주류를 이루고 있지만 대략적으로 평등하고 대등한 관계에서의 사랑은 찾기 힘들었다. 히브리어의 사랑은 '아하브'로, 이 단어에서 동사의 형태와 명사의 여성형 형태 등이 변용되어 사용되고 있다. 동정의 사랑은 라함, 헤세드라는 말이 있다. 히브리적 사랑의 의미는 물리적인 실제적 사랑의 의미에서 지식적인 사랑의 차원 그리고 여호와 하나님의 사랑까지 사랑의 의미가 확대되고 있는 것을 살필 수 있다.

왜 아하브로지이여야 하는가, 아하브로지의 의미

이 말은 히브리어 '아하브'와 헬라어 '로지'의 결합어이다. 아하브는 사랑의 행동, 히브리어는 행동, 동사 중심의 언어이다. 아하브(Ahav)라는 말은, '그가 사랑했다'라는 아하브 원형의 히브리어 동사 완료형 3인칭 단수이다. 그러면 여기서 그가 누구인가. 우리는 신학적으로, 예수가 인류를 사랑했다, 그래서 십자가를 지었다. 인류를 구원하기 위해 순결하고 흠도 없고 죄도 없는 예수가 희생양이 되어 대속제물의 값을 치러 우리를 속량하였다. 그래서 인간을 십자가의 피로 대가를 치르고 구원하신 것이다. 그래서 예수는 나도 사랑한 것이다. 그는 직접

몸으로 사랑한 것이다. 이 사랑은 말로만 사랑이 아니라 직접 당신이 행동으로 사랑한 것이다. 그래서 아하브 사랑이라고 말할 수 있는 것이다. 아가페의 사랑 단어와 상통하는 말이 히브리어에 아하브이다.

사랑학의 '아하브로지'는 최초의 신조어로서 사랑의 행동성, 행동하는 사랑, 실천하는 사랑을 강조하는 말이기도 하다. 사랑은 생각만으로는 부족하다. 사랑이 몸으로 표현되고 사랑의 행위로써 상대에게 전달될 때 의미가 있다. 따라서 아가페라는 헬라어의 사랑은 관념적 사랑으로서 의미를 지닐 수밖에 없는 한계가 있다. 언어 자체가 관념적 철학의 언어인 헬라어의 한계이기 때문이다.

그래서 사랑학이란 말은 히브리어, 행동언어인 히브리어의 사랑이란 말이 필요하다. 그것이 아하브이고, 학문이란 말은 히브리어에서 '탈무드(배움), 탈미드(학생), 라마드(배우다)'라는 단어이다. 히브리어 '아하브 탈무드'가 사랑학이란 말이 되겠지만, 학문의 상통어는 로지(Logy)로 사용하기에 아하브로지로 사용하면 공용어로서 무리가 없을 것이다. 아하브로지는 사랑학 용어로 '행동하는 사랑, 실천하는 사랑, 하나님의 사랑, 영적인 사랑, 영원한 사랑'의 의미를 포괄하는 말로 사랑학 용어의 중요한 변화를 가질 수 있다, 아가페로지(Agapelogy), 아모로지(Amology), 러브로지(Lovelogy)와 더불어. 그리고 이것을 포괄하는 아하브로지(Ahavelogy)는 새로운 사랑학 시대, 사랑학 연구의 도래를 밝게 비추는 용어로서 모든 학문이 사랑학 연구에서 비롯되어야 함을 천명(闡明)하는 계기가 될 것이다. 그러면 사랑학 서설에서 사랑의 책들을 살펴보며 더 연구해보자.

사랑학 서설

사랑의 책, 연구사

『사랑이라는 말의 마지막 의미』리는 책은 사랑에 관한 경구와 시를 모아놓은 책이다.[1]

"시인이란 무엇보다도 먼저 정열적으로 언어와 연애하는 사람이다."(오든)

"사랑의 반대는 미움이 아니라 무관심입니다. 예술의 반대는 추앙이 아니라 무관심입니다. 믿음의 반대는 이교가 아니라 무관심입니다. 생명의 반대는 죽음이 아니라 무관심입니다."(위젤)

상대에 대한 무관심, 그것은 사랑의 반대말이다. 예술과 믿음, 생명의 반대도 무관심이라고 하니 얼마나 우리는 무심하게 살아가고 있는 것이 무서운 것인지 모른다.

"성공적인 결혼이란 매일같이 개축해야 하는 건물과 같은 것이다."(모로아)

결혼생활에 있어서 성공적인 부부생활을 위해서는 매일 부족하고 나쁜 점은 개혁하며 서로 사랑하지 않으면 안 된다는 것을 잘 보여준 경구이다.

『사랑의 팡세』, 이 책은 사랑에 대한 김대규 아포리즘이라는 부제를 달고 사랑의 정의, 사랑의 실천, 사랑의 패턴, 사랑의 고뇌, 사랑의 결실 등 제5부로 나누어 사랑의 생각과 경구, 잠언 등을 소개하고 있다.[2] 눈에 띄는 몇 개의 정의 외에는 아가페 사랑에서는 별로 맞지 않는 세속적 연애의 경구라고 생각한다.

"사랑은, 그것을 얻는 기술이 아니라 지속시키는 노력에 의한다."(『사랑의 팡세』 1부, p.28)

"사랑의 세대론: 10대는 공상, 20대는 정열, 30대는 체험, 40대는 조화, 50대는 동행, 60대는 추억, 70대는 재생, 80대는 주책"(『사랑의 팡세』 1부, p.39)

사랑의 십계명을 소개한다.

1. 계산하지 말 것.
2. 후회하지 말 것.
3. 되돌려받으려 하지 말 것.
4. 조건을 달지 말 것.
5. 다짐하지 말 것.
6. 기대하지 말 것.

---

1) 최복현 편저, 『사랑이란 말의 마지막 의미』, 글읽는세상, 2002.
2) 김대규, 『사랑의 팡세』, 한겨레, 1990.

7. 의심하지 말 것.

8. 비교하지 말 것.

9. 확인하지 말 것.

10. 운명에 맡길 것.

(『사랑의 팡세』 2부, p.104)

"진실한 사랑은 자기를 증오하던 사랑까지도 자기를 사랑하도록 만든다."(『사랑의 팡세』 5부, p.56)

『생, 왜 사랑이어야 하는가』, 이 책에서 시인이자 수필가인 권일송은 "시몬을 위한 연가, 사랑 그 불타는 묘지, 참새와 문명의 지붕 밑, 젊음이 건너야 할 사막, 분수대 봄과 가을의 노래, 잃어버린 지평선을 찾아"라는 소제목 6부분으로 나누어 문학적 관점으로 인생을 다룬다.[3] 인생과 문학의 주제가 사랑이어야 함을 말하고자 한다.

『사랑과 고독의 연습』이라는 책은 문학과 철학, 예술에 나타난 사랑에 대하여 수필 식으로 써내려간 책이다.[4]

톨스토이의 『안나 카레리나』의 슬픈 사랑이야기, 우론스키와 남편의 관계 속에서 고뇌하는 러시아 사랑의 형태를 대표한다. 카레리나의 비극적 운명을 보여주듯이, 사랑과 결혼은 아가페 사랑 안에서 온전한 열매를 맺는 것이 아닌가. 『성춘향전』의 이몽룡과 춘향이의 사랑이야기에서는 변학도의 유혹을 이기고 일부종사하는 스토리가 있고, 나혜석의 시 <인형의 집>에서 노라의 이야기를 통해 '자유부인'의 모티브와 여성의 성적 자유를, 시몬 드 보봐르의 계약결혼 등의 여성 해방적 사랑의 모럴이 제시되기도 하였다. 『테스』, 『이사도라 이사도라』, 『이사도라 던컨』(루 살로메), 라라, 재클린 오나시스, 마가레트 트뤼도, 조르즈 상드, 에디뜨 피아프, 『깊은 밤 깊은 곳』, 결혼하지 않은 여자 등 과거가 있는 여자에 대한 사랑을 다룬다.

미켈란젤로의 <시스티나 천정화>는 창세기의 교향곡으로 9개의 그림으로 구성한다. 모세와 그리스도의 이야기, 아담 이브의 창조, 노아의 이야기 등으로 구조를 잡고 이 천정의 거대한 연작을 완성한다. 교황으로부터 임금을 받지 못했지만 노동자로서 그의 작품에 대한 열정과 예술에 대한 사랑은 33세의 젊은 나이에 조각한 불후의 명작을 남긴 것이다. <최후의 심판> 작품

---

3) 권일송, 『생(生), 왜 사랑이어야 하는가』, 을지출판사, 1979.
4) 김우종, 『사랑과 고독을 위한 연습』, 도서출판 금박, 1980.

도 살아 있는 예수를 묘사하였다. 예수수난의 나상(裸像)묘사를 자신만의 독특한 창의적 표현력으로 그려낼 수 있을까? 어떻게 거룩한 성당 벽면에 벌거벗은 예수상을 그릴 수 있는가?

피가소의 <게르니카>작품은, 큐비즘의 화법으로, 그가 사랑한 애인의 모습에 따라 화법이 바뀌었다고 한다. <아비용의 처녀들>의 그림에 나오는 젊은 남녀를 보고 그 여인을 가로채버리는 피카소였다. '에바'라는 싸인을 하여 그림에 남기었다. '천재적 화가', '현대미술의 아버지'라고 하지만 그의 여성 편력은 에로스 세계의 타나토스의 비극을 살면서 예술의 세계가 어떠한지, 한 단편을 보여주었다. 90세의 인생을 살면서 다섯 번 결혼을 하며 기이한 사랑의 편력을 보인다.

레오나르도 다빈치, <최후의 만찬>, <모나리자>의 미는 신비한 미소 때문이라는 것이다.

고은의 『사랑을 위하여』라는 책에서는, 사랑에 대한 에세이를 말한다.[5]

"나는 사랑이란 말, 내가 그렇게도 지루하게 밤마다 말한 사랑이란 말을 그때나 지금이나 잘못 알고 있는 것 같습니다. 왜냐하면 나는 아직도 사랑에 대해서 무지하며 사랑할 힘이 없습니다. 또한 나는 내 민족이나 내가 살고 있는 사회에 대한 사랑도 단 한 오라기도 실천하지 못하고 있기 때문입니다. 결국 나는 사랑이라는 말을 잘못 말한 죄악까지도 걸머지고 살아가야 할 성 부릅니다. 그러나 안 그래야 합니다."(책 서문)

이 책은 3부로, '사랑을 묻는 그대에게', '만남과 헤어짐의 미학', '사랑을 위하여'를 다룬다. 사랑의 창조, 사랑은 무슨 색일까, 사랑은 고통 속에서, 물질만능의 사랑, 사랑의 유행, 사랑의 공간, 첫사랑의 의미, 참사랑으로 가는 길, 미래지향적 사랑, 사랑의 학교, 사랑은 농부의 일, 나 없는 사랑의 역사, 사랑의 기교, 사랑의 고백, 사랑의 지혜, 사랑의 해프닝, 사랑하는 마음, 사랑의 변주, 젤소미나의 사랑, 사랑의 폭력, 사랑의 다채로운 체험, 창조적 사랑, 사랑의 우수, 온몸으로의 사랑, 사랑의 도피, 사랑의 연대감, 사랑의 인연, 사랑의 휴머니즘, 순결한 사랑, 청마의 사랑, 신화 같은 사랑, 숙명적 사랑, 사랑의 불감증, 이기적 사랑, 사랑의 묘약, 사랑의 틀, 소박한 사랑, 무섭도록 치열한 사랑, 기적을 낳은 사랑, 사랑에 살고 사랑에 죽고, 평범한 사랑, 사랑은 만드는 것, 바보세대들의 사랑, 절실함이 없는 사랑은, 사랑의 찬가 등을 주제로 다룬다.

고은의 사랑의 이야기는 그의 불교관과 세계관의 기저에서, 문학가들의 사랑을 소개하기도 하며 일상 속에서 보는 사랑에 대하여 수필체로 자신의 생각을 피력한다. 노벨 문학상 후보자

---

5) 고은, 『사랑을 위하여』, 전예원, 1980.

로서 스님이었다가 환속하여 문학의 세계를 펼친 그는 50세에 이상화 씨와 결혼하였다(1983년). 이 글은 결혼 전에 쓴 수필이라 지식의 편린을 읽을 수 있고 이상적 연인을 찾아가는 여정이라고 볼 수 있다.

스펜서의 『끝없는 사랑』은 열병의 사랑을 다룬다.[6] 이 소설은 사랑의 열병을 그린 이야기다. 이해할 수 없는 사랑의 행위들이 나타난다. 본능의 세계를 부각시키는 예술성은 부인할 수 없지만 비참한 사랑의 얘기이다. 한 여자를 사랑하여 형무소로 가게 되고 정신병원을 전전하며 여러 해를 보내면서 끝내 제이드를 잊지 못하는 데이비드 악셀라드는 미치게 사랑했기 때문에 파멸로 떨어지는 인간의 모습을 보여준다.

『사랑과 죽음의 마술사』라는 책에서 서정범은 무속의 사랑을 다룬다.[7] 저자는 국어학자와 민속연구자로서 무녀에 대한 연구를 많이 한다. 무녀 2,000명을 만나 무속의 세계를 연구하여 수필로 신비한 세계를 전달하고 있다. 사랑과 죽음의 마술세계에서 그의 관심은 사랑에 있음을 알 수 있다. 처용가의 발 4개를 말하는 장면이 꿈의 맥락이라고 말하며 정신적·신화적·무속적 문맥에서 신과의 사랑이야기를 소개하기도 한다. 무녀의 사랑이야기에 관심이 있는 서 교수는 참된 사랑의 이야기로 전환이 필요할 것이라 생각한다. 전통문화라는 차원과 무속의 세계를 우리 문화의 근간이라고 말하기에는 어딘가 부족한 것이 있다. 즉, 다른 영적 차원이 존재하는 것을 간과할 수 있기 때문이다. 영적 세계에는 진리의 길이 하나라는 사실에 근거하기에, 참된 영적 세계를 알아야 하고 더 나아가 신학(神學)적 연구를 위해 새로운 천착(穿鑿)이 필요할 것이다.

전혜린의 사랑에 대한 이야기는, 문학적 사랑이 무엇인지 알게 한다.[8]

부제는 '불꽃처럼 사랑하고 사랑하며 죽어가리'이다. 서울대 법대에 입학하여 법을 공부하다가 그만두고 문학을 공부하며 인간정신과 영혼의 자유를 추구하였던 전혜린, 짧은 인생 32세의 나이로 생을 마감하였지만, 부부간의 불협화음과 장 아제베도라는 구애자에게 보내는 편지 등으로 여성의 문학 세계를 찾아나서는 유랑의 파편들을 읽을 수 있다. 시몬 드 보부아르 여사나 『인형의 집』 노라의 자유세계와 유사하지만 여성의 사랑의 과정을 추구하며 방황하는 영혼에 대한 연구서로서 의미 있다고 본다.

수필가 안병욱 교수는 지상에서 가장 아름다운 것은 사랑이라고 본다.[9] 『지상에서 가장 아

---

6) 스코트 스펜서, 안정효 역, 『끝없는 사랑』, 태멘, 1981.

7) 서정범, 『사랑과 죽음의 마술사』, 범조사, 1982.

8) 정공채, 『전혜린 평전: 아! 전혜린』, 문학예술사, 1982.

름다운 것』은 3장으로 나누어 '사랑의 장', '행복의 장'과 '보람의 장'으로 수필을 편집해놓았다. "사랑은 인간의 주성분이다"는 피히테의 말. 스탕달의『연애론』에서는 연애를 4가지 종류로 나눈다. '정열의 연애', '취미의 연애', '육체의 연애', '허영의 연애' 등이다. 플라톤의『심포지엄(향연)』은 사랑의 철학을 논한 그리스의 고전이다. 플라톤은 육을 떠난 영(靈)의 사랑을 이야기한다. 플라토닉 러브라는 말이 여기에서 유래하는데, 육을 떠난 영의 순결한 사랑을 추구한다. 좋은 사제지간의 관계, 군사부일체는 스승과 제자가 하나가 되는, 사제애를 말한다. 제자 없는 선생이란 없으며 훌륭한 스승이 없는 제자는 존재하지 않기 때문이다. 청출어람이라는 말도, 남색에서 청색이 나온다는 말로 좋은 선생에게서 훌륭한 제자가 나온다는 뜻이다. 안병욱은 이 사랑 장에서 사랑과 우정도 이야기하며 폭넓게 사랑을 말하고 있다.

스트라우스의『참사랑의 이야기』는 성서에 나온 인물들의 사랑을 다룬다.[10] 이 책에서는 아담과 이브, 아브라함과 사라, 이삭과 리브가, 야곱과 라헬, 보아스와 룻, 다윗과 밧세바, 아합과 이세벨, 호세아와 고멜, 아하수에로와 에스더, 요셉과 마리아, 아나니아와 삽비라, 아굴라와 브리스길라의 사랑이야기를 소개하고 있다. 주제를 실은 제목에는 그들의 사랑을 다음과 같은 부제로 표현한다. 밀월에서 끝난 사랑, 절대 순종의 사랑, 대화를 찾는 사랑, 절대로 만족할 수 없는 사랑, 하나님이 예비하신 사랑, 유혹자에 잡힌 사랑, 불의에 방종하는 사랑, 불멸의 사랑, 사명을 아는 사랑, 불가능한 일을 가능케 한 사랑, 절대 믿음의 사랑, 정직해야 했던 사랑, 동역 동반자의 사랑 등이다.

리처드 스트라우스는 성서에 나타난 사랑을 소개하여 부부의 행복한 결혼생활을 위한 지혜와 사랑 그리고 아가페의 사랑으로 안내한다. 부부의 사랑이 어떻게 성공적으로 열매를 맺을 수 있는가가 이 책의 주 관심사이다.

고은은 문학에서 사랑에 대하여 이야기한다.[11] 라이나 마리아 릴케는 뮈조트 관의 사랑이야기를 잊지 않고 있었다. 이자벨 드 쉬브론은 전쟁으로 결혼한 첫 번째 남편 장 드 몽리를 잃고 미망인이 되었다. 그 후 청혼자들의 결투로 또 두 남자를 잃게 된 후, 그 합장 묘지를 매일처럼 찾아다니다가 그만 그 묘지에 가서 숨진다. 릴케는 이 사랑이야기에 감동해 자신도 그 근처 묘지에 묻어 달라고 했다는 것. 고은은 <밀월>이라는 소설적 수필을 통해 사랑과 결혼에 대해 이야기한다. "그렇게도 황홀했던 성호, '당신'이 다만 죄 없는 기호에 지나지 않

---

9) 안병욱, 『지상에서 가장 아름다운 것』, 갑인출판사, 1983.
10) R. L. 스트라우스, 곽선희 역, 『참사랑의 이야기』, 성서에 나타난 부부의 사랑, 양서각, 1985.
11) 고은 전집 1, 『지상의 너와 나』, 동광출판사, 1985.

게 되는 것이다. 그러나 붓다도 삼십 대의 예수도 원했다. 영원한 신부를 괴테도 원했다, 영원한 여성을 흰 면사포와 헌 행주치마의 시간까지도 신부이지 않으면 안 된다. 결혼, 이것이 결혼이다. 두 사람이 이르는 속임수와 절도(竊盜)와 예술이 곧 결혼이다."

김형석 교수의 영원과 사랑의 대화에서 영원한 사랑이 무엇인지 이야기한다.[12]

괴테의 『파우스트』의 삶과 사랑, 24년간 악마와 결탁된 후 회의와 허무, 속절없는 기만뿐인 것을 깨달고, 저승에 있는 미인 헬레나와 사랑하며 24년간을 보내지만 다시 지옥으로 끌려가는 이야기를 통해 '플레이 어게인'에 대한 이야기를 한다. 쇼펜하우어는 정의와 사랑을 비교하여 구리와 순금의 차이라고 말한다. 우리들의 사회란 정의 없는 사랑만으로도 안 되며, 사랑 없는 정의만으로도 불가능함을 지적한다. 키에르케고르와 니체의 생애와 사상을 비교하면 아가페의 철학으로 사는 것이 중요함을 역설한다.

렙은 사랑의 심리학을 분석하여 말한다.[13] 에밀 루카의 '에로티시즘의 3단계', 사랑의 초기에는 성적인 것, 중세기에는 육체를 적대시하던 그리스도교의 영향으로 사랑이 형이상학적인 것으로 변했으며, 현대에 와서는 인간이 개화되자 성욕과 정신적 에로티시즘의 완전한 공생이 요구되었다고 본다. 위대한 영성가의 숭고한 사랑, 아가페의 사랑의 단계까지 기술한다. 사랑의 여러 가지 형태에 대한 심리적 요소와 현상으로 설명한다.

맥기니스는 사랑과 우정의 관계에 대하여 말한다. 사랑은 우정에서 발전되는 것인가.[14] 맥기니스는 우정의 비결과 사랑의 비결을 두 부분으로 나누어 심도 있는 유명 철학자의 사랑의 경구와 더불어 사랑의 비결을 제시한다. 로맨틱한 사랑을 위한 4가지 제언을 한다. 외모, 사랑스러운 인격, 환희의 분위기, 섹스 전쟁 등의 내용으로 실제적인 방법을 제시한다.

이나미는 사랑과 죽음의 관점에서 사랑을 다룬다.[15] 정신과 의사인 이나미 씨가 사랑과 죽음의 현상을 문학과 문화, 심리학의 관점에서 수필로 이야기한다. 프로이트의 인간 본능에는 에로스와 타나토스, 즉 성욕과 죽음에 대한 본능이 존재한다. 성욕은 창조의 근원이고 죽음에 대한 본능은 파괴의 근원이라고 말할 수 있지만, 사실 두 욕망은 서로 얽혀서 연금술사에 의해 새로운 물질이 창조되듯이 전혀 다른 모습으로 얼마든지 변신할 수 있다고 본다. 에로스 본능에 타나토스가 병적으로 합해져 있을 때 변태적 성행위를 하게 된다는 것. 한 개인의 타

---

12) 김형석, 『영원과 사랑의 대화』, 청아출판사, 1991.

13) 익냐스 렙, 이유리 엮음, 『사랑의 심리학』, 박우사, 1992.

14) 알랜 로이 맥기니스, 지상우 한정혜 공역, 『사랑과 우정의 비결』, 크리스챤 다이제스트, 1994.

15) 이나미, 『에로스, 타나토스』, 평단문화사, 1995.

나토스가 너무나 강할 때 자학적 행위, 살인, 강도 등을 저지르지만 한 국가의 단위일 경우에는 잔인한 전쟁을 일으키기도 한다고 지적한다.

<미녀와 야수>, 인어공주의 전통적인 사랑의 이야기나 불륜의 멜로드라마, 보카치오의 『데카메론』, 명나라 기서 『금병매』, 나다니엘 호손의 『주홍 글씨』 등을 화젯거리로 이야기를 전개해간다. 또 투병 사랑이야기, 오 헨리의 <마지막 잎새>, 영화 <러브 스토리>, <로렌조 오일>, <다잉 영(사랑을 위하여)>, <마이 라이프> 등을 다룬다.

소설가 이문구는 가난한 사람들의 사랑 노래를 말한다.[16] 사랑은 가난한 사람이 진정으로 사랑할 수 있는 것이 아닌가 말하고 있다.

문단에는 세칭 말하는 지존파의 시들이 있고, 가난한 시인들의 시가 있다.

"가난하다고 해서 사랑을 모르겠는가/ 내 볼에 와 닿던 네 입술의 뜨거움/ 사랑한다고 사랑한다고 속삭이던 네 숨결/ 돌아서는 내 등 뒤에 떠지던 네 울름./ 가난하다고 해서 왜 모르겠는가/ 가난하기 때문에 이것들을/ 이 모든 것들을 버려야 한다는 것" (<가난한 사랑 노래>).

이수호는 사랑의 교육에 대하여 교육현실에서 느끼는 것을 말한다.[17]

한 교사가 교육현장에서 느끼며 참교육을 실현하고자 하는 고뇌를 읽게 한다. 예수의 교육학으로 11개의 글을 제1부에 싣고 있다. 한국의 교육 현실에서 삶으로 느끼는 것과 전교조의 일원으로 투쟁하는 삶이 교차되고 있다. 한 개인의 숭고한 사랑의 교육과 교육의 이념, 한국 교육현실을 위한 고뇌는 아름다울 수 있다. 하지만 이데올로기의 조직화, 사회운동의 과정에서 그 교육관이 왜곡될 수 있고 이용당할 수 있는 여지가 있음을 생각하게 하는 책이다.

스티븐 미첼은 태초에 하나님이 사랑으로 천지창조를 하였다고 본다.[18]

스티븐은 1965년 첫 사랑의 실패에서부터 구약의 욥기, 불교, 인도의 구루, 힌두교 강좌, 회교, 도덕경, 노자 등의 여러 종교의 진리를 찾아나서는 여행을 한다. 타종교의 전통과 시각으로 예수의 생애와 가르침, 복음, 복음에 나타난 참모습을 찾으려는 노력과 그 시도를 이 책은 한다. 태초에 말씀이 있었다. 태초에 빛(로고스)이 있었다는 창조기사가 아닌 예수가 사랑만 말씀하셨다는 문장으로 사랑의 위대성, 예수의 사랑, 아가페 사랑을 강조하고 있다.

수산나 타마로는 사랑의 왜곡된 현상이 어떻게 표출되는지 소설을 썼다.[19]

---

16) 이문구, "가난한 사랑 노래", 『신경림 문학의 세계』, 창작과 비평사, 1995.

17) 이수호, 『사랑의 교육, 희망의 교육』, 내일을 여는 책, 1995.

18) 스티븐 미첼, 구자명 역, 『애초에 예수는 사랑만 말씀하셨다』, 둥지, 1995.

19) 수산나 타마로, 이현경 역, 『러브』, 고려원, 1996.

어렸을 때 아동성학대의 피해가 어떠한 결과를 낳는지, 고통스러운 기억들 속에서 인생을 송두리째 뒤흔들어 놓을 수 있는 비극의 이야기를 소설로 표현한다.

이덕희는 음악의 사랑, 음악가의 영혼, 사랑에 대하여 이야기한다.[20]

모차르트와 베토벤, 멘델스존, 바그너, 차이코프스키, 프로코피예프, 보리스 고두노프, 에릭 사티, 토스카니니, 카라얀, 다니엘 바렌보임, 예후디 메뉴인, 김영욱 등 음악가의 생애와 삶을 분석한 책이다. 음악가들이 보이는 작품세계는 어떠한 삶의 배경에서 출현했는지 가르치고 있어서 음악 혼에 대한 생각을 하게 하는 좋은 책이다.

김종술의 『신 사랑의 의미』라는 책은 심리적 사랑에 대한 분석을 하고 있다.[21]

이 책은 사랑학의 교재로 사용할 만큼 학문적이며 심리학적인 어프로치를 하고 있다. 저자는 서울대 의과대학 신경정신과 교수로서, 사랑의 정의, 사랑의 측정, 사랑의 종류, 사랑과 우정, 부모, 심리적 성숙, 청년기와 자아정체, 자아정체와 사랑, 결혼, 사고방식, 사고 왜곡, 알버트 엘리스의 비합리적 사고 10가지, 자긍심, 수줍음의 심리학, 대화, 관계 형성, 호감의 심리학, 성공적인 사랑 등을 다루며 심리학과 정신분석학 등을 이용하여 사랑학 연구를 진행하고 있어서 사랑학의 연구서로 필독해야 할 책이다.

투르게네프는 첫사랑의 이야기를 소설로 그리고 있다.[22] 이반 세르게예비치 투르게네프의 첫사랑은 자전적 중편소설로 그의 대표작이다. '나'라는 주인공이 소년 시절에 '지나이다'라는 연상의 여인을 사랑하게 되고, 주인공의 아버지가 뜻밖의 라이벌로 등장하면서 진행되는 소설이다. 여기서 첫사랑은 소년이 어른이 되면서 필연적으로 겪게 되는 아픔과 고통인데 이런 경험을 통해 소년은 정신적으로 성장해간다. 작가는, 사랑이란 맹목적인 힘으로 인간을 지배하고 인간에게 행복보다는 슬픔과 상처를 주지만, 인간의 성장에 반드시 필요한 것임을 말한다.

밀란 쿤데라는 사랑의 경구를 소개한다.[23] 쿤데라는 『참을 수 없는 존재의 가벼움』이라는 책을 내고 나서 전 세계적으로 알려진 철학가이다. 그는 이 책에서 260개의 경구를 소개한다. 그중에 사랑에 대한 지혜는 63개이다. 그중에 24번을 소개한다. "나는 사랑의 책을 쓰고 싶다. 거기에다 온 세상이 기피하는 모든 금기를 몰아내고 모든 것들을 죄다 말하고 싶다. 나의 모

---

20) 이덕희, 『음악혼의 광맥을 찾아서』, 한양출판, 1996.

21) 김종술, 『신(新)사랑의 의미』, 서울대학교 출판부, 1996.

22) 투르게네프, 안정범 역, 『첫사랑』, 소담출판사, 1997.

23) 밀란 쿤데라, 신현철 역, 『지혜』, 하문사, 1997.

두를, 내 손에 간직한 열정을, 내가 과연 누구이며, 무엇을 생각하고 있는지를 죄다 쏟아버리고 싶다. 나는 사랑을 하고 싶은 것이다.”

쿤데리의 생애는 어띠헀는가, 그의 생애의 마지막은 에이즈 병으로 불행하세 마감한 섯으로 안다. 깊은 사랑의 철학을 이야기한다고 해도 아가페 사랑을 추구하지 않는다고 하면 그 또한 유한한 인간의 사랑 안에서 끝나고 마는 것이 아닌가.

라우스터는 사랑의 심리학을 이야기한다.[24]

사랑의 심리학으로서, ① 감정의 정원에서 사랑에 관한 아홉 가지 신화와 사랑의 정의, 사랑의 능력, ② 사랑할 때 일어나는 일에서는, 사랑의 단계, 사랑이 떠나가면, 좌절된 사랑의 결과, ③ 삶의 의미는 사랑의 기술에 달려 있다며 심리 상담실에서, 충만한 사랑의 길 등을 다룬다.

“날마다 죽을 준비가 되어 있으면 사랑하는 일이 쉬워질 거야. 네가 사랑하는 것에 집착하지 마라. 스스로 자유롭고, 네가 사랑하는 것도 자유 속에 내버려둬. 이런 인식은 너를 행복하게 만들 거야. 이 안식을 붙들어. 창밖으로 날아가 버리지 않도록 말이야. 사랑은 모든 것이야. 사랑은 인생의 비밀이지. 사랑하길 바래. 그러면 행복할 거야.”(친구에게 하는 페터 라우스터의 마지막 결어 중에서)

카터는 사랑의 기술, 습관에 관하여 말한다.[25] 이 책에서는 파트너십에 대한 이야기를 한다. 파트너십 기술을 배워야 한다고 강조하며 파트너십의 비밀 9가지를 가르쳐준다. 작은 것에 유의하기, 가면 벗기, 우리가 되기, 정형화된 관념 벗기, 좋아함을 전하기, 안전한 공간을 만들기, 서로의 꿈을 지원하기, 불길을 보살피기, 독립적인 공간을 허락하기 등이다.

“커플 행동의 정형화를 위해, 돈을 함께 관리하기, 같이 여행하기, 같은 시간 잠자리에 들기, 일주일 세 번 섹스하기, 2명의 자녀와 개 1마리 갖기, 가족 모임 우선하기, 가족의 방 문을 항상 개방하기, 똑같은 친구 사귀기, 모든 사교생활 함께하기, 수입이 달라도 비용을 반씩 부담하기 등을 제시한다.”

윤선아는 희귀병을 앓으면서 사랑하는 것에 대하여, 인생에 대하여 자서전을 썼다.[26] 태어날 때부터 계란껍질처럼 뼈가 쉽게 부서지는 ‘골형성부전증’이라는 병을 앓아 키가 120센티미터밖에 되지 않는 엄지공주의 사랑이야기 책이다. 희귀병을 앓는 장애인이라는 이유로 연

---

24) 페터 라우스터, 홍명희 역, 『사랑하기 전에, 사랑한 후에』, 룩스, 2001.

25) 스티븐 카터, 나선숙 역, 『사랑을 움직이는 9가지 사소한 습관』, 베텔스만, 2002.

26) 윤선아, 『나에게는 55cm 사랑이 있다』, 좋은생각, 2005.

애나 결혼은 생각지도 못했던 윤선아 씨가 사랑을 하고 히말라야 정상까지 등반하고 산상 결혼식을 올리는 감동적인 이야기가 그려져 있다. 장애인과 비장애인의 사랑이야기는 우리에게 감동을 주며, 희철 씨의 사랑이야기는 모든 사람들에게 진정한 사랑이 무엇인지 깨닫게 한다.

김용규는 철학가의 사랑에 대하여 이야기한다.[27] 이 책에서는 괴테의 『파우스트』, 헤르만 헤세의 『데미안』, 생텍쥐페리의 『어린왕자』, 셰익스피어의 『오셀로』, 프란츠 카프카의 『변신』, 사르트르의 『구토』, 사뮈엘 베케트의 『고도를 기다리며』, 알베르 카뮈의 『페스트』, 최인훈의 『광장』, 이청준의 『당신들의 천국』, 올더스 헉슬리의 『멋진 신세계』, 조지 오웰의 『1984년』, 마르셀 프루스트의 『잃어버린 시간을 찾아서』 등의 내용을 다룬다. 인간의 사고, 유토피아 세계, 인간의 본성과 사랑, 절대자에 대한 생각을 하게 하다.

신현운은 사랑의 경구를 소개한다.[28] 사랑에 대한 경구를 영화와 소설, 수필 등에서 발췌하여 소개한다.

"하늘에는 별이 있고, 땅에는 꽃이 있으며, 사람에게는 사랑이 있어야 한다."(괴테, 독일의 시인)

의사 임병욱 박사가 암 치료를 위한 책으로써 사랑만이 환자를 치료할 수 있음을 말한다. 암 환자를 위한 가족치료의 책이다.[29] "사랑 안에 모두 있습니다. 사랑하면 치유가 됩니다. 온전히 사랑하십시오." 지금 가장 중요한 일은 의미 있는 사랑을 하는 것입니다. 이 책은 가족치료, 가족이 함께 암을 치료해야 한다는 것이다. 2장 환자의 마음 이해하기는 환자가 암을 받아들이는 4가지 단계를 알아야 한다는 것. 부정의 단계, 분노의 단계, 우울의 단계, 타협의 단계 중에 어느 단계에 있는지 파악하고 적절한 조언과 대화를 해야 한다는 것이다. 3장 대화의 기술에서는 환자와 보호자의 이상적인 대화법을 소개한다. 언어가 다르다는 것, 죽음의 언어 회피, 포용의 언어가 필요하며 진실과 환자 중심의 언어를 해야 한다는 것이다. 4장에서는 올바른 대화 스타일을 제시하고, 5장에서는 치유를 위한 식사, 예수님처럼 식사하기, 환자 식탁의 준비, 암에 좋은 식품 사전을 제시한다. 6장 치료의 발견에서는 전인 치료, 암 치료에 병용되는 각종 요법 등을 소개한다. 가장 중요한 치료법은 사랑이라는 것, 가족치료가 가장 좋은 약이라는 것을 말하고 있다. '아가페 사랑요법'과 '할렐루야 아멘 약'이 최고의 약임을 알 수 있다.

만화가에게 있어서 사랑의 의미는 무엇일까.[30] 이 책에서는 화가 에드바르트 뭉크, 오브리

---

27) 김용규 저, 『철학카페에서 문학읽기』, 지식하우스, 2006.

28) 신현운 엮음, 장윤숙 점토공예, 『당신을 사랑합니다』, 연인M&B, 2006.

29) 이병욱, 『그중에 제일은 사랑이라』, 이병욱 박사의 암 환자를 위한 가족치료, 중앙M&B, 2007.

비어즐리, 피터르 브뤼헐, 히에로니무스 보스, 구스타프 클림트, 파블로 피카소, 빈센트 반 고흐, 케테 콜비츠, 클로드 모네, 오브리 비어즐리, 산드로 보티첼리, 알폰스 무하, 마르셀 뒤샹, 조르조 데 키리코, 마우리츠 코르넬리위스 에스허르, 프리나 칼로, 쎄네르 폴 루벤스, 장 미셸 바스키아, 폴 고갱, 오윤, 미켈란젤로, 귀스타브 쿠르베, 오귀스트 도미니크 앵그르, 프랜시스 베이컨, 르네 마그리트, 림뷔르흐, 송학도, 안수길 등을 소개한다.

만화가들의 인상적인 화가의 세계를 만나고 그들의 특징을 패러디하거나 예술성을 따른 것을 소개한다. 두 영역이 커뮤니케이션의 예술이라는 공통성을 부각하며 예술 사랑의 모습을 볼 수 있게 한다.

이윤기는 그리스 신화 속의 사랑을 찾아 소개하는 책을 쓴다.[31] "잃어버린 '반쪽이'를 찾아서"라는 서문의 제목으로 그리스 로마 신화는 비윤리적이고 비도덕적이지만 인간의 마음을 잘 보여주고 있다고 말한다. 신화 속에 담긴 사랑이야기를 세 개의 범주로 나눈다. '이루어져서는 안 되는 사랑', '이루어질 수 없는 사랑', '이루어져야 하는데 이루어지지 못하는 사랑' 등이다. 신화는 암염소를 사랑한 헤르메스, 파시파에의 부적절한 욕정, 히폴뤼토스, 뷔블리스, 수뮈르나, 휘아킨토스, 사포, 오이디푸스, 엘렉트라, 테레우스, 나르키소스, 테이레시아스, 이피스, 레안드로스, 포노나와 베르툼누스 등의 이야기를 소개한다. 이윤기는 우리 역사와 문화 속에 있는 신화와 비교하며 이야기를 진행하기도 한다. 이 신화 읽기에서 마지막에 자전거 타기의 비유를 하며 끝을 맺는다. 자전거 타고 사랑이야기를 빠르게 보지만 멈춰 서면 넘어져 다친다는 것이다.

김애리는 책 속에서 사랑을 찾아 사랑의 진정한 의미가 무엇인지 탐구한다.[32] 독서광인 저자가 장정일의 『독서일기』처럼, 책을 읽고 주제별로 책의 소감과 느낌, 방향과 가이드, 자기의 생각들을 분류하여 에세이 식으로 이야기한다. 자기 자신을 사랑하여 자긍심을 갖는 이야기, 나와의 로맨스를 즐겨라. 웨인 다이어『행복한 이기주의자』, 파트 5에서는 사랑하라. '목숨을 다해 사랑하라'에서는 누군가의 영혼을 끌어안아 본 적이 있는가? 마누엘 푸익『거미여인의 키스』, 신영복의『감옥으로부터의 사색』 등에서는 혁명가와 동성애 죄인이 감옥에서 서로를 깊이 사랑하는 이야기를 통해 영혼이 하나 되는 우정이 더 깊은 에로스의 사랑을 뛰어넘을 수 있음을 말한다.

---

30) 박창석, 『만화가 사랑한 미술』, 미술과 만화의 유쾌한 만남, 아트북스, 2008.

31) 이윤기, 『그리스 로마 신화 2』, 사랑의 테마로 읽는 신화의 12가지 열쇠, 웅진지식하우스, 2010.

32) 김애리, 『책에 미친 청춘』, 천 권의 책에 인생을 묻다, 미다스북스, 2010.

'신은 우리가 얼마나 용서했는지에 따라 우리를 용서하신다', 제하(題下)에서 이청준의『벌레 이야기』, 루이스 스머즈의『용서의 기술』을 소개한다. 영화 <밀양>의 원작소설인『벌레 이야기』는 용서의 어려움을 이야기하며 용서의 기술이 있음을 말한다. 상처 당한 자신이 용서하지 않았는데, 어떻게 자신이 하나님께 용서 받았다고 할 수 있냐고 <밀양>의 전도연은 외치고 있다. '우리가 태어난 이유는 사랑하는 법을 배우기 위해서다', 프랑스인이 가장 좋아하는 피에르 신부의,『단순한 기쁨』,『피에르 신부의 고백』을 통하여 사랑하는 것의 의미를 말하고, 마더 테레사의『마더 테레사의 단순한 길』에서 죽어가는 영혼을 위해 헌신하는 삶이 얼마나 숭고한 사랑인지 아가페 사랑의 일면을 보여준다. '모든 사랑은 남는 장사다', 스탕달,『스탕달의 연애론』, 아니 에르노의『단순한 열정』등을 소개한다. 연애의 필요한 제반요소를 소개하고 있고, 에르노의 열정의 사랑을 소개하고 있다. 13살 연하의 유부남을 사랑하는 이야기를 소개하고 있는데, 이는 아가페 사랑의 차원을 생각해볼 때 어떻게 이 사랑을 완성할 수 있는가 하는 과제가 의문으로 남는다.

이 책에서 감동적인 부분은 고통 속에서 인생의 의미를 찾는 부분이다. "고통을 극복하는 유일한 길은 고통 속을 통과하는 것이다." 빅터 프랭클의『죽음의 수용소에서』, 헤이든 헤레라의『프리다 칼로』를 소개한다. 프랭클의 아우슈비츠 수용소에 4번 이송되며 경험하는 인간 고통의 체험들, 헤이든 헤레라의 불행한 인생의 경험에서 나오는 작품세계는 인간의 고통과 고뇌가 얼마나 인간에게 심오한 질문을 하며 하나님의 세계를 이해하게 하는 단초가 되는지 생각하게 한다.

칼슨 부부는 사랑의 정의를 소개한다.[33]
연인을 위한 칼슨 부부의 즐거운 사랑학 100가지라고 소개를 한다.

1. 환상을 갖지 마라.
2. 웃어넘기는 법을 배우라.
3. 떨쳐버리라.
4. 먼저 친구가 되라.
5. 먼저 친절하라(크리스틴).

---

33) 리처드 칼슨 · 크리스틴 칼슨 저, 이창식 역,『사랑은 사소한 일에도 상처를 입는다』, 창해, 2000.

6. 누구의 습관인지 자문해보라(크리스틴).

7. 그의 방식으로 얘기하라.

8. '시랑해요, 하지만'이라고 말하지 마라.

9. 깨달음을 나누어라.

10. 자신의 가치를 알아라.

11. 상대는 당신의 마음을 읽을 수 없다.

12. 어리석은 일로 싸우지 마라.

13. 갑작스러운 일로 싸우지 마라.

14. 칭찬으로 기쁘게 하라.

15. 파트너를 곤경에 빠뜨리지 마라.

16. 말하기 전에 생각하라.

17. 깨어나는 즉시 그녀를 사랑하는 이유 3가지를 생각하라.

18. 불행을 예행연습하지 마라.

19. 모든 이야기의 주인공이 되려고 하지 마라.

20. 같은 일을 반복하며 다른 결과를 기대하지 마라.

21. 사랑으로 응답하라.

22. 거울을 보라.

23. 파트너도 인간임을 잊지 마라.

24. 변화를 받아들여라.

25. 꿈을 함께 나누어라.

26. 이유를 묻지 마라.

27. '미안해'라는 말을 애용하라.

28. 가장 거슬리는 3가지를 흘려버려라.

29. 십 대에게 배우라.

30. 사랑의 온기를 높여라.

31. 우월감을 버려라.

32. 파트너를 화풀이용으로 삼지 마라.

33. 사랑을 표현할 기회로 당신의 인생을 채우라.

34. 당신에게 주어진 선물을 찾으라.

35. 달력에 표시하라(크리스틴).

36. 최후통첩을 하지 마라.

37. 변화에 적응할 시간을 주라.

38. 기분이 나쁠 땐 싸우지 마라.

39. 긍정적으로 전환하라.

40. 좋은 본보기를 보여라(크리스틴).

41. 파트너의 말을 잘 들어라.

42. '오늘은 정말 힘들었어'라고 말하지 마라.

43. 그만의 즐거움을 배려하라.

44. 상대방의 즐거움을 배려하라.

45. 당신의 역할을 찾으라.

46. 맡은 일은 끝내라.

47. 관대하게 생각하라.

48. 연민을 가져라.

49. 사랑에 박차를 가하라.

50. 지나가는 생각을 문제로 만들지 마라.

51. 요구가 적은 사람이 되라.

52. 당신의 방식대로 하라.

53. 분노를 넘어 평화를 찾으라.

54. 비난에 너무 신경 쓰지 마라.

55. 활기찬 상태를 유지하라.

56. 새로운 시작에 전념하라.

57. 서로의 잘못을 지적하지 마라.

58. 침묵 속에 앉으라.

59. 자신의 행복은 자신이 책임져라.

60. 마음을 여는 대화법을 터득하라.

61. 당신의 좌절감을 파트너 문제와 혼동하지 마라.

62. 너무 방어적이 되지 마라.

63. 항상 감사하라.

64. ‘당신과 노닥거릴 시간은 없어’라고 말하지 마라.

65. 함께할 수 있는 일을 찾으라.

66. ‘이것이 내 인생에 정말 중요한가?’ 자문하라.

67. 결점을 지나치게 캐지 마라.

68. 협력자가 되라.

69. 한 걸음 나아가 뒤돌아보라.

70. ‘행복한 사람=행복한 파트너’임을 기억하라.

71. 사랑의 힘을 과소평가하지 마라.

72. 둘 사이에 자녀가 끼어들게 하지 마라.

73. 상대방의 실언을 가볍게 웃어넘겨라.

74. 지친 상태로 귀가하지 마라.

75. 단정적으로 말하지 마라.

76. 둘 사이에 가장 어려운 점이 무엇인지 물어보라.

77. 예측 가능한 일은 예측하라.

78. 매사를 비상사태로 만들지 마라.

79. 편지를 의사소통 수단으로 이용하라.

80. 파트너를 살얼음판 위로 내몰지 마라.

81. 더욱 사랑스러운 사람이 되려는 계획을 세우라.

82. 사과를 상냥하게 받아들여라.

83. 당신이 하지 않는 일을 생각해보라.

84. 스트레스를 정기적으로 예방하라.

85. 파트너를 대변하지 마라.

86. 서로를 격려하라.

87. 질투심을 버려라(크리스틴).

88. 한두 가지 유별난 취향은 허용하라.

89. 까다롭게 굴지 마라.

90. 섣불리 판단하지 마라.

91. 조건 없는 사랑을 하라.

92. 당신이 직접 하라.

93. 칭찬을 고맙게 받아들여라.

94. 비교하지 마라.

95. 고집을 버려라.

96. 자신의 가치를 높여라.

97. 가끔은 '헤매도록' 내버려두라.

98. 삶의 균형을 잡아라(크리스틴).

99. 처음처럼 행동하라.

100. 서로를 소중히 여겨라.

칼슨 부부가 같이 쓴 이 책은 부부간에 서로 지켜야 할 사랑의 에티켓에 대하여 말하고 있다. 부부 십계명처럼 부부가 지켜야 할 계율이 있는 것이다.

성경의 십계명을 부부관계의 버전으로 옮겨보면 다음과 같다.

1. 사랑하는 아내, 지아비 외에는 다른 사랑의 대상이 없다.

2. 당신 외에 다른 이상향이 없다.

3. 당신의 이름을 존귀하게 여기고 하대(下待)하지 않는다.

4. 일주일에 하루(안식일, 주일)는 당신과 함께하며 일하지 않는다.

5. 당신의 부모를 나의 부모처럼 존귀하게 여기며 공경한다.

6. 당신의 마음에 절대 상처를 주지 않는다.

7. 그 어떠한 사람의 유혹에도 넘어가지 않고, 다른 상대에 눈을 돌리지 않고 바람피우지 않는다.

8. 당신의 물건을 귀하게 여기고 다른 사람의 물건을 탐내지 않는다.

9. 당신에게 절대 거짓말하지 않고 속이지 않는다.

10. 타인의 아내(남편)를 탐내지 않는다.

이 계명을 지킨다면 칼슨의 100개의 경구는 잘 지켜질 것이다.

심원호가 말하는 부부간 사랑은 아가서 사랑과 성서의 사랑의 원리를 소개한다.[34]

김원호 장로가 제안하는 부부간 사랑의 법칙을 성경의 원리로 풀어내고 있다. 이 책은 믿음으로 사랑하며 사는 부부간의 계율을 삶의 지혜로 경험담을 중심으로 부부세미나의 교안을 중심으로 풀어놓았다. 기독교 사랑학의 부부사랑, 부부계명으로 손색이 없는 책이다.

아내가 남편을 사랑하는 법
1. 예수님께 하듯 중심으로 복종하라.
2. 아내의 무엇이 죽어야 하는가-왜 남편에게 복종해야 하나?
3. 교회가 머리 되신 그리스도께 하듯 조건 없는 복종을 하라.
4. 남편을 가르치거나 지배하지 마라.
5. 남편을 존경하라.
6. 하나님께 소망을 둔 사랑의 순종처럼 순복하라.
7. 하나님이 보시기에 값진 아내 모습으로 보여라.
8. 아내의 복종은 '피차 복종하라'를 전제로 한다.

남편에게 복종하지 않으면 무슨 일이 일어나는가
1. 남편을 가정에서 내몬다. 즉 집에 들어오기를 싫어하게 만든다.
2. 남편을 세상으로 내쫓는다. 즉 세상 사람들과 함께 있는 시간을 더 좋아하게 한다.
3. 남편이 아내를 포기하게 한다. 즉 아내에 대한 모든 기대를 버리게 한다.
4. 아내가 하나님의 명령에 거역함으로써 죄 가운데 머물게 되고 영생에 이르지 못한다.

아내 사랑은 구체적으로 어떻게 하는가
1. 사랑을 수시로 고백하여 주위 사람들도 알게 하는 것이다.
2. 사랑이란 사랑받은 사람이 사랑받았다고 느끼도록 해야 한다.
3. 사랑은 있는 모습 그대로 사랑하는 것이다.

---

34) 김원호, 『하나님이 창안하신 부부질서: 부부가 사랑하며 사는 길』, 큰믿음, 2008.

4. 사랑은 하나님께로 온 사랑만이 성공할 수 있다.

5. 사랑은 대가를 요구하지 않는다.

6. 사랑은 사랑받는 사람이 좋아하는 방법으로 사랑해야 한다.

7. 사랑은 자녀들을 행복하게 하는 것이다.

8. 사랑은 내가 죽는 길이다.

9. 아내 사랑은 자기 사랑이다.

아내를 사랑하지 않으면 무슨 일이 일어나는가?

1. 하나님은 남편의 예배와 예물을 받지 않으신다(말2:13-16).

2. 남편의 기도가 막힌다(벧전3:7).

3. 사망에 머물러 있어서 영생에 이르지 못한다(요일3:14-15).

예수전도단 창시자의 통역자였던 김원호 장로님은 성경적 부부사랑의 원리와 아름다운 사랑의 가정이 어떻게 이루어지는지를 제시하는 부부 사랑학 저서이다. 하퍼는 아가페 사랑과 에로스 사랑의 의미가 무엇인지 대조하며 설명한다.[35] 이 사랑학의 기초와 기본서로서 에로스 사랑과 아가페 사랑의 개념에 대하여 잘 설명하고 있다. 구약과 신약의 '아헤브'와 아가페의 의미와 사도 바울, 초기 교부, 신학자와 기독교 윤리학자들이 논의한 것을 소개하고 있다. 사랑의 절정은 용서라는 것을 결론부(확실한 보증)에서 말하며 성(聖) 크리소스톰의 용서의 단계를 소개한 것은 인상적이다. ① 우리들 스스로 악한 행동을 먼저 취하지 마라. ② 다른 사람의 악에 복수하지 마라. ③ 조용히 있으라. ④ 억울한 박해를 받으라. ⑤ 악을 행하는 자에게 그가 요구하는 것보다 더 양보하라. ⑥ 그를 증오하지 마라. 그러나 ⑦ 그를 사랑하고 그에게 선한 행동을 하라. ⑧ 하나님께 그를 불쌍히 여겨 주십사고 간청하라.

사랑학 개론으로는 정다운 스님의 『사랑학개론』이 있고, 사람의 혈액형을 통해 사랑의 유형을 알 수 있는 『혈액형 사랑학개론』 책이 있다. 아인슈타인의 『사랑학개론』에서는 사랑을 숫자로 표현할 수 있는 재미있는 이야기를 볼 수 있다. 창신대학교에 『사랑학개론』 강의가 개설되어 있다. 마이크 임팩트 미르 임성민의 사랑학 강의와 사랑학 책으로는 목수정의 『야성의 사랑학』, 웅진지식하우스에서 출판되었다. 이 책은 사랑하지 않는 사람들에 대한 연구서로

---

35) 마이클 하퍼, 안정혜 역, 『사랑-아가페 대 에로스』, 신앙계, 1989.

서, 사랑의 장애인의 이야기, 인간의 원초적인 욕망인 사랑에 대하여 관심 갖지 않는, 방황하는 사회에 대하여 꼬집는 책이다. 오다시마 유시, 강보은 역, 셰익스피어의『사랑학』, 말글빛냄 펴냄. 이 책은 셰익스피이가 성숙해져 가는 과징을 통해 연애관의 깊이도 너해갔음을 볼 수 있다. 다양한 사랑의 모습이 나오고 셰익스피어의 사랑의 명대사가 나온다.

이령희,『사랑학 에세이』, 1990. 카이스트 대학에서 사랑학 강좌가 이례적으로 열려 바이오 시스템 공학자의 사랑의 정체와 원인에 대한 연구가 있었다. 최혜경의『사랑학』, 교문사, 2004.『과학으로서 사랑학』책이 나왔고, 신학서적으로서 윌리엄 존스턴, 이봉우 역의『숨겨진 지혜: 신비신학, 사랑학』, 2008년 있다. 김제동의『사랑학개론』이 있고,『열 번의 데이트』부부 사랑학에 대하여 다룬 책이 있다. 안명옥 박사의『사랑학 정치학』에서 사랑학이라는 Amology라는 용어를 사용한다. 강영예 교수는『행복학 강의』를, 사랑학의 권위자 헬렌 피셔는『나는 누구를 사랑할 것인가』, 코리아하우스 출판. 정재승의『사랑학 실험실』은 생물학적 관점에서 사랑을 이야기한다. 숙명여자대학교와 연세대학교, 성균관대학교 등 여러 대학에서는 '사랑학개론'이 개설되어 사랑학 과목이 인기과목으로 자리 잡고 있고, 젊은이의 사랑 연구가 많이 이야기되고 있다. 또한 <사랑니> 영화를 통해 사랑의 환상에서 시작하여, 사랑은 육체적 접촉과 하나라는 사실, 그 사랑의 의미를 찾는다.

마지막으로 노우호 목사의『신학은 사랑학이다 Theology is Agapelogy』라는 책은, 이 책에서 다루지 못한 신학적 사랑학을 깊이 연구한 책으로 기독교 사랑에 대하여 잘 알 수 있는 저서이다.[36] 성서의 사랑을 학문적으로 파헤친 연구서로 성서의 원어 연구와 더불어 성서의 사랑학을 깊이 연구한 책으로 사랑학(Agapelogy)을 주창한 선구적 책이다. 아직 일반인에게는 알려지지 않은 신학으로서의 사랑학인 것이다. 특히 인상적인 것은 책 소개 첫 페이지에서 세계 최초의 신학적 사랑학을 주창하였다고 하면서 신학대학의 커리큘럼에 사랑학 과목이 들어가야 한다고 소개한 부분이다. 이 책은 크게 2부로 나뉘어 1부에서는 신학이란 무엇인가, 2부에서는 사랑이란 무엇인가를 다룬다. 사랑의 분류, 사랑의 요소, 사랑의 한계, 사랑의 대상, 사랑의 방향, 사랑의 능력, 사랑의 우월성, 여호와 칸나(질투), 인간을 창조하신 목적, 하나님의 사랑을 다루고 성경을 오경, 역사서, 예언자, 신약시대의 사랑 등으로 나누어 다루고 있다.

---

36) 노우호,『신학은 사랑학이다』, 에스라하우스, 2007.

에리히 프롬과의 대화

에리히 프롬의 『사랑의 기술, Art of Loving』에서 사랑에 대하여 논의하는 것을 먼저 살펴보자. 프롬과 대화함으로 사랑에 대한 토론을 하고자 한다.

에리히 프롬: "사랑하는 것보다 더 쉬운 일은 없다는 태도는, 그렇지 않음을 나타내는 증거가 산재함에도 불구하고 사랑에 대한 일반적인 관념이 되어왔다. 사랑처럼 엄청난 기대와 희망을 가지고 시작했다가 반드시 실패하고야 마는 활동이나 사업은 없을 것이다. 만약 이것이 다른 활동의 경우라면, 사람들은 실패의 원인을 찾으려고 노력하고 어떻게 하면 더 잘할 수 있을까를 배우고자 할 것이다. 그렇지 않으면 그 활동을 포기해 버릴 것이다. 그러나 사랑에 있어서는 포기하는 것이 불가능하므로, 사랑의 실패를 극복하는 유일한 방법은 그 실패의 원인을 살펴보고 사랑의 의미를 배우기 시작하는 일이다."

박신배: 사랑은 쉬운 것이라는 것, 사랑은 낭만적인 것이라는 것, 사람이 산다는 것은 자연 사랑하며 사는 것이라고 말하는 것은 사랑의 결과에 대하여 생각하지 않고 이기적인 사랑을 하며 살아가는 것이라고 말할 수 있다. 이는 자기애에 빠진 나르시시스트처럼 자기 황홀경에 빠져, 타인은 아무렇지도 않고 자기가 좋으면 다라는 생각으로 사랑의 실패를 가져오고 씻을 수 없는 상처까지도 주게 되는 결과를 가져온다. 사랑할 때 그 사랑의 동기가 순수해야 하고, 깊은 사랑을 해야 하는 것이다. 이는 육적인 사랑(에로스)의 단계보다는 정신적인 사랑, 우정(필리아의 사랑)의 단계로, 필리아의 사랑보다는 영혼의 사랑(아가페의 사랑)의 단계까지 나갈 수 있는 사랑을 깊이 생각해야 하며, 그러한 아가페(아하브) 사랑을 할 수 있어야 한다. 그런 사랑은 스톨게의 부모의 사랑, 혈육의 사랑과 가장 가까운 사랑이다.

프롬: "사랑은 하나의 기술인가? 사랑이 기술이라면 사랑에는 지식과 노력이 요구된다. 아니면 사랑은 어쩌다가 우연히 경험하게 되는, 즉 운만 좋으면 빠져들게 되는 즐거운 감정인가? 오늘날 많은 사람들은 의심할 여지 없이 사랑을 즐거운 감정이라고 생각하고 있지만, 이 작은 책은 사랑은 기술이라는 가정에 바탕을 두고 있다.

그렇다고 해서 그 많은 사람들이 사랑을 그다지 중요하게 여기지 않는다는 것은 아니다. 오히려 그들은 사랑을 갈구하고 있다. 사람들은 행복한 사랑의 이야기나 불행한 사랑의 이야기를 펼쳐 놓는 수많은 영화를 구경하기도 하고, 사랑을 노래한 수백 가지의 가요를 듣고 시시한 사랑의 노래를 부르기도 한다. 그렇지만 사랑에 대해서 배워야 할 것이 있다고 생각하는 사람은 거의 없다."

박: 사랑은 기술과 훈련이라고 생각한다. 사랑은 기도이다. 사랑의 지식과 노력이 필요한 것은 당연한 일이다. 하지만 더욱 깊이 사랑하는 상대와 즐거운 감정에서 시작되었어도 깨어지기 쉬운 연인관계의 과정이 있다. 그래서 끝까지 그 영혼을 위해 중보기도하며 깊은 사랑의 단계에 들어갈 수 있도록 노력해야 한다. 피상적인 사랑의 가사로 일관하고 있는 가요나 노래, 로맨틱한 사랑의 이야기로 감동을 주는 사랑의 영화에서는 쉽게 공감은 하지만 깊은 동의를 이끌어내는 사랑을 하고 우리의 영혼의 손뼉을 칠만한 사랑의 현실을 만들어내는 진정한 아가페 사랑의 연출자는 그렇게 많지 않다.

프롬: "대부분의 사람들은 사랑의 문제를 '사랑하는', 즉 사랑할 수 있는 능력의 문제로 보기보다는 '사랑받는' 문제로 보고 있다. 따라서 그들에게 있어서 중요한 문제는 어떻게 하면 사랑받을 수 있는가, 어떻게 하면 사랑스러워지는가 하는 것이다. 이러한 목적을 추구하기 위해서 그들은 몇 가지 경로를 밟는다. 그중 한 가지는, 특히 남자들이 사용하는 것으로, 성공하는 것이다. 즉 자신의 지위가 지니는 사회적인 한계 내에서 권력을 장악하고 부자가 되는 것이다. 특히 여성들에 의해 사용되는 또 다른 길은 자신의 몸매를 가꾼다거나 옷치장을 함으로써 자기를 매력적인 사람으로 만드는 길이다. 매력적인 사람이 되기 위해서 남녀 모두 사용하는 또 하나의 방법은 유쾌한 태도, 흥미 있는 대화를 몸에 익히고 유능하고 겸손하며, 남에게 해를 끼치지 않는 태도를 취하는 일이다. 자기를 사랑스럽게 만드는 여러 가지 방법은 성공하기 위해, 즉 '친구를 얻고 사람들에게 영향력을 행사하기' 위해 사용되는 방법들과 비슷하다. 사실 우리 문화권 내에 있는 대부분의 사람들에게 있어서 사랑스럽다는 것은 본질적으로 인기와 성적 매력이 뒤섞여 있다는 것을 의미한다."

박: 영적 사랑에 대하여 알지 못하는 것은 이 세상이 추구하는 사랑에 머무는 것을 볼 수 있다. 영적 사랑이 아닌 사랑은 인간의 영혼까지 사랑하는 깊은 사랑, 영원한 사랑에 이르지 못하는 경우가 흔하다. 세상적인 사랑은 성공하고, 인기 있고 성적 매력을 가져서 사랑받고, 사랑스러운 존재가 되는 것이지만 아가페 사랑은 그 자체로 사랑스러움을 가지고 있고 모두를 사랑할 뿐 아니라 자기를 희생할 줄 아는 사랑을 가진다. 세상이 갖는 사랑의 방법이 아닌 하나님의 사랑에 관심을 가지고 살아가므로 관심의 향방이 다르다. 그

래서 아가페 사랑을 하는 사람은 인간적 성공에 관심을 두지 않고 하나님 나라, 한 영혼을 천하보다 귀하게 여기는 마음에 관심을 둔다.

　프롬: "사랑에 대해서 배울 것이 아무것도 없다는 태도의 배경에 깔려 있는 두 번째 전제는, 사랑의 문제는 '능력'의 문제가 아니라 '대상'의 문제라는 가정이다. 사람들은 사랑하는 것은 단순한 것이고, 오히려 사랑하거나 사랑받을 올바른 대상을 찾는 일이 어려운 문제라고 생각한다. 이러한 태도에는 근대사회의 발전에 근거를 둔 몇 가지 이유가 있다. 첫 번째 이유는 '사랑의 대상'의 선택이라는 문제에 대해서 20세기에 일어난 커다란 변화이다. 빅토리아 여왕 시대에는 대부분의 전통문화에서처럼 사랑이란 곧 결혼으로 나아가게 될 것으로 여기고 있어서, 자발적이고 개인적인 경험은 전혀 아니었다.

　그와는 반대로 결혼은 관습에 의해서, 즉 양쪽 집안에 의해서, 혹은 중매인에 의해서, 혹은 그러한 중개자의 도움 없이 이루어지는 계약이었다. 결혼은 사회적인 고려를 바탕으로 해서 이루어졌던 것이며, 사랑은 결혼이 성립된 후에 생겨나는 것으로 생각되었다. 서구사회에서 낭만적인 사랑이라는 개념이 거의 보편적인 것으로 여겨지게 된 것은, 지난 수세대 동안의 일이었다. 미국의 경우, 전통적인 성격을 지닌 배려가 완전히 사라진 것은 아니지만, 상당히 많은 사람들은 '낭만적인 사랑'이 곧 결혼으로 이어지는, 사랑의 개인적인 경험을 추구하고 있다. 이렇듯 이 사랑에 있어서의 자유라는 새로운 개념은 '기능'의 중요성과는 반대되는 것으로서 '대상'의 중요성을 매우 높이지 않을 수 없었다.

　박: 시대마다 사랑의 개념이 다르게 여겨졌어도 사랑의 본질과 가치는 변하지 않았다고 볼 수 있다. 시대와 문화, 관습이 사랑의 의미를 축소시키며 왜곡시킬 수 있다. 그러나 성서의 사랑의 모습을 보면 오랜 문화의 변화 속에서도 변하지 않는 사랑의 가치와 의미는 계속되고 있음을 알 수 있다. 현대의 낭만적인 사랑이 대상의 중요성을 강조하고 상호 사랑하면 곧 결혼으로 이어지는 풍속을 낳았다. 하지만 과거의 사랑의 행태나 오늘날의 사랑의 형태는 매한가지이다. 결국은 달걀이 먼저냐, 아니면 닭이 먼저냐의 논의와 같은 현상으로 이해할 수 있는 것이다. 인간 사랑의 관계와 하나님의 사랑의 관계에 있어서 인간의 인연과 인간과 하나님과의 관계 속에서 인간 상호 간 사랑이, 아가페 사랑에서 나오는 깊은 사랑으로 이어지는 사랑의 본질은 약간 차이가 나지만 결국 영원한 사랑에 가서는 다르지 않을 것이다.

프롬: "현대문화의 또 다른 특징적 성격이 이러한 요인과 밀접하게 관련되어 있다. 우리의 모든 문화는 구매욕, 상호 간의 균등한 교환이라는 사고에 바탕을 두고 있다. '매력적'이라는 것은 일반적으로 인기 있고, 인격의 시장에서 잘 팔리는 품질 좋은 성격 꾸러미를 의미한다. 특히 사람을 매력적이게 하는 것은 육체적으로나 정신적으로나 그 시대의 유행에 달려 있다. 1920년대에는 강인하고 성적 매력이 있고, 술 마시고 담배를 피울 줄 아는 소녀가 매력적이었다. 오늘날의 유행은 좀 더 가정적이고 얌전한 여자를 요구하고 있다. 19세기 말에서 20세기 초엽에는 매력적인 사람이 되기 위해서 남자는 공격적이고 야심만만한 사람이 되어야 했지만, 오늘날에는 사교적이고 참을성 있는 사람이 되어야 한다. 어쨌든 사랑에 빠졌다는 느낌은, 자신의 교환 가능성의 영역 안에 있는 인간상품들과 관련지어서 나타나는 것이 보통이다. 내가 물건을 사러 나갔다고 하자. 상대는 사회적 가치라는 관점에서 보아 바람직해야 하며 동시에 상대가 나의 드러난 혹은 숨겨진 자산과 가능성을 고려하여 나를 쓸 만하다고 생각한다. 시장 지향성이 널리 퍼져 있는 문화에서는, 그리고 물질적인 성공이 뛰어난 가치로 여겨지는 문화에서는, 사람들 간에 서로 사랑하는 관계가 상품시장이나 노동시장을 지배하는 교환 양식과 똑같은 형태를 취한다는 사실에 대해서 그다지 놀랄 필요가 없다."

박: 현대사회는 상품가치가 지배하는 세상이다. 시장경제와 문화 속에서 남자와 여자의 성적 매력이 중요한 사랑의 선택 조건이 되는 세상이지만 시대풍조에 변하지 않는 지고한 사랑의 세계는 영원하여, 하나님의 사랑과 영적인 사랑의 모습은 진정한 사랑, 가치 있는 사랑의 모습을 지닌다. 이러한 숭고한 가치를 가진 사랑이 중요하다. 시장의 가치가 아닌 사람의 가치, 구매력의 가치가 아닌 신앙과 사람됨의 가치가 더 중요하며, 하나님의 형상을 지닌 인간에게 초점을 맞추고 사랑의 가치를 판단하는 것이 시대를 초월한 사랑의 기준이 될 것이다. 따라서 그리스도의 완전한 인간에 이르기 위해 사랑의 기술과 훈련, 방법을 배우며 아가페 사랑을 찾아 예수를 만나는 과정이 필요하며, 하나님의 성품을 배우는 것이 요구될 수 있다.

프롬: "사랑에 대해서 배울 것이 아무것도 없다는 생각을 자아내게 하는 세 번째 잘못은, 사랑에 '빠진다'는 최초의 경험과 사랑하고 '있다'는 영속적인 상태, 좀 더 명확하게 말하자면 사랑에 '머물러 있다'는 상태를 혼동하고 있는 데 있다. 우리들 모두와 마찬가지로 서로 전혀 모르고 지냈던 두 사람이 자기들 사이에 놓여 있던 벽을 허물어 버리고 일정하게 느끼며 하나가 되었다고 생각하게 될 때, 이러한 합일의 순간은 인생에 있어서 가장 유쾌하고 흥미

있는 경험 중 하나일 것이다.

그것은 특히 고립되어 사랑 없이 지내던 사람들에게는 더욱 멋지고 기적적인 경험이 될 것이다. 갑자기 친밀해지는 이 기적은 특히 성적 매력과 성적 결합에 의해 주도되고 이와 결합될 때 더욱 촉진되게 마련이다. 그렇지만 이러한 유형의 사랑은 그 성격상 지속적이지 못하다. 두 사람이 점차 친숙해지면 그들의 친밀감이 지녔던 기적적인 성격을 그들은 서서히 잃게 되고, 마침내는 서로에 대한 반감과 실망감 그리고 권태감으로 인해서 최초의 흥분은 흔적조차 사라져 버리게 된다. 그러나 처음에는 이 사실을 알지 못한다. 그들은 심취, 즉 서로에게 '미쳐 있다'는 것을 그들의 사랑의 강도를 나타내는 증거로 여기지만, 그것은 단지 그들이 전에 얼마나 고독하였는가를 나타내는 것에 불과할 따름이다.

박: 사랑에 빠진다는 것은 감정적인 유희에 놀아날 수 있는 여지가 있지만 기도하고 하나님의 사랑의 계획에 따라 맺어준 인연이라는 사실을 깨닫는 단계가 필요하다. 영적 세계에서 성령과 악령이 지배하는 인간구조와 사회관계를 이해하고 이 세상을 극복하는 사랑의 구조를 갖는 것이 중요하다. 그래서 진정한 사랑의 가정, 신앙의 연인, 사랑하는 부부의 관계 등은 하나님의 아가페 사랑의 구조에서 진행되고 있다는 사실을 먼저 인식하고 기도로 하나님과 대화하는 법을 배울 필요가 있다. 유쾌하고 흥미로운 연애의식을 가지는 것은 한순간 불장난으로 그칠 수 있는 남녀의 사랑장난이며 불행한 상처를 주고 파멸로 빠뜨릴 수 있는 경우도 있다. 그래서 깊고 영원한 사랑의 길로 들어서는 사람들도 있다. 신적인 사랑이 인간의 사랑으로 나갈 수 있도록 성직의 길을 가고 구도자(求道者)의 삶을 살아가는 사람들은 완전하고 온전한 사랑을 추구하는 자라고 말할 수 있다. 감정과 호기심을 뛰어넘는 사랑의 대상, 쉬운 사랑이 아닌 지속적인 영원한 사랑을 위해 사랑을 배울 뿐 아니라 사랑을 위해 훈련하고 기도하는 인격 훈련, 영적 싸움을 하는 사랑학 박사 예비생이 되는 것이다.

프롬: "사랑하는 것보다 더 쉬운 일은 없다는 태도는, 그렇지 않음을 나타내는 증거가 산재함에도 불구하고 사랑에 대한 일반적인 관념이 되어왔다. 사랑처럼 엄청난 기대와 희망을 가지고 시작했다가 반드시 실패하고야 마는 활동이나 사업은 없을 것이다. 만약 이것이 다른 활동의 경우라면, 사람들은 실패의 원인을 찾으려고 노력하고 어떻게 하면 더 잘할 수 있을까를 배우고자 할 것이다. 그렇지 않으면 그 활동을 포기해버릴 것이다. 그러나 사랑에 있어서는 포기하는 것이 불가능하므로, 사랑의 실패를 극복하는 유일한 방법은 그 실패의 원인을 살펴

보고 사랑의 의미를 배우기 시작하는 일이다. 여기서 해야 할 첫 번째 작업은 삶이 하나의 기술인 것처럼 사랑도 기술이라는 사실을 인식하는 일이다. 만약 우리가 어떻게 사랑해야 하는지를 배우고자 한다면 우리는 또 다른 기술, 예를 들자면 음악이니 그림, 건축, 의학이나 공학의 기술을 배우고자 할 때 시작하는 것과 동일한 과정을 밟아야만 할 것이다.

박: 사랑의 실패 원인을 따지면 사랑의 의미를 찾을 수 있다는 프롬의 이야기는 일견 일리가 있다. 그것은 사랑하는 기술을 배우지 않으면 사랑은 실패할 수 있다는 것을 의미한다. 반대로 사랑의 기술을 배우면 사랑은 실패할 수 없다는 사실을 말한다. 사랑에 성공하기 위해서도 다른 분야에서의 성공 방법과 유사하다. 각 분야에 최고의 전문가가 되려면 자기 분야에 최고의 지식과 기술을 가져야 하는 것처럼 말이다. 자기 분야의 성공자가 되려면 음악이나 건축, 그림이나 의학, 공학 분야에서 그 분야의 기술과 지식을 배우고 실천하는 단계를 가져야 한다는 것은 극히 자연스러운 논리인 것이다. 삶이 하나의 기술인 것처럼 사랑도 기술이라는 논리, 이는 상식적인 면에서 맞는 이야기다. 프롬은 사랑의 기술이 무엇이라는 것은 구체적으로 말하지 않았지만 연구하며 그 사랑의 기술을 찾을 수 있고 알아갈 수 있다고 보는 것 같다. 중요한 것은 사랑의 학습이 필요하다는 지적은 아주 타당하다. 사랑은 아가페 사랑의 단계로 하나씩 배워가야 한다. 사랑의 종류로부터 사랑의 방법, 사랑의 대가들 찾기, 사랑학에 대하여 말한 온갖 종류의 이야기를 들어볼 필요도 있을 것이다. 그러나 중요한 것은 아가페의 원천인 예수에게 가서 그를 만나는 것이 사랑의 기초와 기본을 닦는 길이며 최고의 고급 사랑을 배울 수 있는 길도 열리는 것이다. 이는 관심으로부터 배려, 기도로부터 중보기도, 에로스 · 필리아 · 아가페 사랑의 훈련을 통하여 사랑의 깊이와 높이와 넓이를 확장하고 확충해 갈 수 있다.

프롬: "어떤 기술을 배우는 데 있어서 거쳐야 할 단계는 무엇인가? 기술을 배우는 과정은 편의상 두 부분으로 나눌 수 있다. 첫째는 이론의 습득이고, 둘째는 실천에 익숙해지는 일이다. 만약 내가 의학 기술을 배우려고 한다면, 나는 먼저 인체에 대한 지식과 여러 질병에 대한 사실을 알아야 할 것이다. 내가 이러한 이론적 지식에 통달하게 되었다 하더라도 나는 아직 의학 기술에는 능통하지 못한 상태이다. 내가 가진 이론적 지식의 결과와 실천의 결과가 하나로 어우러질 때, 즉 그 두 가지가 모든 기술 습득의 원천인 직관으로 될 때까지 상당한 정도의 실천을 쌓은 후에라야 비로소 나는 의학에 있어서 대가가 될 것이다.

박: 이론과 실천의 단계를 마스터한 사람이 대가가 될 수 있다는 사실을 언급하였다. 사랑

학 박사가 될 수 있는 사람은 수많은 사랑의 지식과 사랑의 실천을 많이 한 사람이라고 말할 수 있다. 앨버트 슈바이처 박사, 테레사 수녀, 데미안 신부, 손양원 목사, 이태석 신부 등이 이 사랑의 박사, 사랑 실천의 대가들이다. 이들은 곧 사랑의 대가들이라고 말할 수 있다. 성자들과 사도들은 이러한 분들의 아버지들로서 예수 사랑의 후계자들이라고 말할 수 있다. 학습하고 전문기술을 익혀야 자기 전문분야에 최고의 대가가 되는 것처럼, 사랑의 기술도 마찬가지로 아주 어렵고 힘든 기술과 지식이 필요한 것이다. 그래서 사랑학의 대가(大家)가 되는 것은 우리 인생의 가장 가치 있는 분야의 장인(匠人)이며 사람이 살아가면서 의미 있게 남길 수 있는 최고의 예술품이, 사랑의 행위와 열매라는 사실이다. 그것은 이 세상의 가장 아름다운 예술이다.

프롬: "그러나 이론과 실천을 익히는 것 외에도, 어떤 기술에 있어서 대가가 되는 데는 또 한 가지 요소가 필요하다. 즉 기술의 습득이 궁극적인 관심사가 되어야 한다는 것이다. 다시 말하면 그 기술보다 중요한 것은 없다고 생각해야 한다. 이것은 비단 사랑뿐만 아니라 음악, 의학, 건축에도 해당된다. 우리 문화권 안에 있는 많은 사람들이 분명히 실패하면서도 왜 이러한 기술을 배우려 들지 않는가에 대한 해답도 아마 여기에 있을 것이다. 그들은 사랑을 그렇게 갈망하면서도 사랑보다는 성공, 권위, 돈, 권력 등을 더 중요한 것으로 생각하고 있고, 사랑의 기술을 배우기 위해서는 아무것도 하지 않으면서 그러한 목표를 성취할 수 있는 방법을 배우기 위해 모든 정력을 사용하고 있다."

박: 사랑의 기술을 배우는 그 자체가 최대의 관심사가 되어야 한다는 것이다. 사랑의 기술을 배우고자 하는 궁극적인 관심이 필요하다. 그래서 사랑의 훈련을 하고 한 영혼을 천하보다 귀하게 여기는 마음을 가지고 한 영혼을 위해 깊이 사랑하고 기도하고 관심을 가지는 것, 그 날개 잃은 천사, 상처받은 영혼을 배려하고 사랑의 말을 하는 것, 존중하고 그의 앞날을 위해 빌어주는 것이 바로 사랑학의 첫 단추를 끼는 것이리라. 사랑은 먼저 다가가는 것이다. 거기서 사랑의 기술을 성령을 통하여 배우게 되는 것이다. 천국의 학교에서 사랑학 커리큘럼을 통하여 매 순간마다 배우게 되는 놀라운 기적의 일들이 벌어지는 것이다. 그 사랑의 현장은 오늘이라는 시간에 나의 도움을 필요로 하는 이웃의 소리를 경청하는 순간에 이뤄진다.

사랑의 심리학

프랭그 코너(Frank Conner) 박사의 사랑의 심리학 강의 중에서 사랑에 대한 생각을 나눌 수 있다. 먼저 스턴버그(Sternberg)의 사랑의 삼각형 이론을 살펴보자.

그는 사랑은 친밀성(Intimacy)과 열정(Passion), 헌신(Commitment)의 세 요소로 구성된다는 것이다. 친밀성은 우호성(Likeness)으로서 변환되며 좋아하고 친밀한 감정을 가지는 것으로, 친밀성만 홀로 있을 때 사랑의 불완전한 상태라고 본다. 그리고 열정은 심취(Infatuation)와 열중의 상태로 보이며, 열정만 홀로 있을 때 불완전한 사랑이라고 말할 수 있다. 또한 사랑의 헌신은 공허한 사랑으로 사랑의 약속만 있을 때 사랑의 성취가 이루어지지 못한다는 것이다. 좋아하는 친밀성이 유지되면서 사랑의 열정이 보존되고 사랑의 약속이 이뤄지는 상태가 모두가 갖춘 상태가 완성된 사랑이라고 말한다. 또한 친밀성과 열정이 있는 사랑은 로맨틱한 사랑(Romantic love)이라고 볼 수 있고, 친밀성과 사랑의 헌신이 있는 사랑은 친구의 사랑(Companionate love)이라 말할 수 있다. 또한 열정과 헌신 사이의 관계에서 이뤄진 사랑은 우둔한 사랑, 공허한 바보의 사랑(Fatuous love)이라고 말한다. 다시 말해 사랑이란 늘 사랑하는 연인, 사랑하는 부부가 친밀한 사랑을 하며 사랑의 뜨거움을 간직하고 식지 않는 열렬한 사랑으로 늘 사랑 고백을 해야 한다는 것이다. 그래서 결혼식 때의 사랑 서약을 매일 반복하고 약속하며 살아가는 것이라고 말할 수 있다. 그래서 로맨틱 사랑을 즐기면서, 우직한 사랑을 하면서 늘 친구가 되어 영원한 우정을 나누는 연인의 사랑을 하는 것이 바로 아가페 사랑으로 가는 길임을 알게 된다.

에리히 프롬의 사랑의 정의에 기초한 사랑의 정의는 무엇인가. 스코트 펙(M. Scott Peck)은 사랑의 정의를 내린다. 사랑은 자기 자신이나 다른 사람의 영적 성장을 위하여, 또한 자기 자신의 성숙을 목적으로 자기 자신을 확장시키려는 의지라고 말한다. 사랑의 영역을 확대하기 위하여 아가페 사랑으로 나가기 위해 자신의 영적 성장, 자신의 성숙, 인격 발달을 꾀하여 온전한 사랑의 인격을 갖추는 것이 선결 요건이라고 본다. 사랑의 정의에 영적 성장과 타인을 온전히 사랑하는 목표가 있음은 중요한 것이다.

프랭크 코너는 일반적인 사랑의 행위에 대하여 질문한다. 왜 인간은 사랑할까? 인간은 생존하기 위해 사랑하는 존재이며 출산과 생산을 위하여 사랑하여 종족을 보존하려고 한다. 또한 인간은 사랑함으로 사회화 과정을 겪게 되고 사랑함으로 확인하거나 확약, 단언하게 된다. 사랑하게 하는 것, 무엇이 인간의 매력을 끄는 것일까. 근사치적인 요소, 근접된 것, 비슷한 성격이 사람을 끌고, 상호행동을 통하여 서로 사랑의 행위를 주고받게 된다. 상호행동을 기대하게 하면서 매력을 갖게 된다. 또한 사람은 단순한 노출, 성적 매력을 통하여 사랑을 하게 된다.

그러면 사랑의 의미, 사랑이 무엇이냐? 사랑의 정의를 해보자.

사랑은 사랑하는 사람을 아는 것이다. 인생 전체를 통하여 한 사람을 알아가는 길은 멀고도 힘든 길이다. 알아가는 차원에서 더 나아가 사랑하는 사람을 돌보는 것이다. 약한 것을 알고 상보하여 돌보는 것이 사랑임을 알게 된다. 그리고 돌보는 차원에서, 또 사랑은 사랑하는 사람을 향하여 책임감을 갖는 것이다. 책임을 지는 것, 그것이 사랑이다. 사랑은 사랑하는 사람을 위해 존경심을 갖고 품위를 지키는 것이다. 사랑하는 사람을 존경하고 사랑하는 것. 사랑은 상대의 불완전한 것을 수용하고 포용하는 것이다. 한편 사랑함으로 사랑하는 사람과 같이 성장하는 것, 영적으로 성장하는 것이다. 그래서 서로의 관계 속에서 함께 성장하는 것이라고 말한다.

불행한 커플은 서로의 관계 속에서 늘 부정적인 반응을 하며 반대의 의사소통을 하는 경우이다. 서로가 싸울 때 상처를 주고 부정적인 말을 하는 경우이다. 또한 반복된 요구에 대하여 언제나 거절하고, 심지어 의심하는 눈으로 매사를 불신의 눈으로 보는 것이다. 상처를 받은 경우 의심의 눈을 피하기란 여간 힘들지 않으며 그 상처를 치유하기에는 끊임없는 인내와 관계회복이 필요하다. 또한 의사소통에 있어서 상호 간 지속된 수용의 교환이 이루어지지 않는 것이 관계의 파괴에 이르게 된다. 이러한 부부, 불행한 관계는 이혼으로 파국적인 상황을 맞게 되는 것이다. 사랑의 관계를 유지하고 가정을 지키고 살아가기란 쉽지 않은 것을 볼 수 있다.

사랑을 위해 우리는 무엇을 할 수 있을까. 먼저 내가 할 수 있는 것, 사랑해야만 하는 것, 그 사랑을 믿는 것이 중요하다. 믿어라, 스스로 사랑을 위하여 일하라. 계속 사랑하라. 늘 가까이서 함께하는 것이 중요하다. 그리고 관심을 보이라. 자신을 위해 무엇인가 하고 사랑할 사람과 함께 행하라. 흥미 있는 어떤 것을 찾아라. 공평하게 대우하고 사랑할 기회를 잡아라. 사랑은 함께 만들어가는 것임을 알게 된다. 사랑에 대한 연구와 관심은 하나님을 알아가는 과정에서 인간에 대한 연구와 병행되는 것이며, 예수의 사랑에 대한 지속적인 기도에서 아가페의 사랑의 의미를 깨닫게 된다. 하나님의 왕국은 조그맣고 작고 일상적인 것에서 비롯된다는 사실에서 카이로스의 하나님 나라 임함의 역설이 있다. 이것은 예수의 사랑에서, 우리의 관심과 눈이 한 작은 사람, 이웃을 바라보는 애정 어린 눈에서 하나님 나라가 임하고 있다는 것이다. 이는 한 개인의 사랑, 가정의 사랑, 가족의 사랑, 부부의 사랑이 한 조그만 관심에서부터 움터서 우주적 사랑의 행위가 시작된다는 것, 그 작은 사랑의 몸부림이 필요함을 알게 된다.

끝으로 하나님의 사랑, 사랑의 영원성은 어디서 나타나는가. 그리스도 예수의 십자가 사랑, 성만찬 의식에서 재현된다. 영원한 사랑은 떡을 나눌 때, 포도주잔이 분잔(分盞)되며 그리스도의 사랑을 나눌 때 주의 큰 사랑을 깨달을 수 있다. 십자가 사랑, 인류의 사랑을 말이다. 우리가 이 사랑을 하고, 진정한 사랑의 의미를 알게 될 때 행복에 이르게 되는 것이다. 사랑의 심리학이 사랑의 영성으로 재현되어 나타나고, 다시 우리의 삶 속에서 진리와 정의로 나타날 때, 예언자적 상상력으로 외치는 예언과 사랑의 몸짓이 미래의 공의, 공평한 사회, 평화의 공동체를 형성하게 된다. 이때 주의 공의로운 역사가 이뤄져 우리 모두가 사랑을 공유하는 이상적인 사회가 될 수 있다.

사랑학에 대한 단상(斷想)

지식과 사랑
(고린도전서 13장)

"우리는 부분적으로 알고 부분적으로 예언하니 온전한 것이 올 때에는 부분적으로 하던 것이 폐하리라. 내가 어렸을 때에는 말하는 것이 어린아이와 같고 깨닫는 것이 어린아이와 같고 생각하는 것이 어린아이와 같다가 장성한 사람이 되어서는 어린아이의 일을 버렸노라. 우리가 지금은 거울로 보는 것 같이 희미하나 그때에는 얼굴과 얼굴을 대하여 볼 것이요, 지금은 내가 부분적으로 아나 그때에는 주께서 나를 아신 것 같이 내가 온전히 알리라. 그런즉 믿음, 소망, 사랑, 이 세 가지는 항상 있을 것인데 그중에 제일은 사랑이라."(고전13:8-13)

하나님을 사랑하는 일은 하나님을 아는 일에서부터 시작한다. 물론 이 하나님의 사랑에는 하나님이 먼저 우리를 사랑하는 일이 선행된다. 하나님이 우리를 사랑하여 당신의 독생자 예수를 보냈다. 이 세상에 강림한 일과 그 아들 예수가 십자가에 매달리는 사건은, 바로 이 사랑을 증명하는 것이다. 이 사랑을 이해하기 위해 먼저 체험하는 것이 필요하다. 우리가 이 사랑의 지식을 아는 차원보다는 그의 사랑을 체험하는 단계에서 바로 그 사랑을 알아가게 된다. 그래서 하나님의 사랑은 은혜와 은총이 필요한 것이다.

"사랑은 언제까지나 떨어지지 아니하되 예언도 폐하고 방언도 그치고 지식도 폐하리라."(고전13:8) 여기서 이 세상에 유일하게 남는 것은 사랑이라는 사실을 강조한 것이다. 성경은 예언도, 방언도, 지식도 폐하고 멈출 수밖에 없지만 사랑은 계속되고 영원하리라는 사실을 말하고 있다. 여기서 지식은 인간이 자기의 세계를 추구하며 쌓는 이성의 세계라 말할 수 있고, 이는 또한 이성의 작업 또는 과학의 세계라 말할 수 있다. 인간이 추구하는 지식과 학문의 세계는 끝이 없다. 그래서 전도서의 전도자는 지식의 세계도 헛되다고 고백하고 있다.

"전도자가 지혜로움으로 여전히 백성에게 지식을 가르쳤고 또 묵상하고 궁구하여 잠언을 많이 지었으며 전도자가 힘써 아름다운 말을 구하였나니 기록한 것은 정직하여 진리의 말씀이니라…… 내 아들아, 또 경계를 받으라. 여러 책을 짓는 것은 끝이 없고 많이 공부하는 것은 몸을 피곤케 하느니라."(전12:9-12) 지식의 세계가 피곤하다는 사실을 전도자는 가르쳐준다. 책을 쓰고 출판하는 일, 자신의 이름을 내고 역사에 남기는 일, 문학사 · 철학사 · 인문학사에 이름을 남기는 것 그리고 그 글과 행적을 역사에 남기는 일도 생명이 다하면 이름과 함께 사라지는 것이다. 후대에 글 정신이 살아가서 연구자에게 남는 경우가 있지만 그것도 그리 영원하지 못한 일이다. 하지만 사랑의 세계는 그렇지 않다. 한 사람의 마음에 그 사랑은 영원히 남는다. 인격적 관계에서 함께 나눈 사랑은 마음속에 남아서 영원히 기억 속에 존재하는 것이다.

"우리는 부분적으로 알고 부분적으로 예언하니 온전한 것이 올 때에는 부분적으로 하던 것이 폐하리라." 부분적인 지식과 부분적인 예언은 온전한 지식과 예언의 세계가 도래하면 멈추게 된다는 사실을 말한다. 마틴 루터 킹의 흑인 해방의 정신은 제시 잭슨 목사가 1984년, 1988년 대통령 후보로 나서면서 다시 그 해방정신을 회복하려고 애를 썼던 것을 볼 수 있다. 역사 속에서 백인과 흑인이 다 똑같이 동등한 인간이라는 사실을 미국 사회 안에서 인식게 하는 일을 계속하여 진행하였던 것이다. 최근 미국에서 흑인의 인권회복이 이루어진 사회를 표현한 것이 바로 오바마 대통령의 당선이 아니고 무엇인가.

장성한 사람과 어린아이의 삶을 이야기한다. "내가 어렸을 때에는 말하는 것이 어린아이와 같고 깨닫는 것이 어린아이와 같고 생각하는 것이 어린아이와 같다가 장성한 사람이 되어서는 어린아이의 일을 버렸노라." 이를 영적 생활에 비유하여 생각해볼 수 있다. 신앙의 어린이, 성인 아동의 모습을 생각해보자. 나이는 들었지만 아직도 어린아이와 같은 생각을 하고 말을 하고 행동을 한다. 유치한 유아적 발상과 행동에서 벗어나지 못하고 있다. 여전히 자기중심적이고, 자기애가 지나쳐서 예수의 사랑, 십자가의 사랑과는 너무도 먼 인격과 삶의 모습을 하고 있다. 그리스도의 장성한 인격, 장성한 사람이 되어 옛날의 유아적 인격을 잊어버리고 온전한 그리스도인의 삶을 살아가는 상태가 되었다. 그것이 바로 우리가 바라는 신앙생활, 영적 생활이 아니고 무엇이겠는가.

"우리가 지금은 거울로 보는 것같이 희미하나 그때에는 얼굴과 얼굴을 대하여 볼 것이요, 지금은 내가 부분적으로 아나 그때에는 주께서 나를 아신 것 같이 내가 온전히 알리라."

신약시대의 거울은 어떠했는가. 동으로 된 거울이었을 것이다. 희미한 거울이다. 닦고 닦아야만 투명한 거울이 돼서 뚜렷한 얼굴의 생김새를 볼 수 있고 분명한 얼굴 상태를 알 수 있을 텐데 그렇지 못한 상황이다. 또 우리가 사는 이 생에서는 주님을 본다는 것은 희미한 얼굴을 보는 상태이다. 하지만 우리가 구원을 받아 천국에 들어가면 얼굴과 얼굴을 마주 대하여 보는 것처럼 분명한 대면상태가 된다는 것을 말하고 있다. 부분적으로 아는 현세의 상태에서 주님을 만나면, 주님이 나를 아신 것같이 온전한 지식, 온전한 만남이 이뤄진다고 가르쳐주고 있다.

사랑의 세계도, 우리가 알고 하는 에로스의 사랑의 세계는 주님의 사랑의 세계, 즉 아가페 사랑 앞에서는 부분적인 것이지만, 이 사랑의 아가페 세계에서 살면서 주님을 알고 또 주님의 아가페 사랑을 하게 되면 온전한 사랑을 하게 된다는 것이다. 우리는 주님을 잘 알아가는 지식의 단계에서 주님을 온전히 사랑히는 시랑의 차원으로 한 단계가 디 나가기를 바란다. 부부간 사랑도, 평생 아내를 남편을 알아가야 하는 작업이 요구된다. 서로가 서로를 알기에는 많은 시간이 필요하다. 어린 시절 당한 상처를 알아내는 작업을 어떻게 해야 하는가. 수많은 대화와 영적인 기도, 용서와 덮어주는 사랑 등이 필요하며 심리치료, 상담이 필요한 것이다. 이는 부분적인 앎에서 완전한 지식에 이르는 과정이 필요하고 끊임없는 사랑과 인내가 요구되는 것이다. 그래서 사랑은 앎이다 말하고, 사랑은 지식이라고 말할 수 있는 것이다.

이태석의 사랑

수단의 선교사인 고(故) 이태석 신부는 사랑의 선교사였다. 영화 <울지 마 톤즈>를 통하여 많은 감동을 주었는데, 그 영화는 그의 사역과 인생, 선교에 대하여 알 수 있게 한다. 이 영화를 보고 '사랑을 느꼈다'고 고백하고, '당신은 사랑입니다'라고 감격하여 말하는 사람들을 보았다. 그는 수단의 열악한 환경에서, '그들을 위해 무엇을 해야 하냐'고 자문하는 장면을 본다. '예수라면 이곳에 학교를 세워주었을까, 성당을 지었을까.' 그리고 학교를 세워 교육을 하고 밴드부를 만들어 그들의 생활 속에서 기쁘고 보람되게 사는 세상을 가르쳐주고 있는 것이다.

영화를 같이 본 교육계의 교장 선생님들이 그를 회상하면서 다음과 같이 말을 하는 것을 보았다.

"사랑이 깊어서, 그리움이 깊어서, 아픔이 된다는 것을 알게 되었다."

"조금이라도 마음을 주는 교육을 해야 한다."

"사랑으로, 하나로 아이를 묶어야 한다."

"그분을 통하여 하나님의 사랑을 알게 한다."

크리스마스의 기적은 바로 오늘날 사랑의 화신이 되어 자신의 생명을 불살라서 수단의 사람을 사랑한 그분(이태석)이다. 이 이태석 신부의 사랑이 바로 놀라운 기적이다. 그래서 우리는 사랑은 희생이라는 사실, 인생에 남는 것은 사랑뿐이라는 것을 알게 된다.

사랑은 희생이다.
인생은 사랑만이 남는다.
사랑하고 깊이 사랑하고 넓게 품으며 높게 사랑으로 비상하는 것,
그것이 바로 아가페 사랑, 우주적 사랑이다.
플라토닉의 사랑을 넘어서는 영원한 사랑이다.
계산하지 않고 앞뒤를 따지지 않고 그저 주는 사랑.
오늘 우리는 그 작은 예수, 사랑의 그리스도를 만나고 싶은 것이다.

"사람의 크기는 사랑의 크기에 있다"고 말하는 분이 있다. 그렇다, 사랑을 얼마나 많이 할 수 있는가, 그리스도의 사랑을 체험하고 그를 따르는 사람은 우주적 크기로 사랑할 수 있는 큰 사람인 것이다.

용소막 성당을 비추며 소개하는 다큐멘터리 프로에서 이태석 신부가 자라고 미사를 드린 곳을 보았다. 그곳에서 이태석은 말한다. "천사를 알아보는 사람은 천사의 삶을 살 수 있는 사람이다." 그의 어머니 신명남(85)은 눈에다 뼈를 묻는다고 할 만큼 자신의 분신인 아들이 먼저 하늘나라에 갔음에도 불구하고 인터뷰에 응하며 영화와 TV에서 그를 기리는 것을 보고 감사하다고 연신 말하는 것을 본다. 그의 어머니는 계속 인터뷰에서 감사, 감사, 감사한다. 위로받는다고 말하는 것이다. 마지막으로 TV에서는 이태석 신부의 멘트를 보여주었다. 비우고 사는 법을 가르쳐주는 말로 마감을 한다. "날개가 너무 무거워 날 수가 없다. 우리가 하나씩 하나씩 비울 때 날 수 있고 행복을 얻을 수 있다."(이태석) 2011. 1. 14. 금요일, MBC, 이태석 신부 선종 일주년 기념 다큐멘터리의 끝 부분을 우연히 보고 쓰게 되었다. 그 후 며칠 후 뉴스에서 남수단과 북수단으로 나뉘는 분리 소식을 전한다. 북쪽 회교 나라와 남쪽 기독교 나라가 독립을 위한 투표를 하여 분리가 확실시된다고 보도하고 있다. 그리고 이태석 신부가 활동하던 곳은 남쪽이라고 누군가 알린다.

태초의 아가페(아하브) 사랑

태초의 거대한 아가페 사랑은 신약에 와서 세세하게 사랑의 원인과 결과, 과정을 설명하는 것으로 나타난다. 실체적으로 예수가 바로 이 사랑을 자세하게 설명하는 사랑의 화신이었다. 그것이 초대교회사와 중세교회사의 시대에 거대한 어둠의 세력과 맞서서 성령과 교회의 시대로 이끌며 평화의 주의 시도들이 예수의 사랑을 보여주었다.

그것이 바로 루터와 칼뱅으로 이어지는 종교개혁을 통하여 성서의 해방 전승을 바로 세웠다. 이후 웨슬레와 알렉산더 캠벨로 이어지는 신학적 개혁의 담론이 형성되었고 교회의 갱신과 말씀의 적응과 살아 있는 바른 교회의 전통을 이어갔다. 외형적 교회가 바로 악의 세력이될 수 있다는 사실을 알게 되었다. 그것이 극단적으로 나타난 것이 바로 히틀러에 동조하였던 대다수의 독일제국 교회들이었다.

초대교회의 예수사랑 정신으로 회복하자는 환원(還元)운동은 우리가 선 자리에서 죄와 어둠의 굴레, 악의 세력에서 벗어나서 주님에게, 그리고 초대 그리스도의 교회의 사랑의 정신으로 돌아가는 것이다. 이는 단순히 과거로의 복귀가 아닌, 과거의 좋은 개혁정신을 찾고 미래의 더 나은 아름다운 공동체를 형성하자는 현재의 개혁운동이다. 미국 기독교 교회에서 초대교회 회복운동, 환원운동은 초기에 흑인들의 참여와 활동이 주목되었다. 그들은 남북전쟁 전후로 많은 질고를 겪었다. 초대교회의 사랑의 정신에 감동을 받아 그리스도의 교회에 동참하고 복음의 기쁨을 누리며 신앙생활을 하지만 교회 안에는 인종차별이라는 다른 벽이 그들을 갈라놓고 있었다. 참사랑의 정신이 미국교회 안에, 그리스도의 교회 안에 로마서의 유대인과 이방인, 유대적 그리스도인과 헬라적 그리스도인 사이에 깊은 골이 있었던 것과 같았다. 그래서 흑인들은 그리스도의 해방과 자유, 사랑의 정신으로 이를 극복하고 미국 그리스도의 교회 안에서 평화의 주력이 되고 교회개혁의 중심이 되었다.

그리스도의 교회는 예수의 말씀과 행동을 따르는 아가페 사랑의 교회이다. 이 예수사랑의 정신은 그의 삶을 통하여 우리에게 보여주었듯이 자유와 평화, 사랑의 실천이다. 예수정신은 진리와 자유이다. 예수는 '머리 둘 곳도 없다'고 말씀하실 정도로 무소유의 삶을 살았다. 오늘날 부동 산투기나 재산 축척의 모습을 보면서 안타까운 현실을 본다. 우리는 예수의 말과 행위, 그의 행동을 본받도록 노력하자.

미국 그리스도의 교회 역사에서 1905년 악기 사용, 유사단체(선교회) 등의 문제로 교회가크게 분리되는 것을 알 수 있다. 왜 미국교회는 이러한 논쟁에 휩싸이게 되었는가? 예배 시악기 비사용의 취지는 거대한 교회음악 문화를 지양하고, 거액의 파이프 오르간을 장만하기보다는 길거리의 밥 못 먹는 불쌍한 대중을 찾으려는 사랑의 정신에서 발로한, 교회의 우람하고 울창한 음악 악기 소리보다는 개인의 순수한 육성과 인격이 모아진 순수한 찬양을 올려드리겠다는 특유한 고집에서 비롯된다. 이는 신약성서에서 계시되고, 기록된 말씀의 정신을 따르고자 하는 것이었다.

그리스도의 교회(Church of Christ)는 환원운동을 하며 교회의 일치와 연합을 강조하였다. 본질에는 일치하고, 비본질에는 사랑하며, 매사를 사랑으로 하자는 구호를 외치었다. 그렇다. 모든 일에 사랑이 없으면 하나님의 나라는 요원하기 때문이다. 이 교회 정신은 바로 예수를 따라가고자 하는 운동이었다. 여기서 예수정신은 자유의 정신, 평화의 정신이었다. 그리고 그것은 사랑으로 나타난 것이었다. 그래서 미국 남북전쟁의 역사 속에서 노예이자 흑인인 기독교인들의 새로운 출애굽운동, 새출애굽의 백성들이 거기에 있었던 것이다. 죄의 노예상태에서 구원이라는 그리스도인의 해방도 중요하지만 그곳에서 한 단계 더 나아가 짐승보다도 더 못한 인권의 상실과 비인간화의 상태에서 벗어나고자 하는 몸부림, 이것이 미국교회에서 해방의 과제이었던 것이다. 환원운동가와 신학자(알렉산더 캠벨, 토머스 캠벨, 발톤 스톤, 월터 스코트)들이 찾은 참된 교회의 모형이었다. 분파주의를 뛰어넘어 우주적인 하나의 신약교회, 그것을 찾으려는 노력이었다. 이러한 유토피아적 교회상은 바로 창조주 하나님의 아가페적 사랑의 발로가 아니면 무엇이겠는가.

이는 구약의 역사 속에서 애굽의 노예생활로부터 벗어나려는 몸부림, 그리고 하나님의 백성들을 인도하려는 하나님의 사랑이 바로 모세를 통한 구원의 역사로 이어졌던 것이다. 구약에서 이 사건을 근원(根源)의 경험, 결정적 사건이라고 한다. 그것이 바로 구약의 해방 전통에 시발점이 되었고 노예에서 벗어나 이스라엘 백성이 된다는 의미를 구약성서를 통하여 보여준다. 그 구속의 역사는 예언자를 통하여 죄에 얽매어 있는 부자유한 현실에서 회개하고 돌아서는 자유와 해방의 길을 예언자들이 외치고 예언운동을 벌였던 것을 구약예언서를 통하여 숙지하고 있다. 이도 바로 하나님의 아가페 사랑, 그 구속사의 연장에서 이해할 수 있는 것이다.

미국교회사와 세계교회사에서 환원신학자들이 교회직제를 연관시켜 신학적 논의를 펼친 것은 특별한 의미가 있다. 알렉산더 캠벨에게 있어서 신학이론을 교회현실과 연결시켜 논의한다는 것은 대단한 것이다. 신학 이론을 교회의 직제와도 연결시키는 논의를 하였다는 것은 교회사 2000년 역사에 획기적인 작업이었다. 이는 신앙생활의 장(場)이자 중심인 교회공동체의 형성과 천년왕국 운동의 핵인 신앙공동체에서 바른 교회 조직과 직제, 성례전, 예배 실제 등의 모본을 찾으려는 움직임은, 교회 유토피아의 운동으로서 자유와 진리의 새 물결이었다. 이 물결이 미국교회와 그리스도의 교회, 그리고 더 나아가 한국과 한국의 교회, 한국의 그리스도의 교회, 아시아 그리스도의 교회운동으로 퍼져서 세계 그리스도의 교회의 이상으로 나타나는 작업이 필요한 것이다.

여기에서 역사의식 속에 한국 그리스도의 교회의 과제를 생각해보지 않을 수 없는 것이다. 한국 현대사를 꿰뚫고 있는 역사 전승이 있다. 그것이 의의 역사와 악의 역사의 축이다. 독립운동, 민주운동, 민족자주운동, 통일운동으로 이어지는 의의 역사와 기득권 세력의 연속된 역사, 즉 친일파, 독재자, 반통일 세력의 득세로 이어지는 불의의 역사로 볼 수 있다. 그러나 역사는 결국 사필귀정으로 이스라엘 하비루의 승리로 끝나고 이어진다. 결국 십자가 진리의 진영으로 끝이 나는 것이다.

김용옥의 '독립운동사 유적지를 찾아서'라는 프로그램이 있다. 청산리 전투에서 김좌진과 홍범도의 활약이 잘못 보도되고 있다는 사실이다. 김좌진은 가족을 거느리고 독립운동을 하며 소극적 투쟁을 한 반면, 홍범도는 호랑이 잡는 포수 출신으로서 홀로 다니며 전쟁을 하였던 급진파 독립군이었다. 그는 전쟁에서 포획한 일본 군복을 입고 일본군 진영의 중간 지대에 위치하여 포진한 일본군 부대의 위아래에서 동시에 총을 쏴서 서로 자중지란에 빠지게 하여 전술적으로 대승을 거둔 무용담이 전해지고 있다. 오늘도 그 만주지역에 사는 사람들의 전승 속에서 전쟁의 무용담을 듣게 된다.

정정화라는 여인은 임시정부의 중요한 살림과 한국에서 독립자금을 전달하는 역할을 맡아서 혁혁한 공로를 가졌다. 3·1운동 이후 평화적, 간디의 비폭력적 운동을 가지고는 독립을 할 수 없다는 의식 속에서 직접 총과 칼을 가지고 독립운동 전선에 나선다. 그때에 여성들도 자신의 가정을 지키기 위해 나라의 독립전선에 가담하여 독립군에는 10명에 한 명꼴로 여자 독립군이 있었다는 것이다. 교회성장과 부흥에는 여성의 힘이 결정적이듯, 한국독립운동사에도 남자와 똑같이 전쟁에 참여하여 활약을 벌여서 해방의 기쁨을 안기는 데에 여성이 일조하였다. 이처럼 바로 살아 있는 한국 혼의 중심에는 바로 여성이 있었던 것이다.

한국의 현대사에는 독일의 히틀러와 본회퍼와 같은 역사의 모델이 있다. 이승만과 박정희, 전두환으로 이어지는 독재자의 역사와 한국의 민중을 구원하고자 하는 예언자들의 역사가 있다. 본회퍼는 미친 버스 운전사가 탄 모든 승객들의 안전과 평화를 위해 그 운전사를 제거해야 한다고 말하고 실행한 것처럼, 오늘의 역사에서도 역사적 사건에 동참을 촉구한다. 이는 거룩한 아가페 사랑의 참여라고 말할 수 있다.

여기서 우리의 현실 파악을 위해 언어의 분석이 필요하다. 독재자에게는 '살려, 죽여'라는 단순한 말과 직접적인 행동, 폭력의 언어만이 있다. 그들의 행동은 단순하다. 단순한 말을 사용한다. 사람을 죽음에 이르게 하는 언어뿐이다. 반면, 예수의 말도 단순하고 쉬웠다. 심플 스피치(Simple Speach, 단순한 언어)가 바로 공통된 악과 선의 평이한 언어였다. 노예상태에 있는 사람들에게 평화를 주는 언행이 바로 예수의 언어였다.

오늘 우리의 현실은 어떤가. 악의 현실이냐, 선의 역사로 행동하는 아가페 사랑의 거대한 물결에 평화와 사랑, 자유와 해방, 진리의 세계로 나아가고 있는 현실이냐? 우리는 거대한 아가페 사랑의 역사 속에 우주적 사랑의 존재로서 평화를 만들고 주의 사랑을 전하며 살아가는 창조적 역사의 사람이 되어야 하겠다. 환원신학과 흑인의 역사 속에서, 격랑 속의 한국현대사에서 자유를 사모하고 동경하며 아가페 사랑을 받은 우리들이 이제 나설 때가 되었다. 노예상태에서 그리스도를 사랑한다는 것이 바로 예수 언어라는 것, 예수 그리스도의 교회회복운동이라는 것, 그를 위해 우리는 예수정신과 예언자정신을 가지고 사랑하며 살아야 한다는 것이다.

신학 지원자의 사랑

신학을 전공하려고 하는 학생들에게 '사랑이 무엇이냐?'고 물어보았다. 그들의 대답은 다음과 같았다.

"신학을 한다는 것은 비전을 가지고 목회를 하며 목양을 하겠다는 것이다. 하나님의 일과 뜻을 우선시하여 하나님께 영광을 돌리는 것이다. 이 일을 위해 인격적으로 하나님을 닮아가는 것이 필요하며 하나님의 인격으로 주의 양들을 양육하며 양을 위해 목숨을 내놓는 것이 진정한 사랑이라고 생각한다."

"사랑이란 마음에서 먼저 감사하는 것이다. 그래서 마음으로 감사함으로 행복을 느끼는 것이다. 우리의 행복과 불행은 마음먹기에 달려 있다. 기도하며 즐거워하는 것이 중요하다. 우리의 현실은 즐거워하고 기뻐할 수 없는 현실이다. 외로운 실존인 것을 본다. 하지만 성경에서 바울은, '기뻐하라'고 명령하고 있다. 명령이니 단지 순종해야 하는 것이다. 이유 없이 순종하다 보면 그 뜻이 무엇인지 아는 것처럼 말이다. '항상 기뻐하라. 쉬지 말고 기도하라. 범사에 감사하라. 이는 그리스도 예수 안에서 너희를 향하신 하나님의 뜻이니라.'(살후5:16) 주의 명령으로 기뻐하고 감사하며 기도하며 살아야 한다.

　　그리고 사랑은 조건 없이, 가식 없이 주는 것이다. 자기의 이익 없이 먼저 남에게 주고 봉사하며 희생하면 칭찬을 받고 기쁨이 넘치게 된다. 그래서 사도행전에서 받는 것보다 주는 것이 복이 있다고 말한 것은 이를 두고 한 말이리고 생각된다.”

　　“사랑은 전도하는 것이라 본다. 하나님의 사랑을 가지고 있으면, 전하지 못하면 견디기 힘든 자신의 마음의 상태를 발견한다. 그래서 전도하고 사랑하면 공동체 안에서 칭찬을 받게 되고, 교회 공동체 안에서 처음으로 사랑을 받는다는 느낌을 받으면서 기쁨을 가지게 되었다. 전도하다 보면 이단이라는 말과 사이비라는 말을 많이 듣고 모욕과 모멸을 느끼게 되는 경우가 많다. 핍박을 받기 쉽다. 하나님의 사랑을 가진 자는 바로 이러한 전도와 선교에서 그리스도의 십자가 사랑을 알게 된다.”

　　“어린이를 가르쳐 보면서 경험하는 것이 있다. 아이들 중에 특별하고 특이한 학생이 있으면 주위의 학생들이 그 아이를 격리하고 왕따를 시킨다. 무엇인가 다른 학생은 집단에서 떨어져 나가 혼자 남게 하는 경우를 보면서 안타까움을 가진다. 그래서 따돌림을 받은 학생에게 먼저 다가가서 그와 하나가 되어 이야기하고 격려하면 그 아이는 힘을 얻는다. 그러고 다시 아이들 사이로 그 아이를 이끌고 가서 대화를 하게 하면 금방 어울리는 것을 보면서 아이를 사랑한다는 것이 무엇인지 알게 된다.”

　　“죄와 벌이라는 톨스토이의 책을 읽어보면 하나님의 사랑에 대하여 알 수 있다. 주인공 라스니코프는 법학도인데 전당포 주인이 괴팍한 성품을 가지고 못되게 대한 것에 앙심을 먹고 살인을 하였다. 그는 처음에는 죄의식을 느끼지 못하다가 고결하고 착한 주인의 여동생을 죽이고 나서는 큰 죄책감을 가지게 되었다. 결국 자수를 하고 시베리아행 열차를 타고 유배지로 가는 길에 소냐를 만나 순결한 사랑을 하게 된다. 소냐로부터 교화가 되면서 하나님의 사랑에 대하여 알아가게 된다는 이야기이다. 그래서 우리들도 하나님이 판단할 때 죄인일 수밖에 없다는 것이다. 죄는 반드시 죗값을 치르게 된다는 사실을 알게 된다.”

　　“인생을 살면서 어려운 때가 있었다. 체육관을 열어서 아이를 가르치려고 하였는데 그만 돈이 모자라 부모님에게 손을 벌리니 전혀 도와주지 않아서 원망하였다. 그런데 성경을 보면서 부모도 가지지 않는 진실한 사랑을 찾을 수 있었다. '떡을 달라고 하면 돌을 주는 부모가 있느냐'라는 구절에서 하나님의 사랑을 알 수 있었다."

"가시고기라는 책을 통하여 부성애를 알 수 있었다. 가시고기는 자기 살을 떼어서 새끼를 살리는 성격을 가졌다. 그 책의 주인공 아버지도 그러한 절절한 사랑으로 자녀를 사랑하는 모습은 진정한 사랑이 무엇인지 알게 하였다. 이것이 하나님의 사랑을 알게 해주는 것이 아닌가 생각한다."

"갈라디아서 2:20의 말씀에서 그리스도의 사랑을 알 수 있다. '내가 그리스도와 함께 십자가에 못 박혔나니, 그런즉 이제는 내가 사는 것이 아니요, 오직 내 안에 그리스도께서 사시는 것이라. 이제 내가 육체 가운데 사는 것은 나를 사랑하사 나를 위하여 자기 자신을 버리신 하나님의 아들을 믿는 믿음 안에서 사는 것이라.' 내 안에 그리스도가 사는 것, 그가 내 안에 사시면 다른 사람을 위하여 헌신하고 배려할 수 있다는 것이다. 하나님은 우리를 사랑하여 자기 자신을 버리셨다는 사실이다. 헌신하여 자신을 아낌없이 십자가에 달려 우리의 죄를 담당하셨다는 것이다. 사회생활을 하다 보면 이익을 위해 줄다리기를 해야 할 때가 많다. 그때에 손해를 보고 상대방을 수용할 수 있어야 한다. 또한 다른 사람을 위해 그 영혼을 위해 사랑과 애정을 가지고 다가가서 복음을 전하는 것, 선교를 하는 것이 바로 예수의 사랑이라고 본다. 이것은 아주 귀한 것이라고 본다. 이를 배우기 위해 신학을 하고 싶다."

신학을 하려는 학생들의 지원 동기를 보면 참으로 사랑하며 살려는 것, 참사랑을 실천하며 살려는 의지를 가진 것을 알 수 있다. 하나님의 사랑과 하나님의 인격, 성품을 배우고 싶은 것이다. 그 사랑을 잘 알고 있음을 알 수 있다. 신학교 생활 4년, 편입하여 2년 생활을 하면서 신학적 지식과 교실에서 교수와의 관계를 통해 그리고 신학 동기생을 통하여 사랑 훈련, 공동체 훈련을 통하여 사랑의 연습을 하게 되는 것이다. 여기서 지식만을 추구하는 삶, 자기 성적 관리만을 하는 생활이 아닌 자기의 부족하고 연약한 부분을 찾아 성경을 보고 신학지식을 얻고 영성도서를 정독하면서 하나님께 예배하는 삶을 살아가는 동안 자신의 내적인 변화를 겪게 될 것이다. 온전한 회개와 회심, 하나님을 만나고 그리스도 예수를 다시 영접하는 계기가 있게 될 것이다. 그래서 더 나은 하나님의 아가페 사랑을 깨달아 주의 사역지에서 사랑하며 살아가는 주의 종이 되는 것이다. 다시 말해 신학 공부는 사랑의 훈련과 기술을 습득하며 하나님의 인격을 도야하는 기간이라고 말할 수 있다.

일상 속의 사랑

우리는 하루의 일상에서 보이지 않는 사랑의 손길에 끌려 살아가는 존재들이다. 이 글에서는 일상 속에 비친 인간사랑의 이야기를 하려고 한다. 가정 식구에 대한 사랑을 하루의 일과 속에서 배어 나오게 할 수 있을까. 자신의 일이 우선되어 살아가는 성공지향적인 사람들은 가족들의 요구와 몸짓들을 읽어내는 능력이 희박하다. 가족 구성원들이 원하는 것이 무엇인지, 무엇 때문에 곤란한지 알 길이 없다. 그래서 흔히 자신은 출세하고 유명한 사람이 되어 있지만 가족들은 등을 돌려 사랑과 관심을 표현하지 않고 사랑이 없는 차가운 가정이 많은 것을 주위에서 흔히 볼 수 있다.

가영이는 한결같이 변하지 않는 마음을 가진 아이다. 어렸을 때부터 친구를 사귀면 사귄 그 친구를 좋아하여 줄곧 함께한다. 친구가 좋아서 수업이 다 끝나도 혼자 집에 가지 않고 기다렸다가 친구와 같이 집에 돌아오는 버릇이 있다. 반이 바뀌어도 행동이 바뀌지 않고 3년간 줄곧 친구가 기다려주지 않고 일찍 집에 가더라도 자신은 일찍 끝나면 기다렸다가 함께 집에 가는 착한 아이다. 그렇게 학교생활을 하고 졸업하여 고등학교에 진학해서도 그렇게 한결같이같이 자기를 좋아하고 기다려주는 친구가 없는 것을 보고, 가영이가 진실한 친구라고 생각하고 다시 그를 찾아주는 친구가 있다. 세월이 흘러가도 계속하여 그리운 친구, 그 친구 가영이를 항상 생각하고 연락하며 대학교 때에도 만나고 찾는 친구관계가 유지되는 것을 옆에서 지켜본다.

가정이 해체되고 어려운 경제 상태에서 대학 공부를 하느라 아르바이트를 하고 힘들게 생활하지만 가영 친구를 만나면 힘을 얻고 기분이 좋아지는 것을 볼 수 있다. 참 친구라는 생각에 가영을 찾고 보면, 중고등학교 때 얼굴에서는 평안이 많지 않던 아이가 이제는 편안한 얼굴로 변하였다는 말을 듣기도 하였다.

고등학교 때 친구끼리 '외로운 늑대'라는 모임을 만들고 단가를 불렀던 때가 생각난다. "사랑, 평화, 행복, 이 모든 것은 참된 마음에서 넘쳐흐르는 것. 우리 모두가 하나가 되어 참된 친구는 우리 손으로, 참된 행복도 우리 손으로 가꾸어가자." 사랑과 평화, 행복이라는 가치를 추구하며 참된 친구, 참된 행복을 운운하던 고등학교 시절, 이 노랫말을 생각하면 참으로 재미있고 흥미로운 것을 발견한다. 우리의 마음에서 행복과 사랑이, 평화가 만들어진다는 사실을 말하고 있으니 말이다. 그 마음을 다스리기 위해 우리는 예수의 마음을 가져야 이 평화를 만들고, 이 사랑을 가질 수 있지 않는가.

얼마 전 아내의 볼멘소리를 들어야 했다. 딸을 데리러 고속버스 터미널에 다녀오라는 부탁을 거절한 것이 문제가 되었다. 밤 11시 30분경, 여행을 갔다가 부산에서 올라오는 버스를 마중 나가달라는 것이었다. 오고 있는 길이면 길이 엇갈려 헛수고 할수 있는데, 전화를 받지 않는다고 빨리 나가보라는 재촉이 불같았다. 영하 17도의 날씨에 늦은 저녁 시간, 내가 나가지 않으니 아내가 나가는 것이었다. 내일 주일 교회 가는 일 등은 아랑곳하지 않고 딸을 마중 나가야 한다는 것이었다. 물론 나중에 길이 엇갈려 헛수고로 끝났지만.

아내의 요구, 터미널까지 버스 타고 가서 함께 택시 타고 들어오자는 제의를 받아들이지 못한 것은 아직도 가족을 위해 헌신하지 못한 아빠의 사랑 없음을 여지없이 드러내는 순간이었다. 이는 테스트라는 사실로, 가족 사랑에 대한 테스트라는 생각을 하지 못한 것이었다. 앞으로 이러한 상황을 맞이하면 무조건 군대에서 불침번 근무 설 때처럼 행해야 한다는 생각을 하였다. 군대에서는 야간 근무를 나설 때 어떠한 추위에도 군인정신으로 나가야 하기 때문이다. 가족식구를 위해선 아내의 부탁이라면 무조건 나가는 일을 해야 하리라 결심하였다. 그 일로 불합리하고 이해되지 않는 일이라도 그것이 사랑의 테스트인 것을 깨닫게 되었기 때문이다.

가족 사랑은 행동으로 보여주는 것 외에는 달리 표현할 수 없는 것이다. 실천만이 사랑의 표현이요, 사랑의 모습이다. 일상 속에 가족들의 편의를 위해 관심을 갖고 애정을 보일 수 있는 일이 무수히 많다. 부탁과 제의가 올 때 또 가족의 사랑을 보여줄 기회가 왔을 때, 긍정적인 생각을 하고, 불침번 근무의 악조건도 이겨내고 수고한 것을 생각하며 몸을 아끼지 말고 가족 사랑을 실천하는 지혜로운 일상의 사랑을 실천하는 가족원이 되기를 바라본다.

영적 사랑

이 세상을 살아가면서 물질에 대한 사랑, 돈을 사랑하고 살아가는 삶과 신앙을 최고의 가치로 생각하고 영적인 것을 사랑하고 살아가는 삶으로 크게 대별할 수 있다. 그래서 돈이냐, 신앙이냐, 물질지향주의 삶인가, 하나님 중심으로 살아가는가 물을 수 있다.

찬송가를 보면 영적 사랑에 대하여 잘 표현해주고 있다. 하나님의 사랑은 먼저 사랑하는 것이라 말한다. "주 예수 내가 알기 전 날 먼저 사랑했네. 그 크신 사랑 나타나 내 영혼 거듭났네."(구 98장) 먼저 사랑을 하는 것이다. 사랑을 받기만 하는 사람은 사랑할 수 없는 사랑장애자가 될 수 있다. 사랑하는 훈련을 통해 사랑할 수 있는 사람이 되는 것이다. 하나님의 사랑은 그 크신 사랑, 참사랑임을 알 수 있다. 아가페 사랑, 조건 없는 사랑임을 알게 된다. 그 사랑은 만백성을 사랑하는 우주적인 사랑이다(구 256장). 그래서 원수도 사랑할 수 있는 사랑이다(구 383장).

우리가 영적으로 깊어지면 교회를 늘 사랑하는 사람으로 변하는 사랑의 사도가 될 것이다 (구 246장).

영적 사랑은 이 세상 사람들이 추구하는 세계와 다른 것이다. 그 영적인 아가페 사랑은 성도의 사랑, 교회의 사랑, 영원한 하나님의 사랑, 예수의 사랑으로 나타난다. 그래서 다음과 같이 찬양할 수 있는 것이다. "내 주 되신 주를 참사랑하고 곧 그에게 죄를 다 고하리라 큰 은혜를 주신 내 예수시니 이전보다 더욱 사랑합니다."(구 512장) 주님의 구속애를 흠뻑 받은 성도의 진한 고백이다. 베드로의 신앙고백, "네가 이 사람들보다 나를 더 사랑하느냐."(요21:15) 주 예수께 대한 사랑은 그 어느 누구를 향한 사랑보다도 최우선적이어야 한다. 예수를 알면 알수록, 시간이 흐르면 흐를수록 이전보다 더욱 사랑해야 한다. 즉 가속적인 사랑이어야 한다.

"인간의 사랑 가운데 가장 지고한 형태가 바로 영적 사랑이다. 경건한 사람에게는 이 영적 사랑이 강압적이 아니라 언제나 자발적이다. 낮은 수준의 사랑은 주로 감정적인 차원에 머무르고 말지만 영적 사랑은 신앙에 바탕을 두고 있으므로 성령의 지배를 받는다. 따라서 여기에는 시기와 자랑과 교만과 무례한 행위와 성내는 일 등이 전혀 없다. 이 영적 사랑이야말로 가장 탁월하고도 영구한 사랑이며 예수 그리스도를 통하여 인간이 받을 수 있는 하나님의 최상의 선물이다."(찬송가 도움말 중에서)

갈비뼈

우리의 갈비뼈를 찾는 것이 바로 결혼상대자 물색이다. 결혼은 바로 그 갈비뼈를 찾아 혼인 예식을 하는 것이며 그 혼인을 통하여 평생 행복하게 사는 것이다.

하지만 살다 보면 이 갈비뼈가 맞지 않아 찌르고 있는 현실을 보게 된다.

맞지 않는다는 것? 이것이 문제이다.

살면서 서로 맞추며 살아가는 사랑의 기술을 연마하는 것이 바로 결혼생활이며, 에덴동산에서 죄짓지 않고 살아가는 순명의 삶인 것이다.

죄는 무엇인가. 에덴동산에서 추방당한 인류는 결혼생활에서 부부가 지켜야 할 금단의 열매, 두 사람이 약속위반을 함으로 가정에 죄가 들어가 가정이 금이 나기 시작한 것이다. 그로 말미암아 에덴동산에서 창조주 하나님으로부터 추방령이 내리기도 하였지만 자유의 고삐가 풀려 에덴동산에서 벗어나지 않고는 못 배기는 상태에 이르게 된 것이다.

그 인류의 후예인 오늘 우리들의 삶은 유형론적으로 유사한 추방의 현실이다. 이 버림의 단계에서 다시 하나님께로 회복되어 환원될 수 있는 길이 없을까? 가정파괴와 혼인의 위기에서 사랑을 회복할 수 있는 길은 없는가. 상대를 찌르는 갈비뼈의 날카로움과 계속 어긋나는 갈비뼈의 상태를 멈출 수 있는 길은 없는가? 우리 인류는 실낙원의 상태로만 살아야 하는가?

얼마간 해답이 없었다. 2000년 전에 그리스도께서 이 땅에 오셨다. 가정 회복의 길을 가르쳐주시기 위해 오셨다. 많은 사람들의 갈비뼈가 어긋나서 근원을 치료하지 못했지만, 그리스도의 십자가 사랑으로 이를 극복할 수 있는 구원의 희망이 있게 된 것이다. 십자가 위에 당신이 피 흘려서 갈비뼈에 스며들고 창에 찔리어 인류에게 희망의 빛을 비추어서, 새로운 인류의 가족에게도 희망을 주었다. 에덴동산의 복락원이 이루어진 것이다.

그래서 십자가의 비밀이 갈비뼈의 소생을 가능하게 한 것이다. 십자가의 사랑만이 실낙원의 회복을 가능하게 하였다. 이것만이 맞지 않는 갈비뼈를 딱 맞추는 희귀한 역할을 하는 것이다. 십자가의 사랑으로 부부가 하나가 될 때, 어긋난 뼈가 들어맞게 되는 신비한 묘약이 된 것이다. 이를 십자가의 사랑의 묘약이라 부를 수 있다.

사랑학을 위한 생각

"사랑은 신성한 시, 하늘까지 올리기는
사랑은 가장 아름다운 별, 멀리멀리 빛나는
그래도 사랑은 항상 우리를 비춘다.
머나먼 빙산처럼 동쪽 하늘에 쉬면서
덧없는 나날의 높은 뜻을 눈부시게 비친다.
독기가 있는 안개를 머금은
대기를 정화시키기 위해
번개는 불꽃을 일으키면서 내리친다.
헛된 것들은 모두 흩어져 날아가고
영원한 사랑의 핵심이
영속하는 별처럼 빛나게 하라.
오직 사랑만이 사랑하는 자를 천국으로 이끌어간다."

(괴테, 『파우스트』)

"진정 소중한 것은 아주 작은 곳에 있다. 대부분의 사람들은 가족과 가정 그리고 직업에 의해 서로와 다양한 관계를 맺고 있다. 그중에서 가장 커다란 행복을 느끼는 것은 아주 작지만 목가적인 집단 속에서 체험할 수 있는 것이 사랑이다. 그 속에서 우리는 행복을 느끼고 있다. 우리가 진정한 자아를 발견할 수 있는 것은 바로 그 순간이라고 할 수 있다. 작은 집단 속에서 서로의 상처를 위안하고 보살피는 순간, 작은 행복이 섬광처럼 빛난다."

"세상을 위해 베푸는 사랑은 곧 나 자신에게 베푸는 일이다."

"사랑은 환상처럼 다가온다. 사랑에 빠진 사람은 마치 천사를 대하듯이 상대방을 대한다. 사랑은 아름다움 그 자체의 의미를 담고 있는 것이다. 사랑은 우리에게 많은 것을 알려준다. 고통과 절망의 굴레에서 벗어날 수 있는 길도 제시한다. 비극의 땅에서 벗어날 수 있는 새로운 가능성을 내포하고 있는 것이다. 낯설고 황폐한 세상에서 아름다운 사랑을 발견한다는 것

은 새로운 희망의 가능성을 담고 있다. 사랑만이 구원의 유일한 방식이다.”(밀란 쿤데라, 『지혜』의 서문)

“사랑의 힘은 무한을 체험할 수 있는 기적을 일으키기도 하는 것이다.

불멸의 사랑, 그것은 영원히 빛난다. 어둠이 아무리 깊다고 해도 사랑의 빛을 다 가릴 수는 없다. 눈부신 사랑은 무성한 가시덤불 속에서 길을 잃어버린 인간을 저 높이 승리의 길로 이끈다. 이 세상에 그런 사랑이 없다면 우리는 치욕과 고통의 늪에 빠져 허우적거리다가 삶을 마감할 것이다. 사랑은 어떠한 결함이라도 치유할 수 있는 마법을 가지고 있다. 아무리 추한 모습이라고 해도 사랑의 눈빛 속에서는 아름답고 매력적인 모습이 될 수 있는 것이다. 사랑은 거의 모든 일에 생기를 불어넣는다.”

“사랑이란 끊임없는 질문의 연속이다. 나는 이보다 더 좋은 사랑의 정의를 모른다.”(10)

“나는 사랑의 책을 쓰고 싶다. 거기에다 온 세상이 기피하는 모든 금기를 몰아내고 모든 것들을 죄다 말하고 싶다. 나의 모두를, 내 속에 간직한 열정을, 내가 과연 누구이며, 무엇을 생각하고 있는지를 죄다 쏟아버리고 싶다. 나는 사랑을 하고 싶은 것이다.”(24)

“사랑은 시요, 시는 사랑이다. 이해란 자신을 다른 사람과 융합시키고 그 과정 속에서 연소하는 것이다. 하나의 불꽃으로 타오르면서……”(29)

사랑에 대한 밀란 쿤데라와 괴테의 생각을 살펴보았다. 철학적 사랑의 모습을 보여준다. 여기서 철학적 사랑에서 더 나아가 신적 사랑에 대하여 루이스 생각은 우리에게 생각의 여지를 많이 제공한다. C. S. 루이스가 『네 가지 사랑』에서 말한 ‘신적 사랑’, ‘선물의 사랑(Gift-love)’과 자식을 위한 부모의 사랑과 유사하다. 이 사랑은 ‘신이 될’ 가능성이 높은 사랑이다. “인간의 모든 사랑은 최고 정점에 이르렀을 때 스스로 어떤 신적 권위를 주장하는 경향이 있다. 그 사랑의 음성은 마치 하나님의 음성인 양 들려온다. 그 사랑은 우리에게 대가를 계산하지 말라고 말하며, 전적인 헌신을 요구하고, 다른 주장들은 모조리 깔아뭉개며, 진심으로 ‘사랑을 위해’ 한 일이면 뭐든지 다 합법적이며 심지어 훌륭하다고 에둘러 말하기도 한다.”(『네 가지 사랑』)

지나친 사랑이 신적 사랑과 혼동이 되어 잘못된 결과를 지닐 수 있음을 보여준다. '하나님은 사랑이다'라는 것과 '사랑이 곧 하나님이다'라는 명제가 일치할 때 오는 문제가 있다. '사랑은 신이기를 그칠 때 비로소 악미이기를 그친다'는 철학자 루즈몽(M. Denis de Rougemont)의 말에서, 사랑은 신이 되기 시작하는 순간, 악마가 되는 속성이 과잉보호, 마마보이 등에서 나타난다. 그래서 '천사와 같이 보이던 엄마(아빠)'가 무서운 이유가 그것이다.

지상에서 펼치는 사랑의 지나친 행위, 아가페 사랑의 차원도 인간의 눈높이에서 이해된 사랑으로 펼쳐지지 않을 때 오는 사랑의 왜곡 현상이 클 수 있음을 생각해볼 수 있다.

성공학의 사랑

리더십 책이나 성공학, 경영 리더십에서 말하는 내용들이 성경의 사랑의 법칙을 따르고 있는 것을 볼 수 있다.

성공을 위한 마음의 프로그램에서 성공의 법칙을 6가지 제시하며 기본 자아개념과 사랑의 힘에 대하여 말한다. 자아개념과 생성심리, 두 개의 장애물(향상성, 경직된 태도를 말하며), 나에게 일어나는 모든 일들을 통제하는 두 가지 큰 힘이 있는데, 사랑의 힘, 암시의 힘이라는 것이다. 사랑의 힘은 사람을 움직이는 힘이 된다는 것이다. "우리가 하는 모든 일은 사랑을 받고 싶어서이거나, 결핍된 사랑을 보상받기 위해서이다." 또한 성공을 위해서 습관의 법칙, 감정의 법칙, 표현의 법칙, 전환의 법칙, 반복의 법칙 등이 있고, 사람의 큰 변화의 네 가지 요소는 욕구, 결심, 결단, 규율 등이라는 것이다.

성공을 위한 인격개발이 필요하다고 지적한다. 그래서 파괴적 비판을 금지하고 수긍하고 수용하라, 감사하다, 칭찬하라, 인정하라, 관심을 가져라, 부메랑을 기억하라고 제시하기도 한다. 즉, 잘살고 자주 웃고, 많은 사랑을 한 자는 성공을 성취해낸 것이다.

인생의 목적은 발전하고 타인을 위해 봉사하는 완전한 사랑을 하는 사람이 되는 것이다. 당신이 완전한 사랑을 하는 사람이 되는 매우 간단한 방법은 타인들과 사랑의 관계를 맺는 것이다.

완전한 사랑을 하는 사람이 되기 위해서는, ① 당신 스스로를 조건 없이 받아들여라, ② 모든 것에 대해 100%의 책임을 진다, ③ 용서하는 것을 배우라, ④ 사랑스럽고 긍정적인 생각으로 당신의 마음을 채워라, ⑤ 숭고한 목표와 이상을 세우고 노력하라, ⑥ 당신의 몸을 잘 돌보아라, ⑦ 황금률을 연습하라.

당신이 한 인간으로서 얼마나 잘하고 있는지의 척도는 다음 4가지이다. 즉, 당신은 타인에게 표현하는 만큼의 사랑을 가지고 있다. 사랑을 주는 연습을 한다. 사랑은 나눔으로서만 커진다. 사랑은 주면 줄수록 더 갖게 된다. 결국 황금률이 성공을 이끈다는 것이다. "황금률은 당신의 이웃을 자신의 몸처럼 사랑하라는 의미이다."

사랑한다는 말보다 좋아하고 존중하며 사랑하는 것이 중요하며, 헌신과 대화가 사랑의 의사표시이다. 인간관계에서 헌신과 대화, 이것만큼 중요한 것이 없다. 인간은 '사랑희귀병 환자'라는 사실을 인식하는 것보다 중요한 것이 없다. 인간 모두, 각자는 사랑에 굶주린 사람들이라는 사실로부터 성공적인 인생의 첫걸음이 시작된다는 것이다.

잠꼬대 같은 사랑의 단상

어제 밤새, 잠이 오지 않는 가운데 떠오른 사랑의 생각들이다. 왜 이런 생각들이 떠오르는 것인가. 사랑에 대하여 고민하고 있는가 보다. 사랑학책을 쓰라고 하는 주님의 계시인가. 여러 주제들이 교차될 것이다. 하지만 사랑에 대한 생각들이 잠을 청하더라도 뒤척이는 가운데 머리에서 스치는 것이다.

사랑은 죽음을 넘어서는 것, 죽음까지도 내놓는 것이다. 초대교회 성도들은 예수 그리스도의 사랑을 체험하고 십자가와 부활의 신앙으로 자신의 생명을 내놓으면서 내세를 기약하고 순교를 하였던 것이다. 이것은 개인의 신앙뿐 아니라 공동체의 신앙으로 모두 같이 부활의 소망을 갖고 카타콤에서 사랑의 공동체를 형성하고 담대히 죽음으로 나아갔던 것이다. 초대교회가 이러한 종말론적 신앙을 가지고 마라나타의 재림신앙으로 생명을 내놓으며 신앙생활을 하였던 것이다. 이는 그리스도 예수의 사랑이 지극하였던 결과이다.

사랑하는 친구를 위해 생명을 내놓은 사람이 있다. 요나단은 다윗을 위해 자신의 목숨까지도 아끼지 않고 자신의 왕위계승도 욕심을 내지 않고 사랑했던 순수한 인물이다. 친구를 위해 자신의 생명을 내놓을 수 있는 사람이 얼마나 되는가. 우리나라에서 독립운동을 하던 분들은 나라의 독립을 위해 자신의 목숨을 아끼지 않고 내놓았던 것을 기억한다. 이봉창 열사, 안중근 의사는 일제 통치에 반대하여 한국의 독립을 위해 자신의 생명을 던졌던 것이다. 이것은 바로 나라 사랑의 발로가 아니고 무엇이겠는가. 진정한 사랑은 자신의 생명과 목숨을 내놓을 정도로 사랑하는 것이 바로 참사랑일 것이다.

영적인 사랑은 더욱 가치 있는 아가페 사랑이다. 육체의 에로스 사랑의 한계를 넘어 성도 간에 사랑하는 것, 교회공동체 내에 사랑하는 것, 영적으로 제자 삼는 것은 바로 영적인 사랑이라고 말할 수 있다. 그리스도의 사랑으로 값없이, 은혜로 거저 주는 사랑이다. 멘토가 영적인 제자를 위해 기도하며 하늘나라의 비밀을 가르쳐주고 행복한 삶을 살 수 있도록 인도하는 것이다. 이는 힘든 일이다. 사랑하는 영적인 제자를 위해 말없이 기도하면서 사랑의 삶으로 인도하고 아름다운 영적 생활을 하며 열매 맺는 인생을 살 수 있도록 도와주는 것은 눈물 나는 희생이 감수되는 것이다. 사도 바울은 신약성서에서 이를 잘 보여주고 있다. 디모데와 실라, 브리스길라 아굴라, 디도 등 그의 제자들을 위해 눈물로 중보기도하는 모습을 볼 수 있다. 바로 이것이 아가페의 사랑이요 영적인 사랑인 것이다. 이도 생명을 내놓듯 간절함으로 멘토가 되어 사랑하는 것이다.

사랑은 잔소리이다. 사랑하면 상대를 위해, 하고 싶지 않지만 계속 잔소리하며 영적으로 바로 설 수 있도록 권고하고 권면하는 것이다. 부부가 서로 사랑하면 서로를 위해 사랑의 말을 하고, 부모가 자식을 위해 바른 길을 가고 바른 삶을 살도록 충고하며 징계하는 것과 마찬가지이다. 또 사랑은 먼저 다가가는 것이다. 사랑은 기다리기도 하지만 자존심을 세우지 않고 먼저 겸손하게, 사랑으로 다가가서 사랑의 언행을 주는 것이다. 예수님이 먼저 이 땅에 사람들을 향하여 오셨듯이 우리도 사람들을 향하여 멘토로서 다가가야 하는 것이다. 겸양과 겸손, 성육신(肉化, 인카네션, Incarnation) 사건은 바로 겸손히 먼저 다가가 사랑의 말을 전하고 인격적 대화를 통해 관계를 맺는 것이다. 그래서 사랑은 관심과 배려이다. 상대를 향한 관심 그리고 조그만 배려라도 아끼지 않고 생각하여 상대의 필요를 채워주고 말없이 보이지 않는 가운데 상처받지 않도록 기도하며 도와주는 것이 사랑이다. 이러한 사랑은 따뜻한 몸짓과 손짓, 인자한 눈짓과 부드럽고 사랑스러운 말로 나타난다.

가요 속에 아름다운 사랑 노래 두 개가 있다. <사랑해>와 <사랑이야>라는 사랑 노래가 있다. "사랑해, 정말로, 당신을 사랑해, 당신이 내 곁을 떠나간 뒤에 얼마나 눈물을 흘렸는지 모른다오, 에애에, 에애애." 사랑의 사건은 그 사랑을 체험한 이후에 얼마나 사랑을 깊이 했는지, 이별한 후에 그 사랑의 과정을 기억하는 것과 같다. 톤즈 마을의 아이들이 이 노래를 부르면서 선교사를 기억하는 것을 보았다. 송창식의 <사랑이야>라는 노래는 연애하면서 이 노래를 불러 작사 작곡한 후에 결혼하였다는 이야기를 들었다. 우리나라 가요 속에 사랑이라는 노래를 빼면 노래가 되지 않는 것을 볼 수 있을 것이다. 사랑은 이처럼 우리 인간들 마음속에 결정적으로 생명을 이어가는 원동력이 되고 있는 것이다. 인간 사랑의 극치는 바로 예수의 사랑이라고 볼 수 있다. 그의 사랑이 아가페 사랑이라고 말하는 것은 바로 사랑할 수 없는 대상을 사랑했다는 것이다.

문둥병자, 앉은뱅이, 맹인 등 수많은 병자들을 사랑해서 병을 고쳐주었고, 정신병자들, 귀신 들린 사람들을 사랑해서 축사를 하신 예수였다. 그는 모인 무리들을 사랑해서 오병이어로 빵을 만들어내셨고, 배가 뒤집히는 일 때문에 급해서 물 위를 걸어가셨던 분이시다. 사람들이 말하기를 꺼려했던 세리 마태를 사랑했고, 대화도 하지 않으려 했던 창기도 사랑하셨던 분이시다. 의사가 환자를 위해 있듯이 이 세상 사람들의 모든 병을 고치러 온 의원처럼 생각하시고, 목자가 양들을 위해 목양하듯이 목자의 심정으로 33세의 짧은 인생을 살았던 것이다. 짧지만 결코 단명의 인생이 아니었던 것이다. 위대한 사랑의 삶을 사신 것이다. 원수 사랑의 본을 보여주셨고, 사랑의 원자폭탄 손양원 목사와 같은 인물을 낳을 수 있게 하신 것이다. 우리도 이 영적 사랑의 후계자가 될 수 있을까. 이 밤, 잠을 청하며 꿈을 꾼다.

사랑학 박사

이 세상의 최고의 학위를 들라고 하면 아마도 사랑학 박사 학위가 최고의 가치 있는 학위가 될 것이다. 지식은 사람을 구원하기보다는 교만하게 하며 자신이 최고라는 생각을 가져서 오히려 멸망에 이르게도 한다. 우리는 어떻게 하면 사랑하며 살 수 있을까 연구하며 사는 것이 지혜로운 인생을 사는 비결이다. 성서는 바로 이 사랑의 삶을 가르쳐주고 있다. 성서는 한마디로 말하면 그리스도 예수의 십자가 사랑을 말하고 있는 것이다. 구약 성서에서는 아가서에서 하나님의 사랑과 공동체의 사랑을 잘 보여주고 있고, 신약성서에서는 고린도 전서 13장에 아가페 사랑에 대하여 잘 시사하고 있다.

일상 속에서 사랑의 공동체를 이루며 마음이 쓰이는 친구들을 생각해보았다. 방글라데시 학생인 포리몰이라는 학생이 기억난다. 자기 동생은 마약 환자로 늘 병원을 다니며 집안을 어렵게 만들고 있어서 안타까운 마음이다. 리케도라는 인도 나갈랜드 친구가 이번에 신학석사

학위를 받았는데, 고국에서 기다리고 있는 아내를 보고 싶어 한다. 불행한 가족사에도 굴하지 않고 유학하며 하나님 신앙을 가진 친구이다. 그의 친구 케비는 나와 같이 교회생활을 하며 결혼하여 사내아이를 낳아 키우며 신학박사 과정을 공부하는 가운데 있다. 쌀이 떨어져 간다는 사실에 마음이 무거워 도와주어야 한다는 생각이 든다. 내 친구 중에 평택에 사는 감리교 목사 표 목사는 아들과 딸을 대학에 보내며 자녀양육을 해야 하는데 머리가 아파서 아무것도 못하고 있어 안타깝다. 그리고 러시아 선교를 하고 한국에 돌아와 어렵게 생활하고 있는 최 선교사, 그리고 홍 박사, 중국에서 사업을 정리하여 한국에서 의류사업을 하기 위해 10여 년 만에 귀국한 배 형, 그리고 얼마 전 수술한 어머니가 마음에 걸린다. 내 주위의 가까운 분들을 위해 기도하는 일이 먼저 해야 할 급선무이다.

나는 교수라 늘 책을 보고 글을 짓고 책을 내는 일을 한다. 그래서 수많은 책들을 본다. 그러면 수많은 생각들이 떠오른다. 책을 보면서 사랑에 집중하게 되면 사랑에 대한 책들을 많이 보고, 시에 대한 관심을 갖게 되면 시에 대한 책들을 많이 보게 된다. 특히 사랑에 관한 책들에서는 자신들의 사랑에 대한 수많은 이야기를 볼 수 있었다. 평화학책을 쓰고 나니 사랑학에 대한 책을 쓰고 싶은 생각이 들었다. 이 책은 내가 보는 사랑관(觀), 기독교 사랑학이 될 것이다. 왜 우리는 사랑에 대하여 연구하지 않으려 하는가. 종교를 연구하고 기독교를 연구하다 보니 결국 영성으로, 사랑으로 귀결되는 것을 볼 수 있다. 사랑학을 연구하는 것, 사랑에 대하여 깊이 생각하고 논리적으로 합리성을 갖춰 연구할 수 있다고 하면 사랑하며 살 수 있고, 다른 사람을 사랑하는 법을 배우고 더 많은 기술들을 배워서 아름다운 사람, 사회를 만들어갈 수 있으리라는 생각이 들었다.

사랑의 빛이 있다고 하면, 사랑의 빛은 어떤 광채를 낼까. 아마도 사랑의 기대가 큰 사람에게는 휘황찬란한 빛으로 다가올 것이고, 소박한 사랑을 꿈꾸는 사람에게는 은은한 빛깔로 보일 것이다. 무지개의 사랑 빛을 원하는 젊은이들은 일곱 색깔 빛깔로 사랑의 빛을 바라볼 것이다. 사랑의 속도는 또 어떤가. 느린 속도로 완만한 사랑을 즐기는 사람은 느리게 사랑을 볼 것이고, 사랑보다는 일, 자기 세계를 추구하며 자기애에 빠진 나르시시즘 추구자는 빠르게 사는 것을 좋아할 것이다. 사랑의 광채와 색깔이 형형색색 다르게 모든 사람들에게 다르게 보이는 것은 당연하다. 사람마다 자기들의 사랑하는 세계가 다르고, 대상이 다르기 때문이다. 그러나 유일하게 같은 것은 사랑하는 마음과 사랑의 감동, 사랑의 속성, 감정일 것이다.

그래서 예술가들은 사랑의 작품을 화폭에, 오선지에다 표현하려고 애를 쓰고 평생 그 사랑을 표현하려고 한다. 자연과 인간의 삶, 사회와 나라, 국가와 이념 등을 아름다운 미학의 세계로 표현하지만 그것은 사랑의 원동력으로 그 예술세계를 추구하는 것이다. 진선미의 세계를 추구하면 각자의 영역에서 최선을 다하는 것이 사람들의 일이다. 역사가가 보는 사랑과 문학가가 보는 사랑, 철학자가 생각하는 사랑은 어떤가. 문화 속에 나타난 각 시대마다의 사랑의 관점은 어떤가. 사람마다, 문화마다 사랑에 대한 생각들이 차이가 있지만 인간의 지고한 사랑의 가치는 같고 영원한 사랑의 세계를 추구하려는 인간의 마음은 일치한다. 성서는 그 사랑의 가치와 본질, 사랑의 속성과 하나님의 사랑의 모습을 잘 보여주고 있다. 특히 예수의 사랑에서 사랑의 절정에 이르는 것을 알게 된다. 십자가에서 당신 자신이 스스로 목숨을 끊은 것이다. 자살은 아니지만 당신 자신이 사지(死地)로 갔으니, 인류 구원의 구원사를 바라보고 십자가를 지신 것이었다. 이는 아주 숭고한 사랑이며 누구도 흉내 낼 수 없는 사랑의 극치인 것이다.

예수의 제자들이 이 사랑의 본을 받아 십자가의 사랑을 보여주었다. 그래서 사랑의 사도인 요한과 베드로, 야고보는 예수에게 더 많은 사랑을 받아 사랑의 수고를 더 많이 하며 주님의 교회를 돌보고 다스렸던 주의 사자들이었다. 그들은 예수의 사랑을 깨닫고 하나님의 사랑의 높이와 넓이, 깊이를 더 많이 보여줌으로써 그리스도인들에게 많은 영향을 끼쳤다. 사랑이 깊은 사람들, 사랑의 선교사들은 마약중독자들이나 알코올중독자, 도박중독자들을 사랑하고 희생하며 끝까지 그들을 돌보아준 주의 사랑의 사도들인 것이다. 많은 눈물과 한숨, 희생의 땀을 흘리어 고난을 받기에 십자가의 사랑만큼이나 큰 사랑을 베풀며 생명의 길로 인도하는 인도자가 되는 것이다. 사랑의 공동체를 형성하는 사람이 되는 것이다. 도스토예프스키도 자신의 불행한 체험을 통해 구도의 삶을 보여주고 아름다운 문학 세계를 펼쳤다.

우리는 무엇을 사랑하는가에 따라 그것의 일인자 내지 전문가가 된다. 나라를 사랑하는 사람은 애국자가 되고, 민족을 사랑하여 민족의 일을 하는 사람은 독립운동가나 민족주의자가 되며, 나라의 통일을 걱정하며 통일을 위해 일하는 사람은 통일운동가, 나라와 세계의 평화를 걱정하는 사람은 평화주의자가 되는 것이다. 미술을 사랑하는 사람, 시를 사랑하는 사람, 수필을 사랑하는 사람은 그 분야에 전문가가 되어 일가견을 갖게 되는 것이다.

예수는 인류를 사랑하고 인간을 사랑한 사람이었다. 그는 사람을 사랑하여 하나님의 마음과 눈으로 인간을 보고 그들의 아픔을 체휼하며 인류의 구원을 위해 자신의 몸도 돌보지 않고 짧고 굵게 인생을 살았다. 십자가에 자신의 모든 것을 불살라 구원의 행위를 발휘한 것이다. 종교적으로 구속사의 계획을 실행한 것이라 말하지 않아도 그는 참사람으로서 하나님의 아들로서 너무도 훌륭하게 인생을 살았다. 나이 33세의 짧은 인생, 그렇지만 결코 짧지 않은 생애였다. 참으로 그는 사랑의 눈으로 당시의 이스라엘 땅을 두루 다니며 공생애 3년 기간에 그렇게 많은 시람의 질고를 보고 그들의 아픔을 싸매주며 치료하며 해방시켜주신 분이있다. 하나님의 나라를 경험하게 하며 천국을 맛보게 해주었다. 자유와 진리의 해방자, 구세주였던 것이다. 아, 이런 분을 우리나라에서는 누구라고 말할 수 있을까. 짧은 인생을 살고 간 윤동주 시인을 비유할 수 있을까. 아름다운 시어를 만들고 비운의 인생을 살았지만, 희망의 노래, 하늘을 우러러 한 점 부끄럽지 않게 살아갈 것을 노래한 그였다.

하나님의 사랑 아가페 사랑을 노래하고 연구하는 삶을 살아가는 것은 짧지 않은 인생을 살아가는 것이리라. 그래서 우리가 늘 예수의 생애와 삶, 그의 말씀을 연구하고 하나님의 사랑을 연구하며 살아가는 것은 행복한 것이다. 자신을 성찰하고 사랑하며 이웃을 사랑하는 삶을 살아감으로 사랑학 연구자가 되어야 할 것이다.

십자가 사랑, 학위수여자

사랑학 박사 학위를 수여한 분이 있다고 하면 누굴까. 첫 번째 하나님의 사랑학 박사는 예수 그리스도가 아닐까. 신학박사학위를 연세대학교에서 2001년도 수여받으면서 진정한 학위는 무엇일까 생각해보았다. 과연 예수는 신학박사학위를 따지 않으셨는데 나는 왜 이것에 집착하였을까. 동료들 중에 이 학위에 아랑곳하지 않고 버리고 선교지로 간 친구들이 생각나기도 하였다.

그러면 주님이 그 후에 사랑학 박사라고 칭하고 박사학위를 준 분들은 누가 될 수 있을까 생각해보았다. 아마도 앨버트 슈바이처 박사는 역사적 예수를 연구하여 신학박사(신약학) 학위를 땄지만 이 사랑학 박사학위도 또 획득했을 것이다. 그다음 캘커타의 성녀 테레사 수녀가 수여받았을 것 같고, 사랑의 원자탄 손양원 목사는 자신의 아들을 죽인 공산당 원수를 양자로 삼고 사랑했기에 이분이 상을 받고 학위를 수여받을 것 같다. 또한 몰로카이 섬의 한센병의 아버지 성자로서 하나님의 사랑을 보여준 다미안 신부가 아가페 박사학위를 받았을 것이다. 결국 사랑학 박사는 이론가나 사랑학 저술가가 아니라 실천가에게 수여하는 학위임을 알 수 있다. 마틴 루터 킹 목사도 흑인을 사랑하고, 미국을 사랑하여 흑인의 인권을 위해 애쓰다가 저격을 당하여 평화운동가로서 사랑학 박사 학위를 받았을 수 있다. 이미 신학박사학위를 받은 본회퍼는 독일 고백교회를 사랑하여 편안히 미국 신학대학에서 교수생활을 하며 보낼 수 있었지만 고난받는 동족들을 위해 귀국하여 저항운동을 하였다. 평화운동을 하다가 감옥에서 생을 달리한 십자가의 사랑 신학을 몸으로 보여준 아가페 신학박사를 또 받은 분이시다.

예수의 온 인류사랑은 십자가 위에서 보여주었다. 십자가의 사랑이 아가페 사랑의 절정임을 보여주며 자신을 희생하는 것, 자신의 귀한 생명을 주는 것이 바로 사랑의 행위임을 보여주었다. 구속사의 깊은 의미로써 희생제물이 되어 십자가에서 화목제물이 된 신학적 의미를 따지지 않더라도 예수는 우리를 위해, 오는 모든 시대에 하나님의 사랑이 무엇인지 깨닫게 해주었다. 원수를 사랑하라는 당신의 말을 십자가에서 보여주며 누구도 미워할 수 없는 대상이라는 사실을 가르쳐주었다. 십자가 위에서 양옆에 있는 십자가에 달린 죄수들을 향해서도 용서와 사랑을 보여주었다. 십자가의 한편에 있는 죄수를 향해 '오늘 네가 나와 함께 낙원에 있으리라' 말씀하신 예수는 죽음의 순간에도 한 영혼을 사랑하는 모습을 보여주었다.

십자가군대라는 기독교인들의 예루살렘 회복을 위하여 십자군전쟁을 하였던 것은 교회사 속에 많은 논란거리가 되어왔다. 정의의 전쟁이라는 미명 아래 전쟁을 벌였던 중세 기독교 십자군은, 사람을 죽이면서까지 기독교 사랑의 정신을 세우려 했던 것인가. 정의는 사랑의 다른 측면이라고 보며, 동전의 양면처럼 사랑과 공의를 하나로 보고 정의 전쟁을 벌였던 중세의 그리스도인들이 있다. 주님은 이 전쟁을 좋아했을까. 결코 그렇지 않다고 생각한다. 십자군이라는 영화를 보면 그 실상을 자세히 볼 수 있고 그 전쟁의 어리석은 결과를 볼 수 있다. 이슬람교도와 유대인들을 처참히 죽이는 십자군들의 만행을 실감 있게 보여주는 모습에서 많은 생각을 하게 한다. 그곳에 있는 토라를 배우는 남장으로 위장한 한 여인과 인샬라의 모양이 새겨진 액세서리를 목에 찬 과학자가 예루살렘에서 전쟁의 비참함을 보면서 속아서 십자군에 온 것을 후회하고 돌아가는 장면이 나온다. 결국 한 유대 여자를 사랑하면서 전쟁의 외중에서 종교의 사랑보다도 한 영혼에 대한 사랑이 중요함을 보여주고 있다.

종교인들은 새벽부터 득도를 위해 새벽기도를 하며 신의 사랑과 자비를 축원한다. 이 기도 속에 자신의 욕망과 교회의 성장발전을 기원하며 무엇인가 업적을 추구하는 모습이 오늘 교회의 모습이다. 교회에 성공한 목회자상을 추구하는 것은 있어도, 얼마나 사랑과 평화의 영성을 가지고 죽어가는 영혼을 깊이 사랑하는가에는 별로 관심이 없는 것이 오늘 종교인들의 모습이 아닌가 생각한다. 이 책에서는 주로 구약의 사랑에 대하여 이야기를 했는데, 신약의 사랑은 예수에게서 잘 보여주고 있다. 죽은 나사로를 사랑해서 예수는 어여삐 여기며, '그가 죽은 것이 아니라 잠자는 것'이라고 선포한다(요11:11). 그리고 무덤에 가서 일어나라고 외치는 주님이었다. 복음서는 이러한 사랑의 장면이 무수히 많다. 또 사랑의 복음서라 말할 수 있고, 바울의 사랑은 바울서신에 나타나는데 성도와 제자, 교회에 대한 사랑이 지극한 것을 살필 수 있다. 그래서 신약성서는 아가페 책이라고 말할 수 있다.

신약성서에는 에로스, 필로스, 아가페 사랑언어가 나오지만 그보다도 사랑의 내용이 주류를 형성한다. 예수는 지식을 사랑하며 자신의 세계를 쌓았던 바리새파 사람과 자신의 권력을 이용하여 부를 축적하였던 사두개인들을 욕하며 비난하였던 것이다. 하나님의 진리의 세계를 거부하고 자신을 사랑하여 교만하고 거만한 사람에 대하여 예언자의 시각으로 회개를 촉구하였던 예수였다. 이는 사랑의 다른 측면, 정의라고 볼 수 있다. 명예를 사랑하고 권력을 사랑하는 집권층에 있는 사람들도 긍휼히 여기며 하나님 나라, 천국의 소망을 가지기를 기도했다. 바울도 우상을 숭배하는 유대교, 이방 종교인들을 나무라며 진리와 자유의 세계를 가르치며 그리스도 예수의 복음을 전하였던 것을 본다. 복음이 하나님의 최대 선물인 것과 하나님의 사랑과 은혜인 것을 땅끝까지 전하려 했던 것이 바울의 사명이었다.

이는 '한 영혼이 천하보다 더 귀하다'는 사실을 깨달은 바울의 전도사역의 모습이었다. 정치권력과 종교권력만 추구하는 사람들은 하나님의 사랑에는 관심을 가지지 않는다. 그들은 자신을 사랑하는 일과 업적을 추구하여 사람들에게 인정받으려는 것 외에는 관심을 가지지 않는다. 빌라도가 로마총독으로 인기에 영합(迎合)하며 정치적 안정을 추구하려고 하였던 것은 바로 이러한 정치권력에 기인하는 것이다. 유대교 대제사장과 바리새파, 사두개파 사람들은 자신의 종교권력을 놓치려 하지 않았던 것이다. 예수의 신흥종교가 유대교의 기득권을 파괴한다고 생각한 그들은 예수를 십자가에 달리게 하는 것이 최선의 길이라고 생각한 것이다. 그러나 하나님의 사랑에 관심을 가진 아하브로지스트(Ahavelogist), 아가페로지스트(Agapelogist), 사랑학자들은 정치·종교 권력이 추구하는 세계에 무관심하며 한 영혼 사랑과 하나님 나라에 관심을 가지고 사랑하며 살아가는 사람이다.

사랑학에 관심을 가진 슈바이처 박사나 캘커타의 성녀 마더 테레사가 추구한 사랑은 한 영혼에 대한 관심이었다. 테레사는 죽어가는 사람들을 위해 사는 것, 그것이 하나님의 부르심이라는 사명을 가졌고, 슈바이처는 콩고의 람바네네의 절대 빈곤에 허덕이는 사람들이 그의 관심사이었던 것이다. 하나님의 나라는 그와 같은 사랑학자들에 의해 만들어진 세계인 것이다.

하나님 나라는 사랑의 통치가 이루어지는 장소와 공간이다. 아가페 사랑을 가진 주의 사자들이 사랑하며 사는 세상이다. 봉사와 헌신이 이루어지는 세상의 공간이 바로 하나님 나라인 것이다. 하나님 나라의 외재적 형태가 천국이라면, 내재적 요소는 사랑이 있는 곳이 바로 하나님 나라인 것이다. 외재적 하나님 나라는 '저기에 있는 천국'이다. 우리가 죽어가는 초월적 세계, 내세(來世)라고 하면 우리 마음 가운데 사랑이 있는 것은 내재적 천국이요 평화의 세계라고 말할 수 있다.

예수는 바로 육체의 병을 가지고 사는 온갖 종류의 병자들을 사랑하고 마음의 병, 정신의 병을 가지고 살아가는 정신병자들을 긍휼히 여기며, 귀신 들려 괴로워하는 영혼들을 사랑하여 축사하셨던 주님이시다. 우리는 주위에 있는 온갖 괴로운 자들을 찾아 사랑의 여행을 떠나야 한다. 결벽증 환자, 미안 과민증에 시달리는 사람들, 중독 환자들, 사랑이란 단어가 없는 곳도 찾아야 한다. 이를 찾기 위해선 사랑 연구, 사랑학 연구가 필요하다. 십자가 사랑, 십자가 사랑학을 연구해야 한다. 아니, 이제는 모두 사랑학 박사 학위를 따려고 줄 서는 세상이 되어야겠다. 이는 이론보다는 실천에 더 점수가 크다는 사실이다.

사랑이란 단어가 없는 그곳

먼 나라가 아닌, 바로 우리 서울에서 얼마 떨어지지 않은 곳, 철책선 넘어 동토의 나라의 정치범 수용소에는 사랑이라는 단어가 없다고, 크리스천 투데이 2011년 1월 26일 자 사회란 12면에 보도하고 있다. 정치범 수용소란 '체제에 위협이 되는 자들과 그의 가족 3대를 사회로부터 완전히 격리 수용해 처벌하는 유형지'로, 한번 수용되면 광산과 벌목장 등에서 처참한 강제노동과 고문, 각종 폭력에 시달리다 대부분 수용소에서 죽음을 맞이한다. 정치범 수용소에는 한번 수감되면 영원히 빠져나갈 수 없는 '완전통제구역'과 장기간 강제노동이 끝나면 일말의 석방 가능성이 있는 '혁명화 구역'이 있다. 혁명화 구역은 요덕수용소뿐이고, 나머지는 모두 정치범들이 주로 수용되는 완전통제구역이다.

정부에 따르면 북한에는 현재 6곳의 정치범 수용소가 있으며, 수감 인원은 15만 4천여 명에 달한다. 한 정부 소식통은 '북한은 한때 정치범 수용소 10곳을 운영한 적도 있지만, 1990년을 전후해 국제인권단체들이 문제를 제기하고 실태조사를 요구하자 국경지대의 4곳을 폐쇄한 것으로 안다'고 밝혔다. 6곳의 수용소는 평남 개천(14호)과 북창(18호), 함남 요덕(15호), 함북 화성(16호), 청진(25호), 회령(22호) 등에 있는 것으로 알려졌다.

그곳에 수감 되었디기 탈출한 탈북자가 다음과 같이 말한다. '징치빔 수용소에서 '사랑'이라는 단어를 들어본 적도 없다'고 말했다. 사랑 외에도 행복, 즐거움, 불행, 억울, 저항 등의 단어들은 수용소에 존재하지 않고, 덧셈과 뺄셈, 작업지시 수행에 필요한 최소한의 단어와 감정만을 학습하고 노동현장에서 주먹과 몽둥이 아래 노예로 사육됐다고 한다.

이 사랑이라는 단어가 없는 곳에서 북한 선교를 하다가 성고문을 당한 로버트 박 선교사는 '솔직히 지금도 그들이 무섭다'고 몸서리친다. 하지만 더 큰 고통을 받고 있는 북한주민들과 탈북자들을 생각하면 죽을 수 없었다고 전한다. 북한에서 당한 고문을 '떠올릴 때마다 자살 충동을 불러오는 기억'이라며 괴로워하던 박 선교사는 북한 인권문제를 우선 다루는 것이 중요하다고 강조한다. '북한에서는 지금 3백만 명 이상의 사람이 죽어나가는 등 홀로코스트 이후 가장 큰 집단학살이 이뤄졌고, 김정일은 거액의 지원금을 주민들이 아닌 무기개발에 사용했다'고 전한다. 이 죽음을 우리는 어떠한 관심을 가지고 바라보고 있는가. 연평도 폭격 사건이 있은 후, 전쟁의 위기에 대하여 불안을 느끼고 있다가 그만 또 안전불감증 환자처럼 잊어버리고 사는 현실이다.

사랑이란 단어가 없는 그곳을 어떻게 사랑할 수 있을까. 로버트 박 선교사의 외침을 우리는 또 어떻게 듣고 행동해야 하는가? '2천만 주민들을 인질로 붙잡고 전 세계를 상대로 협박을 일삼는 그들의 존재는 한국인과 세계인 모두의 책임'이라며 '언젠가 통일이 되어 북한 주민들이 우리 헌법을 읽을 날이 올 텐데, 그때 우리에게 '왜 싸우지 않고 침묵했느냐'고 물으면 뭐라고 대답하겠는가'고 반문했다. 그는 또 '지금 행동하지 않으면 역사가 우리를 심판할 것'이라며 '내 소원은 대한민국 국민이 책임을 느끼고 북한 해방을 위해 다 함께 행동하는 것'이라고 주장했다. 로버트 박 선교사가 북한에 선교하러 들어갔다가 붙잡혀 고문을 당하고 한국에 들어와 신문기자와 인터뷰를 하고 전하는 내용이다.

이 죽음과 저주의 땅을 어떻게 구원할 수 있는가. 사랑이 없는 곳, 사랑이란 단어가 없는 그 땅에 어떻게 사랑의 단어를 가르쳐 줄 수 있을까. 이 시간 우리는 사랑학 사전을 뒤적일 필요도 없이 사랑이라는 말을 북한 땅으로 보내달라고 일단 기도해보자. 그리고 사랑의 단어가 왜 없는지 한동대 북한인권학회에 물어보고, 정 베드로 목사(북한인권단체연합회 사무총장), 정성산 감독(뮤지컬 요덕스토리), 김성욱 기자, 이지혜 변호사, 정광일, 김혜숙, 강철환 기자, 김태진, 김영순 등 수용소 체험 탈북자들에게 물어보자. 그리고는 하나님께 사랑할 수 있는 방법을 가르쳐 달라고 물어보고, 계속 기도하고 물어보고, 북한 사랑의 선교를 위한 일을 찾아보고 연구해보자. 북한선교회에 가입하여 그들을 도울 수 있는 길을 찾아보는 것이다.

요즈음 북한사회가 식량난으로 배급이 끊기고 쌀값은 폭등하여 구입할 수 없어서 생계형 흉악 범죄가 기승을 부리고 있다고 한다. 또한 살인과 강도사건이 연이어 일어나고 있다고 한다. 악순환의 연속인 이 땅을 구원할 길이 무엇인가, 같이 공생하며 서로 사랑하며 살아갈 수 있는 방법을 이 저녁에 생각하지 않을 수 없다. 먼저 기도밖에는 떠오르는 것이 없다. "주여, 우리에게 북한 땅을 사랑할 수 있는 마음을 주시고 이곳에 있는 탈북자, 새터민들을 먼저 찾아볼 수 있는 마음을 주소서. 이 세상 나라의 헛된 꿈과 욕망을 찾아 정신없이 살아가는 현실이 아니라 하나님 나라를 바라보고 당신의 십자가를 사랑하며 사랑의 단어가 없는 그곳을 사랑할 수 있는 마음을 주소서."

참사랑

사랑에는 무수한 사랑의 명칭이 있다. 이 책을 보면 모든 종류의 사랑 용어가 나올 것이다. 사랑 중에 진정한 사랑은 무엇일까. 여기서는 아가페 사랑이 진정한 최고의 사랑이라고 말한다. 사랑에는 반(反)사랑이 있다. 이는 증오와 싫어함이 될 수 있고, 사랑의 부재가 무관심과 몰인정이 될 수 있다. 사랑에는 잘못된 사랑, 거짓 사랑이 있다. 이는 사랑이라고 말할 수 없는 잘못된 결과와 파국적인 사랑의 결말을 가져온다. 그리스 신화에 나오는 이상한 사랑의 형태들이 이에 속한다고 할 수 있고, 감정에 끌려 무조건 행동하는 비이성적 사랑이 이에 해당한다고 할 수 있다. 이와 다른 유사한 종교의 경우에 참, 진리를 추구하는 종교와 유사한 종교, 이단종파들이 수없이 많은 것과 비슷하다. 미신을 믿고 살다가 결국 파멸에 이르는 모습 등이 이에 해당한다.

거짓 사랑과 잘못된 사랑, 불행한 사랑은 어떤가. 삼국지에 보면 동탁과 여포의 사이를 이간질하기 위해 초선이가 둘 사이에 끼어들어 미인계로 결국 동탁이 죽고 여포는 인륜을 저버리는 불행한 결과를 갖게 된다. 이는 거짓 사랑의 모습이다. 마타하리는 스파이의 사랑을 보여주는 것으로 나라의 첩보전에서 중요한 역할을 하는 것을 볼 수 있다. 종교가 보여주는 사

랑의 형태도 다양하다. 회교에서는 일부다처제로 오늘날 회교권 나라에서는 4명의 부인을 두
는 것을 볼 수 있다. 옛날에 전쟁이 많던 시대에 구제의 일환으로 부인을 많이 두던 풍습이
오늘날 많은 불행의 씨앗이 되기도 한다. 방글리데시의 비극적 가족상황은 이 제도의 모순이
빚고 있는 결과인 것을 알 수 있다. 종교가 낳은 비극적 사랑의 결과라고 말해야 할 것이다.
힌두교나 불교도 인연과 윤회의 굴레에서 역사·우주관 갖기에 잘못된 영의 흐름에 맹종하는
경우를 많이 볼 수 있다. 그것이 자신의 팔자라는 생각을 하는 것을 본다. 유대교도 구약에서
일부다처제의 모습을 보이다가 신약에 와서는 일부일처의 가정 형태를 가진다. 하지만 독신
의 은사를 강조하는 바울에게 가서는 영적인 사랑이 강조되고 있다.

　특히 예수의 사랑은 우주적 사랑의 모습이고 예수는 결혼하지 않았지만 수많은 민중들을
사랑하였던 것을 본다. 신부와 수녀들이 독신으로 살면서 하나님을 사랑하며 그 사랑으로 죽
어가는 영혼들을 위해 사는 모습은 아가페의 사랑의 절정을 보여주는 것이리라. 하나님을 사
랑하여 죽음을 불사르는 스테반의 죽음과 사랑은 바로 아가페 사랑의 모습이 아니고 뭐라고
말할 수 있는가. 이는 순교의 사랑이라고 부를 수 있다. 가장 숭고한 사랑의 일종이라고 할
수 있다.

　우리는 문학과 예술, 철학의 세계에서 수많은 사랑의 이야기, 러브스토리를 듣고 볼 수 있
다. 하지만 진정한 사랑은 무엇일까. 영혼의 사랑, 영원한 사랑, 인류를 구원할 사랑이 무엇인
가. 사랑은 윤리학의 근사치적 가치라는 윤리적 개념에서 자유와 정의, 평화와 사랑이라는 개
념이 서로 상통하며 가까운 개념으로 서로 치환하거나 대입하여 사용할 수 있는 윤리적 개념
으로 볼 수 있다. 사랑이 다른 형태로 공의와 정의로, 정의가 다른 형태의 평화로, 평화가 진
리의 윤리 개념으로 나타나는 것이다. 그래서 사랑은 포괄적인 의미에서 윤리와 철학, 도덕과
이상을 포괄하며 아가페 사랑은 하나님의 우주적 사랑으로 십자가에서 참사랑으로 구현된 것
이다. 이 참사랑에서 우리 사랑이 빛을 비추게 되어 있다고 본다.

PART 4
사랑의 설교

사랑하며 삽시다

(요일4:7-16)

> 완전한 사랑.
> "내가 사랑하고 사랑하는 친구 여러분, 하나님께서 이처럼 우리를 사랑하셨으니, 우리도 서로 사랑하는 것이 마땅합니다. 지금까지 하나님을 본 사람은 아무도 없습니다. 그러나 우리가 서로 사랑하면 하나님께서 우리 안에 깊이 머무르시고, 그분의 사랑이 우리 안에 완성되어 완전한 사랑이 됩니다."(유진역 성경, 요일4:11-12)

중국 하얼빈 신학교의 모(毛)교장 선생님 사모님이 보내온 자수가 제 방 책상 위에 걸려 있습니다. 지난번 2010년 여름에 중국에 선교 갔다가 헌금하면서 부탁한 선물이 돌아왔습니다. 선물한 자수는 '애(愛)' 자가 새겨진 자수입니다.

그 사모는 저에게 필요한 글자가 사랑이라는 것을 전해주는 것이었습니다.

아마도 기도하면서 한 글자를 택하여 글을 천에다 자수를 놓은 것이었습니다, 그것이 사랑 '애' 자를 수놓은 것이었습니다. 그리스도 안에서 사랑한다는 말일 수도 있고, 중국교회와 신학교를 위하여 그리스도의 사랑으로 기도해달라는 말일 수도 있습니다. 하나님께서는 저에게 하나님의 사랑으로 자신을 사랑하고, 가정 식구를 사랑하고 제자를 사랑하라고 하시는 것 같습니다.

저는 인생의 문제는 사랑의 문제라고 생각합니다. 우리에게 일어나는 문제는 사랑이 없어서 일어나는 것입니다. 사랑이 있다면 왜 미워하고 전쟁을 합니까? 가정에 문제가 있습니까? 교회에 문제가 있습니까? 자신을 사랑하지 못해서 오는 콤플렉스가 문제입니다. 자기 긍정, 자존심과 자긍심이 낮아 생기는 문제들이 있습니다. 자기비하로 긍정적이고 생산적으로 살지 못하는 경우가 많습니다.

오늘날 일어나는 가정파괴, 결손가정의 문제도 부부의 사랑이 문제가 되는 것입니다. 서로 사랑하지 못하고 이해하지 못하고, 대화가 결핍된 데서부터 문제가 발생하는 것입니다. 사랑하게 되면 이해하게 되고 상대의 상태를 알게 되어 소통이 가능하게 되는 것입니다. 상대의 아픔과 상처를 건드려 아프게 하지 않고 싸매어주고 보듬어주어 치유케 하는 돕는 자가 되게 합니다.

그래서 고린도전서 13장 13절에 사랑에 대하여 정의합니다.

아가페 사랑에 대한 구절입니다.

"사랑은 절대로 포기하지 않습니다.
사랑은 자기보다 다른 사람에게 더 마음을 씁니다.
사랑은 자기가 갖지 못한 것을 바라지 않습니다.
사랑은 뽐내지 않으며
자만하지 않으며
다른 사람에게 자신을 강요하지 않으며
'내가 먼저야'라고 말하지 않으며
화내지 않으며
다른 사람의 죄를 꼬치꼬치 따지지 않으며
다른 사람이 비굴하게 굴 때 즐거워하지 않으며
진리가 꽃피는 것을 보고 기뻐하며
무슨 일이든지 참으며
하나님을 늘 신뢰하며
언제나 최선을 구하며
뒷걸음질하지 않으며
끝까지 견딥니다."(고전13:4-7, 유진역)

"사랑은 오래 참고
사랑은 온유하며
투기하는 자가 되지 아니하며

사랑은 자랑하지 아니하며
교만하지 아니하며
무례히 행치 아니하며

자기의 유익을 구치 아니하며
성내지 아니하며
악한 것을 생각지 아니하며

불의를 기뻐하지 아니하며
진리와 함께 기뻐하고
모든 것을 참으며 모든 것을 믿으며 모든 것을 바라며
모든 것을 견디느니라."(고전13:4-7, 개역성서)

　사랑은 오래 참는다는 것. 사랑은 관계를 파괴하지 않고 끝까지 포기하지 않고, 절대로 포기하지 않는 것입니다. 잘못하였어도 참고 기다려주는 것입니다. 자녀가 어려서 무례하게 행해도 부모는 끝까지 포기하지 않고 참고 자녀가 돌이키고 잘못을 깨닫고 돌아서기를 기다리는 마음과 똑같습니다. 하나님도 우리가 죄에서 돌이키고, 잘못과 그릇된 행동에서 돌이키기를 학수고대하고 있는 것입니다. 죄의 길에서 회개하기를 기다리는 것입니다.

저는 신학자이자 신학하는 삶을 살다 보니 저의 신학과 이론이 우상이 돼버린 경우를 보았습니다. 바리새파 사람의 전형이 어느 순간 아내를 통하여 '저'인 줄 알게 되었습니다. 그래서 요즈음 돌이키려고 애를 써도 빗나간 회살은 좀처럼 돌이서기가 힘든 것을 봅니다. 하나님의 극적인 기적, 기적적인 은총이 필요한 순간들입니다. 하나님은 우리를 사랑하셔서 오래 참고 기다리고 계신다는 사실을 깨달았습니다.

탕자가 집을 나가 돼지들 사이에 쥐엄열매를 먹게 된 처지에 이르러서 아버지의 집을 생각하고 돌아갈 마음이 생겼던 것을 기억합니다. 아버지는 집나간 탕자 생각에 잠도 오지 않고 먹는 것도 걸렸습니다.

주님은 우리가 주님께로 돌아가기를 눈 빠지게 기다리고 있습니다. 우리는 우리의 자아를 내려놓아야 합니다. 우리의 생각들과 계획들, 조직과 방법들, 체계와 이론들을 내려놓아야 합니다. 하나님의 방법과 조직, 생각과 체계들로 채우는 작업이 있어야 합니다.

그것이 바로 기도할 줄 아는 것입니다. 주님께 모든 것을, 하나하나 의논하여 물어보고 행하는 것입니다. 우리의 삶의 모든 일에 주님의 주권을 인정해 드리는 것입니다. 우리의 삶과 가치관이 바뀌는 것입니다. 주님을 사랑하며 주님의 방법으로 살아가는 것입니다. 이전에 살던 방식과 방법으로, 이전에 살던 생각으로 사는 것이 아닙니다. 주님과 친밀하게 되어 사는 것입니다. 주님을 경외하는 것입니다. 주님을 두렵고 떨리는 마음으로 내 중심에 모시는 것입니다.

올해에 주신 말씀도 이 시편 말씀입니다.

"하나님과 친밀하고, 경외하라 너와의 언약을, 모든 사람들에게 보이리라."(시25: 14)

<인생은 아름다워>라는 영화가 있습니다. 이탈리아계 유대인이 아우슈비츠 수용소에 붙잡혀 가서 그곳에서 일어나는 가족애, 부자의 사랑이야기를 그린 영화입니다. 부자가 유대인이라 강제로 생일 붙잡혀 가는데, 부인이자 아이의 엄마인 이탈리아 여자는 남편과 아들을 찾아, 아우슈비츠행 열차에 자원하여 올라탑니다. 그것이 사랑입니다. 사랑하는 사람과 함께 고난도 함께 받는 것입니다. 동고동락의 삶, 그것이 사랑입니다. 아이와 함께 수용소에서 생활하면서 벌어지는 에피소드와 해프닝은 참으로 웃지 않고는 볼 수 없는 장면입니다.

독일병사가 수용소 생활의 규칙을 얘기하는 자리에서 통역자로 나서서 아이에게 전쟁놀이 규칙(1,000점)을 소개하는 자리로 탈바꿈하는 유머를 발휘하는 아버지였습니다. 그래서 아이

들이 다 샤워장에서 독가스에 사라지는 위기에서도 목숨을 건지며 숨어있게 하는 지혜가 발휘된 것입니다. 또 식당에서 독일 아이들과 자신의 아이가 함께 있을 때에도 침묵하여 위기를 벗어나게 하기도 하였습니다.

마지막 전선에서 미군이 수용소로 들어오는 순간, 숨어 있게 하는 지혜 등이 빛을 발합니다. 엄마를 찾으러 간 사이에 그만 독일군에게 잡혀 목숨을 잃게 되는 순간에도 연극을 하듯 숨어 있는 아들에게 싸인을 보내며, 웃기게 걸음을 걷는 모습은 자신의 죽음을 돌아보지 않고 아이를 살리는 아버지의 희생과 헌신적인 사랑의 모습이었습니다.

이 영화를 통해 예수가 이 땅에 당신의 자녀를 위해, 사랑하여 고난을 자처하여 이 세상에 온 것을 이해하게 합니다. 식당에서 여자 수용소에 있는 아내를 위해 음악을 틀어주는 것을 봅니다. 수용소에 식구들이 함께 있다는 생각에 힘든 노동 속에도 견디며 살아남는 것을 봅니다. 결국 주인공 아빠는 생명을 잃었지만 아이와 엄마는 살아남는 것을 봅니다.

아빠와 아들은 매일 저녁 잠자리 수용소에서 아이의 눈높이에서 포로수용소 전쟁놀이 1,000점의 게임을 하는 것을 볼 수 있습니다. 1,000점을 따는 순간, 극적으로 탱크가 나타나서 구원을 받습니다. 아빠와 아들의 친밀함과 사랑하는 남편과 아들이 저 건너편에 있다는 기대 속에서 희망을 잃지 않고 재회하여 살아남는 엄마, 모성애의 위대한 장면이 이 영화의 극치입니다.

사랑의 힘이 조수에의 엄마 도라를 유대인이 탄 열차에 타게 하였습니다. 그리고 사랑하는 남편과 아들을 위해 동고동락의 결심으로 어려운 죽음의 유대인의 수용소로 갈 수 있는 용기를 가지게 된 것입니다. 사랑의 힘이 아빠 귀도가 유머와 해학으로 아들 조수에에게 희망을 갖게 하며 죽음과 공포의 수용소 생활에서 생명을 구하는 지혜를 갖게 한 것입니다.

오늘 우리는 귀도와 도라가 당하는 가정의 위기와 같은 상황에 놓여 있지 않은가 생각해봅시다. 과연 우리는 사랑의 힘을 믿고 있는지, 사랑하고 있는지, 우리 공동체에서 서로 사랑하는지 생각해봅시다.

오늘 본문 말씀을 봅시다.

"하나님을 본 사람은 아무도 없습니다. 그러나 우리가 서로 사랑하면 하나님께서 우리 안에 깊이 머무르시고, 그분의 사랑이 우리 안에 완성되어 완전한 사랑이 됩니다!"

우리가 서로 사랑한다고 하면 하나님이 우리 안에 깊이 머무르신다는 것입니다. 주님의 사랑이 우리 안에 완성된다는 것입니다. 우리가 서로 사랑할 때 주님이 우리 안에 거하시며 우리가 주님의 완전한 사랑을 알게 한다는 것입니다.

우리가 서로 사랑합시다. 우리 인생이 사랑할 수 없고 힘든 상황에 놓여 있는 상태에서 우리는 사랑의 힘으로 어려운 상황을 극복해야 합니다.

오래 참고, 끝까지 주의 사랑으로 상대를 사랑하며 살아갑시다. 희망을 잃지 말고 주님을 바라보며 사랑할 상대를 이해하고 참고 사랑하며 살아갑시다. 샬롬.

십자가와 사랑

(고전2:2/고전13:1-13)

기독교 신학의 최대의 주제는 십자가입니다. 십자가의 신학과 십자가의 영성이 우리 인간들에게 필요하며 그 사랑의 단계에 들어가는 것이 우리들에게 최대의 과제입니다. 우리가 가져할 마음의 자세는 십자가의 겸손과 사랑입니다. 십자가의 사랑만이 우리를 온전히 세울 거라는 생각이 듭니다. 십자가의 주님의 사랑이 우리를 살리고 오늘의 나를 세우고 있다는 사실입니다. 십자가와 사랑, 십자가의 사랑이라는 말씀으로 은혜를 받고자 합니다.

(1) 십자가는 하나님의 사랑의 표시입니다

십자가는 사랑의 발로입니다. 하나님께서 세상을 사랑해서 당신의 귀한 아들을 이 땅에 보냈습니다. 독생자 예수 그리스도를 이 땅에 보내서 하나님의 사랑을 보여주셨습니다. "하나님이 세상을 이처럼 사랑하사 독생자를 주셨으니 이는 저를 믿는 자마다 영생을 얻으리로다."(요3:16)

그 사랑하는 아들, 하나밖에 없는 귀한 독생자를 이 땅에 보내서 당신의 사랑을 확증하였습니다. 사랑하는 아들을 이 땅에 보낸 것만으로 성이 차지 않으셔서 그 아들을 십자가에 달리게까지 하셨습니다. 아마도 하나님 아버지께서는 그 아들을 십자가에 달리게 하는 것은 처음에는 각본에 없었을 것입니다. 당신의 사랑을 깨닫지 못하고 점점 악으로 치닫는 이스라엘을 보면서 진정한 사랑을 보여주시기 위해 아들을 희생하여야겠다는 결심을 하였을 것입니다. 십자가에 달리는 대속의 피, 속죄의 피를 흘리게 함으로써 이스라엘의 죄, 인류의 죄를 씻게 하였을 것입니다. 그 길만이 당신의 사랑을 보여주는 것이며, 인류에 대한 사랑을 보여주는 길임을 아시었을 것입니다.

주님의 계획과 사랑의 섭리를 어떻게 알 수 있습니까? 다만 성경 말씀을 통하여 미루어 알 뿐입니다. 예수의 초림과 성육신의 사건은 필시 사랑의 행위였고 사랑의 사건이었습니다. 이 사랑의 절정은 십자가에서 이루어졌습니다. 하나님, 당신의 아들을 직접 십자가에 달리시게 하는 사건을 어떻게 이해해야 할지 모르겠습니다.

하나님께서는 이 땅에 아들을 보내고 나서 이 땅의 사람들이 주님을 대우하는 것을 보고 안타까운 마음을 가지셨을 것입니다. 급기야 죄인으로 몰아 십자가에 달리게 하실 때 마음이 어떻겠습니까? 하나님 아버지께서는 그것도 용납하시고 대속의 피로 역사하시고 인류의 숭고한 희생으로 삼으셨던 것입니다. 그 희생으로 인류의 죄를 용서하시는 계기로 삼으셨던 것입니다. 주님의 피, 아들의 피로 보혈의 피를 만드셔서 주님의 십자가 사건을 구원의 사건으로, 믿음으로 받아들이는 모든 사람들에게 구원의 길을 열어주신 것입니다.

이 십자가의 사랑으로 하나님의 사랑이 어떠하심을 보여주셨습니다. 십자가에 당신의 아들을 달리게 하신 사랑이 무엇인지 보여주셨습니다. 이 십자가에서 모든 인류를 용서하시고 모든 죄인을 용서하셨습니다. 십자가 없이는 죄와 벌이 소멸되지 못하였을 것입니다. 원수와 어둠이 사라지지 않았을 것입니다. 적과 혼돈의 세력이 계속 남아 우리를 괴롭게 하였을 것입니다. 이 십자가가 우리의 능력이 되었고 우리의 죄를 용서하는 신비로운 약이 되었습니다. 주님이 십자가 지심으로 우리는 이 세상의 욕심과 이 세상 나라, 우리의 것을 포기할 줄 아는 지혜를 얻게 되었습니다. 이 세상 것을 바라보며 살아가지 않고 하나님 나라를 바라보며 살아가는 지혜를 얻게 되었습니다. 이 세상에서 십자가 지는 법을 알게 되었습니다. 이 십자가가 사랑임을 알고 이웃을 사랑하고 하나님을 사랑하는 법을 알게 되었습니다.

이 사랑이 고린도전서 13장에 잘 나타나고 있습니다. 사도 바울은 그래서 십자가 외는 아무 것도 알지 아니하기로 작정하노라고 고백하고 있는 것입니다. 사랑하는 여러분, 하나님의 사랑과 그리스도의 사랑을 알아서 십자가의 사랑으로 넉넉히 사랑하며 살아가는 축복된 생애이 길 바랍니다.

(2) 십자가는 아가페 사랑의 발로입니다

　고린도전서 13장은 이 십자가의 사랑이 아가페 사랑으로 나타나고 있음을 보여줍니다. 방언과 천사의 말보다도 더 귀한 사랑, 그것이 십자가의 사랑입니다. 예언하는 능력과 산을 옮길만한 믿음보다도 더 귀한 것이 바로 십자가의 사랑입니다. 구제와 헌신보다도 더 귀한 사랑이 하나님의 십자가 사랑입니다. 고린도전서 13장의 사랑은 십자가의 사랑이 가장 위대한 사랑임을 보여준다고 볼 수 있습니다. 십자가의 사랑, 아가페 사랑, 하나님의 사랑은 어떠한 방언보다, 천사의 말보다 귀한 것입니다. 예언과 믿음보다도 더 신비하고 더 큰 믿음입니다. 어떠한 구제와 헌신보다도 가장 선한 행위가 주님이 이 십자가에 못 박히심입니다.

　이 사랑은 오래 참고 온유하며, 투기하는 자가 되지 아니하며, 자랑하지 아니하며, 교만하지 아니하며, 무례히 행치 아니하며, 자기의 유익을 구치 아니하며, 성내지 아니하며, 악한 것을 생각지 아니하며, 불의를 기뻐하지 아니하며, 진리와 함께 기뻐하고, 모든 것을 참으며, 모든 것을 믿으며, 모든 것을 바라며, 모든 것을 견디느니라(고전13:4-7). 이것은 바로 주님이 십자가에서 보여준 사랑만이 가능하게 합니다. 이 십자가의 사랑만이 이 아가페의 사랑을 가능하게 하는 것입니다. 여러분이 주님의 십자가로 사랑하는 순간, 이 아가페의 사랑이 나타날 것입니다. 고린도 교회는 이 십자가의 사랑이 부족하였습니다. 늘 다투고 시기하고 파당을 짓고 살아가는 모습이었습니다. 희망이 없는 모습들이었습니다. 십자가의 희생과 고난이 없었기 때문에 사랑이 없는 상황이었고 우상숭배와 죄악이 만연한 모습이었습니다. 십자가의 사랑이 절실히 요구되었습니다.

　십자가는 능력이며 구속하는 힘이 있습니다. 십자가는 무력하고 십자가는 죄와 형벌의 수치를 보이지만 예수의 십자가 사랑은 사람을 구원하는 능력이 됩니다. 다른 사람을 위해 대속하는 피, 희생하는 삶은 사람을 살리는 능력입니다. 십자가는 주님이 세상과 권력, 이 세상 나라를 포기하는 것을 보여주는 새로운 하나님 나라로 가는 길이었습니다. 여기에는 바리새파 사람과 빌라도, 사두개인을 용서하는 사랑의 표현이기도 하였습니다. 그들에게 구원의 문을 열어주는 새로운 산 십자가였습니다. 그래서 십자가에서 용서가 이뤄지는 것입니다.

　십자가는 사랑, 기독교의 사랑과 하나님 중심의 신본주의가 뿌리내리지 못한다면 우리는 이 세상에다 모래성을 쌓는 것과 똑같은 이치가 될 것입니다. 새로운 죄의 뿌리가 깊은 고린도 지방과 고린도 교회를 보는 것 같습니다. 한국은 기독교가 뿌리를 내려 구조적인 악이 있더라도 어느 정도 정화능력이 있어 사회가 균형 있게 발전하는 것을 볼 수 있습니다. 중국 땅에는 이 십자가의 사랑이 많이 전해져야 하고, 십자가 신학이 많이 영향을 줄 수 있어야 희망이 있습니다. 거대한 대륙 중국이 오랜 세월 몸살을 앓아왔습니다. 이제 중원이 치료를 받아야 할 시점이 되었습니다. 복음전도자들이 이 치료사가 되어 십자가 사랑을 전하고 있지만 힘든 상황입니다. 아가페의 사랑으로 오래 참고 견디어 사랑의 결실을 볼 때까지 십자가 군병이 되어 영적 전쟁을 하며 나아가야 할 것입니다.

십자가가 아가페 사랑의 발로라는 사실을 기억하며, 오늘 이 순간에도 묵묵히 십자가 사랑으로 인내와 온유, 하나님 자랑, 겸손, 예의와 이타주의, 성내지 않고 선한 것을 생각하며, 진리와 인내, 신앙과 소망, 최고의 인내로 승리하는 삶이길 축원합니다. 십자가 사랑의 사람이길 축원합니다.

서로 사랑
(고전13:13)

"그런즉 믿음, 소망, 사랑, 이 세 가지는 항상 있을 것인데 그중에 제일은 사랑이라."(고전13:13)

예수는 사랑의 사람이었다. 그가 부활하신 다음 제일 먼저 간 곳은 예루살렘. 힘 있고 권력 있는 부자들에게 가지 않고 갈릴리, 이름 없는 사람들, 그가 사랑했던 제자들에게 찾아가서 '네가 나를 사랑하느냐'고 세 번 물으시고 목양하라고 당부한다.

바울도 사랑하는 제자 디모데와 디도, 에바브로디도, 브리스길라와 아굴라 부부 등을 중심으로 세계 선교를 하고 있는 것을 볼 수 있다. 로마서 16장에 나오는 35명 명단은 그의 사랑하는 동역자와 영적 제자들이었다. "나의 사랑하는 에배네도에게 문안하라."(롬16:7) "주 안에서 내 사랑하는 암블리아에게 문안하라."(롬16:8) "그리스도 안에서 우리의 동역자인 우르바노와 나의 사랑하는 스다구에게 문안하라."(롬16:9) "주 안에서 많이 수고하고 사랑하는 버시에게 문안하라."(롬16:12) 이들은 바울을 위해 목숨까지도 내놓을 수 있는 사랑하는 사람들이었다. "너희가 그리스도 예수 안에서 나의 동역자들인 브리스가와 아굴라에게 문안하라. 저희는 내 목숨을 위하여 자기의 목이라도 내어놓았나니 나뿐 아니라 이방인의 모든 교회도 저희에게 감사하느니라."(롬16:4) 사랑하는 어머니와 같은 분들도 있었다. "주 안에서 택하심을 입은 루포와 그 어머니에게 문안하라. 그 어머니는 곧 내 어머니니라.”(롬16:13) 이처럼 바울은 사랑하는 그의 사람들을 통해 그 당시의 세계 선교를 하고 있는 것을 볼 수 있다. 그리스도 안에서 사랑, 아가페 사랑으로 하나님의 선교를 가능하게 한 것이다.

<포레스트 검프>라는 영화가 있다. 그 영화에서 주인공은 어렸을 때 다리 장애가 있어서 보철기에 의지해서 걸어야 했다. 어머니의 용기와 사랑으로 늘 마음속에 당당하게 살아야겠다는 마음을 먹고 살아가려고 노력한다. 학교 등굣길에 만난 제니를 좋아하여 그녀가 하는 말을 듣는다. 주인공 포레스트는 동네 친구들의 시기를 받아 돌팔매질을 피해야 하는 상태가 된다. 달려서 피할 수밖에 없는 상황에 달리다가 그만 보철기가 필요 없는 기적을 경험하고 그후 항상 달리는 인생을 살게 되어 미식축구 선수가 되어 그가 뛰는 경기마다 승리하게 된다. 대학을 졸업하고 베트남 전쟁에 참여하게 되어 제니에게 전쟁이 나면 무조건 뛰라는 말을 듣고 생명을 보존하는 기적을 체험한다. 동료들을 구원하여 베트남전의 영웅이 되지만 제니는 반전운동을 하게 된다. 그곳에서 극적으로 만나지만 다시 그의 사랑을 받기에는 부족하다고 생각하고 제니는 떠난다. 그러자 유일한 삶의 희망은 제니인데, 그녀가 없자, 선물로 사준 신발을 신고 전국을 일주하며 3년 6개월 정도 계속 달린다. 제니는 그 사실을 보며 그의 기사를 스크랩하며 포레스트 검프의 아들을 낳아 기른다. 이름도 아버지 이름을 따서 포레스트 검프, 제니의 사랑을 엿볼 수 있는 대목이다. 이 영화에서 한결같이 제니를 향한 사랑을 하는 포레스트 검프의 모습이 하나님의 사랑을 조금이라도 알 수 있게 하는 것 같다.

사랑의 예언자 호세아는 사랑에 대하여 말한다. 이스라엘 백성이 하나님의 사랑을 잃어버린 것을 통탄하며 다음과 같이 예언하고 있다. “이스라엘 자손들아, 여호와의 말씀을 들으라. 여호와께서 이 땅 거민과 쟁변하시나니, 이 땅에는 진실도 없고 인애도 없고 하나님을 아는 지식도 없고.”(호4:1-2) “여호와께서 이틀 후에 우리를 살리시며 제삼일에 우리를 일으키시리니 우리가 그 앞에서 살리라. 그러므로 우리가 여호와를 알자. 힘써 여호와를 알자. 그의 나오심은 새벽빛같이 일정하니 비와 같이, 땅을 적시는 늦은 비와 같이 우리에게 임하시리라 하리라.”(호6:2-3) 하나님의 사랑이 없는 것은 하나님에 대한 지식이 없기 때문이라고 말한다. 하나님을 알았다고 하면, 어떤 율례와 율법을 잊어버릴 수 있다고 하는 것인가? 하나님과 하나님의 법을 잊어버리고 제사장과 다투며 음행하며 교만하여 죄를 짓는다고 고발하고 있다. 그래서 회개하고 살려고 하면 여호와를 알아야 하고, 힘써 여호와를 알아야 한다고 말하고 있다.

제주도에 많은 교회들이 들어선 것은 이기풍 목사의 제주도 첫 선교의 열매이며, 그리스도의 교회는 파수리 선교사의 선교 씨앗이 발아하여 오늘날의 제주 그리스도의 교회가 형성된 것이다. 오늘 이렇게 시흥 그리스도의 교회에서 삼일 밤 예배를 드리는 것이 감격스럽다. 7년 전, 제주도에 와서 처음으로 제가 발을 디뎠던 곳이기에 제주도에 네 번째 방문하면서 감회가 새롭다. 오늘 하나님의 말씀을 생각하며 얼마나 우리가 주님을 사랑하느냐 하는 것이 우리의 인생 문제를 푸는 열쇠라고 생각한다.

아담과 이브가 서로 사랑한 곳이 에덴동산이다. 그들은 서로 사랑하며 잘 살았는데 그만 하나님의 말씀을 어기는 실수, 죄를 지음으로 동산에서 추방당하는 결과를 가지게 되었다. 하나님을 사랑하지 않은 것이다. 그의 계명을 대수롭게 여기지 않음으로 이브와 아담은 공동범죄자가 되어 실낙원을 한 것이다. 죄와 사랑은 밀접하게 연결되었다는 것을 알게 된다. 하나님을 깊이 사랑하면 할수록 그가 원하는 목표에서 벗어날 수 없는 것이다. 그가 원하는 삶, 그와 사랑하는 아가페 사랑의 삶을 존중하고 살아가는 것이다. 그래서 죄와 멀리 떨어져서 그를 사랑하고 그의 말씀을 지키며 하나님을 사랑하며 살아가는 것이다. 죄가 들어옴으로 아담과 이브 사이에도 거짓과 속임이 들어와 둘 사이에 핑계를 대는 관계가 된 것이다. 그들에게는 서로 사랑하며 다시 관계가 회복하는 일이 남게 된 것이다. 다시 에덴동산으로 환원할 수 있는가 그것이 그들의 최대의 관건이 된 것이다. 그들의 이야기는 원죄의 상황이지만 우리들의 이야기이다. 회개하고 주님께 돌아가는 길이 새로운 생명의 길을 회복할 수 있는 길이다.

하나님의 사랑이 지극하여 그의 아들 독생자 예수의 십자가 사랑으로 나타나, 우리 인간을 구원하신 것이다. 십자가 구속의 사랑은 우리가 그의 십자가의 보혈을 믿는 순간, 구원을 얻게 되는 놀라운 신비를 체험하게 되는 것이다. 이 십자가의 사랑은 오늘도 우리에게 열려져 그에게 다가가면 우리의 모든 허물과 죄를 사함 받는 놀라운 기적을 체험하게 된다.

이 사랑은 솔로몬과 술람미 여인과의 사랑에서 보여주는 것과 같이 아가서의 사랑을 보게 된다. 사랑하면 병이 나서 사랑하는 자를 찾아 나서게 되고 사랑하는 사람을 찾을 때까지 방황하며 헤매는 것을 볼 수 있다. 사랑은 죽음보다 강하다고 고백하듯이 우리는 사랑의 존재이며 사랑하지 않고는 살 수 없는 존재임을 알게 된다.

교육을 하다 보면 사랑의 교육 이외에는 사람을 변화시킬 수 없다는 결론에 이른다. 사랑으로 하는 교육만이 제자를 기르고 제자가 기억하며 남는다는 것이다. 목회와 목양도, 선교와 전도도 마찬가지 사랑의 언어와 사랑의 행위를 통하여 가능하며 참 목회와 참 전도가 되는 것이다. 이 사랑의 교육을 하기 위해선 성령 충만함이 필요하며 성령과 사랑은 밀접한 관계를 가진다.

성령의 9가지 열매에 사랑이 처음 덕목인 것은 바로 사랑은 성령의 은사이기 때문이다. 사랑과 희락, 화평, 충성과 온유와 절제, 인내와 자비와 양선 등이 바로 성령의 열매이기 때문이다. 그래서 우리는 성령 충만한 삶을 살아가야 하며 이 아가페 사랑과 성령 임재, 주의 영의 임재 속에 살아갈 때 하나님과 하나 되어 영적인 사랑을 누리며 이웃에게 평화와 사랑을 전하며 살아갈 수 있게 된다. 이러한 주의 사랑을 하며 서로 사랑하며 살아가는 주의 제자, 주의 교회가 되기를 축원한다.

하나님의 선물, 사랑

"그런즉 믿음, 소망, 사랑, 이 세 가지는 항상 있을 것인데 그중의 제일은 사랑이라."(고전13:13)

하나님이 인간에게 주신 최대의 선물은 예수 그리스도이다. 그것은 십자가 사랑이다. 우리가 어렸을 때 여자아이들이 고무줄놀이를 할 때 심술궂게 고무줄을 자르고 도망가거나, 공을 차다가 그쪽으로 공을 보내는 것은 바로 좋아한다는 사랑의 짓궂은 표현이었다. 사랑의 표현이 자라면서 세련되고 온전한 사랑을 할 수 있는 기술을 가지게 되는 것을 볼 수 있다. 하나님의 사랑은 인간의 사랑의 지고한 단계를 보여준다. 아가페 사랑이 바로 이 지고지순한 사랑의 단계를 보여주고 최고의 사랑의 극치는 바로 예수 십자가 사랑이다.

이 사랑은 성령의 도우심이 아니면 알 수 없는 것이다. 성령의 은사를 가질 때 사랑할 수 있고 주님의 사랑을 이해할 수 있는 것이다. "성령으로 아니하고는 누구든지 예수를 주시라 할 수 없느니라."(고전12:3) 이 성령의 은사를 통하여 사랑할 수 있게 된다. 고린도전서 12~14장은 은사에 대하여 잘 가르쳐준다. 결론적으로 바울은 가장 큰 은사는 사랑이라고 말한다. "너희는 더욱 큰 은사를 사모하라. 내가 또한 제일 좋은 길을 너희에게 보이리라."(고전12:31) 예언하고 방언하는 은사, 방언 통역의 은사, 구제, 병 고치는 은사, 다스리는 은사, 교사의 은사 등 여러 은사 중에 그중에 제일은 사랑의 은사라고 말한다.

"사랑은 언제까지 떨어지지 아니하나 예언도 폐하고 방언도 그치고 지식도 폐하리라. 우리가 부분적으로 알고 부분적으로 예언하니 온전한 것이 올 때에는 부분적으로 하던 것이 폐하리라."(고전13:8-10) 산을 옮길만한 믿음의 세계, 신앙의 세계보다도 사랑의 세계가 뛰어나며,

신령한 은사와 지식의 세계도 부분적이지만 사랑의 세계는 영원하다는 바울의 고백을 보게 된다. 그래서 바로 사랑은 하나님의 최고의 선물이 된다. 찬송가 468장(통합)에는 하나님의 선물이 평화라고 말한다. "내 맘에 한 노래 있어, 나 즐겁게 늘 부르네, 이 노래를 부를 때에 큰 평화 임하도다. 평화, 평화, 하나님 주신 선물, 오! 크고 놀라운 평화, 하나님 선물일세." 그렇지만 평화와 마찬가지로 하나님의 선물, 은사(카리스마)는 사랑의 은사, 사랑의 선물이기도 하다. 이 사랑이 바로 예수 그리스도이며, 예수 구세주가 하나님의 가장 귀한 선물이다.

유진 피터슨의 고린도전서 13장 8~10절 번역본에는 다음과 같이 말한다. "그러나 완전함에 이르기까지, 우리는 다음 세 가지를 행함으로 완성을 향해 나아가야 합니다. 하나님을 꾸준히 신뢰하십시오. 흔들림 없이 소망하십시오. 아낌없이 사랑하십시오. 이 세 가지 가운데 으뜸은 사랑입니다", "여러분의 생명이 사랑함에 달려 있다는 듯이 온 힘을 다해 사랑하는 삶을 추구하십시오. 하나님께서 여러분에게 주시는 사랑의 선물을 열심히 구하십시오. 무엇보다도 하나님의 진리를 힘써 선포하십시오."(고전14:1-3)

아가페 사랑이 으뜸이라고 말한다. 성도 간의 사랑, 교회의 사랑이 가장 우선한 덕목이라는 사실을 말하며 믿음, 소망, 사랑의 덕목으로 완성을 향해 나가자고 하며 무엇보다도 사랑하는 것이 가장 중요함을 말하고 있다. 이는 사랑은 하나님의 선물이라는 사실이다. 이 선물을 받아 누리는 것이 필요한 것이다.

또한 사랑이 제일이라는 말에는 사랑으로 믿음이 완성되고, 사랑으로 소망이 이루어진다는 말과 일맥상통하는 것이다. 그래서 예수는 이 사랑의 말씀을 선포하였고, 하나님 나라는 아가페 사랑으로 통치하는 나라, 하나님이 사랑과 공의로 다스리는 나라임을 보여주었다. 말씀 중심의 나라, 하나님 사랑의 왕국이 바로 천국이다. 부자와 가난한 자가, 건강한 자와 병자, 약자와 강자, 노인과 어린이, 남자와 여자가 모두 평등하게 하나가 된 나라를 말씀하신 것이다. 특히 심령이 가난한 사람이 볼 수 있는 곳이 바로 천국이다. "심령이 가난한 자는 복이 있나니 천국이 그들의 것임이요."(마태 5:3) 이 천국을 소유하기 위해 우리는 팔복의 사람이 되어야 한다. 가난하고, 애통하고, 온유하며, 의에 주리고 목마른 사람, 긍휼히 여기는 자, 마음이 청결한 자, 화평하게 하는 자, 의를 위하여 박해를 받은 자가 바로 천국을 소유하며 천국 백성인 것이다. 이들이 하나님의 선물인 사랑이 많은 자들이요 하나님 나라를 이루는 사람인 것이다.

이 사랑은 성령의 은사를 통하여 오지만 사랑의 훈련을 통하여 오는 것이다. 부모 사랑이 자녀에게 이뤄지는 것처럼 받은 사랑을 통하여 사랑의 전이가 이뤄진다. 짝사랑에서부터 우리는 사랑의 연습과 훈련, 기술을 쌓아 어느 단계에 오르면 사랑의 기술로 배우자와 결혼에 이르게 된다. 이 사랑은 여기에 멈추지 않고 아가페 사랑의 단계까지 계속 발전해가는 것이다. 그래서 성서의 사랑의 모습은 아브라함의 사랑에서부터 족장들의 사랑, 다윗의 사랑과 솔로몬의 술람미 여인의 사랑을 통하여 이상적인 사랑의 모습이 메시아 사랑으로 이어지고 있는 것이다. 신약성서에서 바울의 사랑은 아가페 사랑의 모습을 보여준다. 독신의 은사, 결혼하지 않고 주님을 사랑하듯 교회를 사랑하며 재림 신앙으로 오직 하나님과 교회를 사랑하는 것을 말하고 있다. 예수의 사랑은 원수도 사랑하는 불가능한 사랑을 하고, 그 사랑을 이루는 것을 말하고 있다. 따라서 원수를 사랑할 수 있는 사랑의 분량에 이르기까지 훈련과 기도가 필요한 것이다. 그래서 얼마나 교회를 사랑하고 성도를 사랑하며 신앙공동체 멤버를 돌보고 기도하는가 하는 것이 사랑의 척도가 되는 것이다.

한편 에릭 프롬은 사랑의 기술에서 사랑의 철학적 단계를 말하고 있다. 어떻든 사랑의 훈련은 표현하고 고백하는 것이 필요하다. 한국인은 동양의 유교적 가풍과 가부장적 권위 문화 속에서 사랑을 표현하지 않는 것을 미덕으로 알고 있다. 그러나 이는 개선이 필요한 것이다. 시인들의 시 세계를 보면, 수많은 시인들이 자신들의 문학 세계와 시 창작을 보인다. 그들의 시 중에 이해인, 조성태 시와 용혜원, 고훈 박명호 시인의 시를 읽으면 다른 시인들이 추구하는 시와 본질적으로 다르다는 것을 느낄 수 있다. 하나님의 사랑이 주제가 되어 그들의 언어를 조탁(彫琢)하고 창조하고 있는 것을 볼 수 있다. 하나님과 대화하는 것이 시고 그 신앙의 세계에서 사물과 자연과 인간을 바라보며 창조주의 피조 세계를 인정하며 찬양하고 있다는 것이다. 이것이 바로 사랑의 시가 아니고 무엇이겠는가. 문학의 세계가 사랑을 이야기해도 어떠한 사랑이냐 하는 것은 중요한 문제이다.

설교의 달인이냐? 묻는 아내의 말에, 숙연히 설교를 어떻게 해야 할지를 생각해본다. 대상의 대다수가 아이들이라는 말에, 어떻게 하면 이 설교문을 쉽게 전달할 수 있는지 생각해보기도 한다. 물론 이와 더불어 아! 중요한 것은 바로 사랑의 달인이냐고 자문하는 것이 제일 중요한 과제임을 하나님의 선물, 사랑이라는 말로 이 설교문에서 결론에 갈음한다.

온전한 사랑

"우리가 지금은 거울로 보는 것같이 희미하나 그때에는 얼굴과 얼굴을 대하여 볼 것이요, 지금은 내가 부분적으로 아나 그때에는 주께서 나를 아신 것같이 내가 온전히 알리라. 그런즉 믿음, 소망, 사랑, 이 세 가지는 항상 있을 것인데 그중에 제일은 사랑이라."(고전13:12-13)

바베트 만찬이라는 영화가 있다. 이 영화는 한 루터교의 금욕주의 분파 신도들이 있는 어촌을 배경으로 하고 있다. 부인을 잃고 혼자된 늙은 목사와 두 딸, 마틴느와 필리파 자매가 함께 살면서 교회를 운영하였다. 마틴느는 아버지를 돌봐야 하는 의무로 젊은 기병대 장교의 프러포즈도 거절하였고, 목소리가 좋은 필리파는 프랑스의 유명한 오페라 가수 파팽의 제의를 거부하고 프랑스로 가지 않았다. 그 후에 프랑스 내전으로 가족을 다 잃고 생명을 유지하기 위해 피신하기 위해 파팽의 소개로 바베트는 이 어촌으로 들어오게 된다. 내키지 않았지만 12년간 두 자매가 같이 사는 것을 허락하여서 독신으로 지내며 교회를 돌보는 자매 밑에서 일하게 되었다. 바베트는 마을의 가난한 사람들에게 먹을 것을 주고 집안일도 온통 도맡아 하고 교회의 주일 예배도 거들었다. 다들 침울하게 가라앉은 동네가 바베트 덕에 생기를 찾았다고 말하기도 하였다.

12년 만에 바베트에게 온 편지가 마틴느와 필리파를 놀라게 했다. 친구에게 부탁하여 매년 복권을 샀는데, 그것이 당첨되어 1만 프랑을 타게 되었다는 것이었다. 두 자매는 그 사실을 축하하였지만 이제 자신들 곁을 떠날 것이라 생각하고 속으로 슬픔이 있었다. 곧 바베트가 떠날 것이라 생각했다. 하지만 바베트는 처음으로 부탁이 있다고 하며 아버지 목사님의 100주년 생신 저녁 만찬을 준비하겠다는 것이었다. 제대로 된 프랑스 요리로 차리고 싶다고 하였다. 처음으로 자신이 그동안 받은 사랑을 갚고 싶다는 것이었다. 노르 보스부르그 사람들이 놀랄 만한 광경이 펼쳐졌다. 몇 주 동안 선착장에는 진기한 장면이 연출되었다. "외바퀴 수레에는 작은 새들이 든 상자가 가득 실렸는데 그런 수레가 한둘이 아니었다. 샴페인-아니 샴페인까지!-과 포도주가 든 통들이 뒤를 이었다. 소머리 전체, 신선한 채소, 프랑스산 버섯, 꿩들과 햄, 이상한 바닷속 생물들, 계속 살아서 뱀 같은 머리를 좌우로 흔드는 커다란 거북이 등이다."

저녁 먹는 날인 12월 15일은 눈이 내리는 날이었다. 아흔 살의 노파 로벤헬름이 조카의 부축을 받아 참석하기로 한다는 것이었다. 조카는 마틴느에게 청혼했던 기병대 장교였는데 지금은 장군이 되어 왕궁에서 근무하고 있었다. 장군만이 바베트의 요리가 진귀한 요리라는 사실을 밝혀주었다. 남은 신도들은 꼬부랑 노인 열한 명이 전부였다. 음식에 대해서는 말문이 열리지 않았지만 분위기는 좋아져서 화해가 이루어지고 할렐루야 소리가 연발 나오게 되었다. 바베트는 카페 앙글레 식당의 요리사로서 12명의 사람이 먹는 요리 기격으로 돈을 다 소비한 것이었다. 그러고는 바베트는 이 마을을 떠나지 않는다고 말하는 것이었다. 아이작 디네센은 '바베트 만찬'을 단순히 멋진 식사 이야기가 아니라 은혜-베푸는 자의 부담으로 거저 받는 선물-의 비유로 쓴 것이었다.

잔뜩 굳은 얼굴로 바베트의 식탁에 둘러앉은 신도들에게 로벤헬름 장군은 다음과 같이 말한다. "우리는 모두 은혜란 우주 안에서 발견될 수 있는 것이라고 들었습니다. 그러나 우리 인간은 어리석고 시야가 짧다 보니 하나님의 은혜마저 유한한 줄 압니다. 눈이 열리는 순간에야 은혜의 무한함을 보고 깨닫게 되지요. 친애하는 여러분, 은혜가 요구하는 것은 아무것도 없습니다. 믿음으로 기다리다 감사로 인정하면 그뿐입니다."

12년 전, 바베트는 은혜 없는 사람들 속에 떨어졌다. 루터의 추종자인 그들은 거의 매주 은혜에 대한 설교를 들으면서도 주중이면 경건과 금욕으로 하나님의 사랑을 사려 했다. 이들에게 은혜는 만찬, 바베트의 만찬이란 형태로 찾아왔다. 그것은 받을 자격도 없고 값도 내지 않은 자들에게 베풀어진, 평생 한 번 있을까 말까 한 진수성찬이었다. 은혜는 노르 보스부르그에도 같은 식으로 찾아왔다. 베푸는 자의 부담으로 값없고 조건 없이 거저 온 것이다.

바베트의 만찬 이야기에서 우리는 하나님의 은혜와 사랑을 알 수 있다. 예수 그리스도가 이 땅에 오신 것도 값없이 주신 죄의 용서, 십자가의 사랑임을 알 수 있다. 바베트의 만찬은 바로 우리에게 많은 이야기를 해준다. 마틴느와 필리파의 희생과 헌신, 그의 아버지의 목회 삶, 바베트의 은혜와 사랑, 봉사와 헌신에 대한 이야기를 알 수 있다. 바베트는 생명을 구하고 어촌 마을에서 평화로운 생활을 하며 봉사하며 즐거운 생활을 하게 된 것에 감사하여 베푼 귀한 만찬보다도 노르 보스부르그 신앙공동체의 삶이 귀한 것임을 고백하고 있는 것이었다.

유명한 말씀의 신학자 칼 바르트가 시카고를 방문하였을 때, 사람들이 그에게 물었다. 당신이 그동안 연구한 결과 "가장 심오한 진리는 무엇이냐?" 바르트는 대답하기를 '예수 사랑하심은 거룩하신 말일세'라고 말하였다. 예수가 우리를 사랑한다는 사실, 그 말이 바로 거룩한 신앙사건이라고 말한 것이었다. 사도 요한은 자신을 부를 때 예수님이 사랑하시는 자라고 부르기를 좋아했다. 사도와 복음전도자, 설교자, 신학자 등의 칭호보다도 '예수님이 사랑하시는 자'를 선호하였다. 우리도 바로 예수님이 우리를 사랑하시는 분이라고 고백하고 내가 바로 예수가 사랑하시는 자라는 사실을 각인하고 살며 주의 사랑을 전하는 자가 되기를 바란다.

우리가 주님을 온전히 사랑하기 위해선 지식과 지혜가 필요하다. 얼마나 주님에 대하여 알고 있는지가 중요하다. 사랑하는 상대를 많이 알아가는 것이 사랑의 필수요소인 것이다. 성경에서 하나님의 지혜를 사랑하라고 하는 잠언서에는 자녀 사랑과 친구사랑, 부부사랑에 대하여 말해주고 있다. 잠언 3장 12절에서는 지혜로운 사람은 하나님의 징계를 사랑한다고 하고, 잠언 4장 17절에는 지혜를 사랑하는 자는 그 지혜가 그를 지키시리라 말씀하고 있다. 5장 19절은 사랑스러운 암사슴과 암노루와 같은 아내라고 말하며 사랑하기를 말하고 있다. 잠언 8장 36절은 지혜로운 자는 자기 영혼을 사랑한다고 말하고 지혜를 갖지 못한 사람은 사망을 사랑한다고 표현한다. 8장 17절은 지혜를 사랑하면 재물이 있다고 말하고, 9장 8절에는 거만한 사람에게 충고, 통책을 하지 말라고 한다. 지혜로운 사람에게 권면하라고 말한다. 10장 12절은 사랑은 모든 허물을 가린다고 말한다. 여간 채소를 먹으며 사랑하며 사는 것이 낫다고 말하고, 13장 24절에 자녀를 사랑하는 사람은 근실히 징계한다고 말한다. 하나님의 지식과 지혜를 사랑하는 것이 중요함을 잠언은 말하고 있다. 하나님을 아는 것과 사랑하는 것이 중요함을 가르쳐준다.

오늘 본문 말씀은 지식과 사랑이 하나님을 가르쳐준다. 하나님은 우리를 온전히 알고 계시지만 우리는 하나님을 잘 알 수 없다는 것이다. 부모는 우리를 잘 알고 사랑하지만 우리는 부모님의 사랑을 잘 이해하지 못하고 부분적으로 안다는 사실이다. 우리가 아는 지식은 부분적이지만, 그날에는 그리고 천국에서 주님을 만나볼 때는 온전히 알게 된다고 말한다. 예언도 방언도 지식도 폐하지만 주님의 사랑은 떨어지지 않는다고 말한다. 우리가 부분적으로 알고 부분적으로 예언하지만 온전한 것이 올 때에는 부분적으로 하던 것이 폐하리라고 말한다. 어린아이의 말과 깨달음의 수준에 있다가 장성한 사람이 되어서는 어린아이의 일을 버린다고 말한다. 온전한 지식과 온전한 사랑에 이를 때 마치 희미하게 보는 사랑과 지식이 분명해진다. 주님과 대면하여 보는 것처럼 확실해지는 것이다.

"우리가 지금은 거울로 보는 것 같이 희미하나 그때에는 얼굴과 얼굴을 대하여 볼 것이요, 지금은 내가 부분적으로 아나 그때에는 주께서 나를 아신 것 같이 내가 온전히 알리라."(고전 13:12)

성경은 하나님의 사랑을 알려주는, 하나님이 우리에게 1,600년간 쓴 연애편지라는 것이다. 성경 66권은 하나님에 대한 지식을 보여주고 하나님이 우리를 사랑하고 있다는 사실을 기록

하고 있다. 올 설날에 우리에게 보여준 다큐멘터리 영화 '울지 마 톤즈'는 한 신부가 남수단의 톤즈 마을 사람들을 사랑한 이야기를 보여주고 있다. 고 이태석 신부는 48세의 짧은 나이에 생을 달리하였다. 그는 10남매 중 7번째로 이미니가 삯바느질을 하여 키운 아들이라 귀하고 귀한 아들이었다. 그런데 신부가 되겠다는 것, 그리고 아프리카 총성이 울리는 곳에 가서 복음을 전하겠다는 사실을 거부하지 못했다. 남수단의 사람들은 좀처럼 울지 않는 사람들인데 이태석 신부의 사랑과 함께하는 사랑에 그만 그의 죽음에 안타까워하며 그의 사랑을 못내 아쉬워하며 눈물을 흘리는 것을 보고 감동하였다고 한 신부가 고백하고 있다. 그는 슈바이처 박사를 존경하여 아프리카 지역으로 갔고 총성이 있는 곳에서 평화의 소리를 들려주기 위해, 브라스밴드를 만들어 학생들에게 악기를 가르쳐주었다. 예수라면 성당을 지었을까, 학교를 지었을까 묻고, 학교를 지어 여러 과목을 가르치며 가장 내실 있는 교육을 하는 학교로 만들었다. 그리고 한센병환자(문둥병자)들을 돌보며 군의관으로 지냈던 치료 실력을 유감없이 발휘하여 병자들을 고쳐 주었다. 그는 톤즈 마을의 사랑의 화신으로 하나님의 사랑과 은혜를 보여준 선교사였던 것이다.

하나님의 사랑을 알면서도 사랑하지 않으면 죄가 된다고 한 시인은 말한다. 이해인 시인은 다음과 같이 말한다. "당신을 사랑하지 않은 것이 전심으로 사랑하지 않은 것이 죄가 되는 까닭을 알지 못했습니다."(<새 힘을 주소서>) 우리가 사랑하지 않는 것, 그것이 죄라는 사실을 말해주고 있다. 온전한 사랑을 하기 위해 우리는 믿음, 소망, 사랑의 아가페 사랑으로 우리 앞에 주어진 사람들을 사랑하며 살아가는 생애가 되기를 바란다. 사랑하면 믿음과 소망의 신앙생활이 다 포괄되어 사랑의 삶 속에서 믿음의 생활과 천국 소망이 이루어진다는 것이다. 그것이 바로 믿음, 소망, 사랑 중에 제일은 사랑이라고 바울은 말하고 있는 것이다. 사랑하며 살아가는 우리 모두가 되길 주님의 이름으로 축원한다.

사랑과 침묵
(아3:5)

"예루살렘 여자들아, 내가 노루와 들 사슴으로 너희에게 부탁한다. 사랑하는 자가 원하기 전에는 흔들지 말고 깨우지 말지니라."(아3:5)

우리는 일생생활에서 침묵하는 것이 매우 힘들다는 것을 발견합니다. 말하지 않고 침묵하는 일은 때론 쉽기도 하고 또 불편함을 느끼게 됩니다. 하나님의 침묵을 생각해보며 주님이 우리에게 때론 침묵하시며 기다리는 것이 있을 것이라 생각해봅니다.

이 시간에 우리는 사랑과 침묵에 대하여 생각하며 사랑하는 방법이 침묵일 수 있음을 생각해봅시다. 우리의 삶 속에서 침묵하며 기도하며 살 수 있는 삶의 지혜를 얻고자 합니다.

하나님의 침묵을 열 수 있는 것

우리들의 삶 속에 하나님께서 역사하시도록 기도로 주님께 간구합시다.

"나의 찬송하는 하나님이여, 잠잠하지 마옵소서. 대저 저희가 악한 입과 궤사한 입을 열어 나를 치며 거짓된 혀로 내게 말하며…… 나는 사랑하나 저희는 도리어 나를 대적하니 나는 기도할 뿐이라."(시 109:1-3) 시편 기자는 대적자에게 당하는 고난으로 인해 고통을 당한다고 탄원하고 있습니다. 하나님께 도와달라고 말하며 잠잠하지 마옵소서 간구하고 있습니다. 하나님의 도우심을 위하여 기도하고 있는 것입니다. 우리들의 삶 속에서도 하나님의 침묵을 열 수 있는 것이 오직 기도와 간구, 하나님 앞에서 바르게 살며 기쁘게 해 드리는 것이 바로 침묵을 깨게 하는 것입니다. 기도하는 것이 하나님이 말씀하시고 도우시는 길입니다. 사랑하는 사람을 위하여 조심하며 조용히 안식을 하도록 배려하며 침묵하는 것입니다.

"예루살렘 여자들아, 내가 노루와 들 사슴으로 너희에게 부탁한다. 사랑하는 자가 원하기 전에는 흔들지 말고 깨우지 말지니라."(아3:5)

아가서의 연인은 사랑하는 사람이 수면에 장애를 받지 않도록 주위 사람들에게 정숙을 요구하고 있습니다. 사랑하는 사람이 안식을 할 수 있도록 배려하는 모습을 봅니다. 우리의 삶 속에서 사랑하는 자녀와 부부, 부모와 가족, 친구, 교인들이 안식과 평화를 누릴 수 있도록 환경을 만드는 사랑의 작업이 필요한 것입니다. "흔들지 말고 깨우지 말지니라."

평화의 침묵, 평화를 위한 침묵, 사랑하고 있으므로 침묵하는 사랑, 이것들은 바로 사랑과 평화를 가져오게 합니다. 하나님은 천지창조를 6일간 말씀으로 행하시었지만 제7일은 침묵하시며 안식하였던 것입니다. 침묵과 안식은 또 다른 창조의 모습입니다. 침묵과 안식은 쉼과 재창조를 위한 작업이 되는 것입니다. 주님은 소란한 대중들의 틈바구니에서 벗어나서 한적한 곳, 조용한 곳으로 물러나서 침묵하며 조용히 말씀하시는 소리를 들으시며 하나님 아버지와 함께

하셨던 것을 봅니다. 하나님의 세미한 음성을 듣기 위해 침묵하며 주님 앞에 나아가야 합니다.

사랑하는 사람, 사랑하는 성도를 위해 이제 침묵하며 사랑을 전할 수 있는 영력 있는 사람, 깊은 영성으로 나아기기를 바랍니다.

성도와 교회 유익을 위한 침묵

"사랑은 오래 참고…… 만일 통역하는 자가 없거든 교회에서는 잠잠하고…… 다른 이에게 계시가 있거든 먼저 하던 자는 잠잠할지니라. 모든 성도의 교회에서 함과 같이 여자는 교회에서 잠잠하라. 저희의 말하는 것을 허락함이 없나니 율법에 이른 것같이 오직 복종할 것이요."(고전 13:4, 14:28, 30, 34)

사랑의 완성을 위해 오래 참는 침묵의 과정이 필요합니다. 사랑의 감격과 흥분을 속으로 삭이고 숙성시키며 조용히 음미하며 그 사랑을 완성하기 위한 인고의 세월과 비밀을 유지하며 사랑의 꽃을 피울 수 있어야 할 것입니다. 사랑은 조심스럽고 은밀하며 오래 참는 과정이 있어야 함을 배우게 됩니다. 아가페의 사랑에서 우리는 오래 참음이 사랑의 정의에 있어서 선행되고 있음을 봅니다. 이것은 침묵으로 오래 사랑을 유지해야 함을 가르쳐줍니다. 또한 고린도 교회에서 성도 간의 사랑을 위해 은사자들이 영적 질서를 가지고 조용히 침묵해야 할 것을 바울은 교훈해주고 있습니다. 교회의 평화를 위해 실력 있는 여자들이 소수의 발언권과 능력이 없는 남자들을 위해 잠잠해 주고 침묵해주기를 당부하고 있는 것을 볼 수 있습니다. 침묵은 금이라는 금언은 우리들에게 발언권이 있고 힘이 있어도 침묵하며 공동체의 평화를 지켜야 함을 보여줍니다. 사랑을 위해 침묵이 필요하듯이 교회공동체의 평화를 위해 침묵은 필수적입니다. 교회를 위해 침묵하며 기도하는 은혜로운 신앙인이 되시길 바랍니다.

침묵하는 경건 생활

"누구든지 스스로 경건하다 생각하며 자기 혀를 재갈 먹이지 아니하고 자기 마음을 속이면 이 사람의 경건은 헛것이라."(약1:26)

"우리가 말을 순종케 하려고 그 입에 재갈 먹여 온몸을 어거하며…… 이와 같이 혀도 작은 지체로되 큰 것을 자랑하도다. 보라 어떻게 작은 불이 어떻게 많은 나무를 태우는가."(약3:3, 5)

잠언에는 우리에게 지혜롭게 살아가는 비결에 대하여 가르쳐 주고 있습니다. 잠언 31장은 지혜로운 삶의 비결이 언어에 있음을 가르쳐 줍니다. 말과 언어를 잘 다스리는 것이 중요함을 말합니다. 말은 마음에서 오고 생각에서 옴을 가르쳐줍니다. 마음을 다스리고 입을 조심하고 하나님을 경외하며 지혜로운 말을 함으로 성공하는 인생을 살아갈 것을 가르쳐줍니다. 우리의 경건은 침묵할 줄 아는 생활에서 깊어지고 열매를 맺을 수 있습니다. 침묵과 경건은 밀접하게 연결되어 있습니다. 말을 잘 다스리는 사람은 깊은 영성을 소유한 사람입니다. 하루의 생활을 돌아보면서 얼마나 나의 말에 실수가 많았는지 돌아볼 수 있습니다. 혀의 재갈을 먹이지 못하고 살아감으로 상대에게 얼마나 폐를 끼쳤는가 생각해봅시다. 말은 우리 실존의 전부입니다. 말과 언어가 우리의 인격의 전부라는 생각을 가지고 혀의 재갈을 먹이고 침묵하며 살아가는 삶이 될 수 있기를 바랍니다. 필요한 말만 하고 살아가는 언어의 왕이 될 수 있을까요?

사랑이 깊어지면 침묵하는 법을 알게 되고 하나님의 침묵의 의미를 알게 될 것입니다. 사랑의 완성이 침묵을 통하여 이루어지고, 교회와 공동체에 침묵이 많은 언어보다도 더 많은 열매를 맺을 수 있음을 봅니다. 침묵과 기도로 하나님 앞에 더 가까이 가며 사랑하는 성도들, 가족의 사랑을 바라며 성숙하게 하시길 주님의 이름으로 축원합니다.

아가페와 필레오
(요21:15–17)

오늘 이 시간에는 '아가페와 필레오'라는 제목을 가지고 같이 말씀을 상고해보고자 합니다. 사랑의 일반적인 뜻은 아끼고 위하여 따뜻한 인정을 베푸는 일이나 그 마음을 나타내고 있습니다. 대부분의 사람들은 사랑을 크게 3가지로 나누고 있습니다. 첫째는 '아가페'입니다. 이것은 값없이 주는 하나님의 사랑입니다. 둘째는 '필레오'입니다. 이것은 친구의 사랑과 우정을 나타냅니다. 셋째는 '에로스'입니다. 이것은 남녀 간의 사랑을 말합니다.

기독교의 근본사상은, "하나님이 세상을 이처럼 사랑하사 독생자를 주셨으니 누구든지 예수 믿으면 영생을 얻으리로다."(요3:16) 말씀처럼 '아가페'의 사랑입니다. 사도 요한은 "하나님은 사랑이시다."(요일4:8)라고 고백하고 있습니다. 하나님의 '아가페'의 사랑은 예수를 통하여 이 세상에 나타났고 보이셨으며 또한 이루셨습니다. 지금도 아가페의 사랑은 계속되고 있습니다. 예수의 구원사역 이것이 바로 우리에게 아가페의 사랑을 나타내고 있는 증거입니다.

오늘 본문 말씀 요한복음 21장 15절~17절 말씀은 예수께서 부활하신 후 갈릴리 바닷가에서 고기를 잡고 있는 베드로에게 나타나신 사건입니다. 3번씩이나 자기의 목숨을 위하여 예수님을 저주하고, 맹세하고, 부인하며 도망간 베드로를 예수는 아직도 그를 버리지 아니하시고 사랑한다는 증거로 나타난 사건입니다. 히브리서 13장 5절에서 분명히 우리들에게 말씀하시기를 '내가 과연 너희를 버리지 아니하고 과연 너희를 떠나지 아니하리라'라고 약속하고 계십니다. 또한 그 약속을 베드로를 통하여 우리들에게 나타내 보이셨습니다. 우리의 모든 것들을 용서하시고 감싸주시며 언제나 영원토록 변함없이 우리를 사랑하고 계신 그 예수님을 오늘 이 시간에도 생각하며 감사하는 시간이 되었으면 합니다.

오늘 본문 말씀은 예수님이 나타나셔서 베드로에게 세 번이나 '요한의 아들 시몬아, 네가 다른 사람들보다 나를 더 사랑하느냐?'라고 질문한 것은, 세 번씩이나 예수님을 부인한 베드로의 잘못을 간접적으로 느끼게 하기 위함이었다는 사실입니다.

15절~17절 말씀에서 "요한의 아들 시몬아, 나를 사랑하느냐", "요한의 아들 시몬아, 네가 나를 사랑하느냐?", "요한의 아들 시몬아, 진정으로 나를 사랑하느냐?"라는 이 사랑의 단어는 동일한 의미를 지니고 있지 않다는 것입니다. 헬라어 성경은 15절~16절의 사랑은 '아가페'로 표현되고 있으며, 17절에서는 아가페가 아닌 '필레오'라는 단어로 쓰였던 것은 분명 이유가 있습니다. 아가페는 하나님의 사랑입니다. 그리고 필레오는 친구의 사랑, 우정을 이야기합니다.

'요한의 아들 시몬아, 아가페 하나님의 사랑같이 나를 사랑하느냐?'라는 질문에 베드로는 '필레오', 예수님, 나에게 어찌 하나님의 사랑을 요구하십니까? '나는 다만 친구의 우정적인 사랑밖에는 갖고 있지 않습니다'라고 고백합니다.

예수는 다시 베드로에게 질문을 던집니다. '요한의 아들 시몬아 아가페 하나님의 사랑같이 나를 사랑하느냐?'라는 질문에 베드로는 또다시 고개를 숙인 채 '필레오, 예수님 정말 나는 아가페의 사랑을 갖고 있지 않습니다. 나는 다만 친구의 우정적인 사랑밖에 없다는 것을 예수님이 아시지 않습니까?'라고 대답합니다. 베드로가 아가페의 사랑을 간직하지 못한 것을 아신 주님이 이제 베드로의 수준에 자신의 생각에 맞추고 있습니다. 그래서 세 번째 질문은 아가페가 아닌 필레오였습니다. 예수님은 베드로에게 다시 물어보십니다. '요한의 아들 시몬아, 네가 아가페의 사랑이 없는 줄 알며 너의 겸손한 마음을 알고 있다. 그럼 너는 나를 필레오의 사랑,

진정한 친구로서 나를 대할 수 있겠느냐?’라고 말씀하십니다.

이 질문에 베드로는 고백합니다. “주여, 그러하외다 내가 주를 사랑하는 줄 주께서 아시나이다.” 베드로의 고백, ‘안다’는 단어는 15절~16절은 헬라어 ‘오이다’라는 뜻으로 그리고 17절에서는 ‘기노스코’라는 단어로 두 번 쓰이고 있습니다. 15절~16절의 ‘오이다’라는 뜻은 ‘인간의 생각이나 견해’로 안다는 것입니다. 주 예수님의 생각으로 자신을 판단해 달라는 것이며, 17절의 ‘기노스코’라는 말은 ‘경험을 통하여 알 수 있다는 뜻’으로 ‘예수님, 저는 3년 동안 예수님과 같이 자고 먹고 생활했습니다. 그동안의 나의 생활을 보시고 저를 판단해주십시오’라고 대답하고 있습니다. 베드로의 세 번째 대답에 있어서 두 번 거듭 ‘알다’라는 말을 사용한 것은 예수에 대한 베드로의 사랑을 강하게 나타내고 있는 장면입니다.

‘예수님 이제 제가 당신을 죽도록 사랑하겠습니다’라는 베드로의 신앙고백입니다. 지금, 이 시간 여러분들에게 한번 질문을 던져 봅니다. 여러분은 얼마나 예수를 사랑하고 있습니까? 예수님과 베드로의 대화는 베드로 자신이, ‘주는 그리스도시요 살아계신 하나님의 아들이라는 멋진 신앙고백을 하였고, 모든 사람들이 예수 곁을 떠나갈 때, 주여, 영생의 말씀이 여기 계시매 내가 뉘게로 가오리까?’라는 신앙고백을 한 베드로 전의 그는 누구보다도 자기가 예수님을 가장 사랑한다고 자처하고 교만한 마음이 여전히 있는지 알아보기 위한 물음이었습니다.

베드로가 다른 사람들과 비교하는 식의 대답을 하지 않고 그저 예수님께서 아신다는 지극히 겸손한 신앙고백을 할 수 있었던 것은 예수님께서 가지고 있는 진실한 사랑을 베드로 자신이 소유하고 있었기 때문입니다.

예수님은 교만한 자를 싫어하십니다. 겸손한 자, 진실한 사랑을 가지고 있는 자를 사랑하시며 그들에게 내 양을 먹이라고 이야기하고 계십니다. 우리들도 이 진실한 사랑을 소유하고 이 진실한 사랑을 이 사회 속에 실천해야 합니다. 오늘 이 시간 예수님은 동일한 말씀으로 우리들에게 질문하고 계십니다. 네가 다른 사람들보다 나를 더 사랑하느냐? 나를 사랑한다면 다른 사람들도 사랑해라. 네가 교회 성도 각 사람들이 사랑하는 것 이상으로 나를 사랑한다고 말할 수 있겠느냐? 나를 사랑한다면 교회 성도들을 사랑해라. 네가 가장 소중히 아끼는 것보다 나를 더 사랑하느냐? 주님, 주님이 아십니다. 내가 주를 사랑하는 줄을 아십니다. 우리들에게도 진실한 사랑을 주시옵소서(박승수).

성서의 사랑

구약의 사랑

구약성서의 사랑이 공의의 하나님, 아버지의 사랑을 잘 보여준다고 하면, 신약성서의 사랑은 사랑과 자비의 하나님, 어머니의 사랑을 대표한다고 말할 수 있다. 에로스와 필리아의 사랑이 아닌 신적 사랑을 보여주는 성서는 아가페 사랑의 교과서이다. 구약의 사랑이라는 말은 헤세드(인애), 라하밈(자비), 헨(은혜), 아하바(사랑) 등이 사용된다. 헤세드(Hesed)라는 말이 구약성경에 251번 나오는데, 개역 개정에는 그 의미가 인애, 인자, 인자하심, 은혜, 은총, 후대, 선한 일, 선대, 긍휼, 자비, 불쌍히 여김, 진실한, 사랑, 동정, 한결같은 사랑, 아름다움, 우의 등으로 사용된다. 표준 새 번역에서는 은혜, 은총, 친절, 인애, 사랑, 한결같은 사랑, 변함없는 사랑, 첫사랑, 총애, 자비, 충성, 잘 보살핌, 우정, 갸륵한 마음씨, 의리, 인정이 많은, 성실, 필요, 미쁘심, 인자, 인자하심, 상냥함, 신의, 경건한, 관용 등이다.

우리말 성경에는 자비, 자비하심, 자비가 넘침, 변함없는 자비, 인자, 인자하심, 친절, 잘해 줌, 신실함, 호의, 은혜, 은총, 긍휼, 사랑, 선함, 신실하신 사랑, 변함없는 사랑, 한결같은 사랑, 큰 사랑, 아름다운 마음씨, 아름다움, 충성, 헌신, 특별한 대우, 동정심, 가엾게 보심, 가엾게 여기는 마음, 돌보시는 마음, 성실함, 따뜻함 등이다. 이러한 헤세드의 다양한 의미를 통하여 사랑의 모습과 사랑의 표현, 방식, 사랑의 형태를 볼 수 있다. 구약의 사랑의 의미가 다양한 뜻을 가지고 있음을 주지하고 지금부터는 구약의 아하바, 우리말의 사랑의 축자적 의미를 중심으로 살펴보고자 한다.

구약은 타낙(TaNaK)으로서 율법서, 예언서, 성문서로 구성되어 있어서, 오경의 사랑은 율법에 대한 사랑, 하나님 말씀에 대한 사랑이라고 하면, 예언서는 율법의 적용을 이스라엘 백성이 잘하는가 하는 것을 예언자가 예언하는 말씀으로 잔소리의 사랑, 예언자의 쓴소리를 보여준다. 이는 예언자의 이스라엘 백성에 대한 일차적 사랑이 표현되어 있고, 궁극적으로는 이스라엘 백성에 대한 사랑이라고 말할 수 있다. 그러면 성문서의 사랑은 지혜와 시에 대한 사랑이요, 역사와 축제에 대한 사랑이라 할 수 있다. 또한 묵시문학은 비전의 사랑을 보여주며, 꿈과 환상에 대한 애착을 말하고, 하나님의 역사를 보며 하나님의 섭리 속에 하나님의 사랑을 추구하는 문헌이라고 볼 수 있다.

오늘 기독교 영화 가운데 다큐멘터리로 한 기자가 이스라엘에 가서 유대교와 이슬람, 극단적인 유대교인과 유대적 기독교인의 갈등과 싸움을 보도한, <회복(Restoration)>이라는 영화가 감동을 주었다. 이 영화를 통해 마지막 기독교의 선교의 과제, 땅끝은 유대교임을 알려준다. 극단적이고 보수적인 유대인에 대한 전도가 얼마나 힘들고 어려운지를 보여주고 있는 모습이다. 이스라엘은 누구인가. 십자가에 달린 예수를 죽인 유대인, 그 유대인을 핍박한 기독교 2000년의 역사, 깊은 증오가 있어서 그 골을 메우기가 쉽지 않다. 오늘날 기독교인은 히틀러의 부류라고 이해하고 있으니 말이다. 이스라엘을 사랑하는 것, 현대 이스라엘의 문제를 보면서 우리는 성서가 말하는 것이 무엇인지 질문하지 않을 수 없다.

성서는 사랑학을 말하는 고전적인 책이다. 하나님의 사랑이 천지창조로 나타났고, 이스라엘 백성을 선택하여 출애굽하여 가나안 땅에서 거룩한 백성으로 살아가게 하였다. 그 후 시내산에서 율법을 받고 새 계약 백성으로 하나님만을 사랑하고 살아가기로 다짐하게 된다.

오경은 모세의 사랑으로 광야 40년의 유랑을 가능하게 한다. 모세가 아내 십보라를 사랑하여 가정을 이루고, 이스라엘 백성들을 가나안 땅으로 인도하는 거대한 무리를 이끄는 행진은 자유를 향한 모든 민족과 나라의 본보기가 되었다. 여호수아서에는 여리고 성을 무너뜨리는 한 여인 라합의 신앙과 비전을 보았다. 사사기에서는 사사들의 카리스마와 개인의 사랑이 민족의 리더십에 크게 손상을 가져왔던 삼손의 경우를 볼 수 있었다. 룻기에서는 나오미와 룻의 아름다운 시부모와 며느리 사이와 가나안 땅으로 돌아와 룻과 보아스가 아름다운 가정을 이루는 스토리를 보게 된다.

사무엘서에는 한나가 아이를 낳지 못하는 애환을 가지고 있지만 성전에서 하나님을 찾고 아이를 갖고자 하는 갈망으로 기도가 응답되는 역사를 가진다. 하나님과 하나되는 것, 하나님을 사랑하는 것이, 사무엘의 탄생을 가능하게 한 것이다. 사무엘은 이스라엘의 초대국가를 형성하는 지도력을 가지게 된다. 구약의 하나님에게서 아가페 사랑을 찾을 수 있을까.

사울과 다윗은 하나님의 선택 경쟁에서 좇고 쫓기는 기나긴 과정에서 다윗은 오랜 기다림과 인내를 통하여 왕위를 계승하고 온 이스라엘의 왕이 되는 역사를 갖게 된다. 사울과 다윗의 애증 관계는 무엇으로 설명할 수 있을까. 마음을 시원하게 하였던 다윗과 그의 수금소리는 어느 순간 라이벌의 존재로 다가와서 죽이지 않으면 안 되는 경쟁자가 되어버린다. 하지만 사울의 아들 요나단은 다윗과 친구가 되어 진정한 친구의 우정을 맺고 깊이 서로 사랑하는 관계가 된다. 필리아의 사랑은 사랑으로 요나단이 친구 다윗을 돕는 자가 되어 생명을 구하게 된다. 자신의 왕위계승이라는 이권과 정치적 계산을 하지 않고 친구를 사랑하는 우정은 아가페의 사랑의 한 요소를 보여주고 있다고 할 수 있다.

사울의 딸 미갈과 다윗의 결혼을 통하여 장인어른이 되었던 사울은, 그만 불행한 관계가 되었고, 미갈도 다윗이 법궤가 들어오는 날 춤추는 것을 비난한 것으로 인해 사랑하는 관계가 끊기고 애정이 서로 식는 상대가 되었다. 아비가일은 다윗이 광야에서 쫓겨 다니는 상태에서 나발의 무례와 어리석음을 넘어 다윗을 잘 접대하여 지혜로운 여인으로서 다윗의 왕비가 되었던 구약의 사랑이야기를 들을 수 있게 된다. 다윗과 밧세바, 불행한 이야기라고 해야 할지, 에로스의 사랑이 죄악을 낳게 하여 우리야 장군의 죽음을 갖게 하고, 불륜의 사랑으로 낳은 아이가 벌로 죽임을 당하지만 솔로몬이라는 다윗 왕조가 이어지는 역사는 다윗의 어긋난 사랑, 유혹하는 사랑의 결과에서 나오는 것이다.

열왕기상하의 사랑이야기 중에 아합과 이세벨의 사랑은 종교 혼합주의라는 잘못된 사랑의 모양을 가지고 하나님을 저버리는 일을 하게 한다. 하지만 종교개혁을 하는 요아스 왕이나 여호아하스, 요람, 요시야 왕들을 통하여 산당을 제거하는 여호와 순수 신앙을 회복하려는 움직임이 있었다. 요시야 왕은 성전에서 발견한 법전을 힐기야 여선지자에게 물어보고 종교개혁을 시행하여 하나님의 일을 할 수 있게 하였던 신앙의 동지들이 있었다. 열왕기의 여호와 사랑의 최고 극치는 종교개혁이었다. 히스기야와 요시야 종교개혁이 바로 아가페 사랑의 응답으로 표현된 것이라 말할 수 있다. 역대기 상하에서는 겸비와 성전 중심의 신학을 통하여 여호와 사랑의 역사를 기록하고 있다. 다윗과 솔로몬 왕을 이상적인 왕으로 묘사한 이상화 작업은 제2성전이라는 제사장 나라 건설에 있어서 중요한 역사 해석이었다. 스룹바벨과 에스라, 느헤미야의 리더십은 성전 건축에 있어서 중요했고, 여호와 사랑의 강조가 이방여인과의 결혼금지의 모습으로 나타나기도 하였다.

모르드개와 에스더는 바빌론 땅에서 이스라엘이 멸족되는 위기를 극복하는 사촌 형제간의 아름다운 사랑을 보여준다. 아버지처럼 길러준 사촌 오빠가 신앙으로 에스더를 키워 민족 멸족의 위기를 극복하는 극적인 기적의 이야기를 만나게 된다. 욥과 세 친구 간의 대화와 이야기를 통하여, 필리아 사랑의 한 단면을 볼 수 있지만 더욱 하나님과 대면하는 아가페 사랑의 장면에서는 진정한 사랑이 무엇인지 알게 된다. 시편의 사랑의 모습은 다윗과 하나님 사람이 어떻게 하나님을 사랑하고 감사하며 찬양하여야 하는지, 여호와 사랑의 방법을 가르쳐준다.

잠언은 하나님의 지혜 사랑을 보여주며, 지혜의 왕인 솔로몬이 말하는 하나님 지혜 사랑이 무엇인지 가르쳐준다. 전도서는 솔로몬의 허무의 지혜를 말해주며, 아가서는 구약의 사랑 책으로 솔로몬 왕과 술람미 여인의 사랑이야기를 아름다운 시로 보여준다.

예언서는 대예언서의 사랑이야기와 소예언서의 사랑이야기로 구분할 수 있다. 먼저 이사야 예언자는 부인이 먼저 사별하는 아픔을 가지기도 한다. 그 자녀의 운명은 자녀의 이름에서 보여준다. 남은 자로 돌아오리라는 스알야숩, 노략질을 당하리라는 이름 마헬발랄하스마스이다. 예레미야서에는 예레미야 예언자를 사랑한 서기자(書記者) 바룩이 예레미야 예언자를 존경하고 사랑하여 그의 예언을 그대로 받아쓰는 거룩한 사역을 감당한다. 예레미야서는 바룩의 저작이라고 말할 수 있다. 예레미야 애가도 바룩의 역할이 컸을 것이다. 예레미야 애가서에서는 예언자가 얼마나 예루살렘을 사랑하는지, 그 눈물의 바다를 볼 수 있다. 에스겔서도 사랑하는 처가 먼저 사별하지만 슬퍼하지 못하는 예언자 사명을 수행해야 하는 주의 명령을 보게 된다. 예언자의 결혼생활은 불행하였던 것을 본다. 주의 사역, 예언을 위해서 불가피한 일이었다.

다니엘과 세 친구는 끈끈한 우정을 가지고 여호와 사랑, 신앙을 굳게 지킨 아름다운 이야기를 보게 된다. 묵시문학에서의 사랑은 신앙을 지키기 위해 핍박을 받는 것으로 나타난다. 극심한 핍박, 고난과 환난, 극적인 상태에서 하나님을 사랑한다는 것이 무엇인지 보여준다. 이는 하나님이 우리를 얼마나 깊이 사랑하였기에 우리도 그렇게 힘든 핍박을 견디며 사랑할 수 있을까. <인생은 아름다워>라는 영화도 아우슈비츠 수용소에서 아들을 구원하기 위해 아버지가 유머와 재치로 아들을 구원하는 이야기는 참으로 반전의 효과를 가진 것으로 잊을 수 없는 감동의 영화이다. 다니엘서와 비교할 수 있는 작품이 아닌가 생각한다.

12소선지서의 사랑은 무엇인가. 호세아, 요엘, 아모스, 오바댜, 요나, 미가, 나훔, 하박국, 스바냐, 학개, 스가랴, 말라기 등에서 하나님의 사랑을 어떻게 읽을 것인가.

우리가 가지고 있는 예언서의 정경 위치는 그 자리에 서 있는 예언서의 신학적인 의미를 지닌다. 호세아, 아모스는 9세기 예언자로서 고전적 예언자이자 예언서인데, 요엘, 오바댜, 미가, 나훔, 하박국, 스바냐는 B.C. 8~6세기 예언자로서 앗시리아 시대부터 유다의 멸망의 시대에 심판을 예언한 예언서이다. 학개, 스가랴, 말라기 등은 B.C. 5세기 예언서로 바빌론 포로에서 귀환하여 성전 건축의 배경을 가진 예언서이다. 요나서는 예언서 안에 있지만 후대 지혜문학적 요소가 있는 책이다. 예언서는 각기 시대별, 신학별, 유형별로 다르게 분류할 수 있다. 또 예언서는 책 분량이 많고 적음에 따라 대예언서, 소예언서로 나누기도 한다. 예언서는 예언시의 절정으로 표현되어 시적 예언의 성격을 가지고 있다.

호세아와 부인(고멜)의 사랑은 아가페 사랑이 가지는 의미를 보여준다. 끝까지 고멜을 사랑하는 호세아, 이해할 수 없는 호세아의 사랑은 어떠한 상처와 오해, 용서할 수 없는 남편과 부인을 다시 사랑할 수 있는 근거를 보여준다. 자존심을 무너뜨리고 자존감과 자존심을 붕괴할 수 있는 아가페 사랑의 이유와 그 근거를 찾게 한다. 예수 십자가와 호세아의 사랑은 아가페 사랑을 이해할 수 있는 자료를 제공한다. 하나님의 뜻과 사랑이 무엇인지 가르쳐주는 예인서이다.

요엘은 하나님의 영이 임하면 사랑할 수 있음을, 하나님 비전을 사랑하게 해준다. 아모스는 정의, 공의의 예언자로서 하나님의 사랑이 공의로 나타남을 보여준다. 마차의 바퀴가 두 개이듯, 사랑과 공의의 두 바퀴가 하나님의 역사를 움직여가는 동력이라는 사실이다. 최근의 베스트셀러인 마이클 샌델의 『정의란 무엇인가』라는 책에서 정의에 대하여 다룬다. 오늘날 사람들이 정의에 굶주렸다는 것을 보여주고 있다. 샌델은 정의에 대한 문제 제기만 하고 답은 플라톤의 『국가』에서 자세히 다루고 있다는 느낌이다. 학생들이 스스로 정의에 대하여 질문하여 답을 찾게 하는 강의록이다. 사랑과 공의, 이는 하나님의 중요한 성품이시다. 사랑의 다른 면이 바로 정의이다. 히브리어는 체데크(의)와 에메트(인애)인데 이는 구약예언서의 가장 중요한 낱말이다.

오바댜서는 가장 싫어하는 적에 대한 예언의 말씀을 기록한 책이다. 우리나라와 일본 관계처럼, 이스라엘은 에돔을 적으로, 가장 증오하는 민족과 나라였다. 야곱과 에서의 관계에서 파생한 에돔은 저주의 나라였다. 이런 에돔을 사랑할 수 있을까. 에돔도 하나님 사랑의 대상자라는 사실은 이스라엘은 어떻게 이해할 수 있을까. 손양원 목사님이 자신의 아들을 죽인 공산당원을 어떻게 사랑할 수 있을까. 하나님의 뜻이라고 이해하고 그 공산당원을 자신의 아들로 맞이한 일을 우리는 듣는다.

요나서도 오바댜서와 같이 가장 예언하기 싫어하던 나라 앗시리아에 가서 사역을 감당하라는 명령을 듣고 순종하지 않았다. 요나는 니느웨로 가지 않고 다시스로 간 것이었다. 다시스를 더 사랑한 것이었다. 항구도시 다시스가 더 아름다웠고, 거기가 더 멋있던 곳이었다. 그리로 가다가 그만 큰 물고기의 밥이 되어 죽게 된 순간에 극적으로 구원받고 하나님의 사명을 다시 깨닫고 그 사역을 사랑하여 다시 니느웨로 가서 선교하였던 요나는 우리의 모습이 아닌가.

미가는 공의의 예언자로서 농민을 대변하는 정의의 예언자이다. 농사짓는 사람들의 애환을 들어주고 하나님께 간구하는 예언서이다. 나훔은 유다의 멸망 전 회개를 촉구하고 있고, 하박국은 감사할 수 없는 조건에서 감사할 수 있는 이유와 찬양을 가르쳐 주고 있다. 그래서 예언의 말씀과 하나님의 말씀을 사랑하는 법을 가르쳐준다. 말씀 기록, 말씀 사랑의 법을 가르쳐준다. 그래서 달려가면서도 읽을 수 있게 묵시를 기록하라고 명령한다. 스바냐는 여호와의 날에 대한 사랑을 예언한다. 그날에 시온과 예루살렘이 기뻐하고 노래할 것이라고 예언하고 있다. 학개는 여호와의 성전 건축을 사랑하여 스룹바벨과 여호수아가 성전을 건축하게 될 것을 예언하고 있다. 스가랴는 환상을 사랑하고, 말라기는 하나님의 것을 사랑하는 법을 가르친다. 그러면 이제 이러한 구약의 사랑에 대하여 자세히 그 특징적인 사랑의 측면을 살펴보자.

아브라함의 사랑
(창22:1-19)

> "여호와께서 가라사대, 네 아들 네 사랑하는 독자 이삭을 데리고 모리아 땅으로 가서 내가 네게 지시하는 한 산 거기서 그를 번제로 드리라."(창22:2)

> "아브라함이 가로되, 아들아, 번제할 어린 양은 하나님이 자기를 위하여 친히 준비하시리라 하고 두 사람이 함께 나아가서."(창22:8)

> "여호와의 사자가 하늘에서부터 그를 불러 가라사대, 아브라함아, 아브라함아 하시는지라 아브라함이 가로되, 내가 여기 있나이다 하매, 사자가 가라사대, 그 아이에게 네 손을 대지 마라. 아무 일도 그에게 하지 마라. 네가 네 아들 네 독자라도 내게 아끼지 아니하였으니 내가 이제야 네가 하나님을 경외하는 줄을 아노라."(창22:11-12)

아브라함이 신앙의 아버지가 된 이야기이다. 아브라함은 자신의 사랑하는 아들, 귀한 아들을 하나님의 명령에 따라 제물로 바치려 했다. 아브라함의 신앙을 시험받는 계기가 되었다. 하나님은 이 일 뒤에 그의 후대를 축복하였다.

> "또 네 씨로 말미암아 천하만민이 복을 얻으리니 이는 네가 나의 말을 준행하였음이니라 하셨다 하니라."(창22:18)

아브라함이 자신의 독자 이삭을 바칠 수 있는 것, 이것은 우리가 상상할 수도 없는 일이다. 과연 이러한 믿음의 행위를 할 수 있을까. 아무도 쉽게 할 수 없는 일이다. 현대를 살아가는 사람은 이해할 수 없는 일이라고 이야기할 것이다. 하지만 믿음의 조상이 된 아브라함은 불가능한 일, 그 하나님의 명령에 순종한 신앙이 사람이었다. 95세에 얻은 이삭을 하나님 명령이라고 하여 순종하는 아브라함이었다. 이것은 우리가 다 아는 일반적인 신앙의 이야기다.

하지만 여기서 이삭의 입장에서 생각해보자. 이삭은 이 사건이 큰 상처가 되었다. 아버지가 어떻게 자신을 제물로 비치려 할 수 있을까. 그는 이해할 수 없는 상처가 되었다. 인간지사, 부자관계에 있어서 오이디푸스 콤플렉스라는 것이 있다. 이것은 심리적으로 아버지와 아들 간에 어머니를 차지하려는 모종의 경쟁심이 있다는 이론이다. 이유 없는 반항이 아버지에 대하여 있는데, 그렇지 않아도 미워할 수밖에 없는 현실인데, 거기에다 번제단에 제물로 자신을 죽이려 칼을 빼든 아브라함의 모습, 그것을 이삭이 이해하고 용서할 수 있을까. 이삭은 평생 한을 품고 아버지를 향한 분노를 삭이지 못하고 살았다. 그것이 아케다의 이야기, 이삭의 한(恨)이다.

또 혹자의 이야기를 들어보자. 이 인신(人身)제사는 아브라함이 자신의 아들을 제물로 바치려다가 동물을 바치게 된 데서, 인신제사가 역사상 사라지고 동물, 수양이 제물로 바쳐지게 되었다는 이야기다(창22:13). 또한 이 제물은 신약에 가서 예수 그리스도가 된 사건, 성전 휘장이 갈라지면서 구약의 제의를 종결하신 십자가에 달린 유일회적인 사건이 된 영원한 제사이야기의 전조(前兆)다. 맞는 이야기다. 이 이삭의 번제는 그리스도가 십자가에 달리실 것을 미리 보여준 것이다.

아브라함이 '이삭을 사랑해서' 그를 모리아 산에 바칠 제물이 되게 하였다. 하나님의 명령을 순종하는 길이 이삭을 사랑하는 일, 집안 식구를 사랑하는 것이라 생각하였다. 이것은 이해할 수 없는 하나님의 사랑과 아브라함의 순종의 사건이었다. 그것은 바로 아브라함의 사랑의 발로였다. 아브라함의 이삭 사랑하기는 유별난, 기이한 사랑 행각이었다. 어떻게 자식을 죽이는 데 내보낼 수 있을까. 제물이 되게 할까. 알 수 없는 일이었다. 믿음의 눈으로 바라본 하나님의 구속사, 과연 하나님이 어렵게 낳은 아들, 이삭을 죽이지 않을 것이라는 확신이 있었다. 마지막 순간까지 칼을 자식을 향해 들었지만 하나님에 대한 믿음은 마음 깊은 곳에서 버리지 않았다. 하나님 명령에 대한 순종, 하나님에 대한 무조건적인 신뢰가 그를 그곳에까지 가게 하였고, 아들에게 깊은 상처를 주는 일에까지 나가게 된 것이다.

아들을 선교사로 서원하는 아버지, 오지 어려운 땅에 사랑하는 아들을 보낼 수 있는 아버지를 영문도 모르고 자라는 아들은 이해할 수 있을까. 선교사의 길이 가장 행복한 아들의 장래와 비전이라고 믿는 기도의 아버지는 그런 서원을 선뜻하고 기도할 수 있을 것이다. 바로 이것은 아브라함의 사랑이라고 말할 수 있다. 자식이 복을 받고 천하만민이 복을 얻을 수 있는 사람이 되는 것, 만국의 아버지가 되는 것, 큰 복을 받는 일을 위해 기도하지 않을 수 있으랴. 이러한 믿음은 곧 소망이고, 아들에 대한 사랑이다. 아브라함이 이삭에 대한 이러한 소망이 있었고, 그에 대한 확고한 믿음이 있었고, 그에 대한 지극한 사랑이 있었던 것이다. 이러한 믿음과 소망, 사랑이 모리아 산으로 향하게 했고, 번제단에 아들을 올려놓는 데까지 행하게 한 것이다. 그것이 바로 복의 근원이 되리라 믿었고, 이삭을 사랑하는 것이라 믿었다.

모리아 산의 이삭은 아브라함의 사랑의 결과로 서게 된 것이었다. 하나님은 더 지극한 사랑으로 아브라함을 보셨고, 하갈과 이스마엘을 보았고, 이스마엘의 후손을 긍휼히 여기셨고, 하물며 사라와 이삭을 어여쁘게 보지 않았으랴. 그 아가페의 사랑으로, 여호와 이레의 하나님으로 나타나셔서 오늘도 우리를 위해 역사하시고 계신다.

이삭의 아내, 사랑의 조언
(창24:1-67)

"아브라함이 자기 집 모든 소유를 맡은 늙은 종에게 이르되 청컨대 네 손을 내 환도뼈 밑에 넣어라. 내가 너로 하늘의 하나님, 땅의 하나님이신 여호와를 가리켜 맹세하게 하노니, 너는 나의 거하는 이 지방 가나안 족속의 딸 중에서 내 아들을 위하여 아내를 택하지 말고 내 고향 내 족속에게로 가서 내 아들 이삭을 위하여 아내를 택하라."(창24:2-3)

"이에 종이 그 주인의 약대 중 열 필을 취하고 떠났는데 곧 그 주인의 모든 좋은 것을 가지고 떠나 메소보다미아로 가서 나홀의 성에 이르러 그 약대를 성 밖 우물 곁에 꿇렸으니 저녁때라 여인들이 물을 길어 나올 때이었더라."(창24:10-11)

"말을 마치지 못하여서 리브가가 물 항아리를 어깨에 메고 나오니 그는 아브라함의 동생 나홀의 아내 밀가의 아들 브두엘의 소생이라."(창24:15)

"내가 오늘 우물에 이르러 말씀하기를 나의 주인 아브라함의 하나님 여호와여, 만일 나의 행하는 길에 형통함을 주실진대 내가 이 우물 곁에 섰다가 청년 여자가 물을 길러 오거든 내가 그에게 청하기를 너는 물 항아리의 물을 내게 조금 마시우라 하여."(창24:42-43)

"리브가에게 축복하여 가로되 우리 누이여, 너는 천만인의 어미가 될지어다. 네 씨로 그 원수의 성문을 얻게 할지어다."(창24:60)
"이삭이 리브가를 인도하여 모친 사라의 장막으로 들이고 그를 취하여 아내를 삼고 사랑하였으니 이삭이 모친 상사 후에 위로를 얻었더라."(창24:67)

아브라함의 아들 이삭이 장가가는 이야기다. 이삭을 장가보내기 위해 멀리 나홀의 성 메소보다미아까지 중매쟁이 아브라함이 가장 신임하는 늙은 종을 보낸다. 오늘날 한국에서는 중매결혼이 사라지고 있지만 본문은 혈통의 순수성과 여호와 신앙을 지키기 위해 친족의 딸에게 청혼을 하러 종을 보낸 것이다. 왜 동생의 아들의 딸에게 장가보내려 하는지, 신앙의 순수성을 지키기 위한 것 때문이라 본문을 말한다. 가나안의 딸을 취하여 결혼하지 않게 하기 위해 '내 고향 내 족속에게' 보낸다고 하였다(창24:3). 근친결혼을 시키고 있는 것이다. 이것을 어떻게 이해해야 할지, 생물학적으로 근친결혼은 좋은 후손을 볼 수 없다고 한다. 그래서 우리나라는 일찍이 근친결혼, 동성동본의 결혼을 금지하고 있다. 서양에서는 근친결혼을 허용하지만 우리 문화에서는 이해할 수 없는 결혼제도이다.

오늘 우리는 이 근친 결혼이야기를 통하여 신앙의 혈통을 지키고자 한 것이다. 다시 말해 이방인과의 결혼으로 타민족의 신앙을 도입해야 하는 상황을 미연에 방지하려는 것이다. 따라서 신앙인들과의 결혼을 장려해야 할 것이다. 믿음의 사람들이 신앙의 가정을 이루기 위해 신앙의 혈통, 신앙인의 가정을 만들기 위한 아브라함, 이삭의 결혼이야기를 보아야 할 것이다.

아브라함은 자신의 환도뼈에 손을 넣게 하고 종을 맹세하게 한 후에 나홀의 성으로 보내고 있다(창24:2-3). 환도뼈에 손을 넣게 하는 것, 환도뼈는 대퇴뼈로 골반을 보호는 뼈로 이곳은 인체의 중요한 곳이다. 야곱과 하나님의 천사가 씨름할 때도 하나님이 야곱의 환도뼈를 쳐서 절뚝거리게 하였던 것이다. 환도뼈는 이처럼 중요한 이스라엘의 실존의 중심을 흔들리게 할 수 있는 신체의 중요 부분이다. 아브라함의 생명의 중심에서 종과 약속을 하고 맹세를 하게 한 것이다. 막중한 사명을 가지고 떠나는 종은 주인 아브라함과의 생명을 건 약속을 하고 이삭의 결혼을 위해 먼 길을 떠난 것이다.

아브라함의 사랑은 자식 이삭을 좋은 결혼을 시키기 위해 종을 보내는 모습에서 찾을 수 있다. 신앙의 가정을 이루게 하는 것은 너무나 중요한 인생의 대사이다. 그 일을 위해 기도하며 가장 신임하는 경험이 많은 노련한 가정총무를 보내고 있다. 그리고 하나님의 예비하심과 섭리를 기대하며 그 종은 하나님의 사인을 알고 기도한 대로 이루어지는 모습을 본다. 리브가가 우물가로 왔고, 물을 청하니 자신뿐만 아니라 약대에게도 물을 먹이는 자상하고 사랑이 많은 여인임을 알았다. 그래서 하나님의 싸인과 맞음을 확인하고 하나님이 점지해주신 결혼상대자임을 알게 된다. 그리고 그 집으로 가니 아니나 다를까 아브라함의 동생 나홀과 부인 밀가, 아들 브두엘, 브두엘의 아들 라반을 만나게 된 것이다. 대화를 하고 보니 모두가 만족한 혼사가 되었다. 하나님이 인도하신 혼인이 될 수 있었던 것이다.

　종이 리브가를 데리고 오니 이삭은 너무 기뻐하고 반가워한다. 어머니 사라의 장막에 모시고 아내로 삼고 사랑하였다고 성경은 보도하고 있다(창24:67). 오늘 본문을 통하여 아브라함은 아들 이삭을 사랑하여 결혼기도를 하였고 하나님의 혼례가 되게 하기 위해 그 종을 맹세하게 하고 보내는 모습, 하나님이 인도하는 결혼의 과정들을 살펴볼 수 있었다. 신앙의 순수성 유지와 신앙의 가정을 이루기 위한 노력, 신앙의 문화를 가지기 위한 근친결혼의 풍속을 볼 수 있었다. 이야기의 대부분은 중매쟁이 노종의 역할이 크게 부각되고 있고, 리브가와 그의 식구들이 뒷부분에서 많이 거론되고 있다. 이삭과 아브라함은 초입과 결론 부분에 조금 언급되고 있다. 이것은 하나님의 일은 바로 조연들이 대부분 활동하지만, 하나님의 사람들이 기도하며 엎드린 결과라는 사실이다. 기도함으로, 하나님이 행하시고, 하나님이 움직이는 사람들의 역할이 크게 나타난다는 것이다. 이 이야기를 통해 하나님의 역사를 엿볼 수 있게 한다.

　이삭과 결혼하기 위해 오는 리브가의 믿음은 천만인의 어미가 될 수 있는 것이었다.　중매쟁이의 결혼 제의를 수락하는 리브가의 결단은 대단한 것이다. 보지 못하고 선택한 신랑을 기대하는 믿음의 눈은 모험과 신앙의 통찰력이 있던 것이다. 신앙의 사람 이삭을 남편으로 수락하고 사랑을 이루기 위해 떠나는 머나먼 길이었다. 부모와 친족을 떠나 먼 곳을 가는 그녀의 결혼여행은 미래의 천만인 어미의 노정이었다. 중매쟁이의 믿음의 길과 리브가의 결혼을 위해 시집가는 길은 이삭과 아브라함만큼 중요한 신앙의 사람들이라고 볼 수 있다. 사랑의 조연자 노종과 아브라함, 리브가의 오빠 라반과 나홀, 밀가는 훌륭한 믿음의 사람들이었다. 그래서 결혼은 두 가문이 한 가문이 되는 역사이다. 천만인의 아비와 어미가 되는 역사는 이 사랑의 조연가들에 의해 이루어진 것이다. 오늘 우리는 또 다른 신앙의 가정을 이루게 조연하며 기도하자. 천만인의 아비와 어미가 이삭과 리브가가 될 수 있도록 우리는 또 복음의 노래를 부르며 기도하자.

야곱의 사랑

(창29:15-30)

> "야곱이 한 달을 라반의 집에 머물러 있을 때에, 라반이 그에게 말하였다. '네가 나의 조카이긴 하다만, 나의 일을 거저 할 수는 없지 않느냐? 너에게 어떻게 보수를 주면 좋을지, 너의 말을 좀 들어보자.' 라반에게는 두 딸이 있었다. 맏딸의 이름은 레아이고, 둘째 딸의 이름은 라헬이다. 레아는 눈매가 부드러웠으며, 라헬은 몸매가 아름답고 용모도 예뻤다. 야곱은 라헬을 더 사랑하였다. 그래서 그는 '제가 칠 년 동안 외삼촌 일을 해 드릴 터이니, 그때에 가서 외삼촌의 작은딸 라헬과 결혼하게 해주십시오' 하고 말하였다."(창29:15-18)

사람은 사랑하기 때문에 살아가는 존재이다. 인간이 사랑하지 않고 있다는 것은 어쩌면 죽은 것이나 매한가지이다. 인간은 사랑하며 사는 존재이기 때문이다. 결혼상대자를 사랑하여 혼인식을 치르고 나면 그 남편, 아내를 평생 사랑하는 것이 온당한 일이지만 인간은 또 다른 사람을 사랑하며 살아가기에 인생에 많은 문제와 애환을 가지게 된다. 고대시대에 신앙인 야곱은 어떠한 사랑을 하고 있는지 보자.

축복권과 장자권을 획득한 야곱은 형 에서를 피해 밧단아람에 있는 삼촌 라반 집으로 갔다. 삼촌을 반갑게 만나서 피붙이이기에 함께 지낼 수 있었다. 한 달이 지난 다음 삼촌을 도우니 대가를 지불해야 하는 때에 라반이 묻는 장면이 오늘 본문이다. 야곱의 사랑이야기가 나온다. 야곱은 노임과 연관되어 그의 사랑을 밝힌다. 노동의 대가가 결혼이었다. 사랑하는 여인 라헬과의 결혼 약속을 외삼촌 라반과 할 수 있었다. 야곱이 라헬을 사랑해도 본문에서는 마음으로 사랑하고 있음을 보여주고 있다. 라헬은 선택권도 없고, 결혼식에 참여하여 옷을 입고 혼례식을 치렀는지 알 수 없다.

고대 결혼예식이 어떤 풍습이었는지, 혼례는 라헬이 치르고 신혼 밤은 라반이 큰딸 레아를 신방에 왜 들여보냈는지 모를 일이다(22-23). 하여튼 7년 일한 대가로 결혼을 요구하여 혼례식을 치르고 레아와 신방을 차린 야곱은 항의하자 큰딸보다 작은딸이 먼저 결혼할 수 없는 밧단아람의 법을 이야기하면서 이레(7일) 기간 초례를 지키면 라헬을 주겠다고 약속한다. 그 대신 또 7년을 봉사해야 한다고 이야기한다. 야곱은 한 번에 레아와 여종 실바, 7일 후 라헬과 그 여종 빌하를 얻게 된다. 라헬을 사랑한 대가가 너무 큰 것이었다. 철모르는 사람들은 많은 여자를 거느려 행복하다고 하겠지만, 아니 회교도인들이 전쟁미망인을 구제하기 위해 여자 4명과 결혼할 수 있는 법을 만들어 부자들이 그렇게 결혼할 수 있었다. 오늘날도 이 법이 남아 결혼의 많은 문제를 초래하고 있다. 야곱은 라헬과의 결혼으로 인생의 무게가 무겁게 느껴지는 순간이었다.

야곱은 라헬을 사랑하기에 7년의 세월이 길지 않았다. 레아와 결혼 노동 대가가 7년, 라헬을 위해 7년, 도합 14년을 라반을 위해 일하는 사람이 되었다. "야곱이 라헬과 동침하였다. 야곱은 레아보다, 라헬을 더 사랑하였다. 그는 또다시 칠 년 동안 라반의 일을 하였다."(창29:30) 젊음과 사랑, 사랑하기에 세월이 금방 지나갔다. 밧단 아람에서의 생활이 고향 땅의 부모님과 형제, 친구들 생각을 잊게 했고, 라헬과 결혼할 생각, 라헬을 사랑하는 마음이 고된 일도 힘들어 보이지 않게 했다. 사랑이 야곱의 마음과 생각을 편하게 만들었는지 모른다. 하나님의 계획과 섭리는 모를 일이다. 야곱이 라헬을 사랑하게 하여 세월이 약이 되게 한다. 야곱과 에서의 싸움과 미움, 증오를 잊어버리게 하시는지.

또 사랑은 모를 일이다. 왜 야곱은 라헬을 더 사랑하는지, 레아는 눈매가 부드럽다고 하고, 라헬은 몸매와 용모가 아름답고 예쁘다고 한다. 눈매가 부드러운 레아는 마음이 따뜻한 사람인 것 같다. 그러나 남자들은 얼굴이 예쁘고 몸매가 예쁜 여자를 좋아한다. 야곱도 외모를 보고 라헬을 좋아하고 사랑한 것 같았다. 사랑과 결혼상대자 선택이 똑같지는 않지만 야곱이 살던 시대는 중매결혼시대였고, 품삯으로 결혼을 정하는 풍습이 있던 때라 오늘날 결혼 상황과는 달랐다. 우리는 어떻게 사랑하고 어떻게 결혼하는가. 요즈음 여자들이 결혼을 기피하고, 자식을 낳는 것을 꺼리는 세상이 되었다고 한다. 여성들이 취업을 하고 자기 경제력을 가지고 사는 세상이라 결혼풍속도가 달라졌다는 것이다. 여성이 결혼을 선택하는 세상이 되었다는 것이다. 그래도 사랑은 여전히 인간이 살아가는 존재 이유가 되게 하니, 사랑의 형태가 달라질 뿐 사랑하며 살아가는 인간의 삶은 여전하리라.

야곱의 인생은 결혼으로 젊은 시절을 보내게 된 것이다. 그는 사랑하기 때문에 이역만리 고향을 떠나서 마음으로 재미있게 살 수 있었던 것이다. 세월은 그렇게 흘러가고 있었다. 야곱은 사랑하면서 인생 문제가 앞으로 여성에 의해 좌우된다는 사실을 깨달아가야 하는 상황이 되었다. 야곱이 라헬을 사랑함으로 많은 이야기가 전개된다. 자녀문제와 사랑을 차지하려는 사람의 마음, 욕심, 애증이 섞인 문제가 이어질 것이다.

주여, 그래도 누군가를 사랑하는 것은 인간이 할 수 있는 아름다운 일이 아닌가요. 주님은 우리를 지극히 깊게 사랑하는데 우리는 얼마나 하나님처럼 사랑할 수 있을까요. 아가페의 사랑으로.

요셉의 사랑

(창41:45, 50-52; 39:6-10)

> "바로는 요셉에게 사브낫바네아라는 이름을 지어주고, 온의 제사장 보디베라의 딸 아스낫과
> 결혼을 시켰다. 요셉이 이집트 땅을 순찰하러 나섰다."(창41:45)

요셉의 사랑이야기는 어디를 찾아봐도 없다. 다만 바로의 신하 경호대장 보디발의 집에서 주인 부인에게 유혹을 받는 장면이 소개된다. 거기서 "요셉은 용모가 준수하고 잘생긴 미남이었다."(창39:6)고 보도한다. 보디발의 부인이 요셉을 유혹하며 동침을 요구하였다는 이야기가 나오고, 요셉은 그 유혹을 뿌리치려 하다가 결국 당하여 감옥에 갇히게 된다. 요셉은 꿈꾸는 사람이었다. 그는 하나님의 꿈을 꾸며 하나님이 인도하는 대로 살아간 비전의 사람이었다. 이 비전으로 고난을 당하게 되고 수난의 현장에서 사전오기(四轉五起)의 정신으로 재기하여 역전의 기회로 삼았다. 고난이 바뀌어 축복의 장소로 변하는 일이 계속되었다.

형들의 미움을 사서 애굽에 팔려갔지만 그곳에서 보디발 장군의 가정총무가 되고, 보디발 부인의 유혹으로 인해 감옥에 수감되지만 거기서 시종장의 꿈을 해몽하여 바로왕 앞에 서고, 해몽 덕분에 왕의 선택으로 애굽의 총리에 오르게 된다. 파란만장한 인생의 노정에서 요셉은 늘 꿈꾸는 삶을 살아간다. 그에게는 연애의 시간들이 한가하게 주어지지 않았다. 다만 준수하고 하나님의 사람으로 용모가 뛰어나 유혹하는 손길이 있었다. 하지만 하나님의 꿈을 꾸기에 그는 그 유혹들을 하나님 경외로 극복할 수 있었다. '묵시가 없는 백성은 망한다'는 잠언의 말씀이 요셉에게 그대로 적용된다. 잠언은 역으로 보면, 꿈이 있는 사람은 성공한다는 말이다. 꿈이 있는 요셉은 어떠한 유혹과 불의한 꼬임에도 넘어가지 않고 정도(正道)를 갈 수 있었다. 요셉은 자신의 출세가 보일 때 사랑의 때를 마련하게 되었다.

애굽의 선교사 요셉은 사브낫바네아라는 이름으로 애굽의 사람이 되었고, 높은 위치에 오르자 최고의 종교·정치 권력자인 온의 제사장 보디베라의 딸과 결혼할 기회를 가졌고, 바로왕의 중매로 아스낫과 결혼하게 되었다. 이 결혼을 통해 요셉은 첫사랑을 하게 된 것이다. 팔레스틴에서 목동으로 있으면서 첫사랑을 하였을까. 보디발의 집안의 총무로 있으면서 누군가를 사랑하였는가. 성서는 우리에게 아무 이야기도 하지 않는다. 성서가 침묵하는 것은 침묵하고, 성서가 말하는 것은 말할 수 있다. "요셉과 온의 제사장 보디베라의 딸 아스낫 사이에서 두 아들이 태어난 것은 흉년이 들기 전이었다. 요셉은 '하나님이 나의 온갖 고난과 아버지 집

생각을 다 잊어버리게 하셨다' 하면서, 맏아들의 이름을 므낫세라고 지었다. 둘째는 '내가 고생하던 이 땅에서, 하나님이 자손을 번성하게 해주셨다' 하면서, 그 이름을 에브라임이라고 지었다."(창 41:50-52)

요셉은 아스낫과 결혼하면서 사랑에 빠졌고, 그의 고생의 괴로움을 잊어버릴 수 있는 기쁨의 자녀들을 가지게 되었다. 아들 므낫세 이름을 부르면서 '고난과 아버지 집 생각을 다 잊어버렸다'고 고백하며 자기 정화(카타르시스)를 하였다. 아내와의 사랑은 더욱 깊어졌고, 두 번째 아들을 낳고 '에브라임'이라고 이름을 지으며 자손을 번성하게 해주셨다고 기뻐하였다. 이 에브라임이 후에 북이스라엘의 10지파를 이끄는 에브라임 지파가 된다. 야곱의 축복기도는 둘째(에브라임)에게 오히려 오른손의 축복을 하게 한다(창48:17-20).

요셉은 선교사의 사랑을, 선교사로서 사랑하며 산 인물이었다. 애굽에서 총리에 오른 그는 애굽 사람으로서 최고의 정상에 오른 인물이 되었다. 아브라함 가문, 야곱의 집안을 일으킨 인물이 된 것이다. 이러한 성공의 비결은 꿈과 하나님 경외, 선교사의 비전이었다. 그는 꿈이 있었기에 인생의 순간, 순간을 귀하게 보고 하찮은 것에 눈길을 돌리지 않고, 헛된 망상을 하지 않고, 어떤 유혹이 와도 눈 깜짝하지 않고 고난의 순간에도 정직하게 고난의 쓴잔을 마셨다. 하나님은 살아계셔서 그를 높이시고 좋은 조건의 사람과 결혼하게 하여 사랑의 기쁨을 누릴 수 있게 하였다. 요셉은 꿈의 사랑, 꿈이 이뤄놓은 행복한 조건에서 사랑할 줄 아는 사람이었다. 그는 선교사로서 애굽 선교사의 사랑을 이룬 신앙 4대(代) 명문가문의 사람이었다. 요셉처럼 꿈꾸는 사람이 되어 하나님의 때에 사랑하고 축복받는 젊은이가 되기를 바란다. 또 요셉처럼 이국에 가서 선교사로서 복음을 전하며 그리스도의 가정을 이루고, 하나님의 대가족을 이루는 축복된 사람, 놀라운 사랑을 하는 여러분이 되기를 축원한다.

모세의 사랑
(출2:15-25; 4:24-31; 18:1-7; 민12:1-16)

모세는 오경의 저자로서 출애굽기와 레위기, 민수기, 신명기의 주인공이다. 물론 역사를 움직이시는 하나님이 모세오경의 주인공이시지만 보이는 등장인물 중의 중심이 모세이다. 모세는 특별한 사람이었고, 출애굽이라는 이스라엘 민족사에 가장 중요한 역사적 사명을 감당하며 인도하는 영적 지도자였다. 따라서 모세의 사랑은 특이하고 특별한 의미가 있을 것이다.

"르우엘은, 모세가 기꺼이 자기와 함께 살겠다고 하므로, 자기 딸 십보라를 모세와 결혼하게
하였다. 십보라가 아들을 낳으니, 모세는 '내가 낯선 땅에서 나그네가 되었구나!' 하면서, 아들
의 이름을 게르솜이라고 지었다."(출2:21-22)

모세는 이집트의 궁전에서 왕자 교육을 받으며 잘 살았다. 모세는 어렸을 때부터 이중국적
자로서 히브리인이라는 자신의 혈통을 가진 요게벳 유모이자 친모에게 교육을 받으면서 법적
어머니인 바로의 공주에게 애굽 교육을 받으며 자랐다. 거대한 이집트 제국의 왕실에서 자라
면서 동족 히브리인들이 노예살이하는 것을 안타깝게 생각하였지만 자신의 위치를 버릴 수
없었다. 그러다가 동족끼리 싸우는 것을 말리다 그만 살인자가 되었고(출1:11-15), 미다안 광
야로 도망쳐야 했다.

광야에서 중년의 세월을 보내면서 출애굽의 지도자 교육을 받게 되었다. 미디안 광야에서
르우엘(이드로) 장인을 만났고, 거기서 목자로서 양을 치며 목축하는 생활을 한다. 모세는 이
드로의 딸 십보라와 결혼하고 아들 게르솜을 낳고 그녀와 사랑한다. 낯선 곳에서 나그네가 되
었다고 게르솜이라고 아들 이름을 짓고 아들 이름을 부르며 자신의 신세를 한탄하기도 하고
정화하기도 하며 이 세상의 나그네 인생을 생각하였다. 더욱이 애굽의 백성들, 자신의 동족들
이 괴로워하는 것을 보며 그곳에 사는 불쌍한 자신의 민족들에게 가야 하는 일과 사명을 생각
하기도 하였다.

목자가 양을 돌보는 훈련을 통해 하나님의 심정을 이해하고 자신의 동족을 애굽에서 구원
할 생각을 하며 40년 세월을 보내고 있었다. 시간이 흘러 이집트로 들어가는 때가 되었다. "모
세가 길을 가다가 어떤 숙소에 머물러 있을 때에, 주께서 찾아오셔서, 모세를 죽이려고 하셨
다. 십보라가 부싯돌 칼을 가지고 제 아들의 양피를 잘라서, 모세의 발에 대고 '당신은, 나에
게 피 남편입니다' 하고 말하였다. 그래서 주께서 그를 놓아주셨는데, 그때에 십보라가 '피 남
편'이라고 말한 것은 바로 이 할례 때문이다."(출4:24-26) 바로를 만나기 전에 일어난 사건이
다. 모세의 아내가 모세를 피의 남편이라고 부르는 장면이다. 남편 모세가 죽게 될 때 할례의
남편, 이스라엘 사람이라는 고백이다. 모세의 할례가 이스라엘 사람들이, 하나님의 백성으로
서 자신의 정체성을 나타내는 의식이 되었다. 이스라엘 남자로 태어나면 8일 후에 할례를 행
함으로 이스라엘 사람인 것을 나타냈고, 자신의 몸 안에 표식으로 가지게 되었다.

이 중요한 할례의식의 모형이 아브라함과 족장들이 되었고, 출애굽의 위대한 지도자 모세에게도 이 할례가 이루어진다. 미디안 여자 십보라가 모세의 죽음 앞에서 이 '피의 남편'이라는 고백을 하여 남편을 살리게 하면서 자신도 이스라엘의 어머니가 되는 순간이었다. 자녀 게르솜과 엘리에셀을 할례의 아들로 교육해야 하는 어머니가 된 것이다. 모세는 아내가 자신을 피의 남편이라 고백할 수 있을 정도로 아내를 사랑한 가장이었다. 미디안 여자 십보라와 히브리인이면서 애굽의 왕자 교육을 받은 모세, 다른 문화와 환경을 가진 두 존재가 서로 모세의 죽음의 순간에 만나는 십보라의 고백을 통한 구원의 시간이었다. 이 사랑의 고백 후에 모세는 아론과 함께 담대하게 바로에게 갈 수 있었고, 백성들 앞에서도 그들에게 신뢰를 주기 위해 이적을 행할 수 있었다(출4:27-31).

모세의 장인 이드로가 딸 십보라와 두 아들, 게르솜과 엘리에셀을 데리고 모세의 진영으로 찾아왔다. 출애굽한 이스라엘 백성들과 모세가 있는 광야로 찾아온 것이다. "십보라의 두 아들을 데리고 나섰다. 한 아들의 이름은 게르솜인데, 이 이름은 '내가 타국 땅에서 나그네가 되었구나' 하면서 모세가 지은 것이고, 또 한 아들의 이름은 엘리에셀인데, 이 이름은 그가 '내 아버지의 하나님이 나를 도우셔서, 바로의 칼에서 나를 건져주셨다'고 하면서 지은 이름이다."(출18:3-4) 사랑하는 아내와 아들 둘, 장인어른이 모세를 만나러 진영으로 온 것이다. 모세는 공무를 수행하기 위해 가족들을 떠나 하나님의 사역, 선교사역을 감당하고 있었던 것이다. 사랑하는 가족들과 면회(가족상봉)가 이뤄지고 있는 장면이다. 모세의 사랑은 가족 사랑과 아내 사랑, 자녀 사랑만큼이나 헤세드(하나님의 사랑)의 사랑이 깊었다. 그는 사적인 사랑보다 이스라엘 민족을 사랑하고 하나님을 사랑한 것이 더욱 컸다.

모세의 사랑은 민족을 구원할 만한 넓은 사랑이었다. 공적인 대업인 애굽에서 이스라엘 백성을 구원하기 위해 갓난아이들은 미디안 광야의 장인어른 집에 맡겨놓고 애굽으로 떠날 정도로 그는 하나님의 사람이었다. 민수기에 가면 모세가 광야에서 구스(이디오피아) 여자를 아내로 삼는다. "모세가 구스 여인을 데리고 왔는데, 미리암과 아론은 모세가 그 구스 여인을 아내로 맞았다고 해서 모세를 비방하였다. '주께서 모세와만 말씀하셨느냐? 우리와도 말씀하시지 않았느냐!' 그들이 이렇게 말하는 것을 주께서 들으셨다. 모세로 말하자면, 땅 위에 사는 모든 사람 가운데서 가장 겸손한 사람이다."(민12:1-3) 미리암이 이 비방으로 악성 피부병에 걸리게 되었다. 모세의 영적 권위와 지도력에 도전한 결과 받는 벌이었다.

어찌 보면 모세의 외도를 고발한 정의로운 처사일지 모르는데, 성경에서 하나님은 모세의 손을 들어준다. 고대사회의 결혼생활과 문화가 달라서인지 몰라도 오늘 우리들의 문화에서는 이해하기 힘든 부분이다. 어떤 상황에서 모세는 구스 여인을 사랑하게 됐는지 알 수 없다. 성경은 이 본문을 다룬 곳에서 모세를 두둔하고 칭친한다. 긍정적인 말만 나타난다. "나의 종 모세는 다르다. 그는 나의 온 집을 충성스럽게 맡고 있다. 그와는 내가 얼굴을 마주 바라보고 말한다. 명백하게 말하고, 모호하게 말하지 않는다. 그는 나 주의 모습까지 볼 수 있다. 그런데 너희는 어찌하여 두려움도 없이 나의 종 모세를 비방하느냐."(민12:6-8)

주의 종의 사생활을 비방하는 것이 아니라 영적 권위 앞에 존경하는 것이 바람직한 것임을 가르쳐준다. 모세의 구스 여인 스캔들은 우리에게 영적 지도자에게는 존경과 순종만이 올바른 처사임을 시사한다. 미리암이 이레 동안 진 밖에서 갇혀 있게 되었고, 백성들은 미리암이 돌아올 때까지 행군하지 않았다(민12:14-16). 이스라엘 군대가 행군하지 못하는 사건이 미리암이 벌 받는 일에서 발생하였다. 얼마나 영적 권위에 도전하는 일이 엄청난 비극으로 이어지는지 성경은 우리에게 가르쳐주고 있다. 모세의 사랑은 미리암의 치유를 바라는 중보기도로 이어졌고, 용서와 치유사랑으로 화해하기를 바랐다. 모세는 개인적인 사랑의 차원보다는 공적인 차원에서 공동체를 사랑하고 공동체가 바람직한 방향으로 나가는 일을 우선하였다. 하나님의 일을 우선하였고, 하나님의 말씀을 듣고 행한 하나님 사랑의 사람이라고 하여도 과언이 아니다. 모세의 역할은 히브리서에서 예수를 비유하는 인물로 나타난다. 모세는 하나님의 집의 충성스런 사환이고, 예수는 그 집의 주인이라고 말한다. 그리스도 예수는 모세보다 뛰어난 분임을 밝힌다(히3:1-6). 모세의 사랑에서 그리스도의 십자가의 사랑으로 나가자. 구약의 예언 성취로써 모세의 사랑이, 신약의 그리스도의 사랑의 완성으로, 우리가 그 사랑의 사람이 되길 바란다.

여호수아와 라합의 만남

(수2:1–6:27)

"눈의 아들 여호수아가 싯딤에서 정탐꾼 두 사람을 보내며 일렀다. '가서, 몰래 그 땅을 정탐하여라. 특히 여리고성을 잘 살펴라.' 그들은 그곳을 떠나, 어느 창녀의 집에 들어가 거기에서 묵었다. 그 집에는 이름이 라합이라고 하는 창녀가 살고 있었다. 그때에 여리고 왕은 이런 보고를 받았다. '아룁니다. 이스라엘 자손 가운데서 몇 사람이 오늘 밤에 이 모든 땅을 정탐하려고 이곳으로 왔습니다.'"(수2:1-2) "그러나 그 여인은 두 사람을 데려다가 숨겨놓고 이렇게 말하였다. 그 사람들이 저에게 오기는 했습니다만, 그들이 어디서 왔는지 저는 알지 못합니다.”
(수2:4) “여호수아는 그 땅을 정탐하러 갔던 두 사람에게 말하였다. ‘그 창녀의 집으로 들어가
서, 너희가 맹세한 대로, 그 여인과 그에게 딸린 모든 사람을 그곳에서 데리고 나오너라.’ 정탐
하러 갔던 젊은이들이 가서, 라합과 그의 아버지와 어머니와 오라버니들과 그에게 딸린 모든
사람을 데리고 나왔다. 라합의 식구들을 모두 이끌어내어, 이스라엘 진 밖으로 데려다 놓았
다.”(수6:22-23)

여호수아와 라합, 두 사람은 서로에게는 적이었다. 여호수아는 이스라엘 군대의 총사령관
이었고, 라합은 여리고성의 첫 관문의 민간인이었다. 두 사람의 직접적인 만남은 최후의 승리
전까지 있지 않았지만 여리고성을 무너뜨리고 나서 유일한 생존자 가족이 라합이 되었다.

“여호수아는 창녀 라합과 그의 아버지 집과 그에게 딸린 사람을 다 살려주었다. 라합이 오
늘날까지 이스라엘 백성 가운데 살고 있는데, 그것은 여호수아가 여리고를 정탐하도록 보낸
사람들을 그가 숨겨 주었기 때문이다.”(수6:25) 라합은 이스라엘 백성이 애굽(이집트)에서 나
올 때부터 줄곧 이스라엘 백성들의 이야기를 주목하였고, 승승장구하며 가나안으로 물밀 듯
이 들어오는 구속의 역사를 볼 수 있었다(수2:9-11). 그리고 자신과 자신의 가족의 구원을 위
해 은혜의 대가를 요구하였다(수2:12-18). 홍색 줄이 징표가 되어 그 집을 치지 않는다는 맹세
를 갖게 되었고, 식구들이 집안에 있어야 하는 것도 약속하였다(수2:18). 라합은 분홍색 줄을
창에 매달고 이스라엘 군대가 오기만 기다리었다(수3:21).

라합은 민족의 배신자로 낙인찍힐 수 있는 인물일 수 있다. 하지만 믿음의 눈으로 볼 때 그
는 하나님의 역사를 볼 수 있는 인물이었다. 창녀로서 여리고 사람들에게는 인정받지 못하고
살아가는 소외된 사람이었다. 하지만 역사를 볼 수 있는 눈을 가졌기에 라합과 그의 가족들
전체가 구원받은 사건이 있었다. 여호수아와 모든 이스라엘 자손은 요단강을 건너 여리고 평
원으로 들어서게 되었다. 건너기 전 요단 강물에 12개 기념비를 세우고(수4:4-10), 이스라엘이
길갈에서 진을 치고 거기서 할례를 베풀었다. 광야에서 무할례자이었지만 이제는 계약 백성
으로 가나안 땅에 들어가게 된 것이다(수5:7-9). 유월절을 지키자 광야에서부터 내리던 만나가
멈추게 되었다(수5:11-12). 여호수아는 주의 군대사령관을 만나고(수5:13-15), 모세처럼 신을 벗
는 소명을 받는다.

여리고성을 무너뜨리는 사건은 하나님 군대의 특별한 전략이었다. 여리고성을 7번 도는 전
략이었다. 마지막 이레는 한 번이 아닌, 일곱 번 돌고, 마지막 때는 큰 함성을 내고 진격하는
것이었다. 사령관의 명령 중 특명은 모든 여리고 사람은 진멸하되 라합의 가족만은 살리라는

것이었다(수6:17-19). "이 성과 이 안에 있는 모든 것을 전멸시켜서, 그것을 주께 제물로 바쳐라, 그러나 창녀 라합과 그 여인의 집에 있는 사람은 모두 살려주어라. 그 여인은 우리가 보낸 정탐꾼들을 숨겨주었다."(수6:17)

전시에 적 사이에 우정이 생길 수 있는 것일까. 여호수아와 라합은 하나님의 역사를 보고 정보를 교환한 친구가 되었다. 여호수아와 라합은 완전히 대조되는 신분이지만 우정을 나눈 사이가 되었다. 구원이 두 사람에게 있었다. 여호수아는 하나님의 백성을 인도하여 여리고성을 정복하는 총사령관으로 승리를 맛보는 구원의 기쁨을 보았고, 기생 라합은 정탐군을 살린 덕으로 자신의 가족 전부를 살리는 구원의 환희를 가진다. 이 우정으로 라합은 예수의 족보에 오르는 영광을 누린다(마1:5). 우리는 하나님의 역사를 보는 예지를 가져야 한다. 그리고 역사의 눈을 가지고 구원이 누구에게 있는지 역사가 어떻게 움직이고 있는지 알 필요가 있다. 거대한 하나님의 역사를 보고 하나님의 구속사에 동참하는 영적인 사람이 되어야 할 것이다. 이런 복을 라합처럼 누리는 우리의 삶이 되기를 바란다. 여호수아는 라합을 만남으로 이스라엘에 큰 승리를 가져다준 행운을 가지게 된다. 역사의 결정적인 순간에 하나님의 사람들의 만남이 있고, 하나님의 우정을 나누는 친구가 있기를 바란다.

삼손의 사랑

(삿14:1–16:31)

> "삼손이 딤나로 내려갔다가, 딤나에 있는 어떤 블레셋 처녀를 보았다. 그가 돌아와서 자기 부모에게 말하였다. '내가 딤나에 내려갔다가. 블레셋 처녀를 하나 보았습니다. 장가들고 싶습니다. 주선해주십시오.' 그러자 그의 아버지와 어머니가 그를 타일렀다. '네 친척이나 네 백성의 딸들 가운데는 여자가 없느냐? 왜 너는 할례도 받지 않는 블레셋 사람을 아내로 맞으려고 하느냐?' 그래도 삼손은 자기 아버지에게 말하였다. '꼭 그 여자를 색시로 데려와 주십시오. 그 여자는 첫눈에 내 맘에 쏙 들었습니다.'"(삿14:1-3)

삼손과 델릴라, 이 이야기에 대해선 우리는 너무도 잘 안다. 삼손이 델릴라를 좋아하기 이전에 딤나에 사는 블레셋 처녀를 사랑하였다. 그가 부모에게 딤나 처녀와 결혼하겠다고 간청하는 것이 오늘 본문이다. 삼손은 주의 영이 임하여 사자를 만나서 위기에 처하지만 손에 아무것도 없이 사자를 염소 새끼 찢듯이 찢어 죽일 수 있었다(삿14:6). 그는 사자의 주검에 벌떼가 있고 꿀이 고여 있는 것을 손으로 떠다가 걸어가면서 자신이 먹고 부모에게도 주었지만 사자에게서 가져온 것이라고 말하지 않았다(삿14:8-9). 삼손의 용맹은 겸비와 함께 빛을 냈다. 영웅 삼손은 하나님의 영이 임해서 블레셋 군대를 무찌르는 민족적 사명을 수행할 수 있었다. 하지만 삼손에게는 계속되는 여자의 유혹이 기다리고 있었고, 그의 사사로서의 사명은 블레셋을 대적하는 것이었다.

딤나 처녀에게 가서 결혼식을 하는 풍습에 따라 잔치를 열었고, 거기서 삼손은 수수께끼를 내었다. "먹는 자에게서 먹는 것이 나오고, 강한 자에게서 단 것이 나왔다."(삿14:14) 이 수수께끼 내기에 모시옷 서른 벌과 겉옷 서른 벌이 걸려 있었다. 그래서 동족인 블레셋 사람이 딤나 처녀에게 삼손을 꾀어서 그 해답을 알려달라고 하였다. 일주일간 계속 삼손을 독촉하여 울면서 졸라댔다. 그러자 아내가 자기 나라 사람들에게 가르쳐주어서 삼손은 약속대로 이행해야 했다. 그는 아스글론에 가서 서른 명을 죽이고 노략질한 옷을 가져다주었고, 화가 나서 아버지 집으로 돌아갔다. 삼손의 아내는 들러리로 왔던 한 친구의 아내가 되었다. 꿀과 사자, 암소와 밭 갈음, 삼손의 불행은 암소, 여자에게 있었고, 그로 인해 자신의 꿀과 용맹은 사라지고 헛수고가 되고 마는 것을 경험하였다.

이 일이 있은 후, 다시 삼손은 딤나에 가서 장인에게 아내의 침실로 가게 허락해 달라고 부탁한다. 하지만 이미 결혼하였고, 동생이 더 예쁘니 그를 아내로 삼으라고 한다. 삼손은 화가 나서 여우 삼백 마리를 잡아서 블레셋 사람들의 곡식가리에 불을 놓아서 상당한 재산손실을 냈다. "불은 곡식가리뿐 아니라 아직 베지 않은 곡식과 포도원과 올리브 농원까지 다 태워버렸다."(삿15:5) 피는 또 다른 피를 흘리는 법, 블레셋 사람들은 삼손의 행위임을 알고 딤나의 처녀와 그 아버지를 죽이게 되고, 삼손은 복수로 블레셋 사람을 닥치는 대로 마구 무찔렀다(삿15:8). 삼손의 사랑이 불러일으킨 불행이었다. 왜 삼손은 자신의 민족의 여자를 사랑하지 않고 블레셋 여자를 사랑하게 되었는지. 사랑과 전쟁은 동시에 공존하게 되고 원인과 결과의 꼬리가 연결되어 사랑하는 블레셋 여인과 생활세계가 같은 블레셋 사람들과 전쟁을 하게 되는 상황이 초래되고 있었다.

블레셋 사람들이 유다 지역의 레히 지방에 이르러 유다 사람과 전쟁을 벌이려고 하였다. 유다 사람 3,000명이 에담 바위에 있는 삼손에게 와서 죽음의 전쟁을 원치 않으니 결박을 당하고 블레셋에 포로로 붙잡혀 가라는 권유였다. 삼손은 적군에게 붙잡혀 넘겨지려는 순간, 주의 영이 임하였고 당나귀 턱뼈 하나를 주워서 블레셋 사람 천 명이나 쳐 죽이는 영웅적 행위를 하였다. "삼손은 블레셋 사람들이 다스리던 시대에 이십 년 동안 이스라엘 사사로 있었다."(삿 15:20) 삼손의 용맹으로 블레셋은 이스라엘을 괴롭힐 수 없었다.

삼손의 인생은 반복되는 여자와의 관계에서 불행과 위험이 거듭되었다. 이것은 우리의 인생도 매한가지이다. "삼손이 가사에 가서, 창녀를 하나 만나 그의 집으로 들어갔다."(삿16:1) "삼손은 밤늦도록 누워 있다가, 밤중에 일어나 성 문짝을 양쪽 기둥과 빗장째 뽑았다. 그는 그것을 어깨에 메고, 헤브론 맞은편 산꼭대기에 올라가, 거기에다 버렸다."(삿16:3) 삼손과 델릴라의 관계에서는 그를 죽음으로 이끌어가는 사건을 만나게 된다.

삼손은 소렉 골짜기에 사는 델릴라를 사랑하게 되었다. 매번 전쟁에서 지는 블레셋 통치자는 그 여인을 통해 삼손의 힘의 비밀을 알아내게 하였다. 삼손은 '마르지 않은 푸른 칡 일곱 매끼(삿16:7)', '한 번도 쓰지 않은 새 밧줄(삿16:11)', '내 머리칼 일곱 가닥을 베틀 날실에 섞어서 짜면 된다(삿16:13)'며 세 번 유사한 비밀의 단서를 가르쳐준다. 사랑은 비밀을 토설하게 한다. 결국 네 번째 힘의 원천인 머리, 그 머리를 자르면 힘이 상실된다는 사실을 가르쳐준다. "나의 머리는 면도칼을 대어본 적이 없는데, 이것은 내가 모태에서부터 하나님께 바쳐진 나실 사람이기 때문이오, 내 머리털을 깎으면, 나는 힘을 잃고 약해져서, 여느 사람처럼 될 것이요."(삿16:17) 삼손의 운명은 비밀을 발설하는 순간, 비참한 사건을 맞이하게 된다. 두 눈이 뽑히고, 가사로 끌려간다. 블레셋 사람들에게 조롱을 당하고 웃음거리가 되고 재주 부리는 신세가 되었다.

삼손의 후회는 비극적 사건을 맞이하면서 시작된다. 하나님을 떠난, 유혹과 시험에 넘어간 결과 후회와 절망, 회개로 이어졌고, 마지막으로 블레셋 적을 무찌르는 야웨의 사명을 다할 수 있는 기회를 달라고 기도한다. 하나님의 영이 임하고 신전을 무너뜨리는 괴력을 발휘하게 되고, "그리고 그가 블레셋 사람들과 함께 죽게 하여 주십시오! 하고 외치며, 있는 힘을 다하여 기둥을 밀어내니, 그 신전이 무너져 내려 통치자들과 모든 백성이 돌더미에 깔렸다. 삼손이 죽으면서 죽인 사람이, 그가 살았을 때에 죽인 사람보다도 더 많았다."(삿16:30) 삼손의 영웅적 장렬한 죽음을 본다. 수천 명의 타인을 죽이는 영웅적 이야기, 셀 수 없는 인류와 수 세기의 사람들을 살리는 예수 십자가의 죽음, 이 두 이야기를 보면서 우리는 사랑의 결말이 판이하게 다른 아름다운 이야기를 생각한다. 삼손의 사랑이야기에서 예수의 사랑이야기를 보면서 깊은 인상을 받는다. 십자가의 사랑으로 삼손이 나갔다면 결말의 이야기는 달랐을 텐데.

룻의 사랑

(룻1:2-4; 1:16; 2:1, 8-10; 3:6-13; 4:3-6)

룻은 모압 여인으로서 다윗의 증조할머니이다. 그는 오벳을 낳고 다윗 가문의 신앙의 어머니가 된다. 룻은 시아버지 엘리멜렉과 시어머니 나오미를 모시고 살며, 남편 말론은 질병에 걸려 죽었다. 룻의 시집에는 불행이 겹치며 시아버지, 남편, 시동생(기룐) 등이 연이어 죽으면서 힘든 형편이 되었다. 나오미는 고향 땅 유대의 베들레헴으로 돌아가는 길에 며느리들에게 집으로 돌아가라고 한다. 작은 며느리 오르바는 울면서 돌아가지만 큰 며느리 룻은 돌아가지 않고 어머니 나오미와 함께하겠다고 하였다.

"어머님이 가시는 곳에 나도 가고, 어머님이 머무르시는 곳에 나도 머무르겠습니다. 어머님의 겨레가 내 겨레이고, 어머님의 하나님이 내 하나님입니다. 어머님이 숨을 거두시는 곳에서 나도 죽고, 그곳에 나도 묻히겠습니다."(룻1:16-17) 마라의 인생, 나오미는 남편도 잃고 아들 둘도 잃고, 며느리까지 잃어버린 삶이어서 자신의 이름을 기쁨(나오미)이라 부르지 말고 괴로움(마라)이라고 부르라 한다(룻1:20). 기구한 인생이다. 하지만 룻의 시어머니 사랑으로 그의 인생 말년은 더 이상 괴로움이 연속되지 않았다. 룻이 효부로서 나오미를 먹여 살리면서 상부상조, 상호의존적 삶을 살아간다. 나오미에게 룻이 어떻게 처세해야 할지를 가르친다. 집안의 기업을 무를(수혼법) 친척 보아스에게 접근하는 방법과 결혼에 이르는 과정을 지시한다(룻 3:1-18).

룻의 두 번째 사랑은 고대 결혼법에 의해 새롭게 이어지고 있었다. 나이가 든 보아스, 룻은 젊은 남자를 택하지 않고 고대의 사회법에 맞추어 나오미의 말씀에 따라 보아스에 다가간다. 성경은 보아스가 먼저 나오미를 알아보고, 곡식 보리와 밀을 주워갈 수 있도록 특별 배려를 한다(룻2:1-23). 생존의 특별한 상황에서, 보리와 밀을 주워야 살 수 있는 나오미 가정이다. 룻은 시어머니를 사랑해서 나오미와 함께 최소의 가정생활을 한다. 나오미의 시어머니 사랑은 지극하였고, 그 사랑의 복이 룻의 인생 후반을 멋있고 아름답게 만들어준다. 룻을 사랑하는 보아스는 집안의 회의를 소집하고 룻과 결혼을 합법적으로 만들려 한다(룻4:4-10). 보아스의 지혜가 돋보이는 장면이다.

기업 무를 첫 번째 집안사람이 재산이 탐나서 기업의 땅을 사려고 하지만 룻을 아내로 맞이하려고 하지 않았다. "그러자 집안 간으로서의 책임이 있는 그 사람이 말하였다. '그런 조건이라면 나는 집안 간으로서의 책임을 질 수 없소. 잘못하다가는 내 재산만 축나겠소. 나는 그 책임을 질 수 없으니, 당신이 내가 져야 할 집안 간으로서의 책임을 지시오."(룻4:6) 이런 상황이 벌어질 줄 보아스는 미리 간파히였을 것이다. 욕심 많은 집안 친척이 나오미와 룻을 맞이해서 재산을 축내리란 생각을 할 것을 알았을 것이다. 보아스는 룻의 정숙함과 착함을 알고 수혼법에 의해 자신의 아내로 맞이하며 나오미까지 가족으로 맞이할 생각을 하였다. 고대의 사랑은 가문의 결혼으로 이어진 대가족 제도 아래서 가족 사랑이 동반된 것을 알 수 있다.

룻과 보아스의 새로운 사랑은 오벳을 낳게 하였고, 이새와 다윗을 후손으로 가지는 결과와 복을 가진다. "이웃 여인들이 그 아기에게 이름을 지어 주면서 '나오미가 아들을 보았다!'고 환호하였다. 그들은 그 아기의 이름을 오벳이라고 하였다. 그가 바로 이새의 아버지요, 다윗의 할아버지이다."(룻4:17) 이 족보는 유다와 다말의 사랑이야기로 올라가서, 베레스의 계보로 이어진다(룻4:18-22). 이 베레스의 족보가 룻기의 결론이 되어 룻의 사랑이 하나님의 구속사에 중요한 역사적 사건이 됨을 보여준다. 이 사랑은 예수 그리스도의 세계를 이루는 한 계보가 된다. 역사적 예수의 할머니 이야기가 바로 룻기의 이야기다. 룻의 우주적 사랑이야기는 예수의 인류의 사랑이야기로 이어지고 있다. 룻기는 민족과 고부간의 갈등을 뛰어넘는 아름다운 사랑이야기로 세대로 이어지는 영원한 사랑이야기로 남을 감동의 드라마이다. 이 사랑의 이야기가 바로 예수의 십자가 사랑이야기를 이해하게 한다. 할렐루야.

한나의 사랑
(삼상1:1–3:21)

> "에브라임 지파에 속한 숩의 자손 엘가나라는 사람이, 에브라임의 산간지방에 있는 라마다임에 살고 있었다. 엘가나에게는 두 아내가 있었는데, 한 아내의 이름은 한나(풍성한 은혜)요, 또 한 아내의 이름은 브닌나(홍보석)였다. 브닌나에게는 자녀들이 있었지만, 한나에게는 자녀가 하나도 없었다."(삼상1:1-2)

한나는 사무엘의 어머니이다. 사무엘은 이스라엘의 마지막 사사로서, 처음 예언자로서 활동하였다. 이스라엘의 격동의 시대에 이스라엘 건국의 기초를 세운 민족의 지도자였다. 사무엘이 탄생하기 까지는 한나의 눈물의 기도가 있었고, 한나의 하나님 사랑이 있었다. 한나는 처음에는 석녀(石女)로서 자식이 없는 신세였다. 한나의 한은 깊어서 오직 하나님만 바라며 눈물로 주님 앞에 나가 기도하는 사람이었다.

"브닌나가 한나의 마음을 늘 그렇게 괴롭혔으므로, 한나는 울기만 하고, 아무것도 먹지 않았다. 그럴 때마다 남편 엘가나가 한나를 위로하였다. '여보, 왜 울기만 하오? 왜 먹지 않으려 하오? 왜 늘 그렇게 슬퍼만 하는 거요? 당신이 열 아들을 두었다고 해도, 내가 당신에게 하는 만큼 하겠소?'"(삼상1:7-8)

한나는 인생이 가질 수 있는 모든 슬픔의 무게를 가지고 있는 사람처럼 슬픈 삶을 살았다. 한나는 이 슬픔의 근원을 끊을 수 있는 방법을 알아냈다. "한나는 괴로운 마음으로 주께 나아가 흐느껴 울면서 기도하였다. 한나는 서원하며 아뢰었다. '만군의 주님, 주께서 주의 종의 이 비천한 모습을 참으로 불쌍히 보시고, 나를 기억하셔서 주의 종을 잊지 않으시고, 이 종에게 아들을 하나 허락하여주시면, 저는 그 아이의 한평생을 주께 바치고, 삭도를 그의 머리에 대지 않도록 하겠습니다.'"(삼상1:10-11) 서원기도를 한 한나는 그 이후에 하나님의 기도응답을 믿고 더 이상 슬픈 기색을 띠지 않고 살았다(삼상1:18-19). 한나와 하나님의 만남이 이루어진 것이다. 한나는 깊은 기도의 세계에 들어가 소리를 내지 않고, 주님에게 마음을 쏟아놓는 기도를 하였다(삼상1:12-15). 이 기도하는 모습을 보고 엘리 제사장은 한나가 술 취한 사람이라고 생각하였다.

신비한 기도, 한나가 온몸과 정성을 다해 하는 기도는 주님의 마음을 움직였고, 하나님이 한나를 기억하였다. "한나가 임신을 하고, 달이 차서 아들을 낳았다. 한나는 주께 구하여 얻은 아들이라고 하여, 그 아이의 이름을 사무엘(하나님이 들으셨다)이라고 지었다."(삼상1:20) 한나의 슬픈 인생에서 슬프지 않은 가장 기쁜 순간을 맞이하게 되었다. 그것이 바로 사무엘을 얻은 순간이었다. 사무엘을 잉태하는 시간은 그에게는 더 이상 바랄 것이 없는 순간이었다. 하나님을 사랑하는 시간이었고, 하나님이 기억하시고 그의 기도에 응답하는 역사적 사건이었다. 한나는 하나님과의 약속 서원을 이행하였다. "나는 그 아이를 평생 나실 사람으로 바치겠습니다."(삼상1:22)

사랑하는 아들 사무엘을 성소에 바쳐서 엘리 제사장의 심부름꾼으로 보내야 되는 시간이 다가왔고, 젖을 떼자마자 엘리에게 데리고 갔다. "한나는 아이를 데리고, 삼 년 된 수소 한 마리를 끌고, 밀가루 한 에바와 포도주가 든 가죽부대 하나를 가지고, 실로로 올라갔다. 한나는 어린 사무엘을 데리고 실로에 있는 주의 집으로 갔다. 그들이 수소를 잡고 나서, 그 아이를 엘리에게 데리고 갔다."(삼상1:24-25) 한나는 자신의 서원을 충실히 이행하였고, 아이의 한평생을 주께 바치는 아름다운 성직의 뒷바라지를 하는 인생을 살아간다. 얼마나 고대한 자식인가. 그 사랑하는 아들을 주님께 받침으로 그는 더한 주님의 축복을 받는다. "주께서 한나를 돌보아주셔서, 한나는 임신하여 아들 셋과 딸 둘을 더 낳았다. 어린 사무엘도 수 앞에서 잘 자랐다."(삼상2:21)

한나는 남편 엘가나에게 사랑받는 여자였고, 하나님의 사랑을 이끌어내는 교회의 여자이었고, 주님의 사랑을 받는 기도의 사람이었다. 아들을 주님께 바치는 헌신의 신앙인이기도 하였다. 나실인으로 사랑하는 아들 사무엘을 바치고 기도와 헌신으로 그 아들을 후원하는 민족의 어머니가 되었던 것이다. 사무엘은 그의 사랑으로 민족의 지도자로 자랐고, 사울과 다윗을 왕으로 세우는 영적 지도자이었다. 나라의 대사가 그의 기도와 지도 아래 이루어지게 되었다. 한나의 하나님에 대한 사랑과 남편과 아들에 대한 사랑은 이스라엘 역사의 큰 별이 되어 사무엘이라는 거목을 낳는 신앙의 어머니가 된 것이다. 우리도 이러한 하나님 사랑의 사람이 되자.

요나단의 우정
(삼상20:1-42)

"요나단이 다윗을 제 몸처럼 아끼는 터라, 요나단은 다윗에게 다시 맹세하였다."(삼상20:17)

이스라엘 나라의 초대 왕 사울과 다윗, 두 사람의 운명은 희비가 갈린다. 사울의 아들 요나단이 사울 왕조를 열 수 있는데, 요나단은 하늘의 뜻을 좇았고 우정을 소중하게 여겼다. 요나단의 우정이 없었다고 하면 다윗의 나라와 왕조는 있을 수 없었다. 요나단은 자신의 가족의 운명이나 미래를 생각하지 않았던가?

"사울이 요나단에게 화를 내면서 소리쳤다. '이 사생아 같은 자식아, 네가 이새의 아들과 단짝이 된 것을 내가 모를 줄 알았더냐? 그런 아이와 단짝이 되다니, 너에게나 너를 낳은 네 어머니에게 욕이 될 뿐이다. 이새의 아들이 이 세상에 살아 있는 한은, 너도 안전하지 못하고, 너의 나라도 안전하지 못할 줄 알아라. 빨리 가서 그를 당장에 끌어 오너라. 그는 죽어야 마땅하다.'"(삼상20:30-31)

사울은 다윗이 위협적 존재가 되어 자신의 나라가 안전하지 못하고 자신의 정권 유지가 힘들 것이라고 보았다. "사울은 천천이요, 다윗은 만만이다."(삼상18:7)라는 소문이 백성들 사이에 퍼져 있었다. 다윗이 블레셋을 무찌르고 들어올 때 이스라엘의 모든 성읍에서 여인들이 춤추고 환성을 지르며 외친 소리였다. 사울은 기분이 좋지 않았고, 다윗을 시기하고 그를 죽이려고 하였다. 사울과 다윗은 이후에 쫓고 쫓기는 줄다리기를 시작한다. 사무엘상 18장 5절부터 31장 13절은 이 사울의 추격 이야기이다. 어찌 보면 사울이 다윗을 죽이려고 추격하는 것은 당연한 일일지 모른다. 자신의 가족과 가문, 왕국의 보존을 위해 다윗의 위협을 사전에 처치하겠다는 의지였다.

그러나 성경은 하나님의 영이 사울을 떠났다고 말한다. 사울이 순종하지 않아서 주께서 사울을 버렸다고 한다. "사울을 왕으로 세운 것이 후회된다. 그가 나에게서 등을 돌리고, 나의 명령을 따르지 않는다. 그래서 사무엘은 괴로운 마음으로 밤새도록 주께 부르짖었다. 사무엘은 사울을 만나려고 아침에 일찍 일어났다."(삼상15:11-12) 사울의 결정적인 실수는 진멸법(헤렘)을 어겼다는 것이다. 아말렉 사람들의 양떼와 소떼를 죽이지 않고 전리품으로 가져왔다는 것이다. "사울이 사무엘에게 대답하였다. '나는 주께 순종하였습니다. 주께서 보내시는 대로 전쟁터로 나갔고, 아말렉 왕 아각도 잡아왔고, 아말렉 사람도 진멸하였습니다. 다만 우리 군인들이 전리품 가운데서 양떼와 소떼는 죽이지 않고 길갈로 끌어왔습니다만, 그것은 예언자께서 섬기시는 주 하나님께 제물로 바치려고, 진멸할 짐승들 가운데서 가장 좋은 것으로 골라온 것입니다.'"(삼상15:20-21)

사무엘을 통해 하나님은 다윗을 왕으로 기름 붓게 한다. "사무엘이 기름이 담긴 뿔병을 들고, 그의 형들이 둘러선 가운데서 다윗에게 기름을 부었다. 그러자 주의 영이 그날부터 계속 다윗을 감동시켰다. 사무엘은 거기에서 떠나, 라마로 돌아갔다."(삼상16:13) 구속사, 하나님의 역사는 사람의 일들을 결정하고 선택한다.

이후에 다윗이 골리앗을 쓰러뜨린 다음 사울의 궁전으로 들어가게 되고 다윗의 장군이 된다(삼상17:41-18:5).

아마도 요나단은 이 하나님의 역사를 알았고, 다윗의 인물됨을 미리부터 알았을지 모른다. "다윗이 사울과 이야기를 끝냈다. 그 뒤에 요나단은 다윗에게 마음이 끌려, 마치 제 목숨을 아끼듯, 다윗을 아끼는 마음이 생겼다. 사울은 그날로 다윗을 자기와 함께 머무르게 하고, 다시 아버지의 집으로 돌아가지 못하게 하였다. 요나단은 제 목숨을 아끼듯이 다윗을 아끼어, 그와 가까운 친구로 지내기로 굳게 언약을 맺고, 자기가 입고 있던 겉옷을 벗어서 다윗에게 주고, 칼과 활과 허리띠까지 모두 다윗에게 주었다."(삼상18:1-4) 요나단이 다윗을 사랑하고 아

끼는 마음이 지극하였다고 말한다. 요나단과 다윗의 우정은 여러 차례 맹세를 통해 나타난다
(삼상20:3; 20:17; 20:42).

"그리지 요나단이 다윗에게 말하였다. '잘 가게, 우리가 서로 주의 이름을 걸고 맹세한 이에
서 뿐만 아니라, 나의 자손과 자네의 자손 사이에서도, 길이길이 그 증인이 되실 걸세.'"(삼상
20:42)

이것을 역사의 아이러니라고 해야 할지 모르겠다. 사울 왕조가 계속 되는 길을 그 주체 장
본인 요나단이 아버지 사울을 돕지 않고, 적수 다윗을 돕고 있는 모습이니. 하지만 요나단의
우정은 하나님 구속사의 길을 가는 것이었고, 역사를 창출하는 높은 차원의 결단과 선택이었
다. 요나단의 우정은 길이 역사에서 기억되고 찬양되어야 할 이야기이다. 요나단은 대아(大我)
의 큰 정치를 한 사람이다. 다윗의 왕가 이야기에서 이 요나단의 우정과 도움을 잊어서는 안
될 대목이다. 사울은 처절하게 다윗을 쫓지만 대세를 판단하지 못한 어리석음은 그를 불행으
로 몰고 갔고, 결국 죽임을 맞이한다. 사울은 길보아 산 전투에서 블레셋군의 화살에 맞아 쓰
러졌고, 치명상을 입자 명예롭게 죽음을 당한다(삼상31:1-7). 그 전투에서 사울의 아들 세 명,
요나단과 아비나답과 말기수아가 전사한다(삼상 31:2).

요나단의 우정은 다윗을 일으키고 다윗 왕가를 형성하는 씨앗이 된다. 곧 메시아 예수 그리
스도의 세계로 나가는 모판이 된 것이다. 하나님의 구속사를 보고 하나님의 사람을 사랑하고
깊은 우정을 쌓음으로 하나님의 축복이 있기를 바란다.

다윗과 아비가일
(삼상25:1-44)

> "이 종의 허물을 용서해주시기 바랍니다. 장군께서는 언제나 주의 전쟁만을 하셨으니, 주께서
> 틀림없이 장군님의 집안을 영구히 세워주시고, 장군께서 사시는 동안, 평생토록 아무런 재난
> 도 일어나지 않도록 도와주실 것입니다."(삼상25:28)
> "이제 곧 주께서 장군께 약속하신 대로, 온갖 좋은 일을 모두 베푸셔서, 장군님을 이스라엘의
> 영도자로 세워주실 터인데, 지금 공연히 사람을 죽이신다든지, 몸소 원수를 갚으신다든지 하
> 여, 왕이 되실 때에 후회하시거나 마음에 걸리는 일이 없도록 하시기 바랍니다. 주께서 그처럼
> 좋은 일을 장군께 베풀어주시는 날, 이 종을 기억해주시기 바랍니다."(삼상25:31)

이 이야기의 배경은 다윗이 험난한 피난길을 다닐 때이다. 다윗은 사울의 추격을 피해 옮겨

다녔다. 놉으로 가서 아히멜렉 제사장을 만나 골리앗의 칼을 받아 블레셋 진영에 들어가 가드 왕 아기스의 수하에 잠깐 있다가 아둘람 굴로 피하였다. 그곳에서 빚에 시달리는 사람과 억울한 사람들 모두 400명이 다윗에게 몰려들었다. 그 후 모압으로 가서 부모님을 부탁하고 유다 땅으로 돌아왔다. 그일라로 갔다가 십 광야로, 하길라 산속으로, 다시 마온 광야로 간다. 블레셋 족속이 쳐들어와 추격을 모면한 다윗은 엔게디 광야에서 다시 쫓긴다. 거기서 다윗은 사울을 죽일 기회를 갖지만 기름 부은 종을 자신의 손으로 죽이지 않는다. 사무엘이 죽고 아비가일의 남편 나발을 만나는 장면이 오늘의 본문이다.

다윗은 사울의 딸 미갈을 사랑하여 그녀를 아내로 맞아들인다. "본래 다윗의 아내는 사울의 딸 미갈이었으나, 사울이 이미 다윗의 아내를 갈림 사람 라이스의 아들 발디에게 주었다." (삼상25:44) 다윗의 사랑은 정치적 관계에 영향을 받았다. 사울의 호의로 공주 미갈을 첫 아내로 맞이하지만 다윗을 죽이려는 사울의 계획으로 원치 않는 이혼을 당하고 사랑의 상처를 받고 궁지에 몰려 피하는 신세가 된다. 다윗의 애정 행각은 정치가로서의 행보와 궤를 같이한다. 그는 고대의 정치적 지도자로서 여러 부인을 두어야 하는 왕실 전통을 따른다. 그런 중에 아비가일이라는 여인을 만나는 장면은 특이하고 드라마틱하다. 아비가일은 지혜로운 여인으로서 다윗에게 다가온다.

다윗은 바란 광야에 내려가서 마온에 살고 있는 나발과 아비가일을 만날 수 있었다. 나발은 부자로 갈멜에 목장을 가지고 있었고 양 떼가 삼천 마리, 염소 떼가 천 마리 였다. "그런데 나발이 양털을 깎는다는 소식을 다윗이 광야에서 듣고, 자기 부하들 가운데서 젊은이 열 사람에게 임무를 주어서 그에게 보냈다. '너희는 갈멜로 올라가 나발을 찾아가서, 나의 이름으로 안부를 전하여라. 너희는 그에게 이렇게 나의 말을 전하여라. 지금 일꾼들을 데리고 양털을 깎고 계시다는 소식을 들었습니다. 어른의 목자들이 우리와 함께 있었는데, 우리는 그들을 괴롭힌 일도 없으며, 그들이 갈멜에 있는 동안에 양 한 마리도 잃어버린 것이 없었습니다. 우리들이 잔치를 벌이는 좋은 날에 어른을 찾아왔으니, 부디 어른의 종들이나 다름이 없는 저의 부하들과 아들이나 다름이 없는 이 다윗을 생각하셔서, 먹을거리를 좀 돌려 보내주십시오.'" (삼상25:4-8) 나발은 이 제의를 단호하게 거절하며 냉정하게 돌려보냈다.

나발은 이름대로 어리석은 사람이었다. 시류를 파악하지 못하였고, 다윗이 누구인지 몰랐다(삼상25:10). 자신의 기업의 상황을 잘 알지 못하였다. 갈멜에 있는 동안 양 한 마리도 잃어버리지 않은 이유를 알지 못하였다(삼상25:7-8). 나발(어리석음)은 고집이 세고, 행실이 포악한 갈렙 족속이었다(삼상25:3)고 보고한다. 다윗은 화가 나서 나발 집안의 남자들을 죽이려고 사백 명이 칼을 들고 나서는 중이었다. 피의 절규가 울려 퍼질 불행한 시간이 다가오고 있었다.

반면 나발의 아내 아비가일은 다윗이 누구인지 확실히 알고 있었다(삼상25:29-31). 이러한 때에 지혜로운 아비가일은 이 비극의 순간을 모면할 지혜를 가졌다. "아비가일이 서둘러 빵 이백 덩이와 포도주 두 가죽부대와 이미 요리하여 놓은 양 다섯 마리와 볶은 곡식 다섯 세아와 건포도 뭉치 백 개와 무화과 뭉치 이백 개를 가져다가, 모두 나귀 여러 마리에 싣고, 자기의 일꾼들에게 말하였다. '나는 뒤따라 갈 터이니, 너희가 앞장서라.' 아비가일은 이 일을 자기의 남편 나발에게는 전혀 알리지 않았다."(삼상25:18-19) 아비가일은 세상이 어떻게 흘러가고 있는지, 하나님이 누구와 함께하시는지 알고 있었다. 아비가일은 다윗을 만나 절을 하고 자신이 죄가 있음을 고백하며 남편 나발은 어리석은 사람이라고 규정한다.

그리고 자신이 다윗이 보낸 사람을 보지 못한 불찰이 있었다고 말한다. "장군께서 사람을 죽이시거나 몸소 원수를 갚지 못하도록 막아주신 분은 주님이십니다. 주님도 살아 계시고, 장군께서도 살아 계십니다. 장군님의 원수들과 장군께 해를 끼치려고 하는 자들이, 모두 나발과 같이 되기를 바랍니다. 여기에 가져온 이 선물은 장군님을 따르는 젊은이들에게 나누어주시라고, 내가 가져온 것입니다."(삼상25:26-27) 아비가일의 행동은 지혜로운 여인의 완벽한 모습이었다. 평화제의, 야웨의 역사하심, 다윗의 좋은 평판, 지혜로운 선물 등이 보인다.

다윗은 기분이 좋아졌고 아비가일을 오히려 축복한다. "주 이스라엘의 하나님이 오늘 그대를 보내어 이렇게 만나게 하여 주셨으니, 주께 찬양을 드리오. 내가 오늘 사람을 죽이거나 나의 손으로 직접 원수를 갚지 않도록, 그대가 나를 지켜주었으니, 슬기롭게 권면하여 준 그대에게도 감사하오. 하나님이 그대에게 복을 베풀어주시기를 바라오."(삼상25:32-33)

다윗과 아비가일의 만남과 대화는 극적인 순간에 이루어졌다. 사망과 전쟁의 위기에서 평화와 축복의 순간으로 바뀐 것이다. 평화의 만남이 이루어졌고, 여호와의 계획하심과 다윗과 함께하는 예언이 선포되었다. 나발은 하나님의 역사가 어떻게 진행되는지 모르고 자신의 죽음의 위기에 직면해 있음에도 불구하고 잔치를 하고 있는 모습이었다. 그는 역(逆)시류(時流)를 타고 있었다. 나발은 다윗이 자신을 치러 온 소식을 듣고 심장이 멎고 몸이 돌처럼 되어 열흘쯤 지나 죽게 되었다. 아비가일이 다윗의 아내가 되는 이야기의 과정이 묘사된다(삼상25:39-44). 다윗의 아내 아비가일을 맞는 이야기가 극적으로 표현되어 있어서 이 이야기를 읽는 사람에게 깊은 감동을 준다. 아비가일의 시류를 읽고 지혜롭게 행동하는 모습이 눈에 띈다. 다윗은 이러한 아비가일을 사모하였고 사랑하게 된다. "다윗은 아비가일을 자기의 아내로 삼으려고, 그 여인에게 사람을 보내어 그 뜻을 전하였다."(삼상25:40) "아비가일이 일어나, 얼굴이 땅에 닿도록 절을 한 다음에 말하였다. '이 몸은 기꺼이 그분의 종이 되어, 그를 섬기는 종들의 발을 씻겠습니다.'"(삼상25:41) 왕비가 되는 순간이다.

역사는 다윗의 사랑이 하나이게 하였고, 그 하나는 후에 우리야의 아내 밧세바하고 사랑으로 이어졌고, 솔로몬이 왕이 되게 하였다. 다윗 왕의 사랑이야기는 복잡하였고, 다윗 왕가를 이루기 위해 수많은 이야기가 오갔다. "다윗은 이미 이스르엘 여인 아히노암을 아내로 맞이하였기 때문에, 이제는 두 사람이 다 그의 아내가 되었다."(삼상25:43) 메시아, 그리스도 예수의 세계는 이 다윗 왕가에서 비롯되었다. 완전하고 이상적인 사랑은 예수 그리스도의 십자가 위에서 이루어진다. 아가페 사랑만이 회한이 없는 사랑을 이야기한다. 우리는 예수의 사랑을 생각하며 그 사랑을 전하며 살자.

다윗과 밧세바
(삼하11:1-12:25)

> "어느 날 저녁에, 다윗은 잠깐 눈을 붙였다가 일어나, 왕궁의 옥상에 올라가서 거닐었다. 그때에 그는, 한 여인이 목욕하는 모습을 옥상에서 내려다보았다. 그 여인은 아주 아름다웠다."(삼하11:2)
> "그런데도 다윗은 사람을 보내어서 그 여인을 데려왔다. 밧세바가 다윗에게로 오니, 다윗은 그 여인과 정을 통하였다(그 여인은 마침 부정한 몸을 깨끗하게 씻고 난 다음이었다). 그런 다음에, 밧세바는 다시 자기의 집으로 돌아갔다. 얼마 뒤에 그 여인은, 자기가 임신한 것을 알고서, 다윗에게 사람을 보내서, 자기가 임신하였다는 사실을 알렸다."(삼하11:4-5)

다윗의 인생은 전사(戰士)로서 평생을 싸우는 삶을 살았다. 다윗의 욕망은 강한 이스라엘을 만들고 정치적으로 안정화시키는 것이었다. 다윗은 군대를 보내 암몬의 랍바성을 치게 하고 있었다. 전장의 소식을 기다리면서 쉬고 있다가 왕궁의 옥상에 올라가서 산책할 때에 밧세바를 만나는 사건이 벌어지게 된다. 이 일은 역사의 많은 일이 벌어지게 하는 사건이 되었다. 밧세바의 남편 우리아가 최전선에서 죽임을 당하게 되고, 밧세바가 아이를 낳지만 그만 첫 아이가 죽게 되고, 둘째가 솔로몬 왕이 된다. 역사가는 밧세바 간통 사건이 십계명의 율법을 어기는 일이 되었고, 심판사건이 잇따르는 것을 보도한다. 그는 먼저 예언자(나단)의 심판 예언을 받게 된다(삼하12:1-15). 암논과 다말의 근친상간이 생기고, 다말의 오빠 압살롬이 암논을 죽이는 형제간 살인사건이 벌어진다(삼하13:23-39).

역사의 심판 회오리는 불고, 압살롬이 다윗에게 반란을 일으키고, 다윗은 쫓겨난다. 또 세바의 반란이 일어나고, 다윗은 어려움을 당한다.

다윗의 욕망이 부른 죄의 역사는 결국 솔로몬의 왕위 계승으로 이어진다. 목욕하는 여인을 본 다윗은 그 여인의 아름다움에 마음을 뺏기고 그녀를 범하는 일을 한다. 절대권력자 왕으로서의 권한을 최대한 이용한 다윗, 그는 밧세바의 남편 우리아를 죽이는 일을 행하게 된다. 죄의 뿌리는 인류의 조상 아담을 에덴동산에서 쫓겨나게 했고, 가인은 아벨을 죽이게 한 것처럼, 죄의 근원과 성격은 그냥 멈추지 않고 심판에서 형벌에 이르는 과정을 밟게 한다. 다윗도 간음에서 살인으로 죄의 결과가 미치게 하고 있다. 이것은 다윗의 사랑이라고 해야 할지, 다윗의 연애 행각이라고 해야 할지, 아니면 다윗의 후계자의 역사를 이야기하는 로맨스 사건이라고 이야기해야 할지 모를 일이다. 다윗은 밧세바를 불렀고, 정을 통했고 임신하게 하였다.

권력과 여자, 정치와 세속의 역사는 어우러져 인간사의 불행과 어둠이 이어지고 다윗의 왕정사와 이스라엘 역사의 분열사, 남유다의 패망의 역사로 이어져 간 것을 본다. 이스라엘 왕정의 역사는 다윗의 역사라고 봐도 과언이 아닐 것이다. 다윗과 밧세바의 만남이 왕국의 역사에 엄청난 일을 만들어 놓았다. 충성스런 우리야, 순전한 우리야는 희생당해야 했고, 역사는 그 피의 부름이 하늘의 심판을 불어오게 하였다.

"이제 그대의 집으로 내려가서 목욕을 하고 쉬어라."(삼하11:8)

"언약궤와 이스라엘과 유다가 모두 장막을 치고 지내며, 저의 상관이신 요압 장군과 임금님의 모든 신하가 벌판에서 진을 치고 있습니다. 그런데 어찌 저만 홀로 집으로 돌아가서, 먹고 마시고, 나의 아내와 잠자리를 같이 할 수가 있겠습니까? 임금님이 확실히 살아 계심과, 또 임금님의 생명을 걸고 맹세합니다. 그런 일은, 제가 하지 않겠습니다."(삼하11:11)

"너희는 우리아를 전투가 가장 치열한 전선으로 앞세우고 나아갔다가, 너희만 그의 뒤로 물러나서, 그가 맞아서 죽게 하여라."(삼하11:15)

성경은 주께서 보시기에, 다윗이 한 이번 일은 아주 악하였다고 말한다(삼하11:27). 다윗의 왕정(王政)사에 밧세바 사건은 중요한 일이었음을 알 수 있었다. 다윗의 불행이 시작되는 단초가 되었음을 알게 되었다. 우리는 다윗의 잘못된 사랑, 육적인 사랑의 불행을 살펴보았다. 영원한 사랑을 사모하며, 하나님의 사랑, 아가페의 사랑을 생각하며 그리스도의 십자가와 사랑에 다가가자. 아름다운 예수의 사랑이야기를 들으며 영원한 사랑의 기술을 배우고, 그 사랑의 완성을 위해 오늘도 사랑의 씨앗을 뿌려보자. 그리스도의 사랑을 하며 오늘 하루를 맞이하자.

"사랑은 오래 참고 친절합니다. 사랑은 시기하지 않으며, 뽐내지 않으며, 교만하지 않습니다. 사랑은 무례하지 않으며, 자기의 이익을 구하지 않으며, 성을 내지 않으며, 원한을 품지 않습니다. 사랑은 불의를 기뻐하지 않으며, 진리와 함께 기뻐합니다. 사랑은 모든 것을 덮어주며, 모든 것을 믿으며, 모든 것을 바라며, 모든 것을 견딥니다."(고전13:4-7)

솔로몬의 사랑
(왕상10:1-11:13; 아1:1-8:14)

> "스바 여왕이, 주의 이름 때문에 유명해진 솔로몬의 명성을 듣고서, 여러 가지 어려운 질문으로 시험해보려고, 그를 찾아왔다. 그는 수많은 수행원을 데리고 또 여러 가지 향료와 많은 금과 보석을 낙타에 싣고 예루살렘으로 왔다. 그는 솔로몬에게 이르러서, 마음속에 품고 있던 온갖 것을 다 물어보았다."(왕상10:1-2)
>
> "솔로몬 왕은 외국 여자들을 좋아하였다. 이집트의 바로의 딸 말고도, 모압 사람과 암몬 사람과 에돔 사람과 시돈 사람과 헷 사람에게서, 많은 외국 여자를 후궁으로 맞아들였다. 주께서 일찍이 이 여러 민족을 두고, 이스라엘 자손에게 경고하신 일이 있다. '너희는 그들과 결혼을 하고자 해서도 안 되고, 그들이 청혼하여 오더라도 받아들여서는 안 된다. 분명히 그들은 너희의 마음을, 그들이 믿는 신에게로 기울어지게 할 것이다' 하고 말씀하셨다. 그런데도 솔로몬은 외국 여자들을 좋아하였으므로, 마음을 돌리지 못하였다."(왕상11:1-2)
>
> "솔로몬 왕은 그 가마를 레바논의 나무로 만들었구나. 예루살렘의 아가씨들아, 시온의 딸들아, 나와서 보아라. 솔로몬 왕이다. 그가 결혼하는 날, 그의 마음이 한껏 즐거운 날, 어머니가 씌워준 면류관을 쓰고 계시네."(아3:9-11)
>
> "술람미의 아가씨야, 돌아오너라. 돌아오너라. 눈부신 너의 모습을 우리가 좀 볼 수 있게, 돌아오너라, 돌아오너라. 술람미의 아가씨야."(아6:13)

솔로몬은 지혜의 왕으로서 샬롬이라는 이름을 가졌다. 그 이름의 뜻은 평화, 그는 평화의 왕 솔로몬이었다. 다윗 왕의 후계자로서 성전을 짓는데 총력을 기울였고, 지혜의 통치로 국력이 신장되어 궁전을 멋지게 지을 수 있었다. 다윗·솔로몬 시대의 이스라엘의 영토는 최고로 확장되었고 국력은 강력하였다. 최고의 전성기 시대를 맞이할 수 있었다. 솔로몬은 왕으로서 어떠한 사랑을 하였는지 살펴보자.

고대시대의 국력의 상징과 외교관계의 수립은 왕의 결혼정책이었다. 왕이 이웃 나라의 공주를 왕비로 맞이하여 상호불가침조약을 맺었다. 솔로몬 왕도 "이집트의 바로의 딸 말고도,

모압 사람과 암몬 사람과 에돔 사람과 시돈 사람과 헷 사람에게서 많은 외국 여자를 후궁으로 맞아들였다.”(왕상11:1) 솔로몬은 이웃 국가의 공주와 결혼한 것은 좋은데, 그들을 좋아했다. 좋아하고 더욱 사랑하여 그들의 말을 듣고 여호와 신앙을 저버리게 되었다. 우상숭배를 하고 죄를 짓게 되자 하나님이 솔로몬을 버렸다. “이와 같이, 솔로몬의 마음이 주 이스라엘의 하나님을 떠났으므로, 주께서 솔로몬에게 진노하셨다. 주께서는 두 번씩이나 솔로몬에게 진노하셨다. 주께서는 두 번씩이나 솔로몬에게 나타나셔서, 다른 신들을 따라가지 말라고 당부하셨지만, 솔로몬은 주께서 하신 말씀에 순종하지 않았다.”(왕상11:9-10)

솔로몬의 여자 편력은 외국 여자를 좋아하고 그들의 문화와 신을 좇아가는 데 이르렀다. 정치적 관계를 위해 후궁을 맞이하는 것까지는 좋은데, 그들을 좋아하고 그들의 신을 섬기는 것이 문제가 되었다는 것이다. 그래서 하나님은 솔로몬을 버렸다고 하였다. 솔로몬의 후대는 왕국이 분열되고 아들 르호보암 왕이 후임자가 되었지만 나라는 축소되고 왕조는 위협을 당하게 되었다. 솔로몬의 대적들이 일어나 이스라엘을 괴롭게 하였다. 에돔의 하닷과 시리아의 르손이 솔로몬을 괴롭게 하였다(왕상11:14-25).

솔로몬의 명성이 외국에 퍼져서, 에티오피아의 스바 여왕이 솔로몬을 찾아와서 그의 지식을 테스트하기 위해 여러 가지를 물었다. 솔로몬은 온갖 질문에 척척 대답하였다. 솔로몬과 스바 여왕의 만남에서 지혜의 주가 하나님이신 것이 고백되고, 솔로몬의 지혜는 하나님께 온 것임을 알게 된다. “임금님의 백성은 참으로 행복한 사람들입니다. 임금님 앞에 서서, 늘 임금님의 지혜를 배우는 임금님의 신하들 또한 참으로 행복하다고 하지 아니할 수 없습니다. 임금님의 주 하나님께 찬양을 돌립니다. 하나님께서는 임금님을 좋아하셔서, 임금님을 이스라엘을 다스리는 왕좌에 앉히셨습니다. 주께서는 이스라엘을 영원히 사랑하셔서, 임금님을 왕으로 삼으시고, 공평과 정의로 다스리게 하셨습니다.”(왕상10:8-9)

하지만 솔로몬은 외국 여자들을 좋아하고 사랑하여서 그들의 신으로부터 마음을 돌리지 못하였다. 이것이 문제가 되었고, 많은 부인들은 그의 마음을 만족시키지 못하였고 많은 문화와 예술이 그의 미학과 심미적 취향을 흡족하게 하지 못하였다. 여자들이 그의 마음을 사로잡으며 그들에게 빠져 그들의 신들을 좇아갔지만 그때마다 무엇인가 텅 빈 가슴을 느꼈다. 그것이 바로 솔로몬 전도서의 고백이다. 헛되고 헛되며 헛되고 헛되니 모든 것이 헛되도다. “그는 자그마치 칠백 명의 후궁과 삼백 명의 첩을 두었는데, 그 아내들이 그의 마음을 사로잡았다.”(왕상11:3)

솔로몬의 마음에는 한 여인, 술람미 여인이 있었다. 그녀는 시골여자이었는데 피부는 검고 아름다운 여자이었다. 그녀를 사랑하는 솔로몬은 아가서, 사랑의 노래 연애편지를 쓰듯 성경을 기록하였다. 여자는 많고 연인은 많더라도 사랑은 하나라는 사실을 본다. 참다운 사랑, 그것은 하나이다. 창조주 하나님이 인간을 그렇게 만들었다. 그래서 참사랑을 알기 위해 우리는 그리스도 예수에게 가서 그 십자가의 사랑을 연구해야 하리라. 우리에게 주신 하나님의 선물, 사랑하는 아내와 평생을 희로애락을 같이하며 사랑을 나누는 것이 최상의, 최고의 사랑이라는 사실을 깨닫기를 바란다. 주님, 오늘 솔로몬을 통해 진정한 사랑, 하나님의 사랑을 알게 하신 것에 감사드립니다.

에스더의 사랑

(에4:1-17)

에스더의 유명한 말은 '죽으면 죽으리라'이다. 이스라엘, 유다인들이 죽을 위기에 빠졌다. 페르시아와 메대에서 아하수에로 왕 치세 때 아각 사람 하만이 높은 권세를 갖고 유다인이 황제에게 절하지 않는 것을 가지고 멸족시키려 하였다. 이때에 모르드개는 왕비 에스더에게 급한 상황을 보고하고, 도움을 청하며 민족을 구원하라고 부탁하였다.

"하만은, 모르드개가 정말로 자기에게 무릎을 꿇지도 않고, 자기에게 절도 하지 않는 것을 보고, 화가 잔뜩 치밀어 올랐다. 더욱이 모르드개가 어느 민족인지를 알고서 하만은 모르드개 한 사람만을 죽이는 것은 너무 가볍다고 생각하였다. 하만은 아하수에로가 다스리는 온 나라에서, 모르드개와 같은 겨레인 유다 사람들을 모두 없앨 방법을 찾았다."(에3:5-6)

"왕의 명령이 떨어지자, 곧 보발꾼들이 떠나고, 도성 수산에도 조서가 나붙었다. 왕과 하만은 함께 술잔을 기울이며 앉아 있었지만, 수산 성은 술렁거렸다."(에3:15)

에스더는 민족이 멸족당할 위기의 상황에서 결연한 신앙의 모습을 보인다. 에스더에게 있어서 아름다운 외모와 더불어 아름다운 신앙의 결단을 하는 모습을 본다. "어서, 수산에 있는 유다 사람들을 한곳에 모으시고, 나를 위하여 금식하게 하십시오. 사흘 동안은 밤낮 먹지도 마시지도 말게 하십시오, 나와 시녀들도 그렇게 금식하겠습니다. 그렇게 하고 난 다음에는, 법을 어기고서라도, 내가 임금님께 나아가겠습니다. 그러다가 죽으면, 죽으렵니다."(에4:16)

죽음을 각오한 금식과 왕궁예법의 위법행위, 에스더는 민족을 구할 계획을 하고 왕을 만나려 했다. 에스더, 그녀는 아름다운 미스 페르시아였다. 페르시아 제국에서 가장 아름다운 미녀였다. 왕의 청구에도 불구하고 어전에 나가지 않음으로 폐위당한 와스디 뒤를 이어 에스더가 왕후에 오르게 되었다. "왕은 에스더를 다른 궁녀들보다도 더 사랑하였다. 에스더는 모든 처녀들을 제치고, 왕의 귀여움과 사랑을 독차지하였다. 드디어 왕은 에스더의 머리에 관을 씌우고 와스디를 대신하여 왕후로 삼았다."(에2:17)

에스더는 왕후로서 인생이 보장되었고, 왕의 사랑을 받는 입장이 되었다. 부모를 여의고 삼촌 집에서 모르드개의 사랑을 받고 자란 에스더였다. 그녀는 하나님 신앙을 가지고 밝게 자라며 유다인의 긍지를 가지고 있었다. 그런데 '부르'가 던져지고 유다 민족이 사라질 위기에 처한 것이다. 에스더는 자신의 위치에 대하여 평소에 생각하였다. 자신이 최고의 여자의 자리에 있다는 것, 그것이 무엇을 말하는지 하나님께 물어보았다. 이제 민족의 위기의 순간에 자신이 나서야 할 때가 되었다는 것을 알고 금식기도를 하고 아하수에로 왕 앞에 나서게 되었던 것이다.

"둘째 날에도 술을 마시면서 왕이 물었다. '에스더 왕후, 당신의 간청이 무엇이오? 내가 다 들어주겠소, 당신의 소청이 무엇이오? 나라의 절반이라도 떼어주겠소.' 에스더 왕후가 대답하였다. '임금님, 내가 임금님께 은혜를 입었고, 임금님께서 나를 어여삐 여기시면, 나의 목숨을 살려주십시오. 이것이 나의 간청입니다. 나의 겨레를 살려주십시오. 이것이 나의 소청입니다.'"(에7:2-3)

에스더의 사랑이 빛이 나는 순간이다. 아하수에로 왕과의 사랑이 빛을 내는 장면이다. 사랑하는 아내 에스더에게 나라 절반을 주겠다고 사랑의 선물을 이야기하는 왕에게, 에스더는 다른 선물을 바라는 것이 아니라 단지 목숨만 살려달라는 애청을 하고 있다. 나의 가족들의 목숨, 유다민족의 목숨을 살려달라는 것이었다. 최고의 지위에 오른 하만은 왕비 에스더가 어느 민족인지도 모르고, 가장 미워하는 정적 모르드개와 왕비의 관계도 모르는 어리석은 사람이었다. 장대에 달려고 설치한 그곳에 자신이 매달리는 신세가 된 것이다. 역사는 하나님이 움직이신다는 것을 보여주는 대목이다.

에스더의 사랑이 한 사람으로부터, 한 민족에까지 그 외연을 확대 해가는 것을 본다. 한 사람의 사랑이 온 우주에 닿는 사랑이 될 수 있는 것은 에스더에게서 볼 수 있다. 모르드개의 한 조카에 대한 사랑이 민족 전체의 사랑으로 퍼지리라는 것을 보게 된다. 아, 사랑은 이렇게 크고도 오묘한 이치인가. 사랑만이 구원을 주는 것임을 알게 된다. 그리스도의 십자가 사랑만이 인류를 구원하는 이치를 우리가 어떻게 깨달을 수 있으랴. 주여, 그 사랑의 신비를 알게 하소서. 주여, 주님이 걸어가신 십자가의 길을 알게 하소서. 주여, 한 사람의 마음을 얻기 위하여 천하를 기져다 줄 수 있는 아량을 주소서. 죄를 미워하더라도 죄인을 미워하지 않는 용기와 사랑을 허락하소서. 에스더의 사랑과 주님의 사랑을 이해하고 나도 행하게 하소서.

시편의 사랑 1 - 한결같은 사랑

다윗의 시편에 나타난 주의 사랑에 대하여 살펴보고자 한다.

> "그러나 주께로 피신하는 사람은 누구나 기뻐하고, 길이길이 즐거워할 것입니다.
> 주의 이름을 사랑하는 사람들이 주님 앞에서 기쁨을 누리도록, 주께서 그들을 지켜 주실 것입니다."(시5:11)

시인은 주의 이름을 사랑하는 사람들이 주님 앞에서 기쁨을 누리고, 보호받도록 하신다고 약속한다.

> "그러나 나는 주의 한결 같은 사랑을 의지합니다. 주께서 구원하여 주실 그때에 나의 마음은 기쁨에 넘칠 것입니다. 주께서 나에게 은혜를 베푸셨으므로, 내가 주께 찬송을 드리겠습니다."
> (시13:5-6)

주님은 한결같은 사랑을 하시는 분이라 시인은 오직 주님을 의지하며 그의 사랑을 간구할 것이라 기도한다. 주께서 구원하시며 기쁨을 주실 것이며 은혜를 베푸시어 찬송할 것이라고 고백한다.

한결같은 사랑, 그 사랑을 누가 할 수 있을까. 이 사랑을 사모하고 이 사랑을 그리스도 안에서 할 수 있는 것이 우리 그리스도인이 아닐까.

> "나의 힘이신 주님, 내가 주님을 사랑합니다."(시18:1)

시편 표제어에 다음과 같이 표기한다(지휘자를 따라 부르는 주의 종 다윗의 노래, 주께서 다윗을 그의 모든 원수의 손과 사울의 손에서 건져주셨을 때에 다윗이 이 노래로 주께 아뢰었다. 그는 이렇게 노래하였다).

주님을 사랑한다는 것이, 다윗에게는 자신의 힘의 원천이신 하나님이시라는 사실을 고백하는 것이다. 주님은 나의 반석, 나의 요새, 나를 건지시는 분, 피할 바위, 방패, 구원의 뿔, 산성이라고 고백한다. 주님을 사랑하면 그는 우리를 보호하시고, 나를 구원하신다.

"주님은 손수 세우신 왕에게 큰 승리를 안겨주시는 분이시다. 손수 기름을 부어 세우신 다윗과 그 자손에게, 한결같은 사랑을 영원무궁하도록 베푸시는 분이시다."(시18:50)

"겸손한 사람을 공의로 인도하시며, 겸비한 사람에게는 당신의 뜻을 가르쳐주신다. 주의 언약과 계명을 지키는 사람을 신실과 사랑으로 인도하신다."(시25:9-10)

하나님의 신실과 사랑으로 인도하는 사람은 누군가. 바로 겸손한 사람, 겸비한 사람, 주의 언약과 계명을 지키는 사람이라고 다윗의 시, 시인은 가르쳐준다. 주 안에서 겸손하게 살아가는 사람이 주의 사랑을 받는 사람이라는 것, 주님을 사랑할 수 있는 사람인 것이다. 우리가 얼마나 주 안에서 겸손한지, 사람 앞에서도 주의 겸손을 보이고 살아가는지 돌아보자.

"주의 한결 같은 사랑을 늘 바라보면서 주의 진리를 따라서 살았습니다."(시26:3)
"주님, 주께서 사시는 집을 내가 사랑합니다. 주의 영광이 머무르는 그곳을 내가 사랑합니다."
(시26:8)

주의 사랑을 바라보면서 진리를 따라 살아가는 삶이 주님의 사랑을 받는다. 주님은 진리이시기에 진리를 추구하며 사는 삶이 바로 주의 한결 같은 사랑을 받는 자이다. 시인은 주의 집을 사랑하며, 주의 영광이 머무르는 곳을 사랑한다고 고백한다. 주의 교회, 주의 몸된 교회를 사랑하는 사람은 주의 한결 같은 사랑을 받는 성도인 것이다.

"주의 한결같은 그 사랑을 생각할 때마다 나는 기쁘고 즐겁습니다. 주님은 나의 고난을 돌아보시며, 내 영혼의 아픔을 알고 계십니다."(시31:7)
"주의 얼굴을 주의 종에게로 돌리시고, 빛을 비추어 주십시오. 주의 한결 같은 사랑으로 나를 구원하여 주십시오."(시31:16)
"주님을 믿는 성도들아, 너희 모두 주님을 사랑하여라. 주께서 신실한 사람은 지켜 주시나, 거만한 사람은 가차 없이 벌하신다. 주님을 기다리는 사람들아, 힘을 내어라. 용기를 내어라."(시31:23-24)

시편 31편의 시편 기자는 주님의 한결같은 사랑을 생각할 때마다 기쁘고 즐겁다고 고백한다. 주님의 사랑을 생각하며 살아가는 삶, 주의 사랑을 생각하기란 쉽지 않다. 이것을 신앙이라고 하고, 주의 성자(聖者)라고 말할 수 있다. 영혼의 아픔, 나의 고난을 돌보아주셨던 분이시다. 그런 분을 우리가 어찌 잊고 살 수 있을까. 주님은 우리를 한결같이 돌보아주시고 사랑하시는 분이시다. 주님을 기다리고 힘을 내고 용기를 내어 일어서자. 우리의 삶의 무기력증에서, 무력한 실패 앞에서, 어둠의 절망 속에서 일어나자. 주님을 다시 사랑하자. 기도하자. 찬양하자. 할렐루야.

> "악한 자에게는 고통이 많으나, 주님을 의지하는 사람에게는 한결같은 사랑이 넘친다."(시 32:10)
> "주님은 정의와 공의를 사랑하시는 분, 주의 한결 같은 사랑이 온 땅에 가득하구나."(시33:5)
> "그렇다. 주의 눈은 주님을 경외하는 사람을 살펴보시며, 한결같은 사랑을 사모하는 사람을 살펴보시고, 그들의 목숨을 죽을 자리에서 건져내시고, 굶주릴 때에 살려주신다."(시33:18-19)
> "우리는 주님을 기다립니다. 주님, 우리에게 주의 한결같은 사랑을 베풀어주십시오."(시33:22)

시편 33편 기자는 주의 성격을 잘 가르쳐준다. 주님은 정의와 공의를 사랑하시는 분, 그래서 주의 한결 같은 사랑이 온 땅에 가득하다고 고백한다. 주의 사랑을 사모하는 사람을 구원한다고 말한다. 이 한결같은 주님의 사랑을 우리는 기다리며 산다고 하며 그 사랑을 베풀어달라고 간구하고 있다. 오늘도 우리는 이 주님의 영원한 사랑을 요청하며 기도하게 된다.

시편의 시인은 주님의 사랑을 너무도 잘 알고 있는 분이시다.

다윗은 이 하나님의 사랑을 잘 알고 그 사랑을 찬양하며 산 사랑의 사람이었다.

늘 주님의 사랑을 사모하고 살아가는 사람은 성자(聖者)일 수밖에 없다.

거룩하게 주님과 동행하며 살아가는 사랑의 성자, 그가 바로 우리가 되자. 이 사랑의 성자야말로 이 세상을 구원하며 어둠의 세력을 이긴 승리자이다.

시편의 사랑 2 - 평화와 사랑

> "아, 평화조약을 지키지 않는 그들, 오히려 평화를 사랑하는 백성을 거짓말로 모해하는 그들입니다."(시35:20)

평화는 사랑하는 사람, 평화를 사랑하는 백성은 원수들이 거짓말로 모해하고 조롱하고 위증한다. 시편 35편 기자는 공의로 판단하여 불의한 자가 승리하게 하지 말라고 탄원한다. 평화를 사랑하는 사람들은 누구인가.

"하나님, 주의 한결같은 사랑이 어찌 그리 값집니까? 사람들이 주의 날개 그늘 아래로 피하여 숨습니다. 주의 집에 있는 기름진 것으로 그들을 배불리 먹이시고, 주의 시내에서 단물을 마시게 하시니, 주께는 생명 샘이 있습니다. 우리는 주의 빛을 받아 환히 열린 미래를 봅니다. 주님을 알아 뵙는 사람들에게는, 주께서 친히 한결같은 사랑을 베풀어주십시오. 마음이 정직한 사람에게는, 주님의 의를 심어주십시오."(시 36:7-10)

주의 한결같은 사랑은, 주의 인자(仁慈), 헤세드의 사랑이다. 이 사랑은 귀하고 생명 샘이라고 한다. 시편 기자는 이 사랑을 베풀어 달라고 한다. 정직한 사람이 이 사랑을 받을 수 있고, 그 사람은 주의 의를 심어달라고 청한다.

"하나님은 나의 주님이시니, 주의 자비하심을 나에게서 거두지 말아주십시오. 주님은 한결같은 사랑과 미쁘심으로, 언제나 나를 지켜주십시오."(시40:11)

불행을 당한 시편 40편 기자는 주님의 한결 같은 사랑과 미쁘심으로 지켜 달라고 간청한다. 죄가 덮치고, 눈앞이 캄캄해진 상황에서 낙심케 되었다. 시인은 이루 다 헤아릴 수 없이 많은 재앙이 그를 에워쌌다고 말한다. 이러한 상황에서 주의 한결 같은 사랑과 미쁘심을 구하고 있는 것이다(시40:10).

"그러나 주님은 나의 주님이시니, 나에게 은혜를 베풀어 주십시오. 나도 그들에게 갚을 수 있도록 나를 일으켜 세워주십시오. 이 모든 것으로, 주께서 나를 사랑하심을, 내 원수들이 나를 보고 큰소리치지 못할 것임을 나는 압니다. 그러므로 나만은, 조금도 다치는 일이 없도록, 주께서 붙들어주시고, 나를 주님 앞에 길이 세워주실 줄 압니다."(시41:11-12)

주께서 나를 사랑하심을 내 원수들이 알 것이다. 주의 사랑이 누구를 향해 있는지 알게 해 달라고 간구한다. 주의 사람, 주의 의를 따라 살아가는 사람을 주님은 사랑하신다는 것이 시편의 사랑이다. 그것이 시편 제1권의 결론이다.

"우리 조상이 이 땅을 차지한 것은 그들의 칼로 차지한 것은 아니었습니다. 조상이 얻은 승리도 그들의 힘으로 얻은 것이 아니었습니다. 오직, 하나님의 오른손과 오른팔과 하나님의 얼굴빛이 이루어주셨으니, 참으로 이것은 하나님께서 그들을 사랑하셨기 때문입니다."(시44:3)

출애굽을 하고, 가나안 땅을 정복하게 하신 것은 하나님의 오른손과 오른팔, 하나님의 얼굴빛이 행한 것이라고 시인은 고백한다. 이것은 하나님이 이스라엘 백성을 사랑하였기 때문에 이루어놓은 결과라는 것이다. 역사의 승리는 바로 하나님의 사랑에 달려 있다. 하나님께서 이스라엘 백성을 사랑하느냐 하지 않느냐 하는 것이 바로 주의 백성의 생사 여부, 전쟁의 승패를 좌우하는 일이 되었다. 이 사랑은 바로 우리가 주님을 사랑하고, 그의 뜻을 따르고, 의롭게 살아가느냐에 이 사랑의 관계가 이어지느냐 하는 여부가 있다.

"임금님께서 그대의 아름다움을 사랑하실 것입니다. 임금님이 그대의 주인이시니, 그대는 임금님 앞에 엎드려서 절을 드리십시오(시45:11).

"임금님은 정의를 사랑하고 악을 미워하시니, 그러므로 하나님, 임금님의 하나님께서 기쁨의 기름으로, 다른 동료보다는 임금님에게 기름 부어주셨습니다."(시45:7)

이 시편은 사랑의 노래라고 표제어에 기록되었다. 왕께 시편 기자는 노래를 지어드린다. 다윗 왕을 그리는 노래로서 왕비가 임금님 앞에서 엎드려서 절을 드리라고 하고, 그의 아름다움으로 왕이 사랑할 것이라고 노래한다. 왕은 정의를 사랑하는 분이라고 말한다. 통치자는 정의로 나라를 다스리며 공의가 펼쳐지기를 바란다. 그래서 모든 사람이 좋은 정치, 선한 정치를 하고 있다고 평가하기를 바란다. 평화와 기쁨의 나라가 되고 사람들이 임금님을 찬양하기를 바란다. 우리가 사는 공동체는 늘 조직관계와 단체생활에 의해 우리의 자리가 유동적으로 변화할 수 있다. 이 시편의 노래는 어떻게 처신해야 할지 많은 것을 생각하게 하는 것이다.

"그분이 사랑하신 야곱의 그 자랑거리, 우리가 사는 이 땅을 우리에게 유산으로 주셨다."(시47:4)

"하나님, 하나님의 성전 안에서 우리가 하나님의 한결같은 사랑을 되새겨 보았습니다. 하나님, 주의 이름처럼, 주님을 찬양하는 소리도 땅 끝까지 퍼졌습니다. 하나님의 오른손에는 정의가 가득 차 있습니다."(시48:9-10)

주님이 사랑하신 야곱, 야곱의 자랑거리, 우리의 기업을 시편 기자는 말한다. 우리의 처지, 우리 가정, 우리의 기업을 생각해보자. 그것은 하나님이 우리를 사랑하셔서 주신 분깃이시다. 주님의 성전 안에서 하나님의 한결같은 사랑을 되새겨보자. 주님의 정의를 생각하며 주님을 찬양하자. 그 소리가 모여 땅 끝까지 퍼지리라.

"하나님, 주의 한결 같은 사랑으로 내게 자비를 베풀어주십시오. 주의 긍휼을 베푸시어 내 반역죄를 없애주십시오."(시51:1)

"그러나 나만은 하나님의 집에서 자라는 푸른 잎의 무성한 올리브 나무처럼, 언제나 하나님의 한결같은 사랑만을 의지한다."(시52:8)

이 두 편의 시편의 배경은 다윗이 밧세바를 범하고 난 뒤에 쓴 시와 도엑이 사울에게 다윗의 은신처를 알리는 시이다. 죄를 지은 다윗이 하나님께 반역죄를 용서해달라고 빌면서 한결

같은 사랑으로 자비를 베풀어달라고 간구하고 있다. 또한 쫓기는 다윗은 한결 같은 주님의 사랑만을 의지한다고 고백한다. 우리의 인생에서도 세상을 사랑하고 이 세상의 것들을 추구하기보다 풍성한 열매, 영원한 생명을 주시는 하나님의 사랑을 의지하고 주님께 나가는 것이 우리의 삶을 안전한 길로 나가게 한다. 다시 한 번 주님의 사랑에 의지하여 안전지대로 나가자.

시편의 사랑 3 - 시온과 사랑

구약의 사랑이라는 말은 4가지로 표현되어 있다. 아합이라는 사랑이라는 말이, 하헤브(Aheb), 동사의 피엘형으로 표현되어, 강조 능동태로 표현된다. 삼손이 델릴라를 사랑할 때 이 동사가 사용되었고, 룻이 나오미를 사랑할 때, 그리고 엘가나가 아내 한나를 사랑하고, 리브가가 야곱을 사랑한다고 할 때도 이 동사형이 사용되었다. 두 번째 아하브는 동사형으로 사랑의 선물(호8:9), 아름다운이라는 말로 사랑은 움직이는 것이라는 뜻을 생각해볼 수 있다. 세 번째 오헤브(Oheb)는 현재분사형으로 현재형으로 사용된다. 이 문법을 통하여 사랑은 현재 진행형이어야 함을 알 수 있다. 사랑과 기쁨의 뜻으로 사용된 오헤브는 지금 사랑해야 함을 가르친다. 아하바(Ahaba)는 여성형으로 사랑의 섬세함을 가질 수 있는 여성성을 가져야 함을 보여주는 말로써, 남편의 아내 사랑(창29:20)도 이 단어를 쓴다.

시편의 3번째 책은 시편 73편부터 89편으로 고라와 아삽의 시가 수록되어 있다. 사랑하다는 아하브 동사를 사용한 구절은 다음과 같다. 시편 70편 4절에 나온다. "주를 찾는 모든 자로 주를 인하여 기뻐하고 즐거워하게 하시며 주의 구원을 사모하는 자로 항상 말하기를 하나님은 광대하시다 하게 하소서." 다윗은 하나님을 사랑하는 자이었고, 주님을 인하여 기뻐하고 즐거워하는 사람이었다. 오늘 우리가 얼마나 주를 사랑하는가, 주님을 인하여 기뻐하고 즐거워하며 사랑하는가 하는 것이 우리의 삶의 문제인 것이다. 결국 주님을 사랑하면 우리 인생의 문제의 반이 해결되었고, 그것을 믿으면 이미 우리는 구원의 반열에 서서 승전가를 부르며 살아가고 있는 것이다.

시편 78편 68절에 '사랑하다'(아하브)라는 말이 나온다. 아삽의 시에서 '오직 유다 지파와 그 사랑하시는 시온산을 택하시고'라고 말한다. 이 아삽의 시편은 이스라엘의 출애굽의 구원의 노래를 하고 있다. 만나를 주시는 하나님, 바다를 가르신 하나님, 다윗을 택하시는 하나님을 노래하며, 당신을 사랑하는 유다 지파와 시온산을 택하시는 주님을 노래하고 있다. 우리는 얼마나 우리 삶 속에서 주님의 주권을 인정하며 살아가고 있는가? 하나님의 사랑을 입은 지파와 기룩한 성산에 있는 자가 주님의 사랑을 입게 되는 것이다. 오늘 우리가 신 자리가 주님을 찬양하며 주님의 영광을 기리며 살아가는 사람들인지, 살펴보아야 한다.

시편 87편 2절에 "여호와께서 야곱의 모든 거처보다 시온의 문들을 사랑하시는도다." 이 시편은 고라 자손의 시로 시온, 하나님의 성을 노래하는 시편이다. 예루살렘 성전을 기리는 노래로 하나님이 주의 성전을 사랑함을 말하고 있다. 이는 오늘날 하나님의 성회, 교회를 사랑하고 있음을 보여주는 말씀이다. 하나님을 찬양하는 하나님의 사람들이 주님을 기리고 인생을 살아갈 때 주님도 그 종들을 사랑하며 지키시는 주님이심을 이 시편은 노래하고 있는 것이다. 주님은 다른 지파의 집들보다 시온의 문을 사랑하고 주의 성소를 위해 살아가는 사람들과 주의 백성, 거룩한 레위인들, 성직자들과 주의 자녀들을 특별히 사랑하고 있음을 시온의 문을 가르쳐주고 있다. 따라서 우리는 시온의 문을 사랑하며 주님의 교회를 사랑하는 삶을 살아가야 할 것이다.

시편 88편 18절은 이해하기 힘든 사랑 구절이다. "주께서 나의 사랑하는 자와 친구를 내게서 멀리 떠나게 하시며 나의 아는 자를 흑암에 두셨나이다." 이 시편은 탄식 시편으로 시편 기자는 '곤란으로 눈이 쇠하였다'고 고백하고 있고, '여호와여, 어찌하여 나의 영혼을 버리시며 어찌하여 주의 얼굴을 내게 숨기시나이까'라며 주님이 현재 도와주지 않고 있는 사실을 탄식하며 노래하고 있다. 내가 사랑하는 사람과 친구들을 멀리 둔 현실이다. 우리가 인생을 살아가다 보면 좋아하고 사랑하는 사람들이 주위에 없고 멀리 가 있는 것을 볼 때가 있다. 시편 기자는 우리가 말할 수 없는 탄식의 상황에서, 좋아하는 친구가 멀리 있을 때 더더욱 주님을 찾으라고 하는 것임을 알게 된다. 어려운 현실과 상황 속에서 믿음을 잃지 않고 사랑하며 살아가는 법을 배워야 한다. 그것이 바로 사랑하며 사는 비결이다. 아하브의 사랑 단어에서처럼 사랑하기 위해 움직이며, 과거완료의 사랑이 아니라 지금 현재 사랑하고 있음을 고백하고 움직여가는 것이다. 그리고 섬세하고 세세하게 여성적인 감각으로 사랑하는 기술을 익혀서 사랑해야 할 대상을 끝까지 잠잠히 계속하여 사랑해야 할 것이다. 우리의 사랑의 노래를 멈추지 말자. 할렐루야.

시편의 사랑 4 - 공평과 사랑

"하나님이 가라사대 저가 나를 사랑한즉 내가 저를 건지리라.
저가 내 이름을 안즉 내가 저를 높이리라."(시91:14)

시편 4권, 시편 90편은 모세의 기도로 시작한다. 우리 인생은 모세의 광야 여행기처럼 늘 이동하며 살아가는 현실이다. 안정된 기반이 없고 약속의 가나안 땅에 들어가기 전까지 늘 불안한 현실 속에 살아가며 대적자들의 쫓김과 방해 속에 살아간다. "지존자의 은밀한 곳에 거하는 자는 전능하신 자의 그늘 아래 거하리로다."(시91:1) 말씀처럼 주님께 피하며 주님을 의지하는 인생을 살아가야 함을 보여준다. 주님을 사랑하는 것이 안전지대에 가서 주님께 보호받는 인생임을 시편 기자는 가르쳐준다. 우리는 사랑하는 사람을 위해 죽음을 내놓고서라도 구원의 희생을 각오하고 자기 생명을 내놓고 전쟁에 나서는 군사의 모습과 유사하다.

"여호와를 사랑하는 너희여, 악을 미워하라. 저가 그 성도의 영혼을 보전하사 악인의 손에서 건지시느니라."(시97:10)

주님을 사랑하는 사람이 지켜야 할 덕목이 있다. 그것은 바로 주님이 제일 싫어하는 악을 행하지 않는 것이다. 악을 미워하는 것이다. 선을 행하며 살아가는 사람들은 하나님을 사랑하는 사람들이다. 우리 인생은 하나님의 성품에 참여하며 사느냐, 아니면 하나님의 성품에 참여하지 않고 사느냐, 양 갈래의 선택 앞에 놓여 살아가는 현실이다. 하나님의 성품은 선을 사랑하고 선하게 살아가는 사람들 편에 있다. 자연 악을 미워하며 악을 대항하며 살아가는 실존들이다. 주의 이름을 안즉 주가 자기의 사람을 높인다고 말씀한 것처럼 우리가 주님을 위하여 살아가는 것이 필요하다.

"왕의 능력은 공의를 사랑하는 것이라 주께서 공평을 견고히 세우시고 야곱 중에서 공과 의를 행하시도다."(시99:4)

제왕 시편, '야웨가 왕이시다', 야웨 왕 즉위 시편에서는 "여호와께서 통치하시니 만민이 떨 것이요, 여호와께서 그룹 사이에 좌정하시니 땅이 요동할 것이로다."(시99:4) 말씀하신다. 주님이 통치하시는 세상은 공의와 정의, 사랑과 인애가 조화롭게 다스려지는 세계이다. 그곳에는 눈물이 없고, 슬픔과 싸움이 없는 인간 낙원이 이뤄지는 곳이다. ‘왕의 능력은 공의를 사랑하는 것이라.’ 공의로 사람들의 불평과 불만을 잠재우고, 정의로 다스리는 사회, 공동체가 바로 하나님의 나라, 왕국이다. 왕의 능력은 공의를 사랑하는 것이라, 그것은 바로 공평과 정의를 사랑하는 것이 바로 여호와 왕의 능력이라는 것, 하나님의 능력인 공의사랑, 그 사랑의 차원으로 나가야 바로 공의로운 사회, 공동체를 만들 수 있는 여지가 있는 것이다.

그래서 “주께서 공평을 견고히 세우시고, 야곱 중에서 공과 의를 행하시나이다.” 공평을 굳게 세우는 작업이 있어야 한다는 것이다. 이는 고아와 과부, 레위인들이 차별당하지 않고 부자나 가난한 사람이 차별이 없는 세상, 민족적인 갈등이나 인종의 차별이 없는 공평한 사회가 되는 것이다. 또 야곱, 믿음의 공동체에서 하나님의 공의를 행하는 일이 펼쳐지는 것이다. 남태평양의 이스터 섬에서 발전된 문명이 있었지만 흔적만 남아 있고 사라진 인류의 모습을 보면 하나님의 공의가 서지 못해서 인류가 우상을 세우고, 인간차별과 전쟁으로 흩어지고 사라지게 된 것이다. 문명과 더불어 인간이 생존하고 존재하는 것에 중요한 일은 바로 하나님을 사랑하고 공의가 실현되는 사회가 되는 것이다.

“여호와께서 빈궁한 자의 기도를 돌아보시며 저희 기도를 멸시치 아니하셨도다.”(시102:17)

시편의 사랑 5 – 영광의 시편

시편 5권은 시편 107편부터 150편까지이다. 마지막 시편의 결론은 송영(Glory Song)이다. 다윗의 시(108-110;138-145편)와 할렐루야 시편(111-113; 146-150편), 토라 시편(119편), 성전에 올라가는 노래(120-134편) 등으로 구성되었다. 이 중에 사랑의 시편 구절은 몇 개 되지 않는다. “주의 사랑하는 자를 건지시기 위하여 우리에게 응답하사 오른손으로 구원하소서.”(시108:6) 찬양과 감사는 이스라엘 백성들에게 있어서 구원과 구속의 사건 후에 발생하고 있다. 하나님의 백성을 대적하는 자, 모압과 에돔, 블레셋이 하나님을 대적하여 일어나는 자로부터 구원해 달라는 108편의 구속시편에서, 하나님을 사랑하는 자를 건지시기 위하여 기도 응답해주시고 오른손으로 구원해 달라는 요청을 하고 있다. 우리는 지금 어느 곳에 서 있는가. 구원의 자리에 있는가. 아니면 하나님을 의지하지 않고 인간의 구원을 바라고 있는가. “우리가 하나님을 의지하고 용감히 행하리니 저는 우리의 대적을 밟으실 자이심이로다.”(시108:13) 시편 기지치럼 주님만을 의지하고 그의 구원만을 기다리는 삶을 살고 있는가. 그것이 우리의 문제이다.

시편 109편은 '배신당한 사랑'을 잘 보여준다. "나는 사랑하지만 저희는 오히려 나를 대적하오니 나는 다만 기도할 뿐입니다. 저들의 악을 나는 선으로 갚고 저들은 미워하지만 나는 사랑합니다."(시109:4-5) 배신당하지만 오히려 그들을 위해 중보기도하는 시인임을 볼 수 있다. 원수도 사랑하라는 예수의 윤리가 과연 가능한가(마5:43). 사랑의 지고한 단계는 원수를 사랑할 수 있는 단계이다. 이것이 바로 아가페 사랑에서 가능한 것이며 하나님의 사랑의 차원에서 이뤄질 수 있는 사랑이다. 시편 기자는 이 사랑을 말하고 있는 것이다. 기도를 통하여 원수가 비록 미워하고 나를 저주하지만 원수의 악을 선으로 갚고, 미워하는 대적을 사랑하고 금식기도를 할 수 있어야 할 것이다. "저희는 저주하여도 주는 내게 복을 주소서."(마5:29) 우리도 기도를 통하여 시편 기자처럼 원수를 위한 사랑이 나타날 수 있도록 해야 할 것이다.

시편 116편은 믿음의 세계에 대하여 말한다. 하나님을 믿기 때문에 말할 수 있다. 믿음의 언어로 우리가 사는 삶의 일상을 이야기할 수 있다는 것이다. "여호와께서 내 음성과 간구를 들으시므로 내가 저를 사랑하는도다."(시116:1) 하나님께서 친히 그에게 "내가 사랑한다."(시116:1)는 말을 했다고 믿는 일을 시인은 고백하고 있다. 하나님이 나를 사랑한다는 말을 되새기듯 기도해보시라. "신배야, 내가 너를 사랑한다." 이 말을 기도 중 혼자 속삭이듯 기도해보라. 정말 하나님은 우리를 사랑한다. 그리고 나를 사랑하시는 분이다. 하나님의 사랑과 은총이 너무 크기 때문에 이 은혜를 어떻게 갚을 수 없다고 시인은 말하고 있다. 우리는 이 시인처럼 말할 수 없는 고난 중에도 하나님의 구원의 사건과 은총을 말할 수 있다. 하나님이 우리에게 관심을 가지시고, 지극히 사랑하시는 일, 그가 따지지도 않고 도우시는 즉각적인 반응 등을 볼 수 있다. 그래서 우리는 이러한 하나님을 믿기 때문에 담대히 말할 수 있다.

토라 시편(119편)에서는 하나님의 말씀에 대한 사랑이 반복되고 있다. "또 나의 사랑하는 바 주의 계명에 내 손을 들고 주의 율례를 묵상하리이다."(시119:48) "내가 주의 법을 어찌 그리 사랑하는지요, 내가 그것을 종일 묵상하나이다."(시119:97) "내가 두 마음 품는 자를 미워하고 주의 법을 사랑하나이다."(시119:113) "그러므로 내가 주의 계명을 금 곧 정금보다 더 사랑하나이다."(시119:127) "주의 이름을 사랑하는 자에게 베푸시던 대로 내게 돌이키사 나를 긍휼히 여기소서."(시119:132) "주의 말씀이 심히 정미하므로 주의 종이 이를 사랑하나이다."(시119:140) "내가 주의 법도 사랑함을 보옵소서. 여호와여, 주의 인자하신 대로 나를 소성케 하소서."(시119:159) "내가 거짓을 미워하며 싫어하고 주의 법을 사랑하나이다."(시119:163) "주의 법을 사랑하는 자에게는 큰 평안이 있으니 저희에게 장애물이 없으리이다.”(시119:165) “내 심령이 주의 증거를 지켰사오며 내가 이를 지극히 사랑하나이다.”(시119:168)

시편 119편 기자는 토라(여호와의 법, 율례, 법도, 증거, 계명, 말씀 등)를 사랑한다고 고백하고 있다. 여호와의 법을 사랑하기에 거짓을 미워하고 주야로 묵상하며 정금보다 더 사랑한다고 고백한다. 그래서 영혼이 소성케 되고 큰 평안이 있어서 어떠한 장애물도 뛰어넘을 수 있다고 말한다. 이는 조지 뮬러가 하나님의 일을 위해 기도 응답을 받고 늘 성경 말씀을 읽으며 큰 사역을 감당할 수 있었던 것이다. 이는 일 년에 성경을 200번 읽은 비결이 이를 증명해준다. 확실히 우리가 이 세상에서 사랑할 대상은 주님밖에 없다. 그래서 우리는 늘 하나님의 말씀과 약속, 그의 계명을 사랑하며 살아가는 것이 최고의 길임을 알게 된다. 주의 법을 사랑하는 것이 그를 영화롭게 하며 평화에 이르는 길임을 다시 한 번 말할 수 있다.

끝으로 성전으로 올라가는 노래와 할렐루야 시편에서는 시편 127편에서 사랑구절을 찾을 수 있다. “너희가 일찍이 일어나고 늦게 누우며 수고의 떡을 먹음이 헛되도다. 그러므로 여호와께서 그 사랑하시는 자에게는 잠을 주시는도다.”(시127:2) 하나님이 사랑하는 자에게 잠을 주신다. 이 말은 바로 평안을 주신다는 말과 일맥상통할 것이다. 잠을 못 이루는 사람들은 누구인가. 평화를 갖지 못한 사람들은 잠을 자지 못 하고 늘 불안 속에 살아가는 사람일 것이다. 잠은 건강을 주고 축복된 생활을 하고 있음을 보여주는 것이다. 하나님의 축복이 바로 이 평안한 잠을 잘 수 있다는 것에서부터 역사의 주인이신 여호와 하나님이심을 밝히는 데에 있다. “야웨가 집을 세우지 아니하시면 집을 짓는 사람의 수고가 헛되고 야웨가 성을 지키지 아니하시면 파수꾼의 깨어있음이 헛일이다.”(시127:1) 하나님의 사랑이 이스라엘 백성들에게 나타나서, 그의 구원을 보여줌으로 이스라엘이 감사하며 찬양하는 노래들이 바로 이 시편 150편의 노래인 것이다. 우리는 이 시편 5권에서 하나님의 영광을 찬양하는 송영의 노래를 통해 우리의 인생이 바로 영광의 삶일 수밖에 없는 놀라운 비밀을 알게 된다. 이는 주님의 사랑의 연고이기 때문이다.

“호흡이 있는 자마다 여호와를 찬양할지어다. 할렐루야.”(시150:6)

잠언의 사랑

　　잠언은 지혜문학에 속하여 성공의 지혜와 처세의 지혜를 보여주는 말씀들이다. 지혜는 '호크마'라는 말로 하나님의 지혜를 말하며 이 지혜는 하나님께로 온다고 본다. 하나님을 경외하는 것이 바로 지혜의 근본이라고 말한다. 개역성경에 사랑으로 번역된 부분을 찾아 잠언의 지혜를 살펴보자.

　　"대저 여호와께서 그 사랑하시는 자를 징계하시기를 마치 아비가 그 기뻐하는 아들을 징계함같이 하시느니라."(잠3:12) 사랑과 징계가 밀접하게 연결되어 있다는 것이다. 사랑하는 자녀를 채찍질하는 것을 말하는 것이 일맥상통하는 본문이다. 지혜로운 사람은 여호와의 징계를 경하게 여기지 않는다는 것이다(잠3:11). 이는 지혜를 사랑하라는 말과도 통한다. "지혜를 버리지 마라. 그(지혜)가 너를 보호하리라 그를 사랑하라. 그가 너를 지키리라."(잠4:7) 지혜의 인격화, 의인화(擬人化)를 보여준다. 지혜는 사람과 같은 인격체로 우리가 가까이 해야 할 상대자라는 것이다. 어떻게 지혜를 가까이 하는가. 하나님을 경외하는 것은 하나님과 친밀하게 사는 것과 상통한다. 지혜가 제일이니 지혜를 얻으라고 강조한다(잠4:8). 하나님의 지혜를 사랑하는 것이 인생에 가장 중요한 일임을 가르쳐주고 있다.

　　지혜로운 인생을 살아가는데, 특히 젊은 사람들에게는 성적인 생활, 성관계에 있어서 지혜가 필요함을 잠언은 가르쳐준다. "그는 사랑스러운 암사슴 같고 아름다운 암노루 같으니 너는 그 품을 항상 족하게 여기며 그 사랑을 항상 연모하라."(잠5:19) 이 구절의 전후 맥락을 보면, 젊어서 취한 아내를 즐거워하라고 하며, 음녀를 연모하며 이방 계집의 가슴을 안겠느냐고 말하고 있다. 오경의 축약이 십계명이라고 할 수 있는데, 제7계명은 바로 성적 생활을 말하고 있다. '간음하지 마라'고 명령하고 있다. 사랑하는 아내가 사랑스러운 암사슴, 암노루 같다고 고백하며 그 사랑을 항상 연모하라고 말한다. 그것이 하나님의 사랑의 지혜이다. 이 지혜에서 떠나는 것은 가정의 파탄을 가져오게 하며 여자의 마음에 깊은 상처를 주어 평생을 비수를 꽂고 살아가게 한다.

　　"오라. 우리가 아침까지 흡족하게 서로 사랑하며 사랑함으로 희락하자."(잠7:18) 음녀와 나누는 대화의 한 장면을 보여준다. 잘못된 사랑, 바람피우는 연인과 그 사랑이라고 말해야 하는가. 호리는 말이 있다. "남편은 집을 떠나 먼 길을 갔는데 은 주머니를 가졌은즉 보름에나 집에 돌아오리라 하여 여러 가지 고운 말로 혹하게 하며 입술의 호리는 말로 꾀므로…… 새가 빨리 그물로 들어가되 그 생명을 잃어버릴 줄을 알지 못함과 일반이니라. 대저 그가 많은 사람을 상하여 엎드러지게 하였나니 그에게 죽은 자가 허다하니라. 그 집은 음부의 길이라 사람의 방으로 내려가느니라."(잠7:19-27) 쾌락의 과정과 그 결과, 음녀의 길, 음부의 길, 사망의 결과를 잘 보여주고 있다.

"나(지혜)를 사랑하는 자들이 나의 사랑을 입으며 나를 간절히 찾는 자가 나를 만날 것이니라."(잠8:17) "이는 나(지혜)를 사랑하는 자로 재물을 얻어서 그곳간에 채우게 하려함이니라."(잠8:21) 잠언 8장에서는 지혜와 하나님 만남, 지혜와 재물의 관계를 가르쳐준다. 지혜를 사랑하는 것, 하나님의 지혜를 찾는 자가 하나님을 만날 수 있다는 것을 보여주고, 지혜를 사랑하는 자가 복을 받을 수 있다는 것을 가르쳐준다. 이스라엘 사람, 유대인들은 단순한 지식을 암기하고 얻기보다 삶의 지혜를 강조한다. 탈무드의 교육은 바로 이 지혜를 얻는 것을 가르쳐주고 있다. 어렸을 때부터 지혜 교육을 받고 자라며 하나님으로부터 오는 지혜를 통하여 부를 축적하는 법을 배운다. 그래서 유대인들이 전 세계의 다이아몬드의 대부분을 차지하고 있는 것은 우연이 아니다. "그러나 나(지혜)를 잃는 자는 자기의 영혼을 해하는 자라 무릇 나를 미워하는 자는 사망을 사랑하느니라."(잠8:36) 충격적인 말이다. 사망을 사랑하는 사람들이 있다는 것이다.

지혜를 사랑할 것인가? 아니면 사망을 사랑할 것인가? 이 두 가지 인생의 두 갈래 길에 우리는 서 있다고 말할 수 있다. 지혜를 사랑하지 않고 지혜를 잃는 자는 자기의 영혼을 해롭게 하는 사람이라는 것이다. 지혜를 미워하는 자는 죽음을 사랑하는 사람이라는 사실을 잠언은 말하고 있다. "거만한 자를 책망하지 마라. 그가 너를 미워할까 두려우니라. 지혜 있는 자를 책망하라. 그가 너를 사랑하리라."(잠9:8) 인생의 지혜를 말한다. 거만하고 교만한 사람, 하나님을 경외하지 않고 자기 중심적으로 살아가는 사람들에게는 지혜와 책망이 오히려 독이 된다는 것이다. 하나님을 경외하며 살아가는 겸손한 사람에게 책망하면, 그 사람이 '나'를 사랑한다고 말한다. 다른 사랑보다도, 친구에게 충고의 말이 더 사랑의 다른 옷을 입고 다가갈 수 있음을 가르쳐준다.

"면책은 숨은 사랑보다 나으니라."(잠27:5) 숨은 사랑, 이것은 특히 동양 문화권에서는 보편화된 것이다. 은밀한 사랑, 수줍은 사람, 내성적인 사람들은 사랑을 표현하기가 쉽지 않다. 부부간의 사랑도 마음의 사랑을 많이 표현하지 않음으로 오해를 사는 경우가 많은 것을 본다. 세월이 많이 흘러야 그것이 사랑이었구나 알게 된다. 자녀 교육에서도 마찬가지로 사랑의 기술과 표현은 생략되고 바로 경직된 말로 자녀를 기르다 보니 자녀에게 상처를 주고, 상처의 흔적이 남는 경우가 허다한 경우를 본다. "친구의 통책은 충성에서 말미암은 것이나 원수의 자주 입맞춤은 거짓에서 난 것이니라."(잠27:6) "사람을 경책하는 자는 혀로 아첨하는 자보다 나중에 더욱 사랑을 받느니라."(잠28:23) 친구를 사랑하는 것이 입으로 아첨하고 단순히 립 서비스하는 차원보다 진정으로 경책하고 통책하는 것이 필요한 것임을 가르쳐준다. 삼국지 이야기에 수많은 책사들이 주군에게 책략을 이야기하지만 아량이 큰 지도자는 그것을 받아들여 전략과 전술에 이용하면 전쟁을 승리로 이끌지만 자신의 교만과 아집으로 책사의 말을 듣지 않아 큰 실수를 하여 죽음에 이르는 것을 본다.

"초달을 차마 못하는 자는 그 자식을 미워함이라 자식을 사랑하는 자는 근실히 징계하느니라."(잠13:24) 자녀 교육의 지혜는 언제 회초리를 들어야 하느냐 하는 시점을 알고 즉시 가차없이 매를 드는 것이다. 회초리 없는 교육은 실패하기 쉽기 때문이다. 자녀가 노여워하지 않을 회초리, 그것이 자녀 교육의 성공을 이끈다. 자녀를 사랑하는 자는 근실히 징계하는 자라는 사실을 성경 잠언은 가르쳐준다. 부부간 사랑도 경제적인 빈부의 상관없이 서로 존경하고 사랑해야 함을 보여준다. "여간 채소를 먹으며 서로 사랑하는 것이 살진 소를 먹으며 서로 미워하는 것보다 나으니라."(잠15:17) 사랑의 가정이 되는 것이 아름답고 행복한 가정의 기초이다.

"악인의 길은 여호와께서 미워하셔도 정직한 자의 기도는 그가 기뻐하시느니라. 악인의 길은 여호와께서 미워하셔도 의를 따라가는 자는 그가 사랑하시느니라."(잠15:8-9) 의를 따라 살아가는 사람, 의롭게 사는 사람은 하나님이 사랑하는 사람이라는 것이다. 하나님 나라와 그의 의를 구하는 자는 하나님이 사랑하는 사람이라는 것이다. 주님을 사랑하는 사람은 주님이 보시기에 아름다운 삶을 선택하며 살아가는 사람들이다.

"의로운 입술은 왕들이 기뻐하는 것이요, 정직히 말하는 자는 그들의 사랑을 입느니라."(잠16:13) 그래서 삶 속에서 의로운 입술로 정직하게 행하며 살아가는 의인들이다. 이들은 왕 앞에 서서 존귀한 존재로서 왕들의 사랑을 입는 사람이 되고 주의 지혜를 말하는 사람들이 된다. "지혜를 얻는 자는 자기 영혼을 사랑하고 명철을 지키는 자는 복을 얻느니라."(잠19:8) 하나님의 지혜를 사랑하는 사람은 자신의 영혼을 귀하게 여기고 사랑하며 하나님을 경외하고 친밀하게 여기며 살아가는 행복한 사람들인 것이다. 잠언의 사랑은 이처럼 하나님의 지혜를 사랑하는 법을 가르쳐주고 있는 것이다.

전도서의 사랑

솔로몬의 전도서는 전도자(코헬레트)의 인생허무의 지혜를 말하고 있다. 해 아래 있는 것은 새 것이 없고 헛된 것이라고 말한다. 인생의 모든 것이 허무한 것이지만 유일한 비허무의 세계, 그것은 바로 여호와를 경외하는 것이라고 말한다. "일의 결국을 다 들었으니 하나님을 경외하고 그 명령을 지킬지어다. 이것이 사람의 본분이니라 하나님은 모든 행위와 모든 은밀한 일을 선악 간에 심판하시리라."(전12:13-14) 사랑할 때가 있다고 전도서는 처음으로 사랑이라는 단어를 연다. "사랑할 때가 있고 미워할 때가 있으며 전쟁할 때가 있고 평화할 때가 있느니라."(전3:8) 이때는 인생의 때를 말하면서 전도자가 기한과 목적을 이룰 때를 언급하고 있다. "천하에 범사에 기한이 있고 모든 목적이 이룰 때가 있나니."(전3:1) 인생의 때 중에 사랑할 때가 바로 가장 행복하고 아름다운 때가 아닌가.

"하나님이 모든 것을 지으시되 때를 따라 아름답게 하셨고 또 사람에게 영원을 사모하는 마음을 주셨느니라. 그러나 하나님의 하시는 일의 시종을 사람으로 측량할 수 없게 하셨도다."(전3:11) 하나님의 때와 인간의 때는 하나님의 시간 안에서 그때가 결정되는 것이다. 카이로스의 하나님 시간은 인간 안에서 하나님의 뜻으로 행해지고 하나님이 결정하는 시간이다. 우리가 아무리 우리의 뜻대로 이루려 하여도 맘대로 되지 않는 것은 바로 하나님의 시간에서 하나님의 목적의 시간이 있기 때문이다. 영원을 사모하는 마음이 시간을 초월하고 현재의 시간을 살아가는 유한한 인간이 하루의 시간 속에 천 년을 살아가는 지혜가 생기는 것이다. "사람이 사는 동안에 기뻐하며 선을 행하는 것보다 나은 것이 없는 줄을 내가 알았고."(전3:12) 인생의 지혜는 주어진 인생의 시간 속에서 기뻐하고 즐거워하며 행복하게 살아가는 삶의 자세이다. "항상 기뻐하라. 쉬지 말고 기도하라. 범사에 감사하라."(살전5:16-18)는 말씀대로 살아가는 것이다.

"은을 사랑하는 자는 은으로 만족함이 없고 풍부를 사랑하는 자는 소득으로 만족함이 없나니 이것도 헛되도다."(전5:10) 세상을 살아가는 사람들의 최고의 덕목은 돈을 버는 것이며 많은 돈을 갖는 것이 현대인들의 목표이다. 전도서는 은과 풍부를 사랑하는 것이 만족함이 없어서 헛된 것이라고 말한다. 오늘날 맘몬이즘의 가치추구를 하며 살아가는 시대에 돈을 사랑하는 사람들의 결국과 하나님의 말씀을 사랑하는 사람들의 판이한 결과를 알 수 있다. 그것은 바로 신앙의 세계를 추구하며 살아갈 것이냐, 이 세상의 가치대로 그저 먹고사는 생존에 매달려 살아갈 것이냐 묻고 있는 것이다. 전도서의 지혜는 하나님의 말씀과 지혜를 사랑하며 살아가는 것이 지혜라는 것을 가르쳐준다.

"내가 마음을 다하여 이 모든 일을 궁구하며 살펴본 즉 의인과 지혜자나 그들의 행하는 일이나 다 하나님의 손에 있으니 사랑을 받을는지 미움을 받을는지 사람이 알지 못하는 것은 모두 그 미래임이니라."(전9:1) 미래의 불확실성에 대하여 말한다. 하나님에게 사랑을 받을는지 미움을 받을는지, 아니면 사람에게 사랑을 받을는지 그렇지 않을는지 알 수 없는 것이 우리 인생이다. 전도서 9장은 살아 있는 것이 더 낫다는 말을 한다. "그 사랑함과 미워함과 시기함이 없어진 지 오래니 해 아래서 행하는 모든 일에 저희가 다시는 영영히 분복이 없느니라."(전9:6) 삶이 끝나면 모든 것이 헛됨을 말하고 있다. 살아 있다는 것은 사랑한다는 것을 말하며 살아서 사랑하는 삶이야 말로 아름답고 행복한 삶이라는 것을 말하고 있다.

"네 헛된 평생의 모든 날, 곧 하나님이 해 아래서 네게 주신 모든 헛된 날에 사랑하는 아내와 함께 즐겁게 살지어다. 이는 네가 일평생에 해 아래서 수고하고 얻은 분복이니라."(전9:9) 사랑하는 아내와 함께 즐겁게 사는 것이 헛된 세상, 헛된 날 동안에 유일한 헛되지 않은 것, 가장 행복된 것이라고 전도자는 결론적으로 말하고 있다. 헛된 인생에서 헛되지 않은 일은 바로 사랑하는 일이다. 사랑하는 아내와 가족과 함께 즐겁게 살아가는 일이다. 주님을 기억하고 경외하며 살아가는 것이 바로 지혜이다. 이 지혜를 사랑하는 일이 바로 지혜문학에서 말하는 영원한 것이다. "흙은 여전히 땅으로 돌아가고 신은 그 주신 하나님께로 돌아가기 전에 기억하라."(전12:7) 전도서는 이처럼 인생의 때와 허무한 것 중에 허무하지 않은 것을 가르쳐준다. 사랑하며 살아가는 것, 그리고 창조자를 기억하며 경외하며 살아가는 것이 전도서의 지혜이며, 이 지혜를 사랑하는 법을 가르쳐주고 있다. 인생의 허무를 극복하는 것은 하나님을 사랑하고 지혜를 사랑하는 것이라고, 사랑할 때를 영원히 늘리며 살아가는 것이라고 말한다.

아가서의 사랑

개역성서 아가서에 사랑이라는 단어가 61번 나온다. 아가서 1장에서는 10번이 사용되고, 2장에서는 12번, 3장은 5번, 4장 4번, 5장 13번, 6장 6번, 7장 6번, 8장은 5번 사용되고 있다. 이토록 사랑에 대한 말을 많이 사용하고 있는 것으로 보아 과연 사랑의 책과 노래라고 말할 수 있다. 또 이렇게 짧은 사랑의 시와 이야기에서 사랑의 노래를 부르고 있으니 가히 구약의 사랑의 책이라고 말하는 것이 당연하다고 볼 수 있다. 아가서에 대하여 이 책에서는 두세 번 자세히 다루기 때문에 여기서는 각 장의 대표적인 사랑 구절을 뽑아 사랑의 정의와 하나님의 사랑의 성품을 살펴보고자 한다.

"내 사랑아, 너는 어여쁘고 어여쁘다. 네 눈이 비둘기 같구나."(아1:15)

아가서 1장은 사랑하는 연인의 이목구비, 인물의 생김새에 대한 사랑 고백을 하고 있는 것이다. 사랑은 제 눈의 안경이라고 자신이 보는 미의 평가기준으로 인물을 평가하고 좋아하게 된다. 하나님은 사람마다 미의 기준이 달라서 미인에 대한 평가가 다른 것을 볼 수 있다. 물론 모든 사람들이 호감을 갖는 미인상에 대한 얼굴 대칭구조는 1:1.615의 비율이라는 황금률을 대체로 좋아한다는, 연구보고가 있다. 여하튼 내 사랑하는 사람은 포도주와 같다. 바로의 병거의 준마, 나도 기름, 엔게디 포도원의 고벨화 송이와 같다고 최고의 고대 근동의 미의 수식어들을 동원하고 있는 것이다. 사랑하는 그대에게 날마다 사랑의 고백을 하며 당신의 어느 부분이 좋다고 고백하고 사랑의 표현을 하는 것이 필요함을 아가서 1장은 가르쳐주고 있다. 아가페 사랑의 창시자, 우주의 창조자 그분에 대한 사랑의 고백도 더불어 필요함은 말할 필요도 없다. 하나님의 사랑이 흘러 넘쳐 우리 안에 생명이 있어 남을 사랑하고 용서하는 은혜가 생기도록 기도해야 할 것이다.

"너희는 건포도로 내 힘을 돕고 사과로 나를 시원케 하라. 내가 사랑하므로 병이 났음이니라."
(아2:5)

아가서 2장에서는 사랑의 병을 말하고 있다. 사랑하면 병이 난다는 사실. 상사병을 말하기도 하지만 사랑의 고뇌와 번민, 하나님의 사랑의 마음을 읽을 수 있는 대목이기도 하다. 주님은 주무시지도 졸지도 아니하시고 눈동자처럼 깨어서 우리를 돌보시고 사랑하시는 분이다. 아가서의 시인은 사랑의 병을 감당할 수 있도록 건포도와 사과를 먹게 하여 힘을 얻고 마음을 시원하게 하라는 노래를 부르고 있다. 사랑하는 사람이 깨지 않도록 흔들지 말고 깨우지 말라고 당부하는 모습에서 얼마나 사랑의 마음이 깊은지 알 수 있는 대목이다. 진정으로 사랑한다는 것은 기도하며 중보하며 예수님처럼 하나님 우편에서 깨어서 기도하며 끝까지 기다리는 것이다. 애타는 마음으로 영혼이 구원 받기를 병자처럼 앓으며 기원하는 것이다.

"내가 밤에 침상에서 마음에 사랑하는 자를 찾았구나. 찾아도 발견치 못하였구나."(아3:1)

아가서 3장은 사랑하는 자를 찾아나서는 사랑의 구도자의 모습이다. 사랑은 먼저 찾아나서는 것이다. 사랑은 기다리거나 자존심을 세우기 위해 자기를 높이는 모습이 아니라 먼저 겸손히 다가가서 사랑을 표현하고 구애하며 사랑하는 자를 만나는 것이다. 사랑하는 사람을 밤낮으로 생각하고 연인을 그리며 찾는 자여야 함을 보여준다. 사랑하면 연인을 보지 않고는 견디지 못하는 사랑의 속성을 잘 보여주고 있다. 하나님도 우리를 찾아 떠난 사랑의 구애자이며 당신의 사랑을 가르쳐주기 위해 당신의 가장 귀한 아들까지도 이 땅에 보내시고, 십자가의 사랑으로 눈높이의 이해로써 자신의 사랑을 보여준 거룩하신 분이다. 이 아가페의 사랑을 여기서도 볼 수 있다.

"나의 사랑 너는 순전히 어여뻐서 아무 흠이 없구나."(아4:7)

아가서는 신비롭게도 시의 형태를 띤 것뿐 아니라 8장 전체가 드라마의 성격도 가지고 있어서 이야기의 기승전결의 형태를 가진다. 4장은 사랑하는 연인을 찾아 나서서 만나기 직전의 모습이다. 그 연인의 사랑스러운 모습을 다시 한 번 묘사하고 있다. 길르앗 산기슭에 누운 무리 염소, 다윗의 망대 방패, 레바논의 향기, 고벨화와 나도초, 번홍화와 창포와 계수, 유향목, 몰약, 침향과 향품과 같은 연인의 사랑스러운 모습을 아름답게 그린다. 그중에 순전히 어여쁜 모습, 아무 흠이 없는 자태를 시인은 표현하고 있다. 사랑은 순수하고 흠이 없는 온전한 심신과 양심을 지니었을 때 연인의 사랑은 지속되고 영구할 수 있다. 아가서 연인은 그러한 사랑의 아름다움을 노래하고 있다. 그리스도의 순수한 영혼, 주님의 순결한 사랑을 생각하며 우리도 순전해야 한다. 그리고 하나님께로 부터 온 온전한 사랑으로 이웃을 사랑하며 살아가기를 바란다.

"내가 나의 사랑하는 자를 위하여 문을 열었으나 그가 벌써 물러갔네. 그가 말할 때에 내 혼이 나갔구나. 내가 그를 찾아도 못 만났고 불러도 응답이 없었구나."(아5:6) 사랑을 찾아 나서서 헤매는 장면을 보여준다. 사랑의 위기를 보여준다. 사랑하는 사람의 기다림과 떠남 속에서 영혼이 방황하며 방랑하는 모습이다. 사랑하는 자를 위해 영혼의 문을 열었지만 만날 수 없는 안타까움, 그를 찾아도 못 만나고, 불러도 응답이 없는 상태를 고백한다. 사랑함으로 병이 났다고 전해달라는 당부도 또 나온다(아5:7). 사랑하다 보면 때론 사랑의 위기를 당할 때가 있다. 그때는 참고 상대의 모든 말을 아멘으로 수용하고, 기다려야 한다. 주님도 십자가로 가는 도상, 겟세마네 동산에서 '나의 원대로 마시고 아버지의 원대로 하시라'고 고백하였던 것처럼 하나님의 사랑을 위하여 십자가의 위기를 극복해야 하는 것이다.

> "나의 사랑하는 자가 자기 동산으로 내려가 향기로운 꽃밭에 이르러서 동산 가운데서 양떼를 먹이며 백합화를 꺾는구나."(아6:2)

사랑의 성취, 연인의 만남을 노래하는 6장은 연인이 양떼를 먹이는 것을 보고 있다. 사랑하는 자가 자기 일을 하며 자신의 전문분야, 자신의 성직, 일터를 가꾸며 일하는 모습을 본다. 목양하는 자에게는 양떼를 먹이는 거룩한 직무를 볼 수 있게 한다. 하나님의 사랑을 알고, 하나님께로 부터 난 자가 하나님의 사랑을 아는 것처럼 하나님의 사랑, 사랑의 본질을 알아야 한다. 주님의 우주적 사랑과 사람을 사랑하는 세계를 보며 하나님의 눈으로 세상을 보고 사람을 보아야 한다. 그때 우리는 용서할 수 없는 사람을 용서하고 우리 안에 있던 두려움을 몰아낼 수 있다. 또한 연인이 만나는 것처럼 그리스도 예수를 만나는 영적 만남이 일어나야 하리라.

> "나는 나의 사랑하는 자에게 속하였구나. 그가 나를 사모하는구나."(아7:10)

사랑하는 사람, 연인들은 서로 서로에게 속하여 항상 연인의 품을 사모하며 그를 그리워하는 것이다. 연인을 항상 사모할 뿐 아니라 사랑을 주는 모습이 뒤이어 나타난다. 사랑은 주는 것이며 사랑은 사모하는 것임을 가르쳐준다. 하나님은 사랑이기에, 사랑하는 자마다 하나님을 알게 되며, 사랑하지 않는 자는 하나님을 알지 못하게 된다. 그래서 하나님을 사랑하는 자는 하나님께 속하여 그의 성품에 참예하게 되는 것이다. 하나님을 사랑하는 자마다 그리스도의 영을 받아 사랑의 본질을 깨닫고 그 마음에 생명이 있어서 하나님의 사랑을 흘러나가게 한다. 연인끼리 서로 사랑하여 서로에게 속하여 있는 것처럼 하나님과 그의 자녀들은 서로에게 속하여 있어 서로 사랑하며 하나님의 사랑과 공의가 흘러넘치게 한다.

"너는 나를 인같이 마음에 품고 도장같이 팔에 두라. 사랑은 죽음같이 강하고 투기는 음부같이 잔혹하며 불같이 일어나니, 그 기세가 여호와의 불과 같으니라."(아가8:6) 최고의 사랑의 정의(定意)다. 이 말로 인해 로미오와 줄리엣의 사랑이야기가, 그리고 트리스탄과 이졸데의 이야기가 나오게 되었다. 그리고 동서고금의 사랑이야기는 이 테마가 아니면 지고하고 숭고한 사랑이야기로서 가치가 손상되는 느낌이다. 사랑하는 연인은 항상 같이 동행해야 한다는 사실을 알 수 있다. 도장같이 팔에 두어야 할 존재, 마음속에 품고 다녀야 할 연인, 죽음을 내놓고라도 사랑하는 연인을 지켜야 할 것, 투기하는 마음이라도 사랑의 관계를 유지 지속해야 한다는 것, 빼앗겨서는 안 되는 유일한 것은 사랑의 연인이다. 사랑의 지킴을 위해 목숨을 내놓아야 함을 보여주는 말씀이다. 이는 아가페 사랑의 성취를 위해 하나님은 독생자 예수를 십자가에 내놓아 죽게 하였던 것이다. 죽음으로 사랑을 완성하신 것이다. 하나님의 공의의 사랑을 위해서 십자가의 희생과 화목 제물의 죽음이 예수에게서 이루어진 것이다. 아가서의 사랑은 결국 십자가에 달린 하나님 이야기로 완성되며 대단원의 막을 내리는 것이다.

이사야서의 사랑

이사야서 부터는 예언서가 시작되는 성서의 세계이다. 대예언서 이사야, 예레미야, 에스겔이 나오고, 그 다음 다니엘서와 12소선지서가 나온다. 이 예언서의 사랑에 대하여 살펴보자. 예언서는 죄의 심판과 회개의 촉구, 희망의 미래가 전개된다. 심판과 구원의 구조로 예언서가 구성되었다는 것이다. 공의의 심판과 회개의 구원, 희망의 미래가 예언자가 선포한 메시지의 골격이다. 이는 예언서 전반부의 죄의 멸망에 해당하는 것으로서 마치 세례 요한이 죄의 회개를 선포하여 회개하라, 천국이 가까웠다고 선포하는 것과 매한가지이다. 예언서 후반부는 예수가 복음을 선포하고 구원행위를 하는 것과 비교할 수 있다.

이사야 예언자는 유다 왕 웃시야, 요담, 아하스, 히스기야 시대에 예언한 예언자로서 문서의 층이 세 시대로 분류하여 제1이사야(1-39장), 제2이사야(40-55장), 제3이사야(56-66장) 등으로 나눈다. 예언자는 하나님의 사랑의 세계를 율법에 대한 적용을 강조하여 죄를 고발하고 회개를 촉구하는 메시지를 선포하는 것을 볼 수 있다. 하나님의 사랑의 확대된 차원인 공의를 선포하는 특징을 살필 수 있다. "선행을 배우며 공의를 구하며 학대받은 자를 도와주며 고아를 위하여 신원하며 과부를 위하여 변호하라 하셨느니라."(사1:17)

"네 방백들은 패역하여 도적과 짝하며 다 뇌물을 사랑하며 사례물을 구하며 고아를 위하여

신원치 아니하며 과부의 송사를 수리치 아니하는도다."(사1:23)

　이사야 예언자는 유다의 방백, 통치자들이 뇌물을 사랑하며 공의를 행하지 않는 것을 고발하고 있다. 오늘 우리들도 선물과 뇌물을 구별하지 못하여 하나님의 정의 세계를 파괴하는 경우를 볼 수 있다.

　　"내가 나의 사랑하는 자를 위하여 노래하되 나의 사랑하는 자의 포도원을 노래하리라. 나의
　　사랑하는 자에게 포도원이 있음이여, 심히 기름진 산에로다."(사5:1)

　이사야 예언자는 나의 사랑하는 자, 사랑하는 자의 포도원에 대하여 노래하며 좋은 포도나무를 심고 좋은 열매를 기대했지만 들포도를 맺었다고 실망하고 있다. 이는 하나님의 기대와 요구를 잘 보여준다. 하나님의 사랑과 예언자의 사랑의 기대를 보여준다. 이스라엘 백성이 하나님의 사랑에 부응하여 좋은 신앙의 열매를 맺기를 기원하는 모습이다. 하지만 죄악을 행하고 율법을 지키지 못하며 언약을 지키지 못하는 것을 볼 수 있다. "그들이 만군의 여호와의 율법을 버리며 이스라엘의 거룩하신 자의 말씀을 멸시하였음이라."(사5:24)

　　"보옵소서. 내게 큰 고통을 더하신 것은 내게 평안을 주려하심이라. 주께서 나의 영혼을 사랑
　　하사 멸망의 구덩이에서 건지셨고 나의 모든 죄는 주의 등 뒤에 던지셨나이다."(사38:17)

　히스기야 왕의 병 치유 감사기도 중에 나오는 것이다. 하나님이 히스기야를 사랑하여 병을 고쳐 주었다고 고백한다. 나의 영혼을 사랑하여 구원 하였다고 말한다. 큰 고통을 주신 것도 평안을 주려고 한 것이라는 고백을 하며 하나님의 뜻을 헤아리는 히스기야였다. 하나님의 마음을 읽어내고 하나님의 뜻을 알아내어 하나님을 사랑하는 사람은 복 있는 사람이다.

　"상한 갈대를 꺾지 아니하며 꺼져가는 등불을 끄지 아니하고 진리로 공의를 베풀 것이며." (사42:3) 하나님의 마음을 이사야는 잘 보여주며 하나님의 사랑이 어떠하신지 잘 보여주는 말이다.

　"내가 너를 보배롭고 존귀하게 여기고 너를 사랑하였은 즉 내가 사람들을 주어 너를 바꾸며 백성들로 네 생명을 대신하리니."(사43:4) 하나님이 이스라엘을 사랑하여 지명하여 불렀다고 이사야는 말한다(사43:1). 하나님은 당신의 백성 이스라엘을 보배롭고 존귀하게 여기고 사랑하여 애굽을 속량물로, 구스와 스바를 대신하여 준다고 말하고 있는 것이다(사43:4). 하나님의 우주적 사랑의 모습이다. 이스라엘을 줄기차게 사랑하여 예언자를 계속하여 보내서 사랑

을 표현하다가 결국 예수를 이 땅에 보내신 구속의 이야기를 보여주고 있다. 하나님의 사랑 (아가페)과 인간의 사랑에는 차이가 난다. "여호와의 말씀에 내 생각은 너희 생각과 다르며 내 길은 너희 길과 달라서 하늘이 땅보다 높음같이 내 길은 너희 길보다 높으며 내 생각은 너희 생각보다 높으니라."(사55:8-9)

"또 나 여호와에게 연합하여 섬기며 나 여호와의 이름을 사랑하며 나의 종이 되며 안식을 지켜 더럽히지 아니하며 나의 언약을 굳게 지키는 이방인마다 내가 그를 나의 성산으로 인도 하여 기도하는 내 집에서 그들을 기쁘게 할 것이며 그들의 번제와 희생은 나의 단에서 기꺼이 받게 되리니 이는 내 집은 만민의 기도하는 집이라 일컬음이 될 것이라."(사56:6-7)

이사야 예언자는 하나님의 이름을 사랑하는 사람은 유대인이나 이방인이나 누구든지 성산 으로 인도하며 그들의 희생과 번제도 기쁘게 받을 것이라 선포한다. 만민이 기도하는 집으로 서 여호와의 집, 성전을 말하고 있다. 여호와의 이름을 사랑한다는 것은 그의 존재를 사랑하 며 늘 그 성호를 찬송하며 사는 주의 백성을 이르는 것이다. 그러나 우상숭배를 하며 "그들의 침상을 사랑하여 그 처소를 예비하였으며 네가 기름을 가지고 몰렉에게 나아가되 향품을 더 욱 더하였으며…… 나를 경외치 아니함은 내가 오랫동안 잠잠함을 인함이 아니냐."(사57:8-11) 결국 우상숭배를 하며 다른 신을 섬기는 악인에게는 평강이 없다고 결론을 맺는다.

"대저 나 여호와는 공의를 사랑하며 불의의 강탈을 미워하여 성실히 그들에게 갚아주고 그들 과 영영한 언약을 세울 것이라."(사61:8)

이사야 61장은 복음소식을 전하며 메시아의 사역을 예언하는 장으로 가난한 자, 마음이 상 한 자, 포로된 자, 갇힌 자에게 해방을 전하는 종으로서 사역을 할 것을 말하고 있다. 여호와 의 신이 임하고 기름을 부음의 사건을 통하여 구원의 사역을 모든 열방과 만민 중에 알리겠다 고 한다. 공의를 사랑하는 자, 불의를 미워하며 영영한 언약을 세울 것이라고 선포하고 있는 것이다. 이는 하나님의 사랑이 공의에 있으며 차원이 높은 모두를 사랑하며 만민을 사랑하는 공의의 하나님이심을 가르친다.

"그들의 모든 환난에 동참하사 자기 앞의 사자로 그들을 구원하시며 그 사랑과 그 긍휼로 그 들을 구속하시고 옛적 모든 날에 그들을 드시며 안으셨으나……"(사63:9)

출애굽의 하나님이 이스라엘을 구원하시는 것을 예언하신 말씀이다. 구원의 하나님은 이스라엘의 환난에 동참하시는 분이시며 주의 사자를 보내서 구원의 역사를 일으키시는 분이시다. 구원의 사자, 구원의 종을 통하여 하나님은 역사를 이끌어 가시는 분이시다. 사랑과 긍휼로 당신의 백성을 구원하며 과거의 구원의 사건처럼 동일하게 역사를 인도해 가시는 분이시다. 그래서 역사는 하나님의 사랑의 구속사라고 말할 수 있는 것이다.

> "예루살렘을 사랑하는 자여, 다 그와 함께 기뻐하라. 다 그와 함께 즐거워하라. 그를 위하여 슬퍼하는 자여, 다 그의 기쁨을 인하여 그와 함께 기뻐하라."(사66:10)

이사야 예언자는 특히 시온 예루살렘 신학을 말한다. 메시아의 통치가 당신의 성산 예루살렘에서 시작하여 온 인류를 구원하신다는 예언을 선포하고 있다. 그래서 하나님의 역사와 메시아 통치, 그리스도 예수의 우주적 사랑의 메시지가 시온 예루살렘의 사랑으로 표현되고 있는 것이다. 그래서 예루살렘을 사랑하는 자여, 그와 함께 즐거워하자고 말하고 있는 것이다. 그를 위하여 슬퍼하며 애통하는 자들이여, 그와 함께 기뻐하고 즐거워하자고 말하는 것은 그의 고난에 동참하였기 때문에 승리하실 메시아의 승전 축제에 참여하게 될 것이라고 말하고 있다. 이처럼 이사야 사랑의 예언은 구세주 예수의 사랑으로 하나님의 사랑이 성취될 것이라고 말하고 있다. 인류의 희망, 우리의 구세주 예수에게서 하나님의 사랑이 완성된다는 것, 그것이 우리의 희망이다.

예레미야의 사랑

예레미야서는 신명기와 신명기 역사서(여호수아, 사사기, 사무엘상·하, 열왕기상·하)의 신학과 용어가 유사하다. 그래서 신명기 역사서를 예레미야가 기록하였다고 보는 구약학자들도 많다. 예레미야서는 하나님의 사랑과 공의를 지키지 않아서 유다의 멸망이 도래할 것이라 말한다. 애굽을 의지하지 말며 하나님의 역사통치에 순응하여 바빌론을 따르라고 말한다. 바빌론도 교만하여 나중에 메대를 통하여 멸망하게 될 것이라고 말한다. 하나님의 구속사를 알지 못하는 유다는 말기에 대혼란에 휩싸이면서 소용돌이치게 된다. 예레미야도 하나님의 뜻을 전하지만 전할수록 오해를 받고 감옥에 갇히며 고난을 받아 결국 친애굽 정책을 가진 동족들에게 애굽으로 끌려가 그곳에서 마지막 생애를 마친다.

사랑의 언어는 예레미야서에서 '언약'의 구조 속에서 나타난다. 하나님을 사랑하면 그의 언약을 지키고 그의 계약에 순종해야 한다. 하지만 유다는 하나님의 말씀을 듣지 않고 순종하지 않고 거역하며 우상을 섬긴다. 언약과 결혼의 모티브로 계약을 위반하였음을 보여준다.

> "가서 예루살렘 거민의 귀에 외쳐 말할지니라. 여호와께서 이같이 말씀하시기를 네 소년 때의 우의와 네 결혼 때의 사랑 곧 씨 뿌리지 못하는 땅, 광야에서 어떻게 나를 좇았음을 내가 너를 위하여 기억하노라."(렘2:2)

이스라엘이 하나님을 사랑했던 때, 출애굽 시대의 역사를 기억하며 광야에서 그의 백성을 기적으로 인도하며 사랑했던 일들을 추억하여 회상하고 있다.

> "내가 또 말하기를 네 발을 제어하여 벗은 발이 되게 말며 목을 갈하게 말라 하였으나 오직 너는 말하기를 아니라, 이는 헛된 말이라 내가 이방신을 사랑하였은즉 그를 따라 가겠노라 하도다."(렘2:25)
> "그들이 사랑하며 섬기며 순복하며 구하며 경배하던 해와 달과 하늘의 뭇 별 아래 쬐리니 그 뼈가 거두이거나 묻히지 못하여 지면에서 분토 같을 것이며."(렘8:2)
> "나의 사랑하는 자가 많이 행음하였으므로 거룩한 제육이 그에게서 떠났거늘 나의 집에서 무엇을 하는고. 그가 악을 행하며 기뻐하도다."(렘11:15)
> "내가 내 집을 버리며 내 산업을 내어던져 내 마음의 사랑하는 것을 그 대적의 손에 붙였노니…… 내가 그를 미워하였음이로라."(렘12:7-8)

이스라엘 백성들은 거짓 사랑을 하며 하나님의 말을 순종하지 않는 것이다. 마치 부모의 말을 듣지 않는 사춘기의 자녀들처럼 아무리 말해도 귀가 막혀서 그 사랑의 말을 알아듣지 못하는 것이다. 이방신을 사랑하는 것이다. 세상 문화를 좇아가고 멋있는 문화의 세계를 찾고 갈구하는 것이다. 자신의 생각과 뜻을 좇아가는 것이다. 우상숭배를 하던 유다의 왕들과 방백, 제사장, 선지자들의 뼈가 해와 달, 별 빛을 쬐게 될 것을 예언하고 있다. 또한 하나님을 사랑하는 자가 이방의 신을 좇아가며 하나님의 법을 지키지 않고 행음하는 모습을 지적한다. 어떤 속죄의 피 제사, 거룩한 고기로도 죄악을 없게 할 수 없음을 선포하고 있다. 결국 마음에 사랑하던 백성 유다를 버리어 대적의 손에 넘겨주는 처지가 되는 것을 본다. 사랑의 대상이 아니라 미움의 대상이 되었음을 보여주고 있다. 그러나 그것으로 유다는 끝이 난 것일까.

"처녀가 어찌 그 패물을 잊겠느냐. 신부가 어찌 그 고운 옷을 잊겠느냐. 오직 내 백성은 나를
잊었나니 그날 수는 계수할 수 없거늘, 네가 어찌 사랑을 얻으려고 네 행위를 아름답게 꾸미느
냐. 그러므로 네 행위를 악한 여자들에게까지 가르쳤으며…… 네가 의지하는 자들을 나 여호와
가 버렸으므로 네가 그들을 인하여 형통치 못할 것임이니라."(렘2:37)

결혼한 부부가 서로의 사랑의 징표인 혼인반지와 목걸이, 패물을 잃어버린 것과 같으며 혼
수예물을 귀중하게 생각하지 않고 고운 옷을 잊어버리고 사는 것을 비유하고 있다. 죄를 범하
고 사랑하는 신랑과 신부, 연인을 버리고 다른 길, "네 길을 바꾸어 부지런히 돌아다니느뇨.
네가 앗수르로 인하여 수치를 당함같이 애굽으로 인하여 수치를 당할 것이라."(렘2:36)
여호와 하나님은 사랑과 긍휼(矜恤)이 많은 하나님이심을 말한다.

"나는 긍휼이 있는 자라 노를 한없이 품지 아니하느니라. 여호와의 말이니라. 나 여호와가 말
하노라. 배역한 자식들아, 돌아오라. 나는 너희 남편임이니라. 내가 너희를 성읍에서 하나와 족
속 중에서 둘을 택하여 시온으로 데려오겠고."(렘3:12, 14)

이스라엘과 유다는 언약을 저버리고 자기의 길을 감으로 멸망과 파국의 길로 가고 있음을
예레미야는 안타깝게 바라보며 하염없이 눈물을 흘리고 있는 것이다. 하나님의 사랑과 공의
를 지키는 사람이 한 사람도 찾을 수 없는 안타까움에 눈물만 흘릴 수밖에 없는 하나님의 종
예언자 예레미야였던 것이다. 그래서 그는 애가(哀歌)를 부르지 않을 수 없었던 것이다.

"너희는 예루살렘 거리로 빨리 왕래하며 그 넓은 거리에서 찾아보고 알라. 너희가 만일 공의
를 행하며 진리를 구하는 자를 한 사람이라도 찾으면 내가 이 성읍을 사하리라."(렘5:1)
"여호와께서 이 백성에 대하여 말씀하시되 그들이 어그러진 길을 사랑하여 그 발을 금하지 아
니하므로 나 여호와가 그들을 받지 아니하고 이제 그들의 죄를 기억하고 그 죄를 벌하리라 하
시고, 여호와께서 또 내게 이르시되 너는 이 백성을 위하여 복을 구하지 마라."(렘14:10)

진리를 사랑하고 공의를 행하는 사람이 없는 도성, 어그러진 길을 사랑하는 유다는 이제 벌
을 받게 되며 축복하는 예언자도 없어지는 나라가 되고 있다.

"내가 그들을 뽑아낸 후에 내가 돌이켜 그들을 긍휼히 여겨서 각 사람을 그 산업으로, 각 사람
을 그 땅으로 다시 인도하리니 그들이 내 백성의 도를 부지런히 배우며 사는 여호와 내 이름
으로 맹세하기를 자기들이 내 백성을 가리켜 바알로 맹세하게 한 것같이 하면 그들이 내 백성
중에 세움을 입으려니와 그들이 그리하지 아니하면 내가 반드시 그 나라를 뽑으리라. 뽑아 멸
하리라. 여호와의 말이니라."(렘12:15)

예레미야 예언자는 이스라엘과 유다에 대하여 예언하지 않고 온 땅, 열국에게도 하나님의 사랑을 전하고 있다. 세계는 하나님의 선택한 나라와 백성만이 존재하지 않는다. 하나님이 선민을 사랑하시되 당신의 모든 백성과 나라들을 사랑하고 있음을 성경은 가르친다. 어려서부터 하나님의 목소리를 청종하지 않는 습관으로 하나님의 길을 벗어나서 살아감으로 결국 불행의 연속, 악의 악순환이 계속되는 가운데 멸망하는 운명을 맞게 되는 것이다. 그래도 예언자를 통하여 이방 땅, 열국에도 하나님의 사랑과 말씀을 전하고 있다. 이는 당신이 창조한 모든 백성을 사랑하고 있다는 증거이며 주님의 사랑의 과제이다. 주의 우주적인 사랑의 모습을 보게 되는 것이다. 모든 나라와 열방이 주님을 찬양하는 날을 보고 싶은 것이다. 여기에 예언자의 깊은 사랑의 마음과 선교의 과제가 있는 것이다.

만군의 하나님은 온 인류를 사랑할 뿐만 아니라 죄악이 가득한 당신의 백성, 파멸한 도시, 사마리아 땅, 북이스라엘을 멸망케 하고 안타까워하며 다시 돌이키기를 기다리고 있는 것이다. 이는 오늘날 한반도에도 동일하게 해당하며 주님은 당신을 사랑하는 남쪽의 성도들의 사랑도 받으시지만 북쪽의 동포들도 긍휼하게 여기시며 그들이 찬양할 날을 손꼽으며 학수고대하고 계시다. 주님은 무궁한 사랑으로 못난 아이, 집나간 아이를 기다리며 문 밖에서 기다리고 계시는 것이다. 샬롬.

예레미야 애가의 사랑

성문서의 다섯 두루마리(므길로트)에 속하는 예레미야 애가는 에루살렘 멸망을 기억하며 부르는 노래이다. 알파벳 시로 히브리어로 된 원전에는 아름다운 운율을 따라 조가(弔歌)의 형식을 띤다. 애가(哀歌), 슬픔의 노래의 배경에는 이스라엘 백성의 죄로 인한 여호와 하나님의 징벌의 의미가 있다. 인생은 하나님과의 관계에서 보이지 않는 언약의 끈이 있어서 계약의 준수와 위반 여부에 따라 행과 불행의 결과가 따라오는 것이다. 사랑의 용어는 두 군데에 나온다.

> "밤새도록 애곡하니 눈물이 뺨에 흐름이여, 사랑하던 자 중에 위로하는 자가 없고 친구도 다 배반하여 원수가 되었도다."(애1:2)

파국적 상황에서 사랑하던 자들이 뿔뿔이 흩어지고 위로할 자도 찾을 수 없는 상황을 보여준다.

> "내가 내 사랑하는 자를 불렀으나 저희가 나를 속였으며 나의 제사장들과 장로들은 소성시킬 식물을 구하다가 성중에서 기절하였도다."(애1:19)

사로잡혀간 상황에서 사랑하는 자를 불러보지만 자신도 사랑하기에 급한 상황에서, 거짓과 속임으로 배신하는 상황이 된다. 영적 지도자를 공궤하려다가 그만 기절할 수밖에 없는 상태를 보여주고 있다. 어디를 보아도 사랑하고 위로할 상황이 되지 못한다. 그래도 폐허와 황무지가 된 예루살렘, 이스라엘은 하나님의 사랑과 은혜가 완전히 떠난 것인가. 그래도 아직 희망이 있다고 예레미야 예언자는 말하고 있다.

> "중심에 회상한 즉 오히려 소망이 있사옴은 여호와의 자비와 긍휼이 무궁하시므로 우리가 진멸되지 아니함이니이다."(애3:22)
> "주께서 인생으로 고생하며 근심하게 하심이 본심이 아니시로다."(애3:33)

하나님의 사랑, 아가페 사랑은 인생을 고생하게 하고 근심하게 하는 것이 아니라는 것을 천명한다. 하나님의 깊은 사랑을 폐허지, 포로지에서는 우리가 깨달을 수 없지만 하나님의 돌보심이 있을 것이라는 희망을 놓을 수 없다.

"여호와여, 주는 영원히 계시오며 주의 보좌는 세세에 미치나이다. 주께서 어찌하여 우리를 영
원히 잊으시오며 우리를 이같이 오래 버리시나이까. 여호와여, 우리를 주께로 돌이키소서. 그
리하시면 우리가 주께로 돌아가겠사오니 우리의 날을 다시 새롭게 하사 옛적 같게 하옵소서.
주께서 우리를 아주 버리셨사오며 우리에게 진노하심이 특심하시니이다."(애5:19-22)

에스겔의 사랑

대예언서 3권 중 에스겔은 마지막에 위치하고 있다. 포로시대의 예언자 에스겔은 불운한
이스라엘 역사의 현장을 목격하면서 하나님의 비전을 전하였던 제사장이자 학사로서 예언자
이었다. 많은 환상을 보며 불행한 인생을 살면서 새 예루살렘을 그리는 우리나라의 이육사,
이상, 윤동주 시인과 같은 묵시적 예언자였다. 에스겔에서는 사랑의 단어를 찾아보기가 아주
힘들다. 포로의 비극적 상황은 사랑의 언어가 없기 때문이다. 예언문학 구조에 정확히 심판과
구원을 대칭적으로 말하고 있는 에스겔은 전반부 1~24장은 죄의 심판을 예언하고 있고, 후반
부 25~48장은 회개의 구원, 미래의 희망을 예언한다.

"내가 네 곁으로 지나며 보니, 네 때가 사랑스러운 때라. 내 옷으로 너를 덮어 벌거벗은 것을
가리우고, 네게 맹세하고 언약하여 너로 내게 속하게 하였었느니라. 나 주 여호와의 말이니
라."(겔16:8)

예루살렘의 태생에 대하여 말한다. 불행한 탄생의 일을 보도한다. 여호와가 버려진 아이,
배꼽줄을 자르지 아니하고 정결케 하지 않고 소금을 뿌리지 않는 아이, 피투성이가 되어 들에
버려진 아이였지만 거두어 키웠다는 사실을 밝힌다. 결국 키워서 사랑스러운 아이가 되어 왕
후의 지위에까지 이르러 영화롭고 화려하여 이방인 중에 소문이 날 정도가 되었음을 말하고
있다(겔16:1-1). 그러던 유다가 결국 죄를 짓고 파멸하여 포로로 붙잡혀가게 되었음을 예언하
고 있다.

"내가 너의 즐거워하는 정든 자와 사랑하던 모든 자와 미워하던 모든 자를 모으되 사방에서
모아 너를 대적하게 할 것이요, 또 네 벗은 몸을 그 앞에 드러내어 그들로 그것을 다 보게 할
것이며."(겔16:37)

사랑하는 자나 미워하는 자 모두를 불러 너를 대적하게 할 것이라는 무시무시한 이야기를

하고 있다. 도대체 어떠한 죄를 지었길래. 하나님 불경죄를 짓고 공의와 사랑을 베풀지 못하고 계명을 잃어버린 죄악의 도시가 된 것이다. 예루살렘과 사마리아는 두 음녀가 되어버린 것이다. 에스겔 23장은 오홀라와 오홀리바의 행음을 진하고 있다. 이는 유다와 이스라엘의 상황을 비유하고 있는 것이다. 우상을 연애하고, 앗수르와 바벨론을 연애하였다고 고발하는 것이다. 하나님을 사랑하지 않고 우상을 사랑하는 하나님의 백성들이었다.

> "그가 앗수르 중에 잘생긴 그 모든 자들과 행음하고 누구를 연애하든지 그들의 모든 우상으로 스스로 더럽혔으며, 그러므로 내가 그를 그 정든 자, 곧 그 연애하는 앗수르 사람의 손에 붙였더니. 그가 그 이웃 앗수르 사람을 연애하였나니 그들은 화려한 의복을 입은 방백과 감독이며 말 타는 자들과 준수한 소년이었느니라. 바벨론 사람이 나아와 그를 더럽히매 그가 더럽힘을 입은 후에 그들을 싫어하는 마음이 생겼느니라. 그 하체는 나귀 같고 그 정수는 말 같은 음란한 간부(姦夫)를 연애하였도다. 그러므로 오홀리바야, 나 주 여호와가 말하노라. 내가 너의 연애하다가 싫어하던 자들을 격동시켜서 그들로 사방에서 와서 너를 치게 하리니."(겔23:1-22)

유다가 연애하던 나라로부터 전쟁의 공격을 받아 멸망하게 되는 역사를 예언하고 있다. 인간과 나라, 민족의 사랑은 유한하고 불행한 사랑의 결말을 갖는 것을 볼 수 있다. 하나님의 사랑 아가페 사랑만이 영원한 행복의 결과를 가질 수 있음을 다시 한 번 역으로 알게 되는 순간이다. 이 세상은 자신의 목적과 이익을 추구하기에 한시적 조건적 사랑을 한다. 어제의 적이 동지가 되고 오늘의 동지가 미래의 적이 되는 사회와 국가의 외교와 정치이다. 그래서 그러한 세속적 사랑의 모습을 에스겔은 잘 말해준다.

> "백성이 모이는 것같이 네게 나아오며 내 백성처럼 네 앞에 앉아서 네 말을 들으나 그대로 행치 아니하니 이는 그 입으로는 사랑을 나타내어도 마음은 이욕(利慾)을 좇음이라. 그들이 너를 음악을 잘하며 고운 음성으로 사랑의 노래를 하는 자 같이 여겼나니, 네 말을 듣고도 준행치 아니하거니와 그 말이 응하리니, 응할 때에는 그들이 한 선지자가 자기 가운데 있었던 줄을 알리라."(겔33:31-33)

에스겔 예언서에는 야웨 인지 공식이 곳곳에 자주 나온다. '그들이 나를 여호와인 줄 알리라'라고 하는 야웨 인지 공식이 많이 나온다. 심판과 포로의 상황을 통하여, 하나님의 역사를 통하여 살아계신 하나님의 뜻을 알게 된다는 것이다. 예언자가 선포하는 하나님의 말씀이 사랑의 노래, 사랑의 노래하는 자의 말로 들리지만 그 말대로 실행하지 않음으로 초래하는 사건과 결말을 보게 된다는 사실을 말해주고 있다. 결국 예언자, 선지자의 말은 응하게 된다는 사실을 가르쳐준다. 화평의 언약, 연합의 두 막대기, 새 예루살렘 청사진(겔40~48장)을 통하여 에스겔은 또 사랑의 노래를 부르지만 그 말이 무엇인지 모르니 후대에 하나님을 사랑하는 사람들이 그 뜻을 알게 되리라.

다니엘의 사랑

사자 굴에 들어간 다니엘을 달리 즐겁게 묘사한 그림이 있다. 사자와 함께 춤을 추는 다니엘의 모습이다. 사자와 함께 댄스를. 어린이의 시각에서는 사자와 함께 놀이를 할 수 있다는 생각은 가능한 것이다.

다니엘은 불굴의 투지와 의지로 투철한 신앙으로 우상에게 절하지 않고, 자신의 신앙을 끝까지 지킨 신앙 위인이다. 바빌론 궁전에서 최고의 엘리트 교육을 받으며 왕정 지혜인으로서 왕의 비서관으로 돕는 역할을 감당하며 소년 시절부터 왕정학교에서 공부하며 생활하였다. 환관장이 다른 학생들과 다른 바빌론 세 친구의 식사에 문제를 삼지만 채식을 먹는 그들은 더 강하고 더 지혜로운 소년들이 되었던 신비를 보게 된다. "열흘 후에 그들의 얼굴이 더욱 아름답고 살이 더욱 윤택하여 왕의 진미를 먹는 모든 소년보다 나아보인지라."(단1:15) "왕이 그들에게 모든 일을 묻는 중에 그 지혜의 총명이 온 나라 박수와 술객보다 십 배나 나은 줄을 아니라."(단1:20)

다니엘서에서 사랑이 들어간 낱말은 유일하게 다니엘서 9장의 말씀이다. "내가 금식하며 베옷을 입고 재를 무릅쓰고 주 하나님께 기도하며 간구하기를 결심하고 내 하나님 여호와께 기도하며 자복하여 이르기를 크시고 두려워할 주 하나님, 주를 사랑하고 주의 계명을 지키는 자를 위하여 언약을 지키시고 그에게 인자를 베푸시는 자이시여."(단9:3-4) 바빌론의 포로생활 70년이 된 때에 다니엘이 금식하며 기도하며 죄를 회개할 때의 이상을 보는 장면이다. 가브리엘 천사가 7년과 62년의 비전을 가르쳐준다.

다니엘의 꿈 해몽은 느부갓네살의 마음을 시원케 하였다. 장차 될 일을 풀어낸 꿈은 큰 신상(금, 은, 놋, 철, 진흙구성)이 왕국의 멸망사 이야기였다(단2장). 금신상에 절하지 않음으로 인해, 풀무불에 들어가는 위기를 당해도 타지 않고 살아난 다니엘과 세 친구 사드락, 메삭, 아벳느고의 기적적인 순교 신앙이 나온다(단3장). 그리고 느부갓네살이 또 땅의 중앙에 있는 한

나무 꿈을 꾼다. 느부갓네살의 불행한 쫓김을 예언한 꿈 해몽이었다. 또 그다음 왕 벨사살이 잔치하다가 본 꿈, '메네 메네 데겔 우바르신'의 손가락 글씨의 이상을 보고 다니엘은 메대와 바사로 나뉘게 될 것이라는 해몽을 한다. 그날 밤 벨사살이 죽고 다리오 왕이 즉위한다. 하루 세 번씩 열린 창에서 기도하는 규례를 지키다가 그만 왕의 금령을 어기고 사자 굴에 들어가지만 기적적으로 구원을 받는다(단6장). 벨사살 원년에 꾼 다니엘의 꿈은 큰 짐승 넷의 환상이었다. 이는 세계의 역사가 어떻게 되리라는 것을 보여주는 세계사의 비전이었다(단7장). 꿈의 역사는 계속되어 헬라 나라의 통치와 종교 핍박의 시대가 도래하는 역사를 말한다(단8~12장).

다니엘은 이처럼 꿈의 역사를 이야기하며 묵시문학의 지평에서 신앙으로 극심한 핍박을 받더라도 끝까지 참고 인내하며 신앙을 지키면 어떠한 상황에서도 구원을 받는다는 아가페 사랑의 시험과 고난, 환난을 말해준다. 다니엘은 꿈과 환상, 이상을 사랑한 주의 종이었다. 주의 비전을 사랑하는 기도하는 사람, 그가 바로 하나님이 사랑하는 사람이다.

소선지서의 사랑 1

호세아, 요엘, 아모스, 오바댜, 요나, 미나

예언자는 하나님의 역사를 보면서 하나님의 사랑과 뜻을 전하는 사자(使者)로서 역할을 하였다. 말씀의 전달자로서 대언자(代言者)의 사명을 감당한 것이다. 하나님의 말씀에 벗어나서 죄를 짓는 이스라엘과 그 백성들에게 회개하고 촉구하는 것은 하나님의 사랑을 회복하고 사랑의 계약을 다시 준수하라고 하는 것이었다. 12예언서는 바로 그러한 아가페 사랑의 맥락에서 계약 회복을 촉구하는 사랑의 메시지라고 할 수 있다.

호세아는 상징적 행동으로 이스라엘과 여호와 하나님의 관계를 자신의 결혼생활을 통하여 보여준다. 음란한 아내와 결혼하여 음란한 자식을 낳고 로루하마(긍휼히 여김을 받지 못한 자), 로암미(내 백성이 아니라)라 이름을 짓는다. 이는 형제간에 암미(내 백성이라)라 부르고, 자매간에는 루하마(긍휼히 여김을 받는 자)라 부를 수 있는 관계가 회복되기 위한 하나님의 사랑이 묻어 있는 것이었다(호2:1). 호세아의 사랑이라는 말과 연애(戀愛)라는 말을 개역성서에서는 구별하여 쓴다. 여호와가 당신의 백성을 사랑하는 경우, 사랑한다고 말한다. "여호와께서 내게 이르시되 이스라엘 자손이 다른 신을 섬기고 건포도 떡을 즐길지라도 여호와가 저희를 사랑하나니. 너는 또 가서 타인에게 연애를 받아 음부된 그 여인을 사랑하라 하시기로.”(호3:1)

음행하여 바람피우는 경우 연애한다고 말한다. “저희의 어미는 행음하였고 저희를 배었던 자가 부끄러운 일을 행하였나니. 대저 저가 이르기를 나는 나를 연애하는 자를 따르리니 저희가 내 떡과 내 물과 내 양털과 내 삼과 내 기름과 내 술들을 내게 준다 하였느니라.”(호2:5) 계속하여 연애하는 자(호2:6, 10, 12, 13; 호8:9)를 쫓아가서 음행하는 것은 바알을 섬기고 여호와 하나님을 버리는 결과와 같다고 말한다. 인애(仁愛)의 단어를 사용하여 ‘어진 마음으로 하는 사랑’, 하나님의 사랑을 표현한다(호4:1, 6:4; 호12:6).

> “나는 인애를 원하고 제사를 원치 아니하며 번제보다 하나님을 아는 것을 원하노라.”(호6:6)
> “내가 사람의 줄, 곧 사랑의 줄로 저희를 이끌었고 저희에게 대하여 그 목에서 멍에를 벗기는 자같이 되었으며 저희 앞에 먹을 것을 두었었노라.”(호11:4)

인생은 사랑의 줄로 엮어져 인간 고리, 사랑의 띠로 연결된 인간관계망을 통하여 살아간다. 사랑의 고리, 그것이 사람들이 살아가는 생활세계인 것이다. 에브라임을 사랑하여 하나님은 고치어서 사랑의 줄로 인도하겠다고 말하는 본문이다.

> “내가 저희의 패역을 고치고 즐거이 저희를 사랑하리니. 나의 진노가 저에게서 떠났음이니라.”(호14:4)

이스라엘 유다를 고치고 즐거이 이 백성을 사랑하겠다고 고백하는 하나님의 모습이다. 그래서 이제는 진노를 멈추고 구원하시겠다는 표현을 하고 있다. 호세아서는 하나님의 아가페 사랑을 잘 보여준 예언서이다.

요엘서는 사랑이라는 단어를 찾을 수 없지만 ‘약혼한 남편’, ‘신부’의 주제를 말하고 있다. “너희는 애곡하기를 처녀가 어렸을 때에 약혼한 남편을 인하여 굵은 베로 동이고 애곡함같이 할지어다.”(욜1:8) 심판의 날, 여호와의 날에 슬퍼하라는 말씀이다. “백성을 모아 그 회를 거룩케 하고 장로를 모으며 소아와 젖 먹는 자를 모으며 신랑을 그 방에서 나오게 하며 신부도 그 골방에서 나오게 하고 여호와께 수종드는 제사장들은 낭실과 단 사이에 울며 이르기를, 여호와여, 주의 백성을 긍휼히 여기소서.”(욜2:16-17) 심판의 날, 사랑하는 신랑신부가 서로 사랑하는 것을 중지해야 하는 상황이 도래한다. 하지만 여호와를 사랑하는 자는 구원이 있을 것임을 예언하기도 한다. "누구든지 여호와의 이름을 부르는 자는 구원을 얻으리니, 이는 나 여호와의 말대로 시온산과 예루살렘에서 피할 자가 있을 것임이요, 남은 자 중에 나 여호와의 부름을 받을 자가 있을 것임이니라."(욜2:32)

공의의 예언자 아모스는 정의와 공법을 강조한다. "오직 공법을 물같이, 정의를 하수같이 흘릴지로다."(암5:23) "너희는 공법을 쑥개로 변하며 정의의 열매를 인진으로 변하며 허무한 것을 기뻐하며."(암6:12-13; 암5:7)

> "너희는 악을 미워하고 선을 사랑하며 성문에서 공의를 세울지어다. 만군의 하나님 여호와께
> 서 혹시 요셉의 남은 자를 긍휼히 여기시리라."(암5:15)

선을 사랑하고 공의를 사랑하는 것이 심판의 상황에서 구원을 일으키는 유일한 길임을 가르쳐준다.

오바댜서는 에돔의 심판에 대한 예언이다. 이곳에서도 사랑이라는 단어를 찾을 수 없다. 사랑할 수 없는 대적자! 교만과 사기, 환난과 고난, 벌할 날, 심판이라는 단어를 찾을 수 있다. "너위 중심의 교만이 너를 속였도다."(옵1:3) "너와 화목하던 자들이 너를 속이고 이기며 네 식물을 먹는 자들이 네 아래 함정을 베푸니 네 마음에 지각이 없음이로다."(옵1:7) "구원자들이 시온산에 올라와서 에서의 산을 심판하리니 나라가 여호와께 속하리라."(옵1:21) 결론에서 여호와의 나라, 하나님의 나라의 주권이 회복되리라고 선언한다.

요나서도 사랑의 단어가 없다. 구원과 은혜, 자비, 박 넝쿨의 사랑을 이야기한다(욘2:9; 4:2; 4:10-11). 요나는 하나님의 말씀과 사명을 잊어버리고 그 자신의 의지와 기호, 선택으로 다시스 항, 휴양도시로 놀러가는 길을 택하였다. 자신의 뜻대로 놀러가는 것을 좋아한 것이다. 하나님의 뜻을 거스르고 사명을 잊어버릴 때 고난 받고, 죽음의 환난상황을 맞게 된다. "여호와께서 이미 큰 물고기를 예비하사 요나를 삼키게 하셨으므로 요나가 삼일삼야를 물고기 배에 있느니라."(욘1:17) 이것이 바로 구원의 은혜였다. 물에 빠져 죽을 수 있었지만 주님은 물고기를 예비하신 것이다. "내가 빨리 다시스로 도망하였사오니 주께서는 은혜로우시며 자비로우시며 노하기를 더디하시며 인애가 크시사 뜻을 돌이켜 재앙을 내리지 아니하시는 하나님이신 줄을 내가 알았음이니이다."(욘4:2)

요나의 건성으로 하는 말 한마디가 니느웨의 회개를 일으켰다. 앗시리아 사람들을 사랑하

지 않는 요나, 하나님의 명령에 따라 억지로 니느웨에 와서 던지는 말은 하나님의 사랑이었고, 하나님의 파토스가 사람들의 마음에 감동을 일으켰고 아가페 사랑을 알게 되어 눈물과 회개가 쏟아지는 놀라운 시간들로 이어지게 되는 것이었다. 하나님의 사랑은 우리가 이해하지 못하는 차원과 경지가 있음을 요나를 통하여 알게 되는 것이다.

요나의 사랑과 하나님의 사랑은 차원이 다르다. 요나가 박 넝쿨을 사랑하고 아끼듯이 여호와 하나님은 식물보다 더 귀한 니느웨 성 백성들을 사랑하지 않느냐는 역설을 말하고 있다. "하룻밤에 났다가 하룻밤에 망한 이 박 넝쿨을 네가 아꼈거든 하물며 이 큰 성읍, 니느웨에는 좌우를 분별치 못하는 자가 십이만여 명이요 육축도 많이 있나니, 내가 아끼는 것이 어찌 합당치 아니하냐."(욘4:10-11) 박 넝쿨보다 깊은 사랑, 아가페 사랑(헤세드 사랑)을 요나서는 말하고 있다.

미가서는 서언에서 유다 왕 요담과 아하스, 히스기야시대의 사마리아와 예루살렘의 묵시(黙示)라고 한다(미1:1). 미가서는 아모스처럼 공의와 정의를 강조하는 책으로서 농민의 인권을 대변하고 있다. "사람아, 주께서 선한 것이 무엇임을 네게 보이셨나니 여호와께서 네게 구하시는 것이 오직 공의를 행하며 인자를 사랑하며 겸손히 네 하나님과 함께 행하는 것이 아니냐."(미6:8) "주와 같은 신이 어디 있으리이까. 주께서는 죄악을 사유하시며 그 기업의 남은 자의 허물을 넘기시며 인애를 기뻐하심으로 노를 항상 품지 아니하시나이다."(미7:18) 백성들은 선을 미워하고 악을 좋아함으로 심판을 받게 될 것을 예언한다(미3:2). 결론적으로 여호와 하나님은 어진 사랑으로 아브라함을 사랑하실 것이라 말한다.

> "주께서 옛적에 우리 열조에게 맹세하신 대로 야곱에게 성실을 베푸시며 아브라함에게 인애(仁愛)를 더하시리이다."(미7:20)

소선지서의 사랑 2

나훔, 하바국, 스바냐, 학개, 스가랴, 말라기

나훔서에서도 사랑의 단어를 찾을 수 없다. 니느웨에 대한 중한 경고의 말씀으로 시작한다. 사랑의 언어보다는 심판과 보복이 주를 이룬다. "여호와는 투기하시며 보복하시는 하나님이

시니라. 여호와는 보복하시며 진노하시되 자기를 거스르는 자에게 보복하시며 자기를 대적하는 자에게 진노를 품으시며.”(나1:2) 사랑의 하나님이 아니라 보복하시는 하나님, 진노하시는 하나님이심을 역설적으로 말히고 있다. 여호와를 거스르는 사람에게 보복하신다는 것이다. 반면 여호와를 의뢰하는 자에게는 구원으로 함께하신다고 말한다. “여호와는 선하시며 환난 날에 산성이시라. 그는 자기에게 의뢰하는 자들을 아시느니라.”(나1:7)

복음을 사랑하고 평화를 사랑하는 사람은 구원받고 악인은 진멸되는 역사, 구약은 그 하나님의 사랑을 전하고 있다. “볼지어다, 아름다운 소식을 보(報)하고 화평을 전하는 자의 발이 산 위에 있도다. 유다야, 네 절기를 지키고 네 서원을 갚을 지어다. 악인이 진멸되었으니 그가 다시는 네 가운데로 통행하지 아니하리로다.”(나1:15)

강한 니느웨는 종국에 멸망하게 된다. “그때에 너를 보는 자가 다 네게서 도망하며 이르기를 니느웨가 황무하였도다. 누가 위하여 애곡하며 내가 어디서 너를 위로할 자를 구하리요 하리라 하시도다.”(나3:7) 평화를 사랑하고 겸손하게 살아가며 여호와 하나님을 경외하는 것이 중요함을 지시한다.

하박국도 사랑의 단어가 안 보인다. 공의와 기쁨, 긍휼과 구원의 유사 단어가 보인다. “이러므로 율법이 해이하고 공의가 아주 시행되지 못하오니 이는 악인이 의인을 에워쌌으므로 공의가 굽게 행함이니이다.”(합1:4) 유다의 멸망의 원인이 무엇인지 보여준다. “보라, 그의 마음은 교만하며 그의 속에서 정직하지 못하니라. 그러나 의인은 그 믿음으로 말미암아 살리라.”(합2:4) 신앙인의 하나님 사랑은 분명하여 여호와 하나님의 구원을 선포한다. “나는 여호와를 인하여 즐거워하며 나의 구원의 하나님을 인하여 기뻐하리로다. 주 여호와는 나의 힘이시라 나의 발을 높은 곳에 다니게 하시리로다.”(합3:18-19) 사람들이 자신의 취미생활, 즉 건강을 위해 운동을 사랑하고, 우리말을 사랑하여 열심히 공부하고 준비하여 우리말 겨루기에 나가는 것과는 달리, 창조주 구세주 하나님을 사랑하는 것이 중요함을 알게 한다.

스바냐에서는 한 번 사랑의 말이 나온다. “너의 하나님 여호와가 너의 가운데 계시니, 그는 구원을 베푸실 전능자시라 그가 너로 인하여 기쁨을 이기지 못하여 하시며 너를 잠잠히 사랑하시며 너로 인하여 즐거이 부르며 기뻐하시리라 하리라.”(습3:17) 하나님이 잠잠히 사랑한다는 말, 이는 조용한 가운데 말없이 침묵으로 사랑하시는 주님을 말하신다. 하나님 사랑의 속성임을 알 수 있다. 하나님이 그의 자녀를 사랑하여 천하 만민 중에서 칭찬과 명성을 얻게 하겠다고 한다(습3:20). 그날에(여호와의 날) 구원을 받기 위해선 어떻게 해야 하나. “여호와의 규례를 지키는 세상의 모든 겸손한 자들아, 너희는 여호와를 찾으며 공의와 겸손을 구하라. 너희가 혹시 여호와의 분노의 날에 숨김을 얻으리라."(습2:3) 하나님의 사랑의 다른 측면이 공의와 겸손임을 가르쳐준다.

학개서에도 사랑의 단어는 찾기 힘들다. 바빌론 포로에서 돌아와 이스라엘 백성이 급히 서두를 일이 있었다. 그것이 성전 건축이었다. "너희는 산에 올라가서 나무를 가져다가 전을 건축하라. 그리하면 내가 그로 인하여 기뻐하고 또 영광을 얻으리라. 나 여호와가 말하였느니라."(학1:8) "이 전(殿)의 나중 영광이 이전 영광보다 크리라. 만군의 여호와의 말이니라. 내가 이곳에 평강을 주리라. 만군의 여호와의 말이니라."(학2:9) "또한 만국을 진동시킬 것이며 만국의 보배(사모하는 것이)가 이르리니 내가 영광으로 이 전에 충만케 하리라. 만군의 여호와의 말이니라."(학2:9) 성전의 사랑은 곧 여호와 하나님을 사랑하는 것이었다.

스가랴서는 사랑의 말이 한 번 나온다. "만군의 여호와가 말하노라. 사월의 금식과 오월의 금식과 칠월의 금식과 시월의 금식이 변하여 유다 족속에게 기쁨과 즐거움과 희락의 절기가 되리니, 오직 너희는 진실과 화평을 사랑할지니라."(슥8:19)

사람이 무엇을 좋아하고 사랑하느냐에 따라 인생이 결정된다고 할 수 있다. 시를 사랑하면 시인이 되고, 과학을 좋아하면 과학자, 예술을 좋아하고 사랑하면 예술가가 되는 것이 자연스런 결과이듯이 여호와 하나님을 사랑하게 되면 자연 그분의 성품과 인격을 닮게 되는 것이다. 성실과 정의를 사랑하고 성결하게 행하면 여호와의 은총과 은혜를 받게 되고 긍휼과 인애를 받게 될 것이라는 것이 스가랴서의 메시지이다(슥4:7; 7:9; 8: 8, 16; 11:7; 14:20). 여러 환상과 성전건축을 보여주기도 한다. "고하여 이르기를 만군의 여호와께서 말씀하시되, 보라, 순이라 이름하는 사람이 자기 곳에서 돋아나서 여호와의 전을 건축하리라. 그가 여호와의 전을 건축하고 영광도 얻고 그 위에 앉아서 다스릴 것이요, 또 제사장이 자기 위에 있으리니 이 두 사이에 평화의 의논이 있으리라 하셨다 하고."(슥6:12-13)

구약성서의 마지막 책이자 결론인 말라기는 사랑이란 말을 한 번 기록하고 있다. "여호와께서 가라사대 내가 너희를 사랑하였노라. 하나 너희는 이르기를 주께서 어떻게 우리를 사랑하셨나이까 하는도다. 나 여호와가 말하노라. 에서는 야곱의 형이 아니냐. 그러나 내가 야곱을 사랑하였고, 에서는 미워하였으며 그의 산들을 황무케 하였고 그의 산을 광야의 시랑에게 붙였느니라."(말1:2-3)

하나님의 사랑은 인격적이다. 우리 인간처럼 하나님도 사랑하고 좋아하는 마음을 가지신다. 그런데 하나님을 공경하고 영화롭게 하며 생명과 평강의 언약을 지키며 화평과 정직하며 그를 경외하는 자를 사랑하고 복을 주신다(말2:2, 5, 6, 16; 3:16, 4:2). 그래서 십일조를 하며 '모든 것은 주님의 것'이라고 시인하고 고백한다(말3:10). "내 이름을 경외하는 너희에게는 의로운 해가 떠올라서 치료하는 광선을 발하리니 너희가 나가서 외양간에서 나온 송아지같이 뛰리라."(말4:2)

끝으로 하나님 아버지의 마음과 그 자녀들의 마음을 합하게 하실 것과 하나님께서 아버지와 자녀의 마음을 서로 돌이키게 하시겠다는 희망의 메시지를 결어로 삼는다. 이는 구약의 사랑은 아비와 자녀의 마음으로 완성되는 것이다. "그가 아비의 마음을 자녀에게로 돌이키게 하고 자녀들의 마음을 그들의 아비에게로 돌이키게 하리라. 돌이키지 아니하면 두렵건대 내가 와서 저주로 그 땅을 칠까 하노라 하시니라."(말4:6) 결국 엘리야를 보내서 마음을 돌이키게 하겠다고 예언한다(말4:5). 예수 그리스도의 사랑, 그의 사랑의 성육신 사건을 말라기는 예언함으로 구약의 기능과 역할을 마지막으로 완수하는 것이다. 아가페 샬롬.

신약의 사랑

마태의 사랑

세례요한으로부터 침수세례를 받을 때 예수는 '사랑하고 기뻐하는 내 아들이라'는 음성을 들었다(마3:27). 변화산상에서도 '사랑하는 아들'이라는 소리를 들으신다(마17:5). 또 복음의 사역을 예언하는 이사야 예언에서도 '나의 사랑하는 자로다'라고 말한다(마12:18-21). 한편, 가장 어려운 사랑, 원수 사랑에 대한 말씀을 하신다.

> "또 네 이웃을 사랑하고 네 원수를 미워하라 하였다는 것을 너희가 들었으나 나는 너희에게 이르노니 너희 원수를 사랑하며 너희를 핍박하는 자를 위하여 기도하라. 이같이 한 즉 하늘에 계신 너희 아버지의 아들이 되리니, 이는 하나님이 그 해를 악인과 선인에게 비춰게 하시며 비를 의로운 자와 불의한 자에게 내리우심이니라. 너희가 너희를 사랑하는 자를 사랑하면 무슨 상이 있으리요, 세리도 이같이 아니하느냐. 그러므로 하늘에 계신 너희 아버지의 온전하심과 같이 너희도 온전하라."(마5:43-48)

“네 이웃을 네 몸과 같이 사랑하라”, 부자청년에게 십계명을 준수하고 부모를 공경하고 이웃을 사랑하는 것에 대한 계명을 말한다. 부자 청년이 부족한 영적 비밀, 그것은 자신의 재산을 팔아 이웃을 위해 구제하는 것이었다 또한 사두개인과 바리새인들에게도 십계명을 한마디로 요약하면 하나님을 사랑하고 이웃을 사랑하는 것이라 말씀하신다(마22:37-39).

말세의 현상은 “불법이 성하므로 많은 사람의 사랑이 식어지리라.”(마24:13)고 말씀하신다. 예언자 예수는 마지막 시대의 현상을 말하며 많은 현상을 이야기하다가 한 가지 사랑이 없는 것을 지적하고 있는 것이다. 세상과 예수, 하나님 나라를 선택해야 하는 상황이 벌어질 것을 예언한다. “한 사람이 두 주인을 섬기지 못할 것이니 혹 이를 미워하며 저를 사랑하거나 혹 이를 중히 여기며 저를 경히 여김이라 너희가 하나님과 재물을 겸하여 섬기지 못하느니라.”(마7:24) 이때에 ‘부모와 형제자매를 예수보다 더 사랑하면 안 된다’고 종말론적 신앙을 가르쳐주고 있다(마10:36-37). 신약성서에서 예수님의 사랑, 아가페 사랑에 대하여 잘 보여주고 있다.

용서의 사랑이다. 완전한 용서를 강조하고 있다.

“그때에 베드로가 나아와 가로되, 주여, 형제가 내게 죄를 범하면 몇 번이나 용서하여 주리이까. 일곱 번까지 하오리이까? 예수께서 가라사대, 네게 이르노니 일곱 번뿐 아니라 일흔 번씩 일곱 번이라도 할지니라.”(마18:21-22)

즉, 7+77*7=546번을 용서하라는 말씀인가, 완전수 7번과 완전수의 완전수 77, 그리고 또 완전수 7번을 배가하라는 말씀은 완전한 용서를 강조하는 말씀인 것이다. 참 어려운 말씀을 하신 것이다. 하지만 주님은 이렇게 살다가 십자가에 돌아가시며 끝까지 우리를 사랑하셨다. 놀라운 말씀인 것이다.

복음서의 사랑

공간복음서 중 마가복음은 아가페 사랑의 고난을, 누가복음은 병자, 약자, 이방인을 위한 사랑을, 마태복음은 사랑의 교육을 보여준다. 사복음서인 요한복음은 사랑의 복음서로서 아가페 사랑이 하나님 아버지와 아들 예수 그리스도의 혼연일체의 사랑임을 계속하여 보여주고 있다. 사도행전은 누가복음과 한 책으로서 성령을 통한 사랑의 선교를 보여주는 책이라고 볼 수 있다.

　마가복음에서도 변화산상에서 베드로와 야고보, 요한을 데리고 높은 산에 올라가서, 엘리야와 모세와 함께 대화하다가 소리를 듣는 장면이 나온다. "마침 구름이 와서 저희를 덮으며 구름 속에 소리가 나되 이는 내 사랑하는 아들이니 너희는 저의 말을 들으라 하는지라."(막9:7) 포도원 관리를 맡기고 떠난 주인과 종의 비유가 마가복음에 나오는데, 그곳에서 다음과 같이 사랑하는 아들(예수)을 보내지만 종들이 죽이는 일을 말한다. "오히려 한 사람이 있으니 곧 그의 사랑하는 아들이라 최후로 이를 보내면 가로되 내 아들은 공경하리라 하였더니."(막12:6) 하나님은 당신의 가장 사랑하는 독생자 예수를 이 땅에 보내지만 사람들은 그 아들을 죽이는 사건을 비유한다. 예수 그리스도의 십자가 죽음의 사건을 예표하는 것이다. 끝으로 사랑의 단어가 나오는 것은 서기관과의 대화 중에서다. 서기관이 첫째 계명이 무엇인지 묻는 질문에 하나님 사랑과 이웃 사랑이 큰 계명임을 말하는 장면이다(막12:30-34).

　누가복음서에서는 예수의 어린 시절에 자라면서 하나님과 사람 앞에서 사랑스러웠다고 말한다(눅2:52). 수세 시에 성령의 임재와 더불어 사랑하는 아들이라고 나온다(눅3:22). 원수를 사랑하는 것(눅6:27, 32, 35), 백부장의 종과 유다 민족에 대한 사랑에 대하여 보도한다(눅7:2, 5). 빚을 탕감받는 두 사람 중 큰 빚진 자(100데나리온)와 적은 빚(50데나리온)진 자 중에 누가 더 주인을 더 사랑하느냐 하는 말씀이다(눅7:40-50). 율법사의 영생에 대한 질문에서 하나님 사랑과 이웃사랑을 말한다(눅10:25-28). 바리새인의 질책 가운데 하나님 사랑을 저버림을 이야기한다.

　누가복음의 십자가의 사랑이 사도행전의 성령의 사랑으로 이어져 베드로와 바울의 선교로 나타난다. 사도행전에서는 개역성경에 사랑이라는 단어가 한 번 나온다. (수리아) 안디옥 교회가 사랑하는 성도 바나바와 바울을 선택하여 (비시디아) 안디옥으로 결정한다. "사람을 택하여 우리 주 예수 그리스도의 이름을 위하여 생명을 아끼지 아니하는 자인 우리의 사랑하는 바나바와 바울과 함께 너희에게 보내기를 일치가결하였노라."(행15:25-26) 이는 '회복'이라는 최근 다큐멘터리 영화에서 마지막에 이스라엘 메시아닉 주(유대인 기독교인)들이 자신들에게 와서 복음을 전해주고 함께 전도해주기를 요청하는 부름과 상황이 이와 유사하다. 사도행전의 사랑의 절정은 기독교 공산사회, 공동분배의 이상적인 모습을 보여주는 본문이다. 사도행전 2장 42절에서 47절까지 말씀이다. "또 재산과 소유를 팔아 각 사람의 필요를 따라 나눠주고…… 하나님을 찬미하며 또 모든 사람에게 칭송을 받으니 주께서 구원받는 사람을 날마다 더하게 하시니라."

사랑의 복음서인 요한복음은 사랑이라는 말이 빠지면 성립되지 않는 복음서 같다. 30구절이 바로 사랑의 단어로 나온다. "하나님이 세상을 이처럼 사랑하사 독생자를 주셨으니 이는 저를 믿는 자마다 멸망치 않고 영생을 얻게 하려 하심이니라."(요3:16) 복음을 가장 짧게 요약적으로 잘 보여주는 말씀이다. 사람들의 속성이 빛보다 어둠을 더 사랑한다는 사실(요3:19), 사람들이 하나님을 사랑하지 않는다는 것(요5:42), 하나님의 영광보다 사람의 영광을 더 사랑한다는 사실(요12:43)을 말한다. 그리고 아버지가 아들을 사랑하여 만물을 주시고(요3:35), 큰일을 보이시며(요5:20), 이 땅에 보내셨다는 것(요8:42), 그리고 십자가 사랑(요10:17)을 이루신 것이다. 새 계명, 서로 사랑하라는 것(요13:34-36, 14:21-24, 15:9-19), 아버지와 아들의 사랑과 하나님의 자녀에 대한 사랑을 말한다(요17:23-26). 사랑하는 제자(요19:26, 20:2, 21:20)와 베드로의 사랑의 고백(요21:15-25)으로 결론을 맺는다. 필리아와 아가페 사랑으로 질문하는 부활하신 예수님과 베드로의 대화 속에서 예수를 사랑하느냐는 질문의 답을 요구하신 후, 목양하고 제자를 양육하라는 명령과 부탁을 끝으로 영광과 사랑의 복음서는 끝난다. 그래서 복음서 모두의 결론으로서 요한복음 21장은 모든 복음서는 사랑이라는 것을 밝히고 있다.

> "주여 모든 것을 아시오매 내가 주를 사랑하는 줄을 주께서 아시나이다. 예수께서 가라사대 내 양을 먹이라."(요21:17)

바울의 사랑

메시아닉 주, 메시아 예수, 그리스도 예수에 대한 사랑은 신약성서에서부터 시작된다. 예수가 탄생하여 메시아 성취로써 그의 공생애 동안의 성육신과 33년간의 삶, 이것이 바로 기독교를 잉태하였고, 바울의 기독교가 전 세계로 퍼지게 된 것이다. 신약성서에서 보여주는 예수의 사랑은 복음서에 나타난 예수의 말씀과 행위에서 보여준다. 그 사랑의 극치는 십자가 사건이었고, 우리를 사랑하여 십자가에서 피를 흘리시며 대속제물이 되신 것이다. 이 사랑을 바울이 알았다. 바울은 다멕색 도상에서 그리스도 예수를 만나고 오직 십자가에 달린 예수만을 알기로 다짐하고 복음진도자의 인생을 산다. 신약성서는 그래서 바울의 교회와 성도 사랑의 편지라고 말해도 과언이 아니다. 바울은 순회선교사이었다. 로마 교회, 고린도 교회, 갈라디아, 에베소, 빌립보, 골로새, 데살로니가 교회를 세우고 목양하면서 보낸 편지들이 바로 바울 서신이요, 예수 사랑이 물씬 배어든 사랑의 편지이다. 복음 전도자로서 바울은 아가페 사랑이 복음이라는 사실을 가르쳐주고 있다.

바울은 특히 독신으로 살면서 영적 자녀를 많이 낳아 선생으로서보다는 아버지로서 사랑하며 살았다. 그는 디모데, 디도, 실라, 브리스길라 아굴라 부부, 에바브로디도를 사랑하여 교회에다 그 사랑의 간절함과 애틋함을 보여주며 그리스도 안에서 사랑한다는 것이 무엇인지 가르쳐주었다.

빌립보 교회를 사랑하여 에바브로디도를 보내는 모습을 빌립보서 2장 25절 이하에서 잘 보여준다. "그러나 에바브로디도를 너희에게 보내는 것이 필요한 줄로 생각하노니 그는 나의 형제요, 함께 수고하고 함께 군사된 자요, 너희 사자로 나의 쓸 것을 돕는 자라…… 저가 그리스도의 일을 위하여 죽기에 이르러도 자기 목숨을 돌아보지 아니한 것은 나를 섬기는 너희의 일에 부족함을 채우려 함이니라."(빌2:25-30) "내게는 모든 것이 있고 또 풍부한지라 에바브로디도 편에 너희의 준 것을 받으므로 내가 풍족하니 이는 받으실 만한 향기로운 제물이요 하나님을 기쁘시게 한 것이라 나의 하나님이 그리스도 예수 안에서 영광 가운데 그 풍성한 대로 너희 모든 쓸 것을 채우시리라."(빌4:18-19)

이처럼 바울은 빌립보 교회를 위해 보낸 에바브로디도가 오히려 병이 들어 돕지 못하는 형편이 되었지만, 서로 이해하고 사랑하는 관계가 되는 것을 보여주고 있다. 아가페 사랑은 서로 이해하고 오히려 더 배려하고 사랑하는 것이 중요함을 보여준다. 서로의 관계가 중요함을 보여준다. 서로 잘해주는 관계에서보다 그리스도 안에서의 사랑의 관계로 맺어져야 함을 강조한다. 신약의 사랑은 이처럼 그리스도 예수에 대한 사랑과 그리스도 예수 안에서 교회와 성도를 사랑하는 것이 바로 아가페 사랑의 높은 차원임을 가르쳐준다.

바울서신의 사랑

성서의 정경 순서대로 사랑의 단어를 찾아보면 바울서신의 첫 책은 로마서이다. 로마서는 기독교의 정수를 보여준 책으로 서두에 '하나님의 사랑하심을 입고 성도로 부르심을 입은 모든 자에게'라고 인사하고 있다(롬1:7). '하나님의 사랑이 우리 마음에 부은 바'(롬5:5)되어 그리스도인이 되고, '우리가 아직 죄인되었을 때 그리스도가 우리를 위하여 죽으심으로 하나님께서 우리에 대한 자기의 사랑을 확증하셨다'(롬5:8)고 말한다. '하나님을 사랑하는 자, 곧 그 뜻대로 부르심을 입은 자들에게는 모든 것이 합력하여 선을 이룬다'고 한다. 또한 로마서는 그리스도의 사랑은 강해서 그 어떤 세력도 끊을 수 없다고 한다. 아가페 사랑의 큰 힘을 볼 수 있게 한다. "누가 우리를 그리스도의 사랑에서 끊으리요. 환난이나 곤고나 핍박이나 기근이나 적신이나 위험이나 칼이랴."(롬8:35) 로미오와 줄리엣의 사랑은 그 어떤 누구도 끊을 수 없었다. 그들은 사랑의 방해를 이기기 위해 그리고 사랑의 성취를 위해 죽음이 필요했는지 모른다.

> "그러나 이 모든 일에 우리를 사랑하시는 이로 말미암아 우리가 넉넉히 이기느니라······ 높음이나 깊음이나 다른 아무 피조물이라도 우리를 우리 주 그리스도 예수 안에 있는 하나님의 사랑에서 끊을 수 없으리라."(롬8:37-39)

하나님 사랑의 주권이 있다. 편애(偏愛), 치우친 사랑으로 절반의 사랑이라 말할 수 있고, 한쪽을 다른 편보다 더 사랑함으로 질투가 생겨 가족의 비극이 시작되기도 한다. 하나님 사랑도 이와 유사하다. '야곱을 사랑하고 에서는 미워하였다'고 기록되어 있다(롬9:13). "내가 내 백성 아닌 자를 내 백성이라, 사랑치 아니한 자를 사랑한 자라 부르리라."(롬9:25) 오늘날 유대인과 이방인의 존재는 무엇인가. "복음으로 하면 저희가 너희를 인하여 원수된 자요, 택하심으로 하면 조상들을 인하여 사랑을 입은 자라."(롬11:28) 하나님의 경륜을 우리가 알 수가 없다. 다만 그 사랑이 깊이를 측량할 뿐이다(롬11:11-15).

거짓 없는 사랑, 형제 사랑과 원수를 사랑하라고 말하고 있고(롬12:9, 10, 19, 20), "피차 사랑의 빚 외에는 아무에게든지 아무 빚도 지지 마라. 남을 사랑하는 자는 율법을 다 이루었느니라."(롬13:8) "만일 식물을 인하여 네 형제가 근심하게 되면 이는 네가 사랑으로 행치 아니함이라 그리스도께서 대신하여 죽으신 형제를 네 식물로 망케 하지 마라."(롬14:15) 우상 제물의 문제에 대하여 덕을 세우는 것을 강조한다. 성령의 사랑으로 기도해줄 것을 당부한다(롬15:30). 로마서의 바울 선교 공동체 이름이 나열되고 있다. 거기서 사랑하는 성도의 명단 중에,

특히 암블리아, 우르바노, 스다구, 버시의 이름에는 '내 사랑'과 '사랑하는'이라는 단어가 들어가고 있다.

고린도 전서는 사랑장이 있는 고린도 전서 13장을 중심으로 고린도 교회의 분쟁이 심한 상태에서 사랑을 강조하는 편지를 보내고 있는 것이다. 그리스도의 사랑, 아가페 사랑이 무엇인지 바울은 잘 가르쳐주고 있다. "하나님이 자기를 사랑하는 자들을 위하여 예비하신 모든 것은 눈으로 보지 못하고 귀로도 듣지 못하고 사람의 마음으로도 생각지 못하였다."(고전2:9) 성령의 지혜와 사랑으로 하나님의 사랑을 알 수 있는데, 구약의 백성들은 알지 못하였고, 그리스도 예수를 알지 못하여 십자가에 달리게 하는 일을 행하였던 것이다. 오늘도 이 어리석은 일을 하고 있으니 말이다.

이 글을 읽는 선택받은 자, 주의 사랑을 입은 자에게는 그 사랑의 비밀이 알려지지 만 말이다. 바울은 그래서 자신의 글을 읽는 독자를 다음과 같이 말한다. "내가 너희를 부끄럽게 하려고 이것을 쓰는 것이 아니라 오직 너희를 내 사랑하는 자녀같이 권하려 하는 것이라…… 이를 인하여 내가 주 안에서 내 사랑하고 신실한 아들 디모데를 너희에게 보내었노니, 저가 너희로 하여금 그리스도 예수 안에서 나의 행사 곧 내가 각처 각 교회에서 가르치는 것을 생각하게 하리라."(고전4:14-17) 바울은 매를 가지고 가랴, 사랑과 온유한 마음을 가지고 고린도 교회에 가겠느냐고 묻고 있다(고전4:21). 고린도 교회의 잘못, 죄를 짓는 상황에서 바르게 고쳐야 하는 상황이다. 매가 필요한 교회가 되었다. 사랑의 매는 징계를 하게 된다. 오늘 우리 자신을 돌아보며 이 징계의 매를 찾아야 한다.

우상 제물의 문제에 있어서도 지식보다는 사랑의 덕, 하나님만 사랑하는 것이 필요함을 역설한다(롬8:1-3). 내 사랑하는 자들아, 우상 숭배를 피하라고 한다(고전10:14). 가장 큰 은사, 제일 좋은 길이 바로 사랑이라고 하며 아가페 사랑의 정의를 고린도 전서 13장 전체에서 말하고 있다. "내가 사람의 방언과 천사의 말을 할지라도 사랑이 없으면 소리 나는 구리와 울리는 꽹과리가 되고…… 사랑은 오래참고 사랑은 온유하며 투기하는 자가 되지 아니하며…… 사랑은 언제까지든지 떨어지지 아니하나…… 그런즉 믿음, 소망, 사랑, 이 세 가지는 항상 있을 것인데 그중에 제일은 사랑이라 사랑을 따라 구하라. 신령한 선을 사모하되."(고전13:1-14:1) 결국 바울은 서신에서 모든 일은 사랑으로 하는 것이 중요함을 강조하며, 견고하여 주의 일에 힘쓰라고 말한다(고전15:58). "너희 모든 일을 사랑으로 행하라."(고전16:14) "만일 누구든지 주를 사랑하지 아니하거든 저주를 받을 지어다. 주께서 임하시느니라."(고전16:22)

바울의 사랑이 고린도후서에서도 교회의 사랑과 그리스도 예수의 사랑으로 나타난다. "내가 큰 환난과 애통한 마음이 있어 많은 눈물로 너희에게 썼노니 이는 너희로 근심하게 하려 한 것이 아니요, 오직 내가 너희를 향하여 넘치는 사랑이 있음을 너희로 알게 하려 함이라."(고후2:4) "그리스도의 사랑이 우리를 강권하시도다."(고후5:14) 우리를 강권하시는 하나님의 사랑, 그리스도 예수의 사랑, 아가페 사랑은 우리를 참 그리스도인의 삶을 살도록 한다. 영적인 생활을 하며 참 기쁨을 누리며 살게 한다.

"우리가 생각건대 한 사람이 모든 사람을 대신하여 죽었은즉 모든 사람이 죽은 것이라 저가 모든 삶을 대신하여 죽으심은 산 자들로 하여금 다시는 저희 자신을 위하여 살지 않고 오직 저희를 대신하여 죽었다가 다시 사신 자를 위하여 살게 하려 함이니라…… 그런즉 누구든지 그리스도 안에 있으면 새로운 피조물이라 이전 것은 지나갔으니 보라 새것이 되었도다."(고후5:14-17) 거짓 없는 사랑, 진실한 사랑, 거룩한 사랑을 고린도후서 6~8장에서 강조한다(고후6:6; 8:7-8; 24). "그런즉 사랑하는 자들아, 이 약속을 가진 우리가 하나님을 두려워하는 가운데서 거룩함을 온전히 이루어 육과 영의 온갖 더러운 것에서 자신을 깨끗케 하자."(고후7:1)

이 아가페 사랑은 세상이 말하는 에로스의 사랑과는 차원이 다른 영적이고 거룩한 순수한 사랑이다. 이 사랑의 기술을 배우는 것은 하나님을 좀 더 깊이 아는 것이다. 이는 성경과 기도, 찬양과 감사, 교회와 성령, 예수와 하나님의 품성에서 배우게 된다. 특히 바울이 교회를 사랑하는 것은 하나님이 아시는 일이었다. "어떠한 연고뇨. 내가 너희를 사랑하지 아니함이냐 하나님이 아시느니라."(고후11:11) "내가 너희 영혼을 위하여 크게 기뻐함으로 재물을 허비하고 또 내 자신까지 허비하리니 너희를 더욱 사랑할수록 나는 덜 사랑받겠느냐…… 내가 디도를 권하고 함께한 형제를 보내었노니 디도가 너희의 이를 취하더냐, 우리가 동일한 성령으로 행하지 아니하더냐, 동일한 보조로 하지 아니하더냐…… 우리가 그리스도 안에서 하나님 앞에 말하노라. 사랑하는 자들아, 이 모든 것은 너희의 덕을 세우기 위함이니라."(고후12:15-19) 사랑과 평강의 하나님의 이름으로 인사말을 마친다.

갈라디아서의 사랑은 예수 십자가 사랑이다. "내가 그리스도와 함께 십자가에 못 박혔나니, 그런즉 이제는 내가 산 것이 아니요, 오직 내 안에 그리스도께서 사신 것이라 이제 내가 육체 가운데 사는 것은 나를 사랑하사 나를 위하여 자기 몸을 버리신 하나님의 아들을 믿는 믿음 안에서 사는 것이라."(갈2:20) 하나님과 예수, 인간들의 관계에서 사랑의 흐름은 희생과 헌신,

자기 몸을 버리는 사랑, 그로 인하여 하나님의 아들을 믿는 믿음으로 사는 것을 말하고 있다.

"그리스도 예수 안에서는 할례나 무할례가 효력이 없되 사랑으로써 역사하는 믿음뿐이니라."(갈5:6) 율법이냐 복음이냐, 율법이냐 자유냐 하는 갈라디아 교회의 논쟁 속에서 '사랑으로써 역사하는 믿음'이 제일 중요한 덕목임을 보여준다. "형제들아 너희가 자유를 위하여 부르심을 입었으나 그러나 그 자유로 육체의 기회를 삼지 말고 오직 사랑으로 서로 종노릇하라. 온 율법은 네 이웃 사랑하기를 네 몸같이 하라 하신 한 말씀에 이루었나니. 만일 서로 물고 먹으면 피차 멸망할까 조심하라."(갈5:13-14) 사랑으로 종노릇하는 것, 섬기는 삶이야말로 율법의 조항을 완성하는 것임을 새 율법, 복음은 가르치고 있다.

"오직 성령의 열매는 사랑과 희락과 화평과 오래 참음과 자비와 양선과 충성과 온유와 절제니 이 같은 것을 금지할 법이 없느니라."(갈5:22-23) 율법은 성령의 법으로 완성되는데, 성령의 열매는 사랑이고 평화임을 알 수 있다. 이 성령의 모습은 또 기쁨과 인내, 자비와 양선, 충성, 온유, 절제임을 보여준다. 성령의 법, 사랑이 그리스도의 형상을 이루게 하며 율법을 완성하는 것임을 말하고 있다. 이것이 아가페의 법이다.

에베소서는 큰 사랑, 그리스도의 사랑, 창세전의 사랑, 우주적 사랑, 아가페 사랑을 말하고 있다. "긍휼에 풍성하신 하나님이 우리를 사랑하신 그 큰 사랑을 인하여 허물로 죽은 우리를 그리스도와 함께 살리셨고, (너희가 은혜로 구원을 얻은 것이라)."(엡2:4-5) "능히 모든 성도와 함께 지식에 넘치는 그리스도의 사랑을 알라. 그 넓이와 길이와 높이와 깊이가 어떠함을 깨달아 하나님의 모든 충만하신 것으로 너희에게 충만하게 하시기를 구하노라."(엡3:18-19) 사랑으로 서로 용납하고 하나가 되라고 바울은 옥중에서 에베소 교회에 편지를 보낸다. "모든 겸손과 온유로 하고 오래 참음으로 사랑 가운데서 서로 용납하고 평안의 매는 줄로 성령의 하나 되게 하신 것을 힘써 지키라."(엡4:2-3)

"오직 사랑 안에서 참된 것을 하여 범사에 그에게까지 자랄 지라 그는 머리니 곧 그리스도라 그에게서 온몸이 각 마디를 통하여 도움을 입음으로 연락하고 상합하여 각 지체의 분량대로 역사하여 그 몸을 자라게 하며 사랑 안에서 스스로 세우느니라."(엡4:15) "그러므로 사랑을 입은 자녀같이 너희는 하나님을 본받은 자가 되고 그리스도께서 너희를 사랑하신 것 같이 너희도 사랑 가운데서 행하라. 그는 우리를 위하여 자신을 버리사 향기로운 제물과 생축으로 하나님께 드리셨느니라."(엡5:1-2) 아가페 사랑은 먼저 하나님이 사랑하는 것이며, 자신을 버리는 사랑을 하는 것이다. 희생이 있다. 하나님께 드리는 헌신이 있다. 사랑 안에서 공동체가 세워지는 역사가 이뤄진다.

에베소서의 사랑은 가족의 사랑이 있으며 부부의 사랑을 말하고 있다. "남편들아, 아내 사랑하기를 그리스도께서 교회를 사랑하시고 위하여 자신을 주심같이 하라. 이와 같이 남편들도 자기 아내 사랑하기를 제 몸같이 할지니, 자기 아내를 사랑하는 자는 자기를 사랑하는 것이라. 너희도 각각 자기의 아내 사랑하기를 자기같이 하고 아내도 그 남편을 경외하라."(엡5:25, 28, 33) 부부의 사랑은 자신을 사랑하는 것이며 그리스도가 교회를 사랑하듯, 자신을 사랑하듯 아내를 사랑해야 함을 가르치고 있다. 끝으로 사랑받은 형제, 주 안에서 진실한 일군인 두기고에 대하여 언급하고(엡6:21), 결언에 대신하여 바울은 평안과 믿음을 겸한 사랑(엡6:23)과 변함없이 사랑하는 모든 자에게 은혜가 있을 것을 기도한다(엡6:24).

빌립보서는 복음의 사랑, 아비의 사랑, 종말의 사랑을 말한다. "내가 기도하노라. 너희 사랑을 지식과 모든 총명으로 점점 더 풍성하게 하사 너희로 지극히 선한 것을 분별하며 또 진실하여 허물없이 그리스도의 날까지 이르고, 이들은 내가 복음을 변명하기 위하여 세우심을 받은 줄 알고 사랑으로 하나."(빌1:9-10, 16) "그러므로 그리스도 안에 무슨 권면이나 사랑에 무슨 위로나 성령의 무슨 교제나 긍휼이나 자비가 있거든 마음을 같이하여 같은 사랑을 가지고 뜻을 합하여 한 마음을 품어…… 그리스도 예수의 마음이니."(빌2:1-2, 5) 분쟁이나 투기, 다툼으로 그리스도의 마음으로 하나 되고 사랑으로 복음을 전하고 사랑의 공동체를 이루라고 옥중에서 전하고 있는 것이다.

사랑하는 자들에게 아비가 자식을 사랑하듯이 권하며 주 안에서 기뻐하라고 한다(빌2:12, 22, 4:1). "종말로 형제들아, 무엇에든지 참되며 무엇에든지 경건하며 무엇에든지 옳으며 무엇에든지 정결하며 무엇에든지 사랑할만하며 무엇에든지 칭찬할만하며 무슨 덕이 있든지 무슨 기림이 있든지 이것들을 생각하라."(빌4:8) 바울은 그리스도 예수에게 잡힌 바 된 그것을(복음과 십자가, 그리스도의 사랑) 잡으려고 좇아가노라. 푯대를 향하여 그리스도 예수 안에서 하나님이 위에서 부르신 부름의 상을 위하여 좇아가노라고 고백하고 있다(빌3:12-14). 이는 이승엽 선수가 야구를 사랑하는 정신과 유사하다. 야구인들이 존경하는 이 선수는, 아마 바울의 복음 사랑을 알고 있는 것 같다. "혼이 담긴 노력은 결코 배신하지 않는다. 대한민국의 가슴은 결코 식지 않는다." 그의 말대로 늘 연습하고 훈련하는 선수가 되어 훌륭한 업적을 남기었던 것이다. 바울의 복음 사랑은 놀라운 선교 역사를 이루게 된 것이다.

골로새서는 연합의 사랑, 사랑의 아들의 나라, 성도의 사랑에 대하여 말하고 있다. "이는 저희로 마음에 위안을 받고 사랑 안에서 연합하여 원만한 이해의 모든 부요에 이르러 하나님의 비밀인 그리스도를 깨닫게 하려 함이라 그 안에는 지혜와 지식의 모든 보화가 감춰져 있느니라.”(골2:2) “그가 우리를 흑암의 권세에서 건져내사, 그의 사랑의 아들의 나라로 옮기셨으니 그 아들 안에서 우리가 구속 죄 사함을 얻었도다.”(골1:13-14) 아가페 사랑은 교회의 연합과 진리와 사랑, 죄 사함의 구속이 이루어진 그리스도의 통치가 있는 사랑의 나라임을 보여준다. 아가페 사랑의 가치가 넘치는 세계이다.

“그러므로 너희는 하나님의 택하신 거룩하고 사랑하신 자처럼 긍휼과 자비와 겸손과 온유와 오래 참음을 옷 입고 누가 뉘게 혐의가 있거든 서로 용납하여 피차 용서하되 주께서 너희를 용서하신 것과 같이 너희도 그리하고 모든 것 위에 사랑을 더하라. 이는 온전하게 매는 띠니라.”(골3:12-14) 더욱이 아내 사랑하라고 가족의 윤리를 말하고 있다. “남편들아, 아내를 사랑하며 괴롭게 하지 마라.”(골3:19) 아내들은 남편에게 복종하라고 하고, 자녀들은 부모 순종하라고, 부모들은 자녀들을 격노케 하지 말라고 말한다. 이는 서로 사랑하라는 말과 유사하다. 성도들의 사랑이 골로새 교회에 충만하였다(골1:4, 7, 8, 4:9, 14). 에바브라, 오네시모, 누가와 데마가 사랑하는 성도라고 표기되고 있다.

데살로니가 전서는 사랑의 수고, 목숨까지도 주는 사랑에 대하여 말한다. “너희의 믿음의 역사와 사랑의 수고와 우리 주 예수 그리스도에 대한 소망의 인내를 우리 하나님 아버지 앞에서 쉬지 않고 기억하리니 하나님의 사랑하심을 받은 형제들아, 너희를 택하심을 아노라.”(살전1:3-4) “우리가 이같이 너희를 사모하여 하나님의 복음으로만 아니라 우리 목숨까지 너희에게 주기를 즐겨함은 너희가 우리의 사랑하는 자 됨이니라.”(살전2:8) 데살로니가 교회 형제 사랑이 넘치기를 간구하며 사랑 안에서 가장 귀히 여기며 서로 화목하라고 말하고 있다(살전3:6, 12, 4:9, 5:13). 사랑은 수고, 행위로 하는 것임을 가르쳐주고 있다. 말로 하는 사랑은 공허한 사랑이며 진실성이 결여된 것임을 보여준다. 또한 사랑은 목숨을 내놓고 자신을 희생하는 것이며, 목숨까지 아끼지 않고 사랑하는 이를 위해 내줄 수 있는 것이다. 그리스도의 사랑을 위해서 예수가 십자가를 지고 생명을 주신 것처럼, 우리도 생명을 건 사랑으로 성도를 사랑하며 형제를 사랑해야 함을 가르쳐주고 있는 것이다. 아가페 사랑이여, 영원하라.

데살로니가 후서는 진리의 사랑에 대하여 말한다. “불의의 모든 속임으로 멸망하는 자들에게 임하리니, 이는 저희가 진리의 사랑을 받지 아니하여 구원함을 얻지 못함이니라.”(살후2:10) 데살로니가 후서는 진리의 사랑을 받지 못한 자들이 심판을 받게 될 것이라고 말씀하고 있다. "주께서 너희 마음을 인도하여 하나님의 사랑과 그리스도의 인내에 들어가게 하시기를 원하노라."(살후3:5) 종말적인 상황에서 인내와 사랑이 동시에 요구되는 것이다. 하나님의 사랑과 그리스도의 인내가 필요한 데살로니기 교회 모습을 보게 된다. 바울은 믿음이 자라고 서로 사랑함이 풍성한 교회임을 자랑스러워하고 있다(살후1:3). 사랑하는 형제들의 공동체에서 감사하고 있다(살후2:13, 16).

디모데 전서는 믿음의 사랑, 믿음과 사랑을 강조한다. "경계의 목적은 청결한 마음과 선한 양심과 거짓이 없는 믿음으로 나는 사랑이거늘 사람들이 이에서 벗어나 헛된 말에 빠져 깨닫지…… 못하는도다."(딤전1:5-6) "우리 주의 은혜가 그리스도 예수 안에 있는 믿음과 사랑과 함께 넘치도록 풍성하였도다."(딤전1:14) "그러나 여자들이 만일 정절로써 믿음과 사랑과 거룩함에 거하면 그 해산함으로 구원을 얻으리라."(딤전2:15) 믿음에서 나는 사랑, 믿음과 사랑, 믿음과 사랑과 거룩함은 이 세상에서 말하는 사랑, 돈의 사랑과는 다른 영적 사랑을 말하는 것이다. "돈을 사랑함이 일만 악의 뿌리가 되나니, 이것을 사모하는 자들이 미혹을 받아 믿음에서 떠나 많은 근심으로써 자기를 찔렀도다."(딤전6:10)

"술을 즐기지 아니하며 구타하지 아니하며 오직 관용하며 다투지 아니하며 돈을 사랑치 아니하며."(딤전3:3) 감독의 직분을 가진 자의 요건 중에 하나의 덕목이 돈을 사랑하지 아니해야 한다는 것이다. 부자들은 돈에 많은 집착을 하는 것을 볼 수 있다. 말씀과 기도를 사랑할 때 거룩해짐을 알 수 있다. "하나님의 말씀과 기도로 거룩하여짐이니라."(딤전4:5) "누구든지 네 연소함을 업신여기지 못하게 하고 오직 말과 행실과 사랑과 믿음과 정절에 대하여 믿는 자에게 본이 되어."(딤전4:12) 바울이 사랑하는 아들 디모데에게 사랑과 믿음, 정절, 언행에 대하여 본이 되라고 권면하는 말씀이다.

"오직 너 하나님의 사람아, 이것들을 피하고 의와 경건과 믿음과 사랑과 인내와 온유를 좇으며 믿음의 선한 싸움을 싸우라."(딤전6:11) "믿는 상전이 있는 자들은 그 상전을 형제라고 경히 여기지 말고 더 잘 섬기게 하라. 이는 유익을 받는 자들이 믿는 자요, 사랑을 받는 자임이니라."(딤전6:2) 믿는 자와 사랑을 받는 자는 얼마나 차이가 있는 말인가. 성도 간에도 서로 관심이 없고 사랑이 없으면 그저 아는 교인관계이지 깊은 성도의 교제를 가진 관계는 아닌 것이다.

디모데 후서는 사랑과 인내, 믿음과 사랑과 화평, 경건의 사랑을 이야기하고 있다(딤후1:2, 7, 13). 돈과 자신을 사랑하지 않고 하나님 사랑을 강조하고 있다. "사람들은 자기를 사랑하며 돈을 사랑하며 자긍하며 교만하며 훼방하며 부모를 거역하며 감사치 아니하며 거룩하지 아니하며…… 배반하여 팔며 조급하며 자고하며 쾌락을 사랑하기를 하나님 사랑하는 것보다 더하며 경건의 모양은 있으나 경건의 능력은 부인하는 자니.”(딤후3:2-5) “데마는 이 세상을 사랑하여 나를 버리고 데살로니가로 갔고 그레스게는 갈라디아로, 디도는 달마디아로 갔고 누가만 나와 함께 있느니라.”(딤후4:10-11) 이 세상을 사랑하는가, 하나님을 사랑하는가? “또한 네가 청년의 정욕을 피하고 주를 깨끗한 마음으로 부르는 자들과 함께 의와 믿음과 사랑과 화평을 좇으라.”(딤후2:22)

디도서에서도 믿음과 사랑과 인내, 사람 사랑에 대하여 말한다. “늙은 남자로는 절제하며 경건하며 근신하며 믿음과 사랑과 인내함에 온전케 하고…… 저들로 젊은 여자들을 교훈하되 그 남편과 자녀를 사랑하며.”(딛2:2-4) “우리 구주 하나님의 자비와 사람 사랑하심을 나타내실 때에 우리를 구원하시되…… 오직 그(그리스도)의 긍휼하심을 좇아 중생의 씻음과 성령의 새롭게 하심으로 하셨나니.”(딛3:4-5) “나와 함께 있는 자가 다 네게 문안하니 믿음 안에서 우리를 사랑하는 자들에게 너도 문안하라.”(딛3:15)

바울 서신의 마지막 편지인 빌레몬서는 1장으로 사랑에 대한 말이 5번이나 언급되고 있는 사랑의 편지인 것이다. 빌레몬 형제에게 과거 자신의 소유였던 종 오네시모를 용서하고 사랑해 달라는 요청의 편지이다. 그 오네시모는 감옥에서 사귄 형제로 전도하여 양육한 귀한 형제이니 용납하고 주종(主從)관계가 아니라 복음 안에서 형제관계로 받아들이라는 간곡한 부탁을 하고 있다. “사랑을 인하여 도리어 간구하노니 나이 많은 나 바울은 지금 또 예수 그리스도를 위하여 갇힌 자 되어 갇힌 중에서 낳은 아들 오네시모를 위하여 네게 간구하노라.”(몬19-10절) “네게 저를 돌려보내노니 저는 내 심복이라, 이후로는 종과 같이 아니하고 종에서 뛰어나 곧 사랑받는 형제로 둘 자라 내게 특별히 그러하거든 하물며 육신과 주 안에서 상관된 네게랴.”(몬12, 16절) 빌레몬의 사랑과 믿음에 대하여 칭찬하면서 서신은 시작되고 있다(몬1, 5, 7절). 이처럼 바울서신은 전체가 사랑의 서신이며 결론도 사랑의 이야기를 하고 있는 것이다. 아가페 사랑 말이다.

비바울 서신의 사랑

　히브리서와 야고보서, 베드로 전서와 베드로 후서, 요한1, 2, 3서, 유다서와 요한계시록에 나타난 사랑을 살피고자 한다. 이 책들은 바울사도가 쓰지 않은 책이라 비바울 서신이라고 할 수 있다. 히브리서는 히브리인들을 대상으로 복음 전도의 목적으로 쓰인 사랑의 책인 것을 알 수 있다. "네가 의를 사랑하고 불법을 미워하였으니 그러므로 하나님 곧 너의 하나님이 즐거움의 기름을 네게 부어 네 동류들보다 승하게 하셨도다."(시45:6; 히1:9) 천사보다 뛰어난 그리스도를 말하는 본문 중에 주님은 공의, 의를 사랑하심을 말씀하고 있다. "하나님이 불의치 아니하사 너희 행위와 그의 이름을 위하여 나타낸 사랑으로 이미 성도를 섬긴 것과 이제도 섬기는 것을 잊어버리지 아니하시느니라."(히6:10)

　"서로 돌아보아 사랑과 선행을 격려하며 모이기를 폐하는 어떤 사람들의 습관과 같이 하지 말고 오직 권하여 그날이 가까움을 볼수록 더욱 그리하자."(히10:24) 히브리 공동체는 핍박을 받는 중에 있었다. 그래서 인내와 담대함을 강조하고 있다(히10:32-39). "주께서 그 사랑하시는 자를 징계하시고 그의 받으시는 아들마다 채찍질하심이니라."(히12:6) 주님의 거룩하심에 참예케 하려고 징계하여 연달(鍊達)하게 하여 의의 평강한 열매를 맺게 한다(히12:10-11). 핍박과 시련, 환란은 우리 주님의 사랑을 입은 자들에게 연단의 기간이라고 생각할 수 있다. "형제 사랑하기를 계속하고 손님 대접하기를 잊지 마라."(히12:1-2) 형제자매 사랑은 그리스도의 교회공동체에서는 중요한 덕목이며 아가페 사랑의 결정체라고 할 수 있다.

> "돈을 사랑치 말고 있는 바를 족한 줄로 알라. 그가 친히 말씀하시기를 내가 과연 너희를 버리지 아니하고 과연 너희를 떠나지 아니하리라 하셨느니라."(히13:5) 이 세상을 사랑하고 돈을 사랑하는 것은 주님을 떠날 수 있는 가장 근사치적 가치들이다. 신앙공동체의 선한 가치를 추구하기에 고난의 십자가 길을 가는 것은 쉽지 않다. "예수도 자기 피로써 백성을 거룩케 하려고 성문 밖에서 고난을 받으셨느니라."(히13:12)

　야고보서도 시험을 참는 자가 하나님을 사랑하는 자임을 강조한다. "시험을 참는 자는 복이 있도다. 이것이 옳다 인정하심을 받은 후에 주께서 자기를 사랑하는 자들에게 약속하신 생명의 면류관을 얻을 것임이니라."(약1:12) 야고보 장로는 '내 사랑하는 형제들아'라고 부르며 이 세상과 욕심에 속지 말라고 권고한다. 또 "내 사랑하는 형제들아, 들을지어다. 하나님이 세상에 대하여는 가난한 자를 택하사 믿음에 부요하게 하시고 또 자기를 사랑하는 자들에게 약속하신 나라를 유업으로 받게 아니하셨느냐.”(약2:5) 하나님 나라의 비밀과 신앙생활의 비밀은 가난한 자, 약한 자를 택하시어 주님의 영광을 받으시는 주님이라는 사실이다.

“너희가 만일 경에 기록한 대로 네 이웃 사랑하기를 네 몸과 같이 하라 하신 최고한 법을 지키면 잘하는 것이거니와.”(약2:8) 최고의 법이 이웃을 사랑하라는 것이다. 그런데 자신의 몸을 사랑하듯이 이웃을 사랑하라는 것이다. 이것이 야곱의 행함의 복음이다.

베드로 전서도 종말적 핍박의 상황에서 형제 사랑을 강조하고 있다. “너희가 진리를 순종함으로 너희 영혼을 깨끗하게 하여 거짓이 없이 형제를 사랑하기에 이르렀으니 마음으로 뜨겁게 피차 사랑하라.”(벧전1:22) 어떻게 이렇게 형제를 뜨겁게 사랑할 수 있을까. 이는 성령의 도우심과 인도로 가능하다. 성령이 우리 마음을 주장할 때 깊이 성도, 형제를 사랑할 수 있는 것이다. “뭇 사람을 공경하며 형제를 사랑하며 하나님을 두려워하며 왕을 공경하라.”(벧전 2:17) “마지막으로 말하노니, 너희가 다 마음을 같이 체휼하며 형제를 사랑하며 불쌍히 여기며 겸손하며 악을 악으로, 욕을 욕으로 갚지 말고 도리어 복을 빌라. 이를 위하여 너희가 부르심을 입었으니 이는 복을 유업으로 받게 하려 하심이라.”(벧전3:8-9)

“무엇보다도 열심으로 서로 사랑할지니 사랑은 허다한 죄를 덮느니라.”(벧전4:8) 사랑은 열심히 해야 하며, 성령과 하나님 나라의 비밀은 옳고 바르게 해야 함을, 성경은 보여준다. “사랑하는 자들아, 나그네와 행인 같은 너희를 권하노니 영혼을 거슬러 싸우는 육체의 정욕을 제어하라.”(벧전2:11) “사랑하는 자들아, 너희를 시련하려고 오는 불 시험을 이상한 일 당하는 것 같이 이상히 여기지 말고, 오직 너희가 그리스도의 고난에 참예하는 것으로 즐거워하라.”(벧전4:12-13) 베드로 사도는 사랑하는 성도들에게 시험과 고난에 참여하라고 하고, 육체의 정욕을 제어하라고 권고하고 있다. 결국 베드로 공동체는 늘 사랑의 입맞춤(홀리 키스, Holy Kiss)으로 피차 문안하여 든든히 서 가는 교회가 되었던 것이다.

베드로 후서도 똑같은 논조로 형제 사랑과 사랑하는 형제에 대한 권고를 하고 있다. “경건에 형제 우애(友愛)를, 형제 우애에 사랑을 공급하라.”(벧후1:7) “지극히 큰 영광 중에서 이러한 소리가 그에게 나기를 이는 내 사랑하는 아들이요, 내 기뻐하는 자라 하실 때에 저가 하나님 아버지께 존귀와 영광을 받으셨느니라.”(벧후1:17) “사랑하는 자들아, 내가 이제 이 둘째 편지를 너희에게 쓰노니 이 둘로 너희 진실한 마음을 일깨워 생각하게 하여 곧 거룩한 선지자의 예언한 말씀과 주 되신 구주께서 너희의 사도들로 말미암아 명하신 것을 기억하게 하려 하노라.”(벧후3:1-2) 예수가 세례를 받고 변화산상에서 하나님을 만날 때의 소리를 이곳에서 언급하고 있다. 또 베드로 공동체에게 사도들과 예언자들의 명령을 기억하라고 한다.

"사랑하는 자들아, 주께는 하루가 천 년 같고 천 년이 하루 같은 이 한 가지를 잊지 마라."(벧후3:8) "그러므로 사랑하는 자들아, 너희가 이것을 바라보나니 주 앞에서 점도 없고 흠도 없이 평강 가운데서 나타나기를 힘쓰라."(벧후3:14) "그러므로 사랑하는 자들아, 너희가 이것을 미리 알았은즉 무법한 자들의 미혹에 이끌려 너희 굳센 데서 떨어질까 삼가라."(벧후3:17) 고난받는 날들이 힘들고 어렵더라도 하나님 나라의 천년과 하루, 이 신앙의 시간은 영원과 유한의 한계를 넘는 영원한 하나님 나라를 향한 것이라는 사실을 깨닫고 미혹을 받지 않고, 주의 평강과 사랑하는 형제 바울의 편지와 기록한 것같이 살아야 할 것을 강조하고 있다(벧후3:15).

요한일서의 사랑은 신약성서의 사랑 창고서(倉庫書)라고 말할 수 있다. 무려 26구절이 사랑의 단어를 가지고 표현하고 있다. 또한 예수의 가장 사랑하는 제자 사도 요한의 책으로서 사랑의 하나님을 알 수 있게 하는 사랑의 보고(寶庫)라고 말할 수 있다. "사랑하는 자들아, 우리가 서로 사랑하자. 사랑은 하나님께 속한 것이니, 사랑하는 자마다 하나님께로 나서 하나님을 알고 사랑하지 아니하는 자는 하나님을 알지 못하나니 이는 하나님은 사랑이심이라."(요일4:7-8)

하나님은 사랑이시다(요일4:16). 하나님이 먼저 우리를 사랑하셨다는 사실과 형제를 사랑하지 않는 자가 하나님을 사랑할 수 없다는 사실(요일4:19-24)을 말하고 있다. 하나님을 사랑하는 자는 그의 계명을 지켜야 한다는 것(요일5:1-2), 우리가 서로 사랑할 때 하나님이 우리 안에 거한다는 사실(요일4:11-12), 하나님을 사랑하는 사람은 이 세상을 사랑하지 않는다는 것(요일2:15), 아버지가 사랑을 주심으로 우리가 하나님의 자녀가 되었다는 것(요일3:1), 형제를 사랑하지 아니하면 하나님께 속하지 않는다는 것(요일3:9-10), 형제의 궁핍을 보고도 도와주지 않으면 안 되며, 말과 혀로만 사랑하지 말고 오직 행함과 진실함으로 하자고 말하고 있다(요일3:18). 예수의 계명은 서로 사랑하는 것이라고 계속 강조한다(요일3:23). 온전한 사랑이 무엇이냐, 온전한 사랑은 두려움을 내어 쫓는다고 말한다(요일4:18). 사랑의 계명은 모든 율법을 완성한다는 사실을 요한 사도는 이 책에서 말하고 싶어 하는 것 같다. 아가페 사랑은 형제 사랑이라고 말이다.

요한이서는 1장 13절로 구성된 가장 짧은 신약성서의 책이다. 그런데 4절이 사랑구절로 구성되어 있다. 진리의 사랑과 사랑 계명, 서로 사랑을 말하고 있다. "은혜와 긍휼과 평강이 하나님 아버지와 아버지의 아들 예수 그리스도께로부터 진리와 사랑 가운데서 우리와 함께 있으리라.”(요이3절) “부녀여, 내가 이제 네게 구하노니 서로 사랑하자. 이는 새 계명같이 네게 쓰는 것이 아니요, 오직 처음부터 우리가 가진 것이라 또 사랑은 이것이니 우리가 그 계명을 좇아 행하는 것이요, 계명은 이것이니 너희가 처음부터 들은 바와 같이 그 가운데서 행하라 하심이라.”(요이5-6절) 아가페 사랑이 진리이며 성도와 형제간에 서로 사랑하는 것임을 강조하고 있다.

요한삼서도 1장 15절, 짧은 장에서 5절 사랑 문장을 말하고 있다. 교회의 사랑을 말하고 있다. 아가페 사랑은 교회의 사랑임을 강조하고 있는 것이다. “저희가 교회 앞에서 너의 사랑을 증거하였느니라. 네가 하나님께 합당하게 저희를 전송하면 가하리로다.”(요삼6절) “사랑하는 자여, 네 영혼이 잘 됨같이 네가 범사에 잘 되고 강건하기를 내가 간구하노라.”(요삼2절) 가장 많이 애용(愛用)하는 성경 구절이 바로 이 영혼이 잘 되어야 모든 일이 잘 된다는 것이다. 범사의 형통은 영혼의 형통에 달렸다는 사실이다. 다시 말해 사랑이면 만사형통이라는 사실, 사랑하면 모든 일이 순조롭게 이루어진다고 말할 수 있다.

유다서 1장 25절에서도 6구절이 사랑 구절이다. 거룩한 믿음의 사랑, 영생에 이르는 사랑에 대하여 강조한다. “사랑하는 자들아, 너희는 너희의 지극히 거룩한 믿음 위에 자기를 건축하며 성령으로 기도하며 하나님의 사랑 안에서 자기를 지키며 영생에 이르도록 우리 주 예수 그리스도의 긍휼을 기다리라.”(유21절) 유다서에서는 믿음을 떠나 멸망의 길을 간 타락한 사람들을 열거하고 있다. 소돔과 고모라 사람들, 가인과 발람, 고라의 패역한 길을 소개하고 있다. 그리고 에녹을 소개하며 거룩한 길로 나가는 길의 이정표를 말하며 거룩의 사랑만이 구원과 영생에 이르는 길을 제시하고 있다. 아가페 사랑은 거룩임을 말하고 있다.

마지막 요한계시록, 신약성서의 마지막 사랑의 결론은 무엇인가. 요한계시록은 사도 요한, 사랑의 사도 요한이 밧모섬에서 계시를 받은 말씀이다. 사랑에 대한 5구절의 짧은 언급은 종말의 환상과 꿈이 사랑의 말과는 거리가 먼 것임을 보여주고 있다. 심판의 때에는 사랑보다는 공의가 하나님의 칼날이 될 것이라는 것이다. 이는 구원받을 당신의 백성에게는 반대로 사랑의 손길이 이뤄질 것을 전제하기도 한 것이다. “무릇 내가 사랑하는 자를 책망하여 징계하노니, 그러므로 네가 열심을 내라 회개하라.”(계3:19) “그러나 너를 책망할 것이 있나니 너의 처음 사랑을 버렸느니라. 그러므로 어디서 떨어진 것을 생각하고 회개하여 처음 행위를 가지라.”(계2:4-5)

마지막 날에 하나님의 심판이 있을 것을 예언한다. "저희가 지면에 널리 퍼져 성도들의 진과 사랑하시는 성을 두르매 하늘에서 불이 내려와 저희를 소멸하고 또 저희를 미혹하는 마귀가 불과 유황 못에 던지우니 거기는 그 짐승과 거짓 선지지도 있어 세세토록 밤낮 괴로움을 받으리라."(계20:9-10) 심판의 상황에서 끝까지 신앙을 지키고 믿음을 지키는 자는 구원을 받으며 하나님의 사랑을 입을 것이라 말한다. "내가 내 사업과 사랑과 믿음과 섬김과 인내를 아노니 네 나중 행위가 처음 것보다 많도다."(계2:19) "보라, 사단의 회 곧 자칭 유대인이라 하나 그렇지 않고 거짓말하는 자들 중에서 몇을 네게 주어 저희로 와서 네 발 앞에 절하게 하고 내가 너를 사랑하는 줄을 알게 하리라."(계3:9)

주여, 바로 이것입니다. 하나님이 우리를 사랑하는 줄 모든 사람, 만백성에게 알리게 하여 당신의 사랑과 영광을 드러내겠다는 약속은 우리의 희망과 소망이 됩니다. 요한계시록의 환상과 비밀은 우리에게 큰 소망이 된다. 묵시문학적 지평에서 핍박과 순교가 자행되는 극단적 상황에서 꿈과 계시는 사랑의 언어이며 하나님의 사랑의 환상인 것이다. 오늘의 암울한 현실, 묵시적 상황은 꿈꿀 수밖에 없는 현실이지만, 소망이 있음은 진리와 빛으로 주의 사랑을 바라고 사랑의 나라가 도래하기를 고대하기 때문이다. 요한계시록은 그래서 사랑의 책이며, 아가페 사랑이 묵시(黙示)와 계시(啓示)의 신비한 언어로 말하고 있는 것이다. 여기에서는 순교의 길로 가는 길이 있고, 오늘날 선교의 비의(秘意)가 십자가임을 말하고 있어서, 요한계시록은 극단적 선교의 소망으로, 땅 끝까지 이르러 주의 사랑을 전하는 자의 발, 그 거룩한 사람에게 희망의 책으로 다가온다. 그리고 그 책이 요한 사도에게 소망을 주었듯이 오늘 우리에게도 신약의 절정이며 꽃으로서 요한 계시록은, 사랑의 알파와 오메가를 제시하고 있다고 하겠다.

성서의 사랑을 맺으며

에리히 프롬의 사랑의 기술에서, 사랑은 배우고 학습해야 한다고 하는 것처럼 아하브(아가페) 사랑도 성경을 통하여 배워야 하며 하나님의 지혜를 통하여 사랑하는 기술을 기도로 연마(鍊磨)해야 한다. 구약의 사랑은 아가서를 통하여 잘 알 수 있고, 신약의 사랑은 고린도 전서를 통하여 그 사랑의 특성을 잘 알 수 있다. 사랑의 남성성은 『He』라는 책에서 남성적 사랑의 특징을 보여준다. 여성적 사랑, 사랑의 여성성은 『She』라는 동연 출판사에 나온 책에서 잘 보여준다. 또 사랑의 양성은 『We』에서 심리적 접근방법으로 사랑의 특징을 풀어낸다. 이졸데와 트리스탄의 비극적 사랑을 소개하고 있고, 로미오와 줄리엣의 사랑의 비근한 이야기를 알게 한다.

우리나라의 춘향이와 이 도령의 사랑이야기는 해피엔딩이지만 서양의 이야기는 비극적 사랑의 이야기이지만 감동을 준다. 셰익스피어는 햄릿과 오셀로, 베니스의 상인에서 이 사랑이야기를 소개한다. 반면 동양적 사랑의 사유에서는 마음이 중요함을 강조하기도 한다. 만상불요(萬象不撓), 만물이 바른 것은 마음먹기에 달렸다는 것이고, 심상(心象)이 중요함은 마음을 새롭게 하여 누구든지 사랑할 수 있는 마음의 여유를 가질 수 있음을 동양학자들은 역설한다. 여기에 아가페 사랑으로 들어가면, 그 마음의 밭에 그리스도 사랑의 씨가 떨어질 때 놀라운 사랑의 결실이 떨어지며 자신을 사랑하는 차원에서 교회와 이웃을 자연히 사랑하는 놀라운 기적을 맛보게 되는 것을 이야기한다.

구약의 사랑과 신약의 사랑이 예수 그리스도의 사랑에서 연결되고 있음을 알게 된다. 그래서 메시아닉 쥬(유대인 기독교인)들이 예수를 메시아로 믿어 복음의 역사를 시작했듯이 시대가 많이 흐른 지금도 그 사랑의 물줄기는 계속 흐르고 있고, 역사와 인종, 민족과 이념을 초월하여 하나님 나라를 만들기 위하여 선교사역은 계속되어야 함을 알게 되었다. 이 사랑의 기적은 오직 예수를 통하여 가능함을, 시약의 사랑 고찰을 통하여 더욱 많이 알게 되었다. 교회의 사랑이 주님의 사랑과 통하고 있음을 알게 되었다. 이 사랑이 오늘도 매일 성령님의 도움으로 사랑할 수 있음을 확인하게 된 것이다. 이 책에서는 원어 히브리어와 헬라어 성경으로 아하브, 아가페 사랑의 단어를 직접 찾아 연구하지 못한 아쉬움이 있지만, 사랑의 정신을 찾아 연구하였기에 부족하지만 시작하는 연구로써 첫 발자국을 놓았다고 본다.

그리스도의 사랑이 복음으로 신약성서에 나타났다고 하면 오늘 선 이 자리에서는 자신을 돌아보고 계속 하나님의 사랑이 흘러가도록 자신을 개혁하는 일부터 시작하여 사랑의 선교의 차원까지 사랑의 마음을 넓히는 작업을 계속해야 함을 알게 되었다.

PART 6

아가서의
사랑이야기

아름다운 노래
(아1:1-17)

"나의 사랑아, 너는 어여쁘고 어여쁘다. 네 눈이 비둘기 같구나."(아1:15)

　사랑만큼 사람의 마음을 뜨겁게 하고 감동시키는 것은 없습니다. 이 세상에 가장 아름다운 노래를 들라고 하면 바로 사랑의 노래입니다. 하나님이 인간을 사랑한 노래는 성경에 기록된 말씀입니다. 주님이 우리를 사랑하여 당신의 아들, 예수를 이 땅에 내려 보낸 이야기는 가장 아름다운 이야기이자 아름다운 노래입니다. 이 아가서는 노래 중에 노래, 가장 아름다운 노래라는 뜻을 가진 책입니다. 이 아가서를 읽는 가운데 주님의 사랑과 하나님의 사랑을 깨닫는 시간들이 되시기를 바랍니다.

　전도서에서 말하는 허무는 지옥에 비유된다고 하면 욥기서의 고난은 연옥 상황을 비유하고 있고 아가서의 사랑은 인간이 천국에 있는 것으로 비유되고 있습니다. 사랑은 인간이 인간으로서 살아가는 희망과 소망이 됩니다. 아가서의 사랑 노래는 우리에게 희망을 줍니다. 여러분들이 자녀를 사랑하고, 아내와 남편을 사랑하는 가정적인 사람이 되고, 교회를 사랑하고 이웃을 사랑하고 하나님을 사랑하는 사람이 될 때, 여러분의 삶은 사랑의 노래, 아름다운 노래로 가득 찰 것입니다.

(1) 포도원지기, 양치기 소녀와의 사랑 노래

"솔로몬의 아가라 내게 입 맞추기를 원하니 네 사랑이 포도주보다 나음이로구나.
네 기름이 향기로워 아름답고 네 이름이 쏟은 향 기름 같으므로 처녀들이 너를 사랑하는구나."(아1:1-3)

　사랑하는 자가 포도주와 향 기름과 같은 축복과 향기로 비유되고 있습니다. 처녀들이 사랑하는 대상이 되고 있습니다. 사랑의 키스를 원하고 있는 모습을 봅니다. 젊은 날의 사랑을 연상하게 하고 있습니다. 사랑은 가슴 떨리게 하고 마음 설레게 합니다. 그리스도가 우리를 사랑하는 것과 우리가 주님을 사랑하는 일이 이보다 더 깊게 사랑의 밀어를 나누고 영적인 대화를 나누게 하지 않습니까?

> "왕이 나를 침궁으로 이끌어 들이시니 너는 나를 인도하라. 우리가 너를 따라 달려가리라. 우리가 너를 인하여 기뻐하며 즐거워하니 네 사랑이 포도주에서 지남이라 처녀들이 너를 사랑함이 마땅하니라."(아1:4)

솔로몬 왕(왕으로 표현하는 사랑하는 사람)이 사랑하는 여인을 인도하여 기뻐하며 즐거워하는 모습을 봅니다. 사랑은 이처럼 서로를 인도하는 것을 봅니다. 서로 사랑하고 기뻐하고 즐거워할 때 깊은 사랑의 관계가 형성됩니다. "아버지께서 나를 사랑하신 것같이 나도 너희를 사랑하였으니 나의 사랑 안에 거하라."(요15:9) "아버지께서 내 안에, 내가 아버지 안에 있는 것같이 저희도 다 하나가 되어 우리 안에 있게 하사 세상으로 아버지께서 나를 보내신 것을 믿게 하옵소서…… 곧 내가 저희 안에, 아버지께서 내 안에 계셔…… 또 나를 사랑하심같이 저희도 사랑하신 것을 세상으로 알게 하려 함이로소이다."(요17:21-23) 아버지와 아들, 성부와 성자의 사랑은 이처럼 하나 되는 것임을 보여줍니다.

> "예루살렘 여자들아, 내가 비록 검으나 아름다우니 게달의 장막 같을지라도 솔로몬의 휘장과도 같구나. 내가 일광에 쬐어서 거무스름할지라도 흘겨보지 말 것은 내 어미의 아들들이 나를 노하여 포도원지기를 삼았음이라 나의 포도원은 내가 지키지 못하였구나."(아1:5-6)

이 사랑하는 여인은 포도원지기로서 나타나고 있습니다. 피부가 검은 이 여인은 게달의 장막으로 비유합니다. 자신의 피부를 수리아 아라비아 광야의 유목민 부족인 게달의 고동색 염소 털로 만든 천막에 비유하고 있고, 솔로몬 왕의 화려한 천막 휘장에 견주고 있습니다. 피부가 검은 것은 포도원을 지키지 못한 이유에서 비롯되었다고 고백합니다. 미의 가치와 판단이 사람마다 각기 다를 수 있습니다. 포도원지기로서 자신의 포도원을 지키지 못하였다는 것을 고백하고 있습니다. 이것을 통하여 우리는 나의 가정과 교회에 대한 신앙생활을 생각해볼 수 있습니다. 신앙을 지키지 못함으로 하나님 보시기에 아름다움을 상실한 삶을 살지 않는가 자문해봐야 할 것입니다.

> "내 마음에 사랑하는 자야, 너의 양떼 먹이는 곳과 오정에 쉬게 하는 곳을 내게 고하라. 내가 네 동무 양떼 곁에서 어찌 얼굴을 가리운 자같이 되랴(여자)."(아1:7) "여인 중에 어여쁜 자야, 네가 알지 못하겠거든 양떼의 발자취를 따라 목자들의 장막 곁에서 너의 염소 새끼를 먹일지니라(남자)."(아1:8)

먼 리 떨어져야 하는 양치기의 삶의 비유로 사랑하는 사람 간에 친밀하게 서로 가까이 있고

자 하는 심리를 잘 보여줍니다. 연인 간의 사랑은 애틋한 마음으로 서로를 간절히 보고 싶어 합니다. 연애할 때 서로 헤어지기 싫어서 안타까운 마음을 가집니다. 서로 만남이 잦아질 때마다 헤어짐의 아쉬움 때문에 못내 결혼의 당위(필요)로 이어지게 되는 것을 봅니다. 연인이 사랑으로 인해 찾아나서는 모습을 봅니다. 발자취를 따라 가는 목동과 연인, 이는 목자이신 주님이 우리를 찾아나서는 모습을 보여줍니다. 사랑하는 여러분, 주님의 교회를 향한 사랑의 마음을 헤아려봅시다. 하나님께서 이스라엘 백성들을 사랑하는 모습은 이보다 더 극진하지 않습니까? 주님을 향한 우리의 사랑 노래를 멋있고 아름답게 불러봅시다.

(2) 사랑하는 연인의 대화

사랑하는 사람들의 대화가 소개되고 있습니다. 사랑하는 사람들은 연애편지에 온갖 좋은 사랑의 시를 인용하고 자신이 또한 시인이 되어 사랑의 노래를 부르는 것을 봅니다. 여러분들도 사랑하는 연인에게 이러한 사랑 고백을 하시었으리라 생각합니다. 하물며 우리 주님은 우리를 향하여 이러한 고백을 하시지 않겠습니까? 여러분은 주님에게 이러한 고백을 하시고 계십니까? 아름다운 찬양을 부르며 기도로 주님을 가까이 하시지 않습니까?

본문에서 먼저 남자가 사랑하는 연인에게 사랑을 고백합니다.

> "내 사랑아, 내가 너를 바로의 병거의 준마에 비하였구나.
> 네 두 뺨은 땋은 머리털로, 네 목은 구슬꿰미로 아름답구나.
> 우리가 너를 위하여 금사슬을 은을 박아 만들리라."(아1:9-11)

강대국 애굽의 바로 왕의 빼어난 준마에 비할 만큼 아름다운 연인, 귀한 구슬꿰미 외 금사슬과 은으로 연인을 장식하고픈 사랑의 마음 등이 표현되고 있습니다.

다음으로 여자가 사랑의 고백을 합니다. 아름다운 사랑의 노래를 부르고 있습니다.

> "왕이 상에 앉았을 때에 나의 나도 기름이 향기를 토하였구나.
> 나의 사랑하는 자는 내 품 가운데 몰약 향낭이요,
> 나의 사랑하는 자는 내게 엔게디 포도원의 고벨화 송이로구나."(아1:12-14)

나도 기름의 향수로 사랑하는 남자에게 마음을 끌고 있음을 보여주고 사랑하는 사람과 함께 있음으로 기쁨을 향품과 견주고 있습니다. 중동 여자들은 건조한 날씨로 인하여 잘게 빻은 향기 나는 몰약이 든 가죽 주머니를 자기 젖가슴 사이에 달고 다녔습니다. 엔게디는 비옥한 오아시스 지역으로 그곳의 고벨화는 아름다운 노란 부처 꽃입니다. 얼마나 아름다운 노래를 부르고 있습니까?

또 한 번의 아름다운 교창이 울려 퍼집니다.

> "내 사랑아, 너는 어여쁘고 어여쁘다. 네 눈이 비둘기 같구나(남자)."
> "나의 사랑하는 자야, 너는 어여쁘고 화창하다 우리의 침상은 푸르고
> 우리 집은 백향목 들보, 잣나무 석가래로구나(여자)."(아1:16-17)

사랑하는 여인의 눈이 들비둘기요, 사랑을 나누는 야외의 푸른 풀밭, 보금자리의 나무들은 궁전의 들보와 석가래라고 고백하고 있습니다.

한 폭의 아름다운 전원곡이 울려 퍼지는 곳에 사랑하는 에덴동산의 아담과 이브가 사랑을 나누는 모습을 연상하게 합니다. 우리가 주님을 사랑하는 모습이 이렇게 아름다운 대화를 나누며 신랑 예수를 기리고 있습니까? 연인 간의 사랑과 신랑신부의 사랑이 하나님과 우리 사이에, 주님과 우리 사이에, 교회 사이에 있기를 바랍니다.

코로스비 자매는 자신의 불행을 탓하지 않고 주님을 사랑하는 노래를 6,000곡이나 작곡하여 불렀습니다. '찬송으로 보답할 수 없는'(43장), '나의 갈 길 다 가도록'(434장), '예수로 나의 구주 삼고'(204장) 등은 애창되는 곡들입니다. 그녀는 생후 6개월 되던 해, 눈에 염증이 생겼는데, 의사의 잘못된 처방으로 두 눈을 실명하였습니다. 그녀는 할머니를 통해 어려서 주님을 영접하고 그 생애를 주님께 드렸습니다. 여기 그녀가 8세 되던 해에 지은 찬송시를 인용해봅니다.

> "앞을 볼 수는 없지만, 오 나는 얼마나 행복한 아이인가!
> 이 세상을 살 때에 나는 만족스러운 삶을 살리라.
>
> 다른 사람이 누릴 수 없는 축복들을
> 나는 얼마나 많이 누리고 있는가!

나는 볼 수 없기에 울거나 한숨지을 수 없으리라.

또 그렇게 하지도 않으리라."

사랑의 병과 고난
(아2:1-17)

"겨울도 지나고 비도 그쳤고 지면에는 꽃이 피고 새가 노래할 때가 이르렀는데 반구의 소리가
우리 땅에 들리는구나…… 나의 사랑, 나의 어여쁜 자야, 일어나서 함께 가자."(아2:11-13)

본문은 사랑의 노래를 서로 연인끼리 주고받고 있습니다. 사랑함으로 아름다움으로 눈이 멀고 사랑으로 인해 병이 날 정도가 됩니다. 사랑의 위기인 겨울이 지나고 아름다운 봄에 사랑을 속삭이는 연인의 모습이 나타납니다. 사랑의 노래를 부르기 위해 병과 겨울을 지나야 함을 보여줍니다. 우리의 주님에 대한 사랑과 하나님의 교회에 대한 사랑이 이 과정을 지나야 함을 보여줍니다.

(1) 사랑의 원인과 결과 - 아름다움과 병

연인 간의 사랑은 애절한 마음이 있고 사랑의 병을 앓게 합니다. 뜨거운 사랑으로 인해 마음의 병이 생기기도 합니다. 사랑하면 사람들은 눈이 멀게 되고 오직 사랑하는 연인만이 아름답게 보입니다. 사랑하는 연인(솔로몬 왕과 술람미 여자)이 사랑의 대화를 나눕니다. "나는 사론의 수선화요, 골짜기의 백합화로구나(여자) 여자들 중에 내 사랑은 가시나무 가운데 백합화 같구나(남자) 남자들 중에 나의 사랑하는 자는 수풀 가운데 사과나무 같구나. 내가 그 그늘에 앉아서 심히 기뻐하였고 그 실과는 내 입에 달았구나(여자)." 가시나무 같은 다른 여자들에 비해 사랑하는 연인은 백합화라고 고백하고 있고, 여자는 남자를 수풀이 아닌 사과나무로 비교하고 있습니다. 사과나무는 욥바 지역에서 드물고 귀한 나무입니다. 이 지역(사론)에서 나오는 사과 실과로 연인을 비유하고 있습니다.

『신곡』의 작가 단테에게 있어서 베아트리체는 이 세상의 전부였습니다. 그녀를 통하여 아름다움을 가졌던 단테는 위대한 시를 쓸 수 있었습니다. "내가 그녀의 얼굴을 보았을 때, 난

하찮은 존재에서 솟아올라 귀한 존재가 되었네. 우주의 어딘가에 난 매달려 있네."(낙원의 이방인) 단테에게 베아트리체는 전부였습니다. 사랑이 단테를 연옥에서 천국으로 인도하였고 사물을 볼 수 있는 눈을 가지게 되었습니다. 그래서 그는 아름다운 작품을 쓸 수 있는 작가가 될 수 있었습니다. 실제로 베아트리체는 그렇게 아름다운 여인이 아니라 평범한 한 도시의 상인의 딸이었다고 합니다. 사람들이 그녀를 놀랄 정도로 아름답다고 생각한 적이 없는 여자였습니다. 그러나 단테의 눈에는 아름다운 여인으로 보였고 사랑에 눈이 멀게 되었습니다. 그는 사랑의 병을 앓게 되었고 그녀가 인생의 전부로 보이게 되었던 것입니다. 사랑의 묘약은 병을 앓게 합니다.

> "너희는 건포도로 내 힘을 돕고 사과로 나를 시원케 하라. 내가 사랑하므로 병이 났음이니라."
> (아2:5) "예루살렘 여자들아. 내가 노루와 들 사슴으로 너희에게 부탁한다. 내 사랑이 원하기
> 전에는 흔들지 말고 깨우지 말지니라."(아2:7)

여인이 사랑하는 연인으로 인해 병이 났음을 말하고 있습니다. 상사병이 날 정도로 사랑한다고 하면 그것은 대단한 사랑입니다. 아마도 하나님은 우리를 이렇게 사랑하시는지 모릅니다. 독생자 예수를 이 땅에 보내신 것을 당신의 사랑의 병으로 인해 행하신 행동이 아니시고 무엇이겠습니까? 또 한편, 사랑하는 사람이 잠에서 깨지 않도록 친구들에게 당부하는 모습을 봅니다. 이 모습은 사랑의 자유를 보여줍니다. 사랑하는 사람은 서로 자유롭고 또한 영원히 구속되기를 원합니다. 잠을 깨우지 말라는 부탁은 얼마나 아름다운 사랑의 모습입니까? 잠자는 갓난아기를 깨우지 않으려는 부모님의 사랑스러운 마음이 이에 비할 수 있을 것입니다.

(2) 사랑의 역경 – 겨울이 지나갔다

사랑에는 시련이 있습니다. 사랑하는 연인 사이에 넘어야 할 벽이 많이 있습니다. 성격과 자란 환경, 언어와 음식문화, 사고방식 등 차이가 나는 것이 많습니다. 처음 교제하는 순간, 상대방의 아름다움과 좋은 점만 보이다가 시간이 지나 결혼하고 어느 순간 서로의 단점이 보이기 시작하면서 갈등과 부부 싸움이 시작되면서 사랑의 위기가 오게 됩니다. 온전한 사랑의 꽃을 피우기 위해선 겨울의 위기를 넘어서야 합니다. 교회를 향한 하나님의 사랑도 불신앙과 나태와 이단 위협의 겨울을 지나야 합니다. 본문은 겨울이 지나고 아름다운 봄에 연인 간의

사랑의 대화를 하고 있습니다. 같이 고난과 역경의 겨울을 지내고 사랑을 속삭이는 노래를 부르고 있습니다.

> "나의 사랑하는 자의 목소리로구나. 보라, 그가 산에서 달리고 작은 산을 빨리 넘어 오는구나. 나의 사랑하는 자는 노루와도 같고 어린 사슴과도 같아서 우리 벽 뒤에 서서 창으로 들여다보며 창살 틈으로 엿보는구나. 나의 사랑하는 자가 내게 말하여 이르기를(여자)."(아2:8-10)
> "나의 사랑, 나의 어여쁜 자야, 일어나서 함께 가자. 겨울도 지나고 비도 그쳤고 지면에는 꽃이 피고 새의 노래할 때가 이르렀는데, 반구(멧비둘기)의 소리가 우리 땅에 들리는구나. 무화과나무에는 푸른 열매가 익었고 포도나무는 꽃이 피어 향기를 토하는 구나. 나의 사랑, 나의 어여쁜 자야, 일어나서 함께 가자. 바위 틈 낭떠러지 은밀한 곳에 있는 나의 비둘기야, 나로 네 얼굴을 보게 하라. 네 소리를 듣게 하라. 네 소리는 부드럽고 네 얼굴은 아름답구나(남자)."(아 2:10-14)

아름다운 자연에서 봄날에 사랑하는 자와 함께 나들이하는 것은 바로 천국을 의미합니다. 우리 주님과 함께 아름다운 산보와 나들이를 하는 것은 바로 기쁨과 행복을 말합니다. 천국에서 연인들이 사랑을 나누듯이 기쁨으로 사랑의 노래로 서로 화답하게 될 것입니다.

항상 사랑의 위협이 도사리고 있습니다. 우리들의 사랑을 무너뜨리고 파괴하려는 여우가 있습니다. 교회와 사랑하는 믿음의 공동체를 흔드는 마귀와 사단의 세력이 항상 우리 가운데 있습니다. 기도하지 않고 사랑하지 않으면 이 어둠의 세력들은 틈을 타서 우리를 공격합니다. "우리를 위하여 여우 곧 포도원을 허는 작은 여우를 잡으라. 우리의 포도원에 꽃이 피었음이니라."(아2:15)

포도원을 허무는 여우는 큰 여우가 아니라 작은 여우라고 말합니다. 죄의 조그만 유혹이 자신과 사랑스러운 가정을 허물게 됩니다. 아담과 하와의 에덴동산도 뱀의 조그만 유혹에서부터 무너지게 되었습니다. 사랑의 공동체, 교회가 성령 충만함으로 겨울과 병을 이기지 못하면 사랑의 봄을 맞이할 수 없습니다.

사랑의 갈망과 결혼

(아3:1-11)

> "시온의 여자들아, 나와서 솔로몬 왕을 보라. 혼인날 마음이 기쁠 때에 그 모친의 씌운 면류관
> 이 그 머리에 있구나."(아3:11)

예수님의 비유 중에 잃어버린 한 마리의 양의 비유가 있습니다. 한 마리의 잃어버린 양을
찾기 위해 99마리의 양을 놓아두고 찾아다니는 목자처럼 주님은 우리를 애타게 찾아다니고
있습니다. 잃어버린 양을 찾는 목자의 심정만큼이나 아가서의 여인은 사랑하는 연인을 찾아
나서는 모습을 보입니다. 사랑하는 사람과 결혼하는 극적인 장면이 나옵니다. 몽유병 환자처
럼 꿈속에라도 사랑하는 사람을 찾아다니는 모습은 참 목자이신 주님의 사랑을 연상하게 합
니다. 하나님 아버지께서 오늘 우리를 찾고 있는 모습도 이보다 더할 것입니다. 열 드라크마
중에 한 드라크마를 찾는 여인처럼, 집 나간 둘째 탕자를 기다리는 아버지처럼 주님은 잃어버
린 영혼을 찾고 계십니다.

(1) 사랑하는 사람(영혼)을 찾아나서는 목자

> "내가 밤에 침상에서 마음에 사랑하는 자를 찾았구나. 찾아도 발견치 못하였구나. 이에 내가
> 일어나서 성중으로 돌아다니며 마음에 사랑하는 자를 거리에서나 큰길에서나 찾으리라 하고
> 찾으나 만나지 못하였구나(여자)."(아3:1-2)

꿈에서도 애인을 찾아나서는 적극적인 사랑의 여인, 마음에 사랑하는 자를 찾아나서는 사
랑의 열녀입니다. 자녀를 사랑하는 모성애만큼이나 애절한 마음을 가지고 있습니다. "성중에
행순하는 자들을 만나서 묻기를 내 마음에 사랑하는 자를 너희가 보았느냐 하고 그들을 떠나
자마자 마음에 사랑하는 자를 만나서 그를 붙잡고 내 어미 집으로, 나를 잉태한 자의 방으로
가기까지 놓지 아니하였노라(여자)."(아3:3-4)

간절한 사랑의 바람과 만남에 대한 기대가 이루어져 사랑이 이루어지고 있습니다. 아가페
(하나님) 사랑과 농도가 비슷한 어머니의 집에서 사랑의 대화를 나누고 있음을 볼 수 있습니
다. "예루살렘 여자들아, 내가 노루와 들사슴으로 너희에게 부탁한다. 사랑하는 자가 원하기
전에는 흔들지 말고 깨우지 말지니라."(아3:5) 간절히 만나길 원하던 연인과 사랑을 나누고 안

식을 바라는 여인의 마음이 비춰지고 있습니다.

황금률의 말씀이 아가서의 여자의 사랑을 이루게 하고 있습니다. "구하라. 그러면 너희에게 주실 것이요. 찾으라. 그러면 찾을 것이요. 문을 두드리라. 그러면 열릴 것이니, 구하는 이마다 얻을 것이요, 찾는 이가 찾을 것이요, 두드리는 이에게 열릴 것이니라."(마7:7-8)

하나님의 사랑을 품으십시오. 한 영혼을 구원하려는 마음, 한 영혼을 사랑하는 마음은 찾는 데서부터 시작됩니다. 찾아 나섭니다. 주님의 잃어버린 양들을 찾아나서는 것이 바로 목자의 사랑이다. 바로 아가서의 이 여인(술람미)의 사랑의 갈망은 이루어졌습니다. 그것은 사랑의 갈망이 찾아나서는 행동과 사랑의 일을 시작함에서 성취되었던 것입니다. 구하고 찾고 두드리는 일들을 통하여 사랑이 이루어집니다.

(2) 사랑은 승리(결혼 성취)의 기쁨을 노래합니다

피터 크리프트라는 사람은 아가서의 사랑의 정의를 26가지로 내립니다. "① 사랑은 노래이다. ② 사랑은 가장 위대한 노래이다. ③ 사랑은 대화이다. ④ 사랑은 협력이다. ⑤ 사랑은 살아있다. ⑥ 사랑은 복음이다. ⑦ 사랑은 힘이다. ⑧ 사랑은 일이다. ⑨ 사랑은 욕망이자 성취이다. ⑩ 사랑과 함께 고통은 사라진다. ⑪ 사랑은 자유이다. ⑫ 사랑은 현실에 충실하다. ⑬ 사랑은 정확하다. ⑭ 사랑은 단순하다. ⑮ 사랑은 개인적이다. ⑯사랑은 모든 것을 정복한다. ⑰ 사랑은 놀람이다. ⑱ 사랑은 두려움을 모른다. ⑲ 사랑은 자아의 교환이다. ⑳ 사랑은 승리의 기쁨을 노래한다. ㉑ 사랑은 자연적이다. ㉒ 사랑은 신실하다. ㉓ 사랑은 준비한다. ㉔ 사랑은 모든 것을 포괄한다. ㉕ 사랑에는 성적 차별이 있다. ㉖ 사랑은 죽음처럼 강하다." 이 중에서 ⑳번의 '사랑은 승리의 기쁨을 노래한다'는 대목이 바로 아가서3:6-11의 해당 부분입니다.

고대인들이 생각한 고상한 사랑의 표현은 군사적이고 수직적인 높이를 나타내주는 말이었습니다. 우리들은 평평한 세상, 평등주의 세상에 사는데 반해, 고대인들은 영적인 높이와 계급제도로 가득 찬 세상, 뾰족탑의 세계에 살았기 때문입니다. 그들에게 사랑은 노래 중의 노래, 특별한 노래, 가장 위대한 노래를 당연히 자랑하고 찬양하고 기뻐 뛰며 축하하며 노래하는 것입니다. 사랑은 은과 금과 옷과 면류관을 받을 만합니다. 따라서 사랑하는 연인의 결혼식은 최고의 품격과 최고의 찬사와 노래와 권력의 멋으로 치장되어 표현되고 있습니다.

"연기 기둥과도 같고…… 여러 가지 향품으로 향기롭게도 하고
거친 들에서 오는 자가 누구인고.
이는 솔로몬의 연(가마)이라 이스라엘 용사 중 육십 인이 옹위하였는데
다 길을 잡고 싸움에 익숙한 사람들이라,
솔로몬 왕이 레바논 나무로 자기의 연(가마)을 만들었는데,
그 기둥은 은이요, 바닥은 금이요, 자리는 자색 담이라.
그 안에는 예루살렘 여자들의 사랑이 입혔구나.
시온의 여자들아, 나와서 솔로몬 왕을 보라.
혼인날 마음이 기쁠 때에 그 모친의 씌운 면류관이
그 머리에 있구나."(아3:6-11)

사랑을 찾아 나선 여인과 그 사랑을 받아들인 연인(솔로몬)의 사랑이 결혼식으로 절정에 이릅니다. 이러한 기쁨과 축하, 노래들은 천국에서도 울려 퍼질 것입니다. 우리의 사랑이 주님과 주님 나라에 이르게 될 때까지 영적 승리의 개가가 울려 퍼져야 할 것입니다. 우리가 날마다 죽어가는 영혼들을 찾아 나서며 목자의 심정으로 사랑을 찾는(술람미) 여인의 심정으로 살아 갈 때 승리의 기쁨을 노래하게 될 것입니다. 주님과의 혼인, 결혼으로 영적으로 하나가 되어 살아갑시다. 주님이 내 안에 내가 주 안에 하나 된 삶, 신랑과 신부가 하나 되듯 살아갑시다. 내 안에 주님의 뜻을 실현하기 위해 이제 다시 사랑을 찾아 나섭시다.

"내가 이제 일어나 내 사랑하는 자를 찾아 성읍으로, 거리로, 광장으로 나아가 찾 았구나. 내가
내 사랑하는 자를 찾으리라."(아3:1-2)

어여쁜 연인과 사랑의 동산
(아4:1-16)

"나의 누이, 나의 신부는 잠근 동산이요, 덮은 우물이요, 봉한 샘이로구나."(아4:12)

아가서 4장은 주로 남자(솔로몬)의 사랑 고백이 지배적으로 나타납니다. 16절에 한 절만 여자(술람미)가 고백하고 있습니다. "북풍아, 일어나라. 남풍아, 오라. 나의 동산에 불어서 향기를 날리라. 나의 사랑하는 자가 그 동산에 들어가서 그 아름다운 실과 먹기를 원하노라."(아4:16) 이 여자는 모든 바람을 불러들여 남자를 위해 동산의 향기를 날리며 그에게 사랑의 동산을 제 것으로 차지하라고 초청합니다. 이처럼 남자의 사랑 고백과 여인이 초청으로 사랑은

결실을 이루고 있음을 봅니다. 아가서의 사랑 노래의 절정에 위치하고 있음을 알게 됩니다.

이 사랑 노래는 예수님의 사랑 노래와는 비교할 수 없습니다. 주님은 우리를 위하여 당신의 생명을 버리시면서까지 사랑하셨습니다. 우리의 죄, 나의 죄를 위하여 대속 제물이 되셔서 십자가에 돌아가셨습니다. 나의 죄로 인해 내가 달려 죽어야 할 속죄의 피 값을 주님이 치르심으로 내가 구원을 얻게 된 것입니다. 십자가는 주님의 놀라운 사랑을 보여주는 것입니다. 이 십자가의 사랑을 누구도 보여줄 수 없었던 것입니다. 십자가의 사랑으로 우리를 사랑한 아가페의 사랑은 연인의 아름다운 사랑과는 비교할 수 없는 고귀한 사랑입니다. 그 아가서의 사랑을 노래를 통하여 주님의 사랑 노래가 위대함을 다시 고백할 수 있게 됩니다.

(1) 어여쁜 연인에 대한 사랑 노래(아4:1-11)

> "내 사랑, 너는 어여쁘고도 어여쁘다. 너울 속에 있는 네 눈이 비둘기 같고 네 머리털은 길르앗산 기슭에 누운 무리 염소 같구나. 네 이는 목욕장에서 나온 털 깎인 암양 곧 새끼 없는 것은 하나도 없이 각각 쌍태를 낳은 양 같구나. 네 입술은 홍색 실 같고 네 입은 어여쁘고 너울 속의 네 뺨은 석류 한쪽 같구나. 네 목은 군기를 두려고 건축한 다윗의 망대 곧 일천방패, 용사의 모든 방패가 달린 망대 같고 네 유방은 백합화 가운데서 꼴을 먹는 쌍태 노루 새끼 같구나."(아4:1-5)

사랑하는 연인을 보면서 아름다운 얼굴과 미모에 대한 최고의 찬사를 표현합니다. 남자는 사랑하는 여자를 여러 가지 비유로 묘사합니다. 길르앗은 요단 동쪽 산지인데 아름다운 산입니다. 여자의 머리털은 그곳의 흑염소의 털과 같이 아름답고 치아는 양처럼 흰데 하나도 빠지지 않은 쌍태이고, 입술은 붉고 입과 뺨은 석류의 노랗고 빨간 색의 홍조를 보여줍니다. 이처럼 아름다운 용모는 빼어난 클레오파트라의 코보다 아름다움을 보여줍니다. 성형외과 의사들이 뽑은 최고의 미녀, 미셸 파이퍼보다도 더 아름답게 여겨집니다. 세상의 미녀들의 얼굴은 세월이 지나가면 주름이 생기고 바뀌게 됩니다. 미인의 기준도 사람들의 눈에 따라 다르게 됩니다. 파이퍼를 최고의 미녀로 뽑은 기준은 가장 완벽한 얼굴이 입의 크기와 코의 넓이의 비율로 뽑은 것이었습니다. 인간이 가장 완벽한 얼굴을 가지기 위해서는 입의 크기와 코의 넓이에 정확히 1.618배가 되어야 한다는 마쿠아트(성형외과 전문의)의 연구결과에 의해 공식 미인으로 선정했기 때문입니다. 그러나 사랑의 미인의 대상은 어떠한 인간적인 기준으로 잴 수 없습니다. 하나님이 주신 짝은 누구든지 어떠한 생김새든지 아름다운 미인으로 자신에게 다가

옵니다. 단테의 베아트리체나 클레오파트라는 실제로 미인이 아니었다고 합니다. 제 눈의 안경으로 사랑의 눈도 각기 다 다릅니다. 하나님이 보시는 미인은 어떻겠습니까? 신앙이 좋은 사람들이 미인이 될 수 있을 것입니다.

> "나의 사랑, 너는 순전히 어여뻐서 아무 흠이 없구나. 나의 신부야, 너는 레바논에서부터 나와 함께하고 레바논에서부터 나와 함께 가자. 아마나와 스닐과 헤르몬 꼭대기에서 사자 굴과 표범 산에서 내려다보아라."(아4:7-8)

사랑하는 사람은 흠이 없이 순결하게 보입니다. 사랑은 순결과 온전함이 있습니다. 레바논은 아름다운 지역입니다. 아가서의 사랑 노래에서 레바논은 아름다운 지형과 아름다움의 대명사로 반복해서 쓰입니다. "나의 누이, 나의 신부야, 네가 내 마음을 빼앗았구나. 네 눈으로 한 번 보는 것과 네 목의 구슬 한 꿰미로 내 마음을 빼앗았구나. 나의 누이, 나의 신부야, 네 사랑이 어찌 그리 아름다운지 네 사랑은 포도주에 지나고 네 기름의 향기는 각양 향품보다 승하구나."(아4:9-10) 사랑하는 연인으로부터 완전히 마음을 빼앗긴 모습을 보여주고 있습니다. 연인의 한 번의 눈길로 사랑의 노예가 되고, 연인의 목과 목 구슬을 목도하고 완전히 사랑의 포로가 되어버린 남자의 사랑을 묘사하고 있습니다. 축복의 상징, 포도주에 취한 것처럼 사랑에 취하였음을 표현하고 있습니다. 아름다운 사랑의 연인, 그 얼굴과 용모에 대하여 노래하며 사랑에 빠져 있음을 보여줍니다.

한 연인이 사랑에 빠져 있을 때 인간의 사랑의 감정과 표현을 잘 보여주고 있습니다. 우리들의 주님과 교회에 대하여 이와 같은 열렬한 사랑과 애정을 가지고 있는지 돌아보게 됩니다. 주님의 십자가 사랑의 모습을 자세히 애정 어린 눈으로 살피고 있는지 그의 눈길을 찾고 있는지, 주님의 사랑에 취해 있는지, 사랑의 혼연일치, 일심동체의 상태를 다시 꿈꾸어봅시다.

(2) 사랑의 동산(아4:12-16)

남자는 자기 신부를 동산의 여러 가지 이미지로 표현하고 있습니다. "나의 누이, 나의 신부는 잠근 동산이요, 덮은 우물이요, 봉한 샘이로구나. 네게서 나는 것은 석류나무와 각종 아름다운 과수와 고벨화와 나도초와 나도와 번홍화와 창포와 계수와 각종 유향목과 몰약과 침향과 모든 귀한 향품이요."(아4:12-13) 신부를 온갖 과일과 향내로 가득 차고 또 자기의 뜨거운 사랑을 식힐 수 있는 샘이 있는 진귀한 동산에 견주고 있습니다. 이 동산을 잠근 동산이라고 표현하고 있습니다. 이 동산은 최초 인류의 조상, 아담과 이브가 살았던 에덴동산처럼 아름다운 동산이었을 것입니다. 죄가 없는 동산, 선악과가 그대로 달려 있는 동산이었을 것입니다. 이 사랑의 동산은 죄가 들어올 수 없는 잠근 동산이었습니다. 에스겔의 물댄 동산처럼 아름다운 생명수가 넘쳐흐르는 동산입니다. 사랑의 동산, 술람미 여인의 동산은 에덴동산과 물댄 동산처럼 아름다운 잠근 동산입니다. 이 동산에는 각종 아름다운 실과가 있고 아름다운 향내 나는 약초가 널려 있습니다.

> "너는 동산의 샘이요, 생수의 우물이요, 레바논에서부터 흐르는 시내로구나."(아4:15)
> 이러한 동산에서 남자는 연인을 향하여 동산의 샘이요, 생수의 우물, 레바논에서 흐르는 시내라고 고백하고 있습니다. 이러한 고백에 아름다운 여인은 사랑하는 남자가 실과를 먹기를 원하며 청하는 것으로 아름다운 아가서 4장의 노래는 마감합니다.
> "북풍아, 일어나라. 남풍아, 오라. 나의 동산에 불어서 향기를 날리라. 나의 사랑하는 자가 그 동산에 들어가서 그 아름다운 실과 먹기를 원하노라."(아4:16)

하나님의 아름다운 동산에는 먹을 것이 탐스럽게 열려 있고 생명의 물이 넘쳐흘러 갑니다. 그러나 이 세상의 동산에는 우상과 바알의 것들로 우글거리는 모습을 보게 됩니다. 아름다운 풀과 과수나무가 있지 않고 거친 수풀과 가시나무들이 도처에 널려 있어 생명을 잉태하지 못하고 방해하고 사랑을 하지 못하게 합니다. 사랑의 노래가 울려 퍼지지 못하고 연인들의 아름다운 사랑의 대화는 찾지 못합니다. 예수 사랑과 교회 사랑이 없는 세상에 살아가고 있는 모습들입니다. 그러나 하나님의 동산, 잠근 동산에서 사랑의 노래는 울려 퍼지고 있습니다. 주님의 사랑을 느끼고 노래하는 사람들, 예수의 십자가 사랑을 전하는 사람들, 교회에 그리스도의 평화를 합창하는 성도들을 통하여 아름다운 동산의 실과나무들은 열매를 맺게 됩니다.

주님은 우리를 향하여 어여쁜 사람아, 어여쁜 신부야, 함께 가자고 하십니다. 신랑이신 주님과 함께 나아갑시다. 잠근 동사으로 에덴동산, 물댄 동산으로 사랑의 노래를 부르며 즐겁게 행진합시다. 할렐루야.

여자의 사랑 고백과 시련

(아5:1-16)

> "내가 잘지라도 마음은 깨었는데 나의 사랑하는 자의 소리가 들리는구나. 문을 두드려 이르기
> 를, 나의 누이, 나의 사랑, 나의 비둘기, 나의 완전한 자야, 문 열어다오. 내 머리에는 이슬이,
> 내 머리털에는 밤이슬이 가득하였다 하는구나."(아5:2)

남자와 여자의 사랑에 있어서 남자와 여자의 사랑의 의미에 대한 말이 있습니다. "남자가
여자에게 사랑한다고 하는 것은 현재를 의미하며, 여자가 남자에게 사랑한다고 하는 것은 당
신이 나를 사랑하는 한, 나도 사랑한다는 의미를 담고 있다. 남자가 여자에게 사랑한다고 말
하는 것은 사랑의 시작이며, 여자가 남자에게 사랑한다고 말하는 것은 사랑의 완성이다." 남
녀 사랑에 있어서 여자의 사랑이 더 중요함을 강조하는 노년(60대)의 여자 성도를 보았습니다.
그녀는 여자가 사랑해야 결혼의 파탄이 일어나지 않고 사랑이 끝까지 간다고 말하였습니다.
본문은 여자의 사랑 고백을 다루고 있습니다.

(1) 여자의 사랑 고백

아가서 5장은 대부분 여자(술람미)의 사랑 고백으로 표현되고 있습니다. 4장에서는 남자(솔
로몬)의 고백이었다면, 5장은 이에 대응하는 사랑의 고백이 나타나 남녀가 사랑 고백으로 대
화하고 있습니다. 아름다운 두 연인이 사랑의 고백을 하고 있는 아름다운 모습입니다. 한 쌍
의 종달새가 산속에서 아름답게 지저귀고 있는 자태입니다. 두 번의 남자(솔로몬)의 고백이
있습니다. "나의 누이, 나의 신부야, 내가 내 동산에 들어와서 나의 몰약과 향 재료를 거두고
나의 꿀 송이와 꿀을 먹고 내 포도주와 내 젖을 마셨으니 나의 친구들아, 먹으라. 나의 사랑하
는 사람들아, 마시고 많이 마셔라."(아5:1) 여기서 남자는 그 사랑의 동산에 가서 여자가 자기
를 위해 마련해놓은 모든 기쁨을 누리겠다고 여자에게 약속한다. "문을 두드려 이르기를, 나
의 누이, 나의 사랑, 나의 비둘기, 나의 완전한 자야, 문 열어다오. 내 머리에는 이슬이, 내 머
리털에는 밤이슬이 가득하였다 하는구나."(아5:2) 여자의 사랑을 찾아가는 남자의 애절한 모
습을 봅니다.

여자(술람미)는 꿈속에서 연인을 동경합니다. 이 사랑의 고백은 꿈속에서 상상하는 것으로

묘사되고 있습니다. "내가 잘지라도 마음은 깨었는데 나의 사랑하는 자의 소리가 들리는구나."(아5:2) 사랑하는 사람의 소리가 들리는데도 문을 열어주지 못함으로 사랑을 이루지 못하는 안타까움과 그로 인한 시련을 노래하고 있습니다. "내가 옷을 벗었으니 어찌 다시 입겠으며 내가 발을 씻었으니 어찌 다시 더럽히랴마는 나의 사랑하는 자가 문틈으로 손을 들이밀매 내 마음이 동하여서…… 내가 사랑하는 자 위하여 문을 열었으나 그가 벌써 물러갔네. 그가 말할 때에 내 혼이 나갔구나. 내가 그를 찾아도 못 만났고 불러도 응답이 없었구나."(아5:3-6) 급기야 그 사랑을 찾아서 성중으로 나가다가 봉변을 당하는 지경에 이릅니다. "성중에서 행순하는 자들이 나를 만나매 나를 쳐서 상하게 하였고 성벽을 파수하는 자들이 나의 웃옷을 벗겨 취하였구나."(아5:7) 꿈과 현실을 혼동할 정도로 너무도 생생한 모습으로 표현하고 있습니다. 여자는 사랑을 찾아 과감하게 나서고 있습니다. 더욱이 병이 날 정도까지 애절하게 사랑하고 있습니다. "예루살렘 여자들아, 너희에게 내가 부탁한다. 너희가 나의 사랑하는 자를 만나거든 내가 사랑하므로 병이 났다고 하려무나."(아5:8) 상사병이 날 정도로 애타는 사랑을 하고 있습니다. 이러한 사랑은 하나님의 사랑을 보입니다. 그 사랑의 경지는 높아서 당신의 외아들 예수 그리스도를 이 땅에 보내셔서 사람들을 사랑하심을 보이십니다. 주님의 사랑은 이 여인(술람미)의 사랑보다도 더 애틋하고 열렬함을 보여주고 있습니다. 그 사랑이야기는 신약성경에서 잘 보여주고 있습니다.

(2) 남자의 용모에 대한 사랑 고백

제3자(예루살렘 처녀들)가 나타나 그 남자(솔로몬)를 사랑하는 이유가 무엇인지 묻습니다. "여자 중 극히 어여쁜 자야, 너의 사랑하는 자가 남의 사랑하는 자보다 나은 것이 무엇인가. 너의 사랑하는 자가 남의 사랑하는 자보다 나은 것이 무엇이기에 이같이 우리에게 부탁하는가."(아5:9) 그때에 이 사랑에 빠진 여자는 사랑하는 남자의 용모가 빼어남을 고백합니다. 남자의 용모를 아름다운 시로 노래하고 있음을 보게 됩니다. 우리의 영적 사랑도 이와 같이 세세히, 조밀하게, 깊이 사랑해야 함을 깨닫게 됩니다. 주님의 모습을 이처럼 세밀하게 표현할 수 있을지, 주님의 마음을 세심하게 살피며 그의 기쁨을 살 수 있을지 생각해봐야 할 것입니다.

"나의 사랑하는 자는 희고도 붉어 만 사람에 뛰어난다."(아5:10) 이에 대한 우리의 고백은 이렇게 할 수 있습니다. 주님은 나의 사랑 나의 전부가 되셔서 만 사람보다도 나의 유일한 관심이 됩니다. "머리는 정금 같고 머리털은 고불고불하고 까마귀같이 검구나. 눈은 시냇가에 비둘기 같은데 젖으로 씻은 듯하고 아름답게도 박혔구나. 뺨은 향기로운 꽃밭 같고 향기로운 풀 언덕과도 같고 입술은 백합화 같고 몰약의 즙이 뚝뚝 떨어진다."(아5:11-13) 주님의 머리에 는 아름다운 십자가 면류관이 있고 비둘기 같은 평화롭고 인자한 눈으로 우리를 보시고 계시 구나. 뺨은 향기로운 꽃동산에 있는 아름다운 사시사철 나무 같고 입술은 성령의 열매를 담고 있어 기도의 포도즙이 뚝뚝 떨어지고 있구나. "손은 황옥을 물린 황금 노리개 같고 몸은 아로 새긴 상아에 청옥을 입힌 듯하구나. 다리는 정금 받침에 세운 화반석 기둥 같고 형상은 레바 논 같고 백향목처럼 보기 좋고 입은 심히 다니 그 전체가 사랑스럽구나. 예루살렘 여자들아, 이는 나의 사랑하는 자요, 나의 친구이다." 얼굴의 형체를 노래하고 나서 여자는 이제 사랑하 는 연인의 풍채를 그리고 있습니다. 우리도 주님의 풍채를 기릴 수 있을 것입니다. 꿈속에 주 님을 날마다 뵈옵니다. 주님의 손은 거룩한 성흔이 있는 황금 손입니다. 몸에는 구속의 피 묻 은 영원한 성의를 두른 빼어난 두루마리가 걸쳐 있구나. 다리는 하늘과 땅을 이을 수 있는, 남과 북을 잇는 화평과 평화의 건강한 백두산 장백나무 기둥 같고 형상은 한라산 소나무처럼 보기 좋고 입은 심히 다니, 그 전체가 사랑스럽구나. 예루살렘 사람들아, 이는 나의 사랑하는 자요, 나의 동무이다.

　우리의 사랑은 한 연인의 얼굴과 풍채를 기리며 그리워하였듯이 이제 주님을 생각하며 그 의 사랑과 우리의 사랑을 서로 나누어야 할 것입니다. 주님을 사랑합니다. 이 세상의 모든 노 래보다 아름다운 노래를 부르고 싶습니다. 주님, 제가 정말로 주님을 사랑하는 줄 아시지요. 사탄 마귀의 시험과 시련을 딛고 주님께 나아가오니 받아주세요. 주님 사랑합니다. 제가 부른 주님의 용모와 풍채의 기림을 받아주소서, 할렐루야.

사랑의 회복과 술람미 여자

(아6:1-14)

"돌아오고 돌아오라. 술람미 여자야, 돌아오고 돌아오라. 우리로 너를 보게 하라."(아6:13)

　고대 그리스의 신화에 사랑과 그 사랑의 회복에 대한 이야기가 있습니다. 철학자 아리스토 파네스는 플라톤의 유명한 『향연』에서 태고의 인간이 가진 세 개의 성(性)에 대해 이야기합니다. 생식기를 두 개 가지고 있었던 아주 오래 전 인간들은 태양에서 태어난 남성과 땅에서 태어난 여성과 달에서 태어난 양성 중 하나였다는 것입니다. 이들 셋은 모두 힘이 세고 용감해 하늘에 사다리를 타고 올라가 신들과 싸움을 벌일 정도였다고 합니다. 신익 영역에 도전하는 인간을 곱게 보지 않았던 제우스신은 화가 난 나머지 이 셋을 모아 무 자르듯 위에서 아래로 두 동강을 내버렸습니다.

이때부터 인간은 떨어져 나간 자신의 빈자리를 찾기 시작합니다. 어디선가 팔딱이는 숨을 몰아쉬고 있을 반쪽을 찾아 헤매는 것입니다. 아리스토파네스는 과거의 완전했던 본체를 회복하려는, 이와 같은 열망과 노력들을 사랑이라고 불렀습니다. 오직 사랑만이 '과거의 우리를 회복시켜줄 수 있으며, 두 존재를 하나로 용해시켜서 현재의 잘못된 인간의 상태를 치유시켜 줄 수 있다'고 말합니다. 본래는 하나였지만 뜻하지 않게 헤어지게 된 운명의 사람. 그런 반쪽을 기다리는 것이 사람들이 꿈꾸는, 위대하고도 결정적인 사랑의 보편적 모습입니다.

아가서의 사랑의 완성도 두 연인 간의 잃어버린 짝을 찾는 작업이 계속되고 있습니다. 여자(술람미)의 사랑 고백과 그 사랑을 찾기 위해 떠나는 작업이 5장에서 기술되었습니다. 아가서 6장에서는 그 사랑하는 연인을 찾고, 다시 사랑의 대화를 나누며 사랑의 완성을 향하여 이번에는 남자가 여자(술람미)를 돌아오라고 절규하듯 외치는 모습을 보게 됩니다. 이러한 사랑 노래와 사랑의 대화, 사랑의 찾음은 교회와 성도, 하나님과 이스라엘 백성 사이에 계속되고 있는 사랑의 외침이 되고 있습니다. 돌아오라, 돌아오라, 주님의 품으로 돌아오라. 오라는 외침으로 우리에게 들리지 않습니까?

(1) 여자의 사랑 회복

"여자 중 극히 어여쁜 자야, 너의 사랑하는 자가 어디로 갔는가. 너의 사랑하는 자가 어디로 돌이켰는가. 우리가 너와 함께 찾으리라."(아6:1)

5장 앞 절에서 여자(처녀)의 하소연을 들은 예루살렘 아가씨들은 함께 신랑을 찾아 나섭니다(6:1) 예루살렘의 아가씨들은 제3자의 입장에서 두 연인의 사랑을 지켜보며 신랑을 찾아 헤매는 신부를 돕습니다. 이웃의 도움이 사랑을 회복하는 데 크게 이바지가 됩니다.

"나의 사랑하는 자가 자기 동산으로 내려가 향기로운 꽃밭에 이르러서 동산 가운데서 양떼를

먹이며 백합화를 꺾는구나. 나는 나의 사랑하는 자에게 속하였고 나의 사랑하는 자는 내게 속
하였다. 그가 백합화 가운데서 그 양떼를 먹이는구나."(아6:2-3)

애타게 찾았던 남자를 드디어 만나게 됩니다. 자신이 사랑하는 연인에게 속하였다고 고백
합니다. 자기 동산, 양떼 먹이는 목장에서 만날 수 있었습니다. 주님의 사랑은 영혼의 목장,
잃어버린 영혼을 구원하는 동산에서 아름답게 이루어질 수 있음을 상징적으로 보여줍니다.
사랑을 찾아 떠났던 여인이 사랑하는 사람을 그의 동산에서 만날 수 있었고 그에게 자신이
속하고 그는 자신에게 속하였다는 서로의 귀속을 확인하며 둘이 하나 되는 사랑의 신비를 나
누게 됩니다. 주님과 우리가 하나 되는 영적 체험을 하는 순간, 하나님의 종으로서 주의 일들
을 감당하며 활발한 사역을 행할 것입니다.

여자의 사랑 회복 후 서로의 일체감을 확인하듯이 우리도 나의 잃어버린 사랑을 찾아야겠
습니다. 그리고 내게 주어진 사랑하는 잃어버린 양들을 찾아서 서로 영적으로 주 안에서 하나
임을 나누며 서로의 속함을 확인하며 기뻐하는 기회를 가져야 하겠습니다.

(2) 솔로몬의 고백

남자는 사랑하는 여인이 찾아옴을 보고 다시 그녀의 아름다움과 사랑스러움을 고백합니다.
이 고백은 앞서 행한 아가서 4장 1절부터 3절의 고백과 똑같습니다. 어여쁨과 고움이 사마리
아로 수도를 이전하기 전, 디르사 수도같이 예루살렘같이 아름답다고 하고 군대와 같다고 말
하고 있습니다. 이것은 고대의 아름다움의 대명사로서 군사적 용어를 사용한 용례입니다.

"내 사랑아, 너의 어여쁨이 디르사 같고 너의 고움이 예루살렘 같고 엄위함이 기치를 벌인 군
대 같구나. 네 눈이 나를 놀래니 돌이켜 나를 보지 마라. 네 머리털은 길르앗산 기슭에 누운
염소 떼 같고 네 이는 목욕장에서 나온 암양 떼 곧 새끼 없는 것은 하나도 없이 각각 쌍태를
낳은 양 같고 너울 속의 너의 뺨은 석류 한쪽 같구나."(아6:4-6)

솔로몬의 고백은 확실합니다. 수많은 여자들이 있지만 자신의 사랑은 하나, 유일한 술람미
여자라고 말합니다. 그녀는 모든 사람들이 복된 자라 하고 칭찬을 아끼지 않는 사람이라고 말
하고 있습니다. 외동딸이며 부모에게 귀중히 여기는 자라고 밝히고 있습니다. 사랑하는 자가 유
일한 사랑의 대상이며 모든 사람들의 사랑과 칭찬과 귀중히 여김을 받는다는 것을 보여줍니다.

"왕후가 육십이요, 비빈이 팔십이요, 시녀가 무수하되 나의 비둘기, 나의 완전한 자는 하나뿐 이로구나. 그는 그 어미의 외딸이요, 그 낳은 자의 귀중히 여기는 자로구나. 여자들이 그를 보고 복된 자라 하고 왕후와 비빈들도 그를 칭찬하는구나."(아6:8-9)

다시 부인들(여인들)이 아름다운 여자가 누군가라고 감탄하며 수사적 질문을 합니다.

"아침 빛같이 뚜렷하고 달같이 아름답고 해같이 맑고 기치를 벌인 군대같이 엄위한 여자가 누구인가."(아6:10)

그 아름다운 여인을 기대와 감격으로 다시 보려고 호도 동산으로 가고 있는 남자의 모습을 봅니다. "골짜기의 푸른 초목을 보려고 포도나무가 순이 났는가, 석류나무가 꽃이 피었는가 알려고 내가 호도 동산으로 내려갔을 때에."(아6:11) 사랑으로 가슴이 터질 듯한 여인(술람미)은 사랑의 마음을 표현하며 사랑의 절정에 이름을 밝힙니다. "부지중에 내 마음이 나로 내 귀한 백성의 수레 가운데 이르게 하였구나."(아6:12) 사랑의 대화와 사랑의 협력의 모습을 보게 됩니다. 사랑은 서로 아름다운 말을 나누며 사랑의 기대와 감격으로 끊임없이 대화를 나누는 것입니다. 아가서의 두 연인은 계속하여 숨바꼭질하듯이 서로 찾고 사랑을 나누고 대화를 하고 있습니다. 성도 간에도 영적인 교제를 지속하고 주님과의 긴밀한 대화를 매순간마다 해야 함을 교훈적으로 보여 주고 있습니다.

사랑의 절정의 장면은 혼인식 자리에서 춤 주제로 나타납니다. 예루살렘 여인들이 술람미 여자에게 춤추는 자리로 나아오라고 말합니다. "돌아오고 돌아오라, 술람미 여자야. 돌아오고 돌아오라. 우리로 너를 보게 하라."(아6:13) 그러나 여자는 춤추는 것을 거절합니다. "너희가 어찌하여 마하나임의 춤추는 것을 보는 것처럼 술람미 여자를 보려느냐."(아6:14) 여자는 무도회장인 마하나임의 춤추는 여자처럼 자신을 속된 여자로 보느냐고 힐문합니다. 7장에서 이러한 여자에 대하여 더욱 사랑스러움을 고백합니다.

사랑은 시련을 겪고, 사랑을 찾아 나서는 여인을 통하여 그 사랑이 회복되는 과정을 아가서 6장에서 보여주고 있습니다. 사랑하는 여러분, 주님의 사랑을 찾아 떠나시길 바랍니다. 현실의 어려움이 있고 시련이 있다고 하더라도 포기하지 말고 사랑의 주님을 찾아 영적 기쁨을 맛보며 회복하는 축복이 있으시기를 축원합니다.

사랑의 성취와 결합

(아7:1-13)

> "나는 나의 사랑하는 자에게 속하였구나. 그가 나를 사모하는구나."(아6:10)

> "나는 사랑을 찾아 헤매었다. 첫째는 그것이 황홀을 가져다주기 때문이다. 그 황홀은 너무나 찬란해서 몇 시간의 이 즐거움을 위해서는 남은 생애를 전부 희생해도 좋다고 생각하는 일도 가끔 있었다. 둘째로는 그것이 고독감- 하나의 떨리는 의식이 이 세상 너머로 차고 생명 없는 끝없는 심연을 바라보는 그 무서움 -을 덜어주기 때문에 사랑을 찾아 다녔다. 마지막으로 나는 사랑의 결합 속에서 성자와 시인들이 상상한 천국의 신비로운 축도를 미리 보았기 때문에 사랑을 찾았다."(러셀)

러셀이 사랑을 찾아나서 사랑의 결합에 이르러 성자와 시인들이 상상한 신비로운 축도를 보았다고 말합니다. 아가서의 두 연인도 서로 사랑을 찾아 사랑의 고백을 하고 대화를 하여 결합에까지 이르게 됩니다. "합환채가 향기를 토하고 우리의 문 앞에는 각양 귀한 실과가 새 것, 묵은 것이 구비하였구나. 내가 나의 사랑하는 자, 너를 위하여 쌓아둔 것이로구나."(아7:13) 여인은 합환채(과거에 신부가 신랑에게 합방을 요구할 때 사용함. 아브라함과 레아)의 향기로 사랑하는 상대에게 자신을 몽땅 주겠다고 깊은 사랑을 고백합니다. 아가서의 사랑 노래를 통하여 깊은 그리스도의 사랑을 생각하게 됩니다. 주님과 나 사이에 사랑의 관계를 생각하게 됩니다. 이렇게 주님을 내가 사랑하고 있을까? 주님은 나를 위해 십자가에 달려 돌아가실 정도로 사랑하시는데 나는 얼마나 주님을 사랑하고 있는가? 영으로 주님과 하나가 되어 살아가고 있는가? 기도와 찬양, 말씀으로 깊은 주님의 사랑을 느끼며 호흡하며 살아가고 있는지 반성하게 됩니다. 두 연인의 사랑 고백을 보고 들으면서 주님과의 사랑 결합에 이르기를 바랍니다.

(1) 사랑의 성취

> "귀한 자의 딸아, 신을 신은 네 발이 어찌 그리 아름다운가. 네 넓적다리는 둥글어서 공교한 장색의 만든 구슬꿰미 같구나. 배꼽은 섞은 포도주를 가득히 부은 둥근 잔 같고 허리는 백합화로 두른 밀단 같구나. 두 유방은 암사슴의 쌍태 새끼 같고 목은 상아 망대 같구나. 눈은 헤스본 바드랍빔 문 곁의 못 같고 코는 다메섹을 향한 레바논 망대 같구나. 머리는 갈멜산 같고 드리운 머리털은 자줏빛이 있으니 왕이 그 머리카락에 매이었구나."(아7:1-5)

혼인식 무도회의 춤추는 자리에서 사랑하는 남자는 술람미 여인을 보며 아름다움을 고백하고 있습니다. 발과 넓적다리, 배꼽과 허리, 유방과 목, 눈과 코, 머리와 머리털을 보며 사랑에 취해서 아름다움을 묘사하고 있습니다. 문학가의 눈과, 시인의 눈으로 이스라엘 문화와 팔레스틴의 미적 표현으로 아름답게 표현합니다. 헤스본의 못과 갈멜산의 아름다움이 차용되고, 다메섹과 레바논의 망대가 나타납니다. 아름다운 자연물과 동물, 장신구를 인용합니다. 포도주와 백합화, 암사슴의 쌍태 새끼, 공교한 장색의 만든 구슬꿰미 등을 말합니다.

계속되는 남자의 농도 깊은 사랑 고백은 사랑의 성취를 가져옵니다. "사랑아, 네가 어찌 그리 아름다운지, 어찌 그리 화창한지 쾌락하게 하는구나. 네 키는 종려나무 같고 네 유방은 그 열매 송이 같구나. 내가 말하기를 종려나무에 올라가서 그 가지를 잡으리라 하였나니, 네 유방은 포도송이 같고 네 콧김은 사과 냄새 같고 네 입은 좋은 포도주 같을 것이니라. 이 포도주는 나의 사랑하는 자를 위하여 미끄럽게 흘러내려서 자는 자의 입으로 움직이게 하느니라."(아7:6-9) 사랑하는 연인이 결혼하여 합방하여 혼인 방을 차리며 사랑을 속삭이는 모습을 연상하게 합니다. 남자는 여인의 아름다운 몸매를 보며 감탄하며 종려나무와 포도송이, 사과 냄새와 포도주의 감미로운 모습을 상상하고 있습니다. 두 연인의 사랑이 성취되어서 그들의 영혼과 육체가 완전히 일치하고 결합되는 모습을 봅니다.

(2) 사랑의 결합

남자의 사랑 고백 위에 이제 여자의 사랑 고백이 이루어지게 됩니다. 결혼식에서 남자의 성혼 동의 고백이 있고 나서 여자의 성혼 의사 고백의 '예' 소리가 은은히 펴지게 되어야 결혼이 이루어지듯이 이제 여자의 사랑 고백이 울리게 됩니다. "나는 나의 사랑하는 자에게 속하였구나. 그가 나를 사모하는구나. 나의 사랑하는 자야, 우리가 함께 들로 가서 동네에서 유숙하자. 우리가 일찍이 일어나서 포도원으로 가서 포도 움이 돋았는지, 꽃술이 퍼졌는지, 석류꽃이 피었는지 보자. 거기서 내가 나의 사랑을 네게 주리라."(아7:10-12) 사랑은 소유물이 아니라는 말이 있습니다. 그 말은 돈으로 결혼식으로 여자의 사랑을 살 수 없다는 것입니다. 영혼과 마음을 사야 사랑을 이루게 된다는 말입니다. 여기서처럼 여자가 나는 '나의 사랑하는 자에게 속하였구나'라는 고백이 이루어져야 한다는 것입니다. 마찬가지로 우리도 신앙적으로 마음으로 주를 믿고 입으로 시인하여야 주님의 자녀가 될 수 있는 것입니다. 우리의 신앙고백, '내가 주님을 믿습니다. 주님을 사랑합니다'라는 말은 주님과 하나 되게 합니다. 우리의 사랑이 이제 주님과 하나 되는 영적 결합의 차원으로 나아가야 할 것입니다. 주님의 사랑을 느끼며 주님으로 인해 즐거워할 수 있는 삶, 주님의 사랑을 깨달을 수 있는 영적 성숙함으로 주님의 사랑을 이루고 주님과 하나 되는 은혜를 가지시기를 바랍니다. 할렐루야.

> "그 꽃은 내 별에 향기를 풍겨주고 내 마음을 밝게 해줬어. 그의 허영에 찬 말보다도 그냥 언제나 그곳에 있어주는 그 존재에 즐거움을 느꼈어야 했어. 난 너무 어려서 꽃을 어떻게 사랑해야 하는지를 몰랐다구."(『어린왕자』 중 낯선 사람들 사이에 침묵이 흐르면)

사랑은 죽음보다 강하고
(아8:1-7)

> "너는 나를 인같이 마음에 품고 도장같이 팔에 두라. 사랑은 죽음같이 강하고 투기는 음부같이 잔혹하며 불같이 일어나니 그 기세가 여호와의 불과 같으니라."(아8:6)

아가서 8장은 아가서 전체의 결론부에 해당합니다. 아가서를 공부하면서 우리가 얼마나 사랑에 부족하였는지 돌아보게 됩니다. 이제부터 주님의 사랑을 연구하며 사랑학 박사가 되어야겠다는 생각이 들지 않습니까. 주님의 사랑을 알면 알수록 더욱 새로워지고 그 사랑이 깊어져 갑니다. 부모님이 자녀를 사랑하는 것이 넓고 깊듯이 주님의 사랑과 하나님의 사랑은 바다와 같고 산과 같이 높습니다. 술람미 여인과 솔로몬의 사랑이 많은 시련과 위기를 겪고 결혼에 이르게 되고 사랑의 절정에 오르는 모습을 보게 됩니다. 우리의 주 안에서 어떠해야 하는지 생각하게 됩니다.

(1) 사랑이 오라비 같았더라면

> "네가 내 어미의 젖을 먹은 오라비 같았었다면 내가 밖에서 너를 만날 때에 입을 맞추어도 나를 업신여길 자가 없었을 것이라. 내가 너를 이끌어내 어미 집에 들이고 네게서 교훈을 받았으리라. 나는 향기로운 술, 곧 석류즙으로 네게 마시웠겠고 너는 왼손으로 내 머리에 베개하고 오른손으로 나를 안았었으리라. 예루살렘 여자들아, 내가 너희에게 부탁한다. 나의 사랑하는 자가 원하기 전에는 흔들지 말며 깨우지 말지니라."(아8:1-4)

사랑하는 자가 오라비 같았더라면 하고 술람미 여인은 바랍니다. 이 말은 사랑하는 자와 함께 있고 싶은 마음을 표현하고 있습니다. 오빠는 집에 함께 있을 수 있기 때문입니다. 사랑이 깊어지면 떨어지기 싫은 것을 봅니다. 하나님의 사랑도 우리와 늘 함께하기를 원합니다. 우리는 세상을 사랑하여 보이는 이 세상 것에 집착하여 살아갑니다. 주님과 함께 늘 동행하며 살아가는 생활을 하고 있는가 돌아보게 됩니다. 에녹과 엘리야는 하나님과 늘 동행하며 살아서 죽음을 맛보지 않고 승천하였던 인물이었습니다. 노아는 하나님과 동행하는 삶을 살아서 홍수 심판을 받지 않고 구원을 받고 복을 받아 장수하였습니다. 우리가 사랑하는 사람과 함께하고 싶은 마음을 가지고 있는 것처럼 주님과 함께 동행하는 삶을 살아야 하겠습니다. 하나님과 동행하는 것은 무엇입니까? 교회에 봉사하며 헌신하는 것입니다. 선교하며 구제하는 것입니다. 하나님의 영광을 위해 생활 중에 빛을 발하며 살아가는 것입니다. 성령과 동행하며 주님의 기쁨으로 살아가는 삶이 되시길 축원합니다.

(2) 사랑은 죽음같이 강하고

사랑이 무엇인가라는 인류의 난제 중에 성경에 가장 유명한 명제가 이곳에 있습니다. 사랑은 죽음같이 강하다. 술람미 여인이 사랑에 대하여 느낀 감정이 이렇게 강하였습니다. 이 말을 하는 문맥을 살펴봅시다. 예루살렘 처녀들이 먼저 말합니다. "그 사랑하는 자를 의지하고 거친 들에서 올라오는 여자가 누구인고."(아8:5) "너를 인하여 네 어미가 신고한, 너를 낳은 자가 애쓴 그곳, 사과나무 아래서 내가 너를 깨웠노라. 너는 나를 인같이 마음에 품고 도장같이 팔에 두라. 사랑은 죽음같이 강하고. 이 사랑은 많은 물이 꺼치지 못하겠고 홍수라도 엄몰하지 못하나니 사람이 그 온 가산을 다 주고 사랑과 바꾸려 할지라도 오히려 멸시를 받으리라."(아8:5-7) 이 구절에서도 사랑하는 사람을 가까이 두고 싶은 마음을 보여주고 있습니다. 중동 지방에서는 도장과 인을 끈에 달아 목에 달고 다니는 풍습이 있습니다. 사랑은 강하여 어떠한 죽음과 음부보다도 강하다고 말합니다. 연인 간의 사랑이 이처럼 강하여 어떠한 위협과 죽음도 이길 수 있다고 합니다. 하물며 하나님의 사랑과 우리 주님의 사랑은 어떻겠습니까? "누가 우리를 그리스도의 사랑에서 끊으리요, 환난이나 곤고나 핍박이나 기근이나 적신이나 위험이나 칼이랴."(롬8:35) 어떠한 존재도 세력도 주님의 사랑을 끊을 수 없다고 바울은 고백하고 있습니다.

사랑하는 여러분, 우리도 이러한 사랑의 고백을 하여야 하겠습니다. 하나님의 사랑은 불처럼 물처럼 죽음처럼 강합니다. 주님을 사랑합시다. 하나님의 사랑으로 우리의 삶은 활력 있고 능력 있고 힘 있게 살 수가 있을 것입니다.

사랑의 부름
(아8:8-14)

> "나의 사랑하는 자야, 너는 빨리 달리라. 향기로운 산들에서 노루와도 같고 어린 사슴과도 같아여라."(아8:14)

아름다운 사랑을 하지 못하고 사랑을 노래하지 못하는 사람들은 살아 있지만 진정 살아 있지 못한 사람입니다. 사랑은 우리를 사람답게 하고 우리를 기쁘게 합니다. 사랑이 없는 삶은 무미건조한 죽은 삶이라고 말하여도 과언은 아닐 것입니다. 성경의 사랑 장 고린도 전서 13장은 사랑에 대하여 잘 말해주고 있습니다. "사랑은 오래 참고 사랑은 온유하며 투기하는 자가 되지 아니하며 사랑은 자랑하지 아니하며 교만하지 아니하며…… 모든 것을 참으며 모든 것을 믿으며 모든 것을 바라며 모든 것을 견디느니라…… 그런즉 믿음, 소망, 사랑, 이 세 가지는 항상 있을 것인데 그중에 제일은 사랑이라."(고전13:4-13) 이러한 사랑의 찬가를 부르지 않고 산다고 하면 인생은 의미가 없을 것입니다. 아가서의 사랑 피날레(마지막)는 사랑의 부름으로 끝나고 있습니다(아8:13-14). 우리들도 늘 사랑의 노래를 부르며 잃어버린 영혼들을 초청하며 사랑하며 살아가야겠습니다.

(1) 사랑의 피날레

여자의 오라비들이 먼저 말하기를 시작합니다. "우리에게 있는 작은 누이는 아직도 유방이 없구나. 그가 청혼함을 받는 날에는 우리가 그를 위하여 무엇을 할꼬. 그가 성벽일진대 우리는 은 망대를 그 위에 세울 것이요, 그가 문일진대 우리는 백향목 판자로 두르리라."(아8:8-9) 사랑의 결실로써 결혼식을 올려야 하는 술람미 여인은, 결혼지참금의 문제로 인해 오빠들이 돈의 욕심을 부리는 장면을 봅니다. 여동생이 성숙하지 못해서 결혼식을 올릴 수 없을 것이라고 걱정하는 오라비들의 생각과 또 정반대로 청혼을 받는 날에 결혼지참금을 더 받기 위해 성벽을 두르고 백향목 판자를 둘러서 집안에 가둘 것이라고 으름장을 놓는 모습입니다. "나는 성벽이요, 나의 유방은 망대 같으니 그러므로 나는 그의 보기에 화평을 얻은 자 같구나."(아 8:10) 성숙한 여인이 되고 시집갈 수 있는 나이가 되었다고 말합니다. 이제 사랑하는 사람을 만나서 혼인을 할 수 있게 되어 화평을 얻게 되었다고 고백하고 있습니다. 사랑하는 남자가 그녀를 보고 화평을 얻은 자가 되었다고 말합니다. 사랑의 피날레에 이르러 서로 하나 되는 결혼식을 통하여 완전한 결합에 골인하게 됩니다. 사랑이 평화와 화평을 얻게 합니다. 주님의 사랑은 온전한 데에 이르게 합니다. 사랑이 샬롬(평화)의 단계에 이르게 함을 봅니다. 사랑과 화평의 주님이 우리에게도 함께하시기를 바랍니다.

(2) 사랑의 초청

"사랑하는 자들아, 우리가 서로 사랑하자. 사랑은 하나님께 속한 것이니 사랑하는 자마다 하나님께로 나서 하나님을 알고 사랑하지 아니하는 자는 하나님을 알지 못하나니, 이는 하나님은 사랑이심이라."(요일4:7-8) 하나님을 아는 길은 사랑하는 것이라고 말합니다. 요한 사도는 우리가 늘 사랑의 부름과 사랑의 초청을 받고 살아야 함을 가르쳐줍니다. 마지막 아가서 8장의 후반부는 솔로몬과 포도원의 비유를 통하여 사랑의 초대와 부름을 보여주고 있습니다.

"솔로몬이 바알하몬에 포도원이 있어 지키는 자들에게 맡겨두고 그들로 각기 그 실과를 인하여서 은 일천을 바치게 하였구나. 솔로몬 너는 일천을 얻겠고 실과 지키는 자도 이백을 얻으려니와……."(아8:11-12) 솔로몬의 포도원이 풍요롭게 축복이 넘침을 보여줍니다. 잠언 15장 6절에는 '의인의 집에는 많은 보물이 있다'고 말합니다. 주님을 모신 가정의 포도원은 보물과 온갖 귀한 것이 주렁주렁 열립니다. 사랑의 열매가 풍성히 열려서 즐거움과 기쁨이 넘쳐서 웃음꽃이 피게 될 것입니다. 예수님이 바로 우리의 포도나무요, 우리가 가지가 되어(요15:1-8), 주님 안에서 성령의 9가지 열매와 사랑의 열매를 풍성히 맺기를 바랍니다.

이제 축복의 포도원에 아름다운 열매와 풍성한 과실이 펼쳐 있습니다. 그리고 즐거움의 탄성이 울려 퍼지는 동산에서 사랑의 연인들은 서로 사랑을 부르고 있습니다. "내게 속한 내 포도원은 내 앞에 있구나. 너 동산에 거한 자야, 동무들이 네 소리에 귀를 기울이니 나로 듣게 하려무나(남자) 나의 사랑하는 자야, 너는 빨리 달리라. 향기로운 산들에서 노루와도 같고 어린 사슴과도 같아여라(여자).”(아8:12-14) 우리도 주님과 같이 성령 충만하여 영적으로 하나 되어 사랑을 속삭이며 아름다운 동산을 거닙시다. 주님을 부르며 예수님이 우리를 부르는 음성을 들으며 함께 사랑을 나눕시다. 이제 우리의 사랑을 필요로 하는 사람들에게 찾아가서 주님의 사랑을 전하며 그들을 주님의 동산으로 초대합시다. 할렐루야.

아가서의 저작 목적과 신학

이 장에서는 아가서의 저작문제와 신학을 연구하고자 한다. 아가서의 저작문제에 있어서 제기되는 설은 두 인물설(솔로몬과 술람미)과 세 인물설(목동가설)로 나뉘는데, 그중에 어느 것인가라는 문제가 대두된다. 이 글은 전통적인 저작설, 두 인물설에 근거하여 이해할 수 있는 입장을 취하며 영적 해석을 주장한다. 오늘날의 결혼생활과 가정생활, 부부간의 윤리를 위해 더 긴급한 해석임을 밝히고자 한다. 그래서 남녀 간의 사랑을 통하여 하나님의 사랑의 신비한 관계를 이해할 수 있는 여지를 갖게 된다. 이 아가서는 페르시아 시대 후기에 유월절의 역사적 의미를 되새기고, 하나님의 사랑을 보여주기 위해 남녀 사랑의 이야기를 성애적으로 묘사하여 영적 이해의 단계까지 이르게 하려고 했다. 이 글에서는 아가서의 사랑이야기를 새롭게 해석하며 논문형식으로 기술한다.

들어가는 말

구약성서 중 아가서만큼 하나님의 사랑을 잘 나타내고 있는 책은 없다. 하나님이 이스라엘 백성을 사랑한다는 것, 신랑 여호와 하나님이 신부 이스라엘 백성을 사랑한다는 노래가 아가서 8장 전체에 잘 나타난다. 성문서 책들 중에 욥기와 잠언, 전도서와 아가서, 몇 개의 시편들은 지혜문학으로 분류된다. 아가서는 '사랑의 본질이 무엇인가'라는 문제를 다루는 철학적 지혜를 담고 있다.[37] 하지만 아가서 연구가 구약학계에서 많이 연구되지 못하고 있다. 해석의 문제에 많은 난해성이 있기 때문이다.

아가서에 표현된 선정적이고 성애적(erotic) 묘사로 인해 경전성의 문제가 제기되기도 하였지만, '하나님과 이스라엘 사이의 사랑을 비유한 것'이라는 해석이 인정되어 정경으로 남게 되었다. 최근에는 잠언의 안티테제로 아가서가 저작되었다는 여성주의 비평의 관점에서 연구되기도 한다.[38] 이 글에서는 아가서를 누가 썼는지, 어떤 목적을 가지고 이 책을 구성하였는지, 또 저작문제와 관련하여 아가서의 해석문제는 어떤 것이 있는지, 아가서 저작의 목적과는 어떻게 연관되는지 살펴보자. 오늘의 독자의 상황에서 제기되는 문제와 더불어 아가서의 정

---

37) G. L. Carr, *The Song of Solomon*, Tyndale OT Commentaries, (Leicester: Inter-Varsity Press, 1984), 15-16.

38) 박지은(2009), "그녀와의 새로운 만남을 위하여: 한 여성의 눈으로 읽은 아가서", 〈Quills of the Strange Woman: A Postcolonial Feminist Reading of Women in Proverbs and the Song of Songs〉(PhD diss., Nashville: Vanderbilt University), 제83차 구약학회 학술대회자료집, 2009. 12. 4, 13-25.

경시대의 정경 결정자들과 편집자들의 성서 해석의 관점을 질문하는 것이 유용하다. 그리고 아가서의 저작문제와 해석이, 아가서 기록 목적과 어떻게 연관되는지 연구한다. 이 아가서 연구가 구약 연구의 새로운 지평을 열고 사랑의 종교, 기독교 이해의 중심 열쇠를 가진 연구가 될 수 있는지 그 가능성을 타진해보자.

문학적 형태와 저작설

아가서 해석의 문제와 더불어 아가서의 문학적 형태를 논의해야 할 필요가 있다. 아가서 본문이 어떤 문학적 양식을 가지고 있는지 살피고, 그 양식을 낳게 한 저자가 무슨 의도로 기록하였는지 따지는 것은 아가서 이해의 중요한 사항이다. 이 문제를 규명하는 것은 아가서의 기록 목적과 신학에 있어서 중요하다. 다시 말해 아가서의 저자가 누군가라는 문제는 아가서의 문학적 형태와 밀접한 연관이 있다. 저자가 어떤 문학적 양식을 염두에 두고 기록하였는지 질문할 수 있고, 또 그 문학적 형태를 통해 아가서의 저자를 추정할 수 있기 때문이다. 전통적으로 아가서는 솔로몬이 저작한 것으로 본다. 아가서와 잠언, 전도서, 솔로몬의 지혜서는 솔로몬의 표제로 되어 있어 솔로몬의 권위를 인정하고 있다.[39]

하지만 탈무드(b. Shevu'ot 35b)에서 솔로몬의 어휘, 'Shelomo'라는 말이 아가서 8장 12절만 제외하고 평화의 왕, 하나님을 언급하고, 그리스도인에게는 그리스도를 의미한다. 그리고 초기에는 평화의 왕자(sar shalom)로서 번역되었다.[40] 스네이스(J. G. Snaith)는 한 명의 전반적인 편집자를 가졌지만, 아가서에는 다중의 저자가 있다고 보며 여러 시기에 걸쳐서 오랫동안 편집되었다고 본다.[41] 브레너(Brenner)는 복합적이고 문학적인 형태, 저자의 솔로몬 표기, 다양한 시의 문체, 배경, 사랑의 시를 선집할 수 있는 잘 교육받고 많은 정보를 가진 지식인으로서 페르시아시대 이후의 저작이라고 추정한다.[42] 이것은 구약이 정경화되기 전, 므길롯트(아가서, 룻기, 예레미야 애가, 에스더, 전도서)의 책으로 완성되기 전이라고 볼 수 있다.

---

39) J. Rainbow(2007), "The Song of Songs and the Testament of Solomon: Solomon's Love Poetry and Christian Magic," *HTR* 100: 249–250. 열왕기상 5:9–14(4:29–34)에 나온 솔로몬 상으로 신비적이고 마술적(축사)인 정체성으로 저작설에 영향을 주었을 것이라 주장한다.

40) A. Green(2002), "Shekhinah, The Virgin Mary, and The Song of Songs: Reflections on a Kabbalistic Symbol in Its Historical Context," *AJS Review* 26: 48.

41) J. G. Snaith(1991),, *Song of Songs*, NCBC, Grand Rapids: Wm B. Eerdmanns, 9.

42) A. Brenner(1989), *The Song of Songs*, Sheffield: JSQT Press 18

아가서가 하나의 드라마(Drama)라는 것과 셈족의 사랑 시(Semitic Love Poetry)라는 설이 있다. 먼저 아가서가 연극의 드라마 대본이라는 설은 오늘날 지지받지 못하지만 18~19세기에는 유행한 이론이었다. 본문에는 무대를 지시하는 말이 대체로 부족하지만 다른 무대가 있고 두 사람 사이의 대화, '예루살렘의 딸들아', 히브리어 복수 형태 등이 사용되어 연극의 합창일 가능성을 보여준다. 하지만 셈족과 유대인들 사이에 연극 드라마가 있었다는 증거가 없다. 왜냐하면 연극은 이교도적이고 비종교적인 것으로 간주되었기 때문이다. 아가서의 문학 형태가 드라마는 아닐지라도 여러 화자들이 있는 '장면 지시(stage directions)'를 가진 연속된 이야기라는 것을 부인하기 힘들다. 대비드 게이는 아가서는 희극적 요소를 가진 책으로 역설과 패러디(풍자)를 잘 보여주고, 아가서는 시의 성격으로 사회적이고 자연적인 통합과 화해를 환상적으로 축하한다고 말한다.[43] 아가서 본문을 통해 시의 언어로 된 드라마적 주제가 있는 이야기임을 알 수 있다.

다음으로 셈족의 사랑의 시의 성격을 가진다는 견해가 있다. 따라서 아가서는 시의 형태로 기록되었다. 아가서가 고대 근동의 사랑 시와 비교할 때 주제와 문학적 특징과 언어, 여러 관점들에 있어서 중요한 유사성이 있는 것이 분명하다는 것이다.[44] 연인들을 자주 서로 '형제', '자매'로 언급하거나 왕정 어휘가 사용된다. 연인의 육체적 생김새의 아름다움을 상세히 묘사하는 것이 자주 이러한 종류의 시에서 발견된다. 자연의 세계에 있는 형상으로 묘사하거나 연인들이 서로 자신의 사랑을 솔직히 표현한다. 또한 자신들의 욕망을 친밀한 관계의 언어로 사랑을 표현한다. 가족들이 사랑의 관계를 훼방하고 소외시키고, 관계를 복잡하게 하는 장애요소를 주기도 한다. 이 아가서는 전 세계 모든 시대의 전형적인 사랑의 시로 많은 특징들과 그 시들이 가지고 있는 공통점이 있다. 아가서는 단순히 히브리 사랑 시의 한 영감 있는, 아가서 본문의 평범한 의미를 주는 모본이 된다. 폭스(Michael V. Fox)는 고대 이집트의 사랑 노래와 아가서가 유사하다고 주장한다.[45] 이집트 사랑 노래는 드라마가 있고, 독백적 대화들이 나오고, 일종의 찬양 노래, 와사프(wasf) 등이 사용된다고 한다.

아가서가 하나의 드라마는 아닐지라도 연속된 이야기의 구조를 가지고 있고, 시적 언어로 쓰였다는 것을 알 수 있다. 그러면 아가서의 이야기가 하나의 선집(Anthology)이나 삼각관계설(목동 가설), 또는 두 인물설이라는 견해가 아가서 기록목적과 밀접히 연결될 수 있다. 아가

---

43) D. Gay(2000), "The Bible and Comic Vision," *RST* 19: 87–89.

44) G. L. Carr, *The Song of Solomon*, Tyndale OT Commentaries, 37-41.

45) Michael V. Fox(1983), "Love, Passion, And Perception In Israelite And Egyptian Love Poetry," *JBL* 102: 219–228.

서에 시적인 이야기가 있는지, 통일되고 일관된 주제에 의해 이야기를 구성할 수 있는지, 저작 목적과 어떻게 연관되는지 살펴보자.

먼저, 나이트(George W. F. Knight)는 아가서는 마을 결혼식에서 불렀던 사랑 시의 선집이라고 본다. 이 시의 편집자는 시내산의 모세를 통하여 이스라엘에게 주었던 하나님 계시의 유산자로서 이스라엘 사람이라고 주장한다.[46] 이 책은 계약의 하나님의 사랑과 그의 성품과 목적을 보여주려고 쓴 25개의 사랑 서정시(lyric)라고 보았다. 하지만 그레딜(Tom Gledhill)은 아가서가 시적 여흥(餘興)으로서 노래이면서 통일된 6개의 순환된 이야기와 반복된 후렴구(2:7; 3:5; 5:8; 8:4)가 있다고 주장한다.[47] 그는 아가서가 사랑의 이야기가 있는 서사시라고 본다.

이야기로서 아가서를 볼 때, 솔로몬과 술람미 여인과의 사랑의 이야기로(두 인물설) 보는 것이 자연스럽고, 이것은 교회 안에서 전통적으로 인정한 견해이었다. 최근에는 술람미 여인과 목동과의 순수한 사랑에, 솔로몬이 술람미 여인을 사랑하는 방해자로서 나타나는 삼각관계의 세 인물설로 해석하는 것이 지배적인 견해가 되었다. 필립(John Phillips)은 세 인물 설을 알레고리적으로 해석하여, 술람미 여인은 교회, 그리스도의 약혼자, 개인 신자를 말하고, 목자는 이미 신자의 마음을 산 주 예수 그리스도를 말하며, 솔로몬은 유혹자, 그리스도에게 충성하는 우리를 방해하는 세력으로서 우리 영혼의 적이라고 주장한다.[48] 그는 아가서 이야기를 9부분으로 나누어 삼각관계의 이야기를 풀어간다. 하지만 아가서를 영적으로 해석하여 교회와 신앙공동체에 유익을 준다는 차원에서 정경으로 들어왔을 때의 관점을 생각해봐야 한다.

아가서의 저자의 문제와 기록목적에 있어서 아가서가 선집(Anthology)이라는 설은 일정한 저자보다는 편집자로서 아가서 저작을 말한다. 선집(Anthology)으로서 아가서는 시편처럼 사랑 시들의 수집이라는 것이다. 단순히 사랑 시의 특징을 가진 시라서 일관성 있는 줄거리 이야기가 없다는 것이다. 하지만 아가서의 여덟 장은 책의 통일성을 말할 수 있는, 여러 가지 표현들이 반복되고 있다. '예루살렘의 딸들아'라는 표현이 여러 번 나온다(아1:5; 2:7; 3:5, 11; '시온의 딸', 5:8, 16; 8:4) '시온의 딸'이 아가서 3장 10절에 다시 언급된다. 나의 연인, 소녀가 31번 사용되고, 소녀(나의 사랑)가 9번, '나의 신부'가 6번, '나의 자매'가 7번, '솔로몬'이 7번, '왕'은 5번 언급된다. 이러한 반복적 표현으로 인해 아가서가 통일성이 있는, 하나의 일관된 이야기라고 본다.

---

46) George W. F. Knight & Friedemann W. Golka(1988), *The Song of Songsah*, Michigan: Wm. B. Eerdmans, 46.

47) Tom Gledhill (1994), *The Message of the Song of Songs: The lyrics of love*, Illinois: Inter-Varsity Press, 19, 38.

48) John Phillips(1984),, *Exploring the Song of Solomon*, N. J.: Loizeaux Brothers, 21–22.

랜디(Landy)는 '아가서는 주제적 일치성으로 부분적으로 통일되지만 부분적으로 다양한 본문들의 똑같은 요소의 재현으로, 주요 주제, 후렴구, 에피소드들은 변화하여 반복된다'고 밝힌다.[49] 시는 대개 성격상 감정과 느낌의 언어로서 일관성 있는 통일된 이야기를 가질 수 없다. 하지만 그릭만(Glickman)은 아가서는 앨범 속에 있는 스냅사진(a series of snapshots)과 비유하여 연속된 사진, 형상의 모습이라고 말한다.[50] 전형적인 서사시적 발라드로서 아가서는 한 장면에서 다른 장면으로 연결되지 않고 이동한다. 그래서 아가서는 책의 통일성과 일관된 이야기의 가능성이 있지만, 그 이야기가 정확히 무엇을 말하는지 구체적으로 규정할 만큼의 충분한 자료가 제공되지 않았다.

두 번째로 세 인물 등장설(목동가설)을 목적으로 저자가 아가서를 삼각관계의 사랑이야기로 구성하였다는 것이다. 즉, 술람미 여인이 한 시골 목동을 사랑했는데, 솔로몬 왕이 그녀를 왕비로 데려가(harem의 추가), 그녀는 첩이 되어 궁전으로 끌려갔다. 그 여인은 솔로몬의 환심과 구혼, 궁녀들의 간곡한 설득에도 불구하고, 목동을 향한 순애보적 사랑과 사랑의 약속을 굳게 지켜서 결국 솔로몬이 포기하게 되어 귀가가 허락되고, 술람미 여인과 그녀와 사랑하는 자가 결혼한다는 하나의 드라마라는 것이다. 그래서 이 목동 가설은 이 아가서가 하나의 숭고하고 순수한 사랑의 노래이다. 아가서는 술람미 여인의 이상적인 사랑을 표현하려 쓴 책이라는 것이다.

이 설에 따르면 아가서에서 사랑의 이상적인 인물로서, 솔로몬을 말하고 솔로몬이 저자라는 것은 문제가 있다. 잘 알려진 대로 허구의 인물이며, 바람둥이로서 솔로몬 왕을 저자로 언급하는 것은 문제가 많다. 솔로몬은 결혼정책(harem)으로 악명이 높고(왕상11:3), 불경건한 결혼 동맹으로(왕상11:1-6), 이상적이고 선한 인간의 사랑의 표본이 되기에는 적합하지 못하다. 그래서 순수한 육체를 표상하고 성애적 사랑의 인물로, 그 대상이 목동이 되는 것은 아가서 저작 목적의 대안이 된다. 아가서가 말하는 순수한 사랑의 기준은 술람미 여인과 목동의 사랑이 이상적인 것이다. 따라서 아가서 기록 목적은 순수한 사랑의 절정을 말하는 것이다. 만약 그렇지 않다고 하면 교회의 영적 사랑의 모습을 보여주는 것이 이상적일 수 있다.

아가서의 절정은 아가서 8장 6~7절인데, 이 구절은 목동 가설을 크게 지지해준다. "이 사랑은 많은 물이 꺼치지 못하겠고 홍수라도 엄몰하지 못하나니 사람이 그 온 가산을 다 주고 사

---

49) F. Landy(1980), "Beauty and the Enigma: An Inquiry into Some Interrelated Episodes of the Song of Songs," *Journal for the Study of the Old Testament*, 17, 94. n. 9.

50) S. C. Glickman(1976), *A Song for Lovers*, Downers Grove, Illinois: Inter Varsity Press, 28-29.

랑과 바꾸려할지라도 오히려 멸시를 받으리라.”(아8:6-7)

커다란 부를 주고 솔로몬 왕의 부인 중 하나라는 명예를 준다 하더라도, 또 목동과의 사랑의 관계를 깨려는 어떠한 위협과 공격에도, 죽음같이 강한 사랑으로 얼몰되지 않는다는 것이다. 이 목동가설을 주장할 경우, 삼각관계의 사랑을 인정하게 되고 기존의 냉랭한 부부관계에서 진정한 사랑을 추구해야 하는 과제가 생기고, 또 이상적인 사랑을 추구하는 가치관을 가지게 되면, 진정한 사랑의 부부에게는 문제가 없지만, 오늘 가정생활에 있어서, 부부생활에 문제를 야기할 수 있는 여지가 있게 된다. 기존의 불만족한 결혼 상태를 거부하고, 이혼하고 새로운 진실한 사랑을 찾아나서야 한다는 논리가 성립되기 때문이다. 따라서 우리는 여기서 아가서 저자들이 이 아가서를 기록할 때의 저작 목적은 무엇이었는지, 정경 결정자들과 신앙공동체가 이 책을 정경으로 받아들이며 이 저서를 해석하였던 방법과 교회에게 이해시켰던 저작 목적과 독서법, 가르침은 무엇이었는지 묻지 않을 수 없다. 그때에 성서 기록 의도와 오늘의 아가서 독자들의 추구할 규범이 바르게 제시될 것이기 때문이다.

아가서는 북쪽 이스라엘 사람들에게는 큰 기쁨을 준 이야기가 되었다. 남유다의 왕 솔로몬을 넘어선 목동의 사랑이 술람미 여인의 사랑을 차지하게 한다는 이야기는 그들에게 선호할 수 있는 모티브를 준다. 이 아가서 이야기는 솔로몬이 죽은 후 솔로몬의 사랑과 목동의 사랑의 긴장으로 인해 이스라엘 왕국이 남유다에서 분열하는 데 중요한 기여를 하였다고 본다. 하지만 목동 가설에 대한 심각한 문제는 아가서 1장 15절~2장 3절에 있는 사랑하는 연인들의 대화와 아가서 4장 12절~5장 1절의 남녀 관계의 육체적 사랑의 완성(4:16 초대, 5:2 꿈) 구절에 있다.[51] 이 가설은 호소력이 있지만 주석에서는 중요한 약점이 있다. 언제 목동이 나타나는지, 그가 나타나는 곳이 어딘지 결정해야 하고, 소녀가 목동에게 말하는 구절이 어느 것인지, 그 사건이 꿈인지 실제 사건인지 판단해야 하는 곤란한 문제들이 야기된다. 세 인물설이 저작자 의도와 정경 결정자들의 독서법의 목표이었을까?

셋째로, 아가서의 저작에 있어서 기록 목적의 시나리오가 전통적인 견해인 두 인물설이다. 솔로몬이 아가서에서 여인의 사랑하는 자이고, 그가 북이스라엘의 젊은 시골 소녀와 사랑의 관계를 묘사한 것이라는 것이다. 소녀는 구애를 받고 솔로몬 왕은 사랑을 얻는 이야기로 서로 사랑하는 열망과 사랑의 아름다움을 묘사한다. 솔로몬의 악명 높은 평판에도 불구하고 이 견해는 아가서 해석에 가장 단순하고 명쾌한 것이다. 아가서는 솔로몬이 정치적으로 결혼한 왕

---

51) E, M, Curtis(1988), *Song of Songs*, Bible Study Commentary, Michigan: Zondervan Publishing House, 37.

비들과의 사랑과는 달리 그가 진정으로 사랑한 소녀 술람미와의 관계를 묘사한다. 열왕기하 11장 3절에 나타난 많은 후궁들이 아닌, 아가서 6장 8절에 나타난 적은 후궁들이 있었다.

> "왕후가 육십이요 비빈이 팔십이요 시녀가 무수하되 나의 비둘기, 나의 완전한 자는 하나뿐이로구나."(아6:8)

고대 유대 전통은 이 두 인물설을 지지한다. 솔로몬이 젊었을 때 아가서를 썼다고 본다. 글릭만(Glickman)도 솔로몬이 나중에 취한 수많은 여자들은 그에게 공허함과 무익함을 주었다는 것과 나중에 그가 쓴 잠언은 그가 현명하지 못한 행동을 한 것을 후회하면서 어리석음을 막지 못했다는 것을 고백하는 것이다. 아가서의 신실한 사랑에도 불구하고, 솔로몬이 나중에 난잡한 여자(성)관계를 한 것을 방지하지 못한 것을 가르친다고 말한다. 이는 정치권력을 가진 자가 순수한 사랑을 지킨다는 것이 불가능함을 보여준다고 하겠다.

커티스는 아가서가 실제 발생한 이야기는 아니고 이상적인 남녀 관계를 묘사하려고 솔로몬이 기록한 일종의 설명적인 이야기의 한 예라고 주장한다.[52] 하나님의 영을 받아 솔로몬의 풍성한 지혜는 그가 경험하지 못한 인간관계를 이해하고 묘사할 수 있었다. 그 자신이 실패한 결혼생활과는 대조적으로 여기서는 이상적인 사랑을 아름답게 묘사하고 있다. 아가서 본문에 대한 다양한 해석이 있고, 본문 해석에 있어서 일관성 있는 관점이 결여되고, 일치되지 않는 여지가 있지만 이상적인 결혼제도 안에서 부부의 올바른 결혼생활을 보여주기 위한 두 인물설로 해석해야 한다는 입장이 선다. 물론 아가서의 알레고리적, 영적 해석으로 예수 그리스도의 인류 사랑 이야기로 볼 수 있기 때문이다. 그러나 선집으로서 아가서의 성격이나 세 인물설의 목동가설이나 그 가능성을 열어놓을 수 있다. 더 나아가 정경 결정자들과 교회공동체, 아가서 기록자들의 저작 목적과 편집 의도의 관점에서 질문하게 된다. 어떤 목적으로 아가서 이야기를 구성하고 해석하였을까?

---

52) E. M. Curtis, *Song of Songs*, 38.

아가서 해석의 문제

아가서를 어떻게 해석하는가에 따라 아가서는 사랑의 다양한 의미를 함축하게 된다. 초기 기독교 교부시대에는 본문의 문법적·역사적 의미를 거의 묻지 않았다. 교부들은 역사 문제나 어원, 현대 주석가들이 갖는 본문의 문제에 대하여 그들은 관심이 없다.[53] 그들은 성서 본문의 실재, 하나님의 실체, 즉 세계와 구원의 역사, 하나님의 백성, 그리스도의 삶에 들어가는 경이로운 창문이 성서라고 본다. 정말로 성서는 실체에 들어가는 창문이 아니라도 사실상 하나님의 목소리의 실재이며, 시내산이나 이천 년 전의 갈릴리에서 일어났던 것과 같이 실제로, 진실로 우리가 현존을 가능하게 하는 하나님의 목소리이다. 이러한 해석의 궁극적인 맥락은 역사가 아니라 그리스도이다. 그리스도 중심적·유형론적·알레고리적 해석은 예수와 신약성서의 저자들이 행한 성서의 해석의 중심이다. 초기 기독교 해석이 신약성서에서 발견되며, 교부들의 해석은 예수와 사도들의 성서 접근방법의 연속이다. 초기 교부들의 해석 방법과 오늘날 문법적 역사적 주석 방법 사이의 상호 보완을 통하여 성서가 의미하는 것뿐만 아니라 그리스도의 의미를 재발견하는 조화로운 성서해석이 요구된다.[54]

아가서를 해석하는 데 여러 가지 방법들이 사용되었다. 아가서를 성의 역사(History of Sexuality)의 관점에서 해석할 때 남녀 사랑의 관점에서 하나님의 사랑과 영적인 사랑으로 해석되었고,[55] 최근에는 여성적 관점에서 아가서 저작설을 연구하고 있다(생태주의적 현대의 영성).[56] 그래서 아가서의 저자는 여성이었을 것이라고 추정하기도 한다.[57] 아가서의 비유적 해석 방법으로 우의적 해석과 유형론적 해석과 신화론적 해석, 문자적 해석 등이 있다. 이 해석 방법과 아가서의 기록 목적을 추정할 수 있는 해석은 무엇일까?

첫째, 우의적(Allegory) 해석 방법이다.

사사기 9장은 요담이 숲 속의 나무들 이야기를 통하여 아비멜렉이 왕이 되려는 시도를 묘사한다. 그 이야기에서는 표면적 이야기와 정치적·역사적 실제 이야기가 결합된다. 이 이야기의 알레고리는 도덕적이고 영적인 것을 강조한다. 존 번연의 천로역정(순례자의 진보)에서

---

53) R. Whitacre(2005), Note, 231-238. J. R. Wright, ed. *Ancient Christian Commentary on Scripture, Old Testament IX : Proverbs, Ecclesiastes, Song of Solomon*, Illinois: InterVarsity Press, 1-434.

54) R. Whitacre, 윗글, 237.

55) S. D. Moore(2000), "The Song of Songs in the History of Sexuality," *Church History* 69: 328-349.

56) D. Bergant(1998), *Song of Songs: The Love Poetry of Scripture*, New York: New City Press, 10-11.

57) A. Brenner(1989), *The Song of Songs*, Sheffield: JSOT Press, 18.

기독교인의 파멸의 도시에서 천상의 도시로 여행하는 이야기를 통하여, 신실한 신앙인이 영적 갈등을 겪고 궁극적인 승리를 얻는다는 것이다.

실제로 아가서에는 알레고리로 쓰여 있지 않다. 그러나 아가서를 알레고리적으로 해석할 때 감각적이며 성애적인 요소들은 제거되고 심오할 정도로 영적이고 신학적인 진리들만이 남게 된다. 이러한 알레고리적 해석은 솔로몬과 술람미 여인 간의 관계에서 하나님(신랑)과 그의 백성(이스라엘, 교회 혹은 신앙인) 사이의 관계로 묘사한다. 이 해석방법이 정경 비평의 관점에서 유용하게 적용되어 하나님과 정경공동체의 사랑의 관계를 묘사하기 위해 기록했을 가능성이 크다고 하겠다.

알레고리적 방법은 인물과 사건 속에서 영적인 의미를 찾는다. 그래서 오리겐(Origen)은 소녀를 진술한, 아가서 1장 5절, "내가 비록 검으나 아름다우니"에서 검은 것은 죄를, 아름다운 것은 회개(회심)를 의미한다고 말한다. 필로(Philo Carpasius)는, 아가서 7장 2절 '배꼽은 섞은 포도주를 가득히 부은 둥근 잔 같고'에서 배꼽은 교회의 성소를 언급한다고 본다. 헹스턴버그(Hengstenberg)는 잔은 갈증을 해소하는 교회라고 말한다.

이러한 우의적 해석은 오랫동안 교회 역사에서 지배적인 해석 도구였다. 초기와 중세교회사의 위대한 학자나 경건한 성자들이 알레고리적으로 성서를 해석하였고, 그러한 해석은 수세기 동안 많은 신자들에게 영향을 주었다. 이 해석이 정경 결정자와 아가서 저자의 기록 목적이라고 볼 수 있다. 그렇다고 하면 오늘날도 독자들은 영적 해석으로 본문을 해석해야 올바른 독서에 이른다고 할 수 있다.

중세 유대교의 아가서 주석가로서 흥미로운 인물이 게르소니데스(Gersonides, Levi ben Gershom, 1288~1344)이다. 그는 하나님을 인식하고 아는 것에 아가서가 적합함을 강조하였다. "아가서는 이 인식의 단계를 묘사하려고 시도하고 있다. 개인이 궁극적인 오류를 발견하고, 지식을 통하여 자신의 목적을 성취하고 진리의 길을 찾아가도록 인도하는 책이라고 말한다."[58] 그는 상징적 해석을 한다. "예루살렘은 사람을 의미한다. 사람이 하나님을 예배하기 위해 떠난다. 예루살렘을 떠나 다른 도시로 출발한다. 더욱이 예루살렘 이름은 히브리말로 완전이라는 말에서 파생한다. 남자는 이 세상의 실재에 가장 완벽한 존재로 예루살렘으로 불린다. 영혼의 능력은 예루살렘의 딸들이다. 반면 솔로몬은 지성을 언급한다. 시온이 예루살렘에서

---

58) Menachem Kellner(1998), *Commentary on Song of Songs: Levi ben Gershom(Gersonides)*, New Haven and London: Yale University Press. xⅶ. 그는 아가서의 구조는 다음의 내용을 가지고 있다고 보았다. 1) 비도덕적 행동과 관련된 인식의 방해를 극복하는 것(1:1-8; 1:9-2:7), 2) 진리와 오류를 구별하는 데 있어서 실패하게 하는 방해를 극복하는 것(2:8-2:17), 3) 적합한 질서에 따라 사변에 참여할 필요, 4) 과학(수학, 물리, 형이상학)의 분과, 어떻게 자연이 이 분과를 반영하는가(3:1-4:7; 4:8-8:4; 8:5-8:14), 5) 과학 유형의 특징 등.

가장 가치 있는 부분이기 때문에 시온의 딸들은 지성의 활동에 가장 근접한 영혼의 교수들을 언급한다."[59] 예루살렘이 사람이라는 것, 예배하기 위해 떠나는 존재가 사람이라는 것이다. 완전한 예루살렘이 남자이고, 예루살렘의 딸들은 영혼의 교수로서 영적 능력을 가진 존재라는 것이다. 솔로몬은 지성을 가진 존재로서 이 세상의 대부분이 지성을 가지고 살아가는 존재라는 것이다. 시온의 딸들이 영적으로 더 나은 존재라는 것을 시사하며 궁극적으로 지향해야 할 인간의 경지는 영적인 예루살렘, 시온의 딸이어야 한다는 것을 말한다. 게르소니데스는 아가서에 발견된 많은 표현들을 이와 같은 방식으로 해석한다. 이는 지나친 감이 없지 않지만, 아가서 저자의 본래 의도와 맞는지, 적절한가 살펴봐야 한다.

둘째, 유형론적(Typology) 해석 방법이다.

아가서의 유형론적 해석은 알레고리적 해석이 추구하는 영적 의미 면에서 아주 유사하다. 이 유형론적 해석은 역사적 실체를 무시한다. 그리고 그 역사적 사건은 알레고리적 해석 방법으로 드러낸, 보다 깊은 진리의 관점으로 인해 아주 타당치 못한 것으로 여긴다. 아가서는 솔로몬과 결혼한 소녀의 관계를 묘사한다. 이 결혼은 하나님, 그리스도와 그의 백성(이스라엘, 교회, 신앙인) 사이의 관계의 한 유형이나 설명이다. 이러한 유형론적 해석을 통하여 영적 관계에 대한 중요한 진리를 가르친다.

기독교 해석가는 솔로몬을 그리스도와 신부 교회의 한 유형과 인물로 설명한다. 솔로몬과 신부, 그리스도와 교회 사이의 평행을 말해준다. 유형론적 해석은 알레고리적 방법과는 다르다. 과연 아가서가 신약성서의 메시아를 암시하는가? 아가서의 사랑이야기가 인류를 사랑하는 메시아, 예수 그리스도의 사랑을 말하는가. 유형론적 방법이 본문의 자연적 의미와 주석적으로 파악한 본래의 의미를 말하고 있는가. 유형론적 해석은 알레고리적 방법과 다르지만 본문을 비약 해석하거나 지나치게 유추하여 중요한 의미를 파악치 못하고 무시하는 경향이 있다. 본문에서 말하고자 하는 아가서의 단어가 무시되어 유형론적으로 도식적 해석을 하다 보면 본문의 상황에서 하고자 하는 구체적이고 묘사적 의미를 간과할 수 있다. 이 해석은 설교적 차원에서 신앙의 의미를 찾는 데 도움이 되지만 저작 목적을 이해하는 데는 한계가 있다.

셋째, 신화론적(Mythology) 해석은 어떤가.

고대 근동의 경제는 주로 농사와 목축에 의존한다. 경제적 풍요를 기대한 고대인들은 자연의 힘에 의지하였고, 자연히 자연의 신과 종교를 가지게 되었다. 이 자연의 풍요 종교는 예배

---

59) Menachem Kellner, 원글, x x i .

자, 제의 제사장과 여사제와 성적 관계를 가져, 상징적 행위를 통해 신들이 풍요와 풍부한 목축을 제공하도록 하고 의식을 통해 동정적 신비를 사용한다.

고대 근동 신화는 일 년의 자연순환과 관련되어 가을에는 신이 죽고 그 연인이 지하세계로 들어가서 봄에 부활한다는 것이다. 담무즈(Tammuz)와 여신 이쉬타르(Ishtar), 가나안의 바알(Baal)과 아나트(Anath) 관계로, 사랑하는 자가 죽었다가 다시 살아나는 신을 비유하고, 그를 애곡하는 여동생, 어머니 신이 사랑받는 여신이라는 것이다. 폽(Marvin Pope)은 아가서는 고대 제의 장례 축제와 관련이 있다고 본다. 아가서 8장 6절, "너는 나를 인같이 마음에 품고 도장같이 팔에 두라. 사랑은 죽음같이 강하고", 죽음을 이긴 사랑의 힘이 분명하다고 하며, 이 아가서는 죽음에 직면해서 사랑이 죽음을 이길 수 있는 유일한 신화라고 강력히 말한다.

그러나 아가서가 신화와 제의 의식(풍요 장례)을 재구성하고 있고, 그 의식의 기원이 되는 책으로 보기 힘들다. 이 책에서는 종교적이거나 제의적 용어가 부족하고 이방 종교나 우상에 대한 비난을 제사장과 예언자들이 하고 있어서 이방 풍요 종교가 존재하였다고 보기 힘들다. 특히 아가서가 성서 경전이 되었기 때문에, 이방 풍요나 장례 제의와 관련된 문헌으로 보기는 힘들다.

마지막으로 문자적(Literal) 해석과 영적 해석이 아가서 기록 목적과 어떤 관계가 있는가?

아가서의 문자적 해석의 근거는 아가서가 사랑 시의 책이라는 데 있다. 이 책이 상징적이고 형상적(figurative)인 언어로 광범위하게 사용되었지만 사랑에 빠진 남녀 사이의 관계를 시적으로 묘사하는 통합적(integral)인 이야기로 인식된다. 아가서의 상징성이 중세시대에는 마리아의 꽃과 정원, 아가서의 모든 표현을 마리아와 결부하여 해석하였다. 이러한 아가서의 정원의 식물이 오늘날 어떤 의미를 가지는지, 기도자의 책이 될 수 있는지 질문하는 연구를 하게 된다.60) 이것은 오늘의 새로운 영적 이해의 시도라고 볼 수 있다.61) 아가서는 영적 이해를 통하여 하나님 사랑의 영성을 포착할 수 있다. 이것이 아가서 정경 결정 시기에 영향을 미친 해석 방법이었고, 솔로몬과 아가서 저작 편집에 참여한 전승자들의 성서해석 방법이었다.

랍비 아키바(Aqiba)가 미쉬나(Yadaim 3:5)에서 '세상에 아가서가 주어진 날만큼 가치 있는 날이 없고, 모든 책이 거룩하되 아가서는 가장 거룩한 책(지성소)이기 때문에 어느 누구든 아가서가 부정한 책이라고 논쟁해서는 안 된다'고 말하였다. 아키바는 아가서가 계시의 중심이고,

---

60) R. Fulton(2004), "The Virgin in the Garden, or Why Flowers Make Better Prayers," *Spiritus* 4: 1–23.

61) R. Fulton, 윗글, 9. 제비꽃은 겸손, 장미는 열정, 백합은 순수를 의미한다. 꽃이 순교자 동정녀 마리아를 의미한다고 본다.

하나님이 이스라엘에게 준, 보다 대중적인 역사의 토라, 율법과 계약과 더불어 비밀스런 사랑의 선물이라고 본다.[62] 아가서가 정경화 과정에서 논란의 문제가 되었어도 영적 해석을 통한 신비적 의미와 하나님의 임재를 감지할 수 있기 때문이다. 아가서가 유대적 신비주의와 중세 기독교에서 동정녀 마리아로 해석한 것은 영적 해석의 무한한 가능성이 내포되어 있음을 알 수 있다.[63] 기독교는, 에로스 사랑을 동정녀, 혹은 만질 수 없는 신부로 영적 해석하였고, 유대교에서 처녀의 동정성과 독신제로 영광화시키는 전통은 없었다. 그래서 신비적 상상력 안에 여성의 다양한 이미지로서 표현하여 직접적인 성적 결합의 환상으로 결정화했다. 그래서 최근 여성주의적 관점으로 아가서를 해석하는 것은 유대적 신비주의 관점이 반영된 것이라고 볼 수 있다.[64]

아가서의 올바른 해석과 적용을 위해서 먼저 문자적 해석을 통해, 본문의 상황을 정확히 이해해야 하고, 본문의 메타포와 상징적 의미를 파악하며, 인간 사랑의 체험을 경험하여 무한한 사랑의 장(場)을 확장하면서 그리스도의 사랑에 이를 수 있어야 한다.[65] 그리고 더 나아가 영적 이해에 이를 수 있도록 사랑의 영성을 알아야 한다. 그래야만 아가서를 종합적으로 잘 이해할 수 있게 된다. 이외에도 아가서 해석 방법으로 제의적 해석(T. J. Meek, Marvin Pope, S. N. Kramer)과 심리적 해석(F. Landy, G. Krinetzki), 정치적 해석(L. Stadelmann) 등이 있다.[66] 과연 아가서 기록 목적을 포착하기 위해 어떤 해석이 적절한가. 대부분의 현대 해석가들이 문자적 해석이 정확하다고 동의하더라도 아가서의 문학적 형태와 이야기, 책의 목적에 대한 많은 다른 견해들이 있다고 말한다. 즉, 크게 두 부분, 책의 문학적 형태와 아가서의 이야기 그리고 저작에 있어서 다섯 종류가 있다. 즉, 드라마, 셈족의 사랑 시, 선집, 삼각관계설(목동설), 두 인물설 등이다. 포괄적이며 구체적인 기록목적을 위해 지금까지 문학적 저작 목적설에서 이제 신학적 기록 목적에 대하여 살펴보자.

---

62) A. Green(2002), "Shekhinah, The Virgin Mary, and The Song of Songs: Reflections on a Kabbalistic Symbol in Its Historical Context," *AJS Review* 26: 3.

63) A. Green, 윗글, 52. 기독교와 유대교에 있어서 아가서 해석의 차이를 요약 설명한다.

64) A. Brenner and J. W. Van Henten(1999), ed. *Recycling Biblical Figures: Papers Read at a Noster Colloquium in Amsterdam, 12-13 May 1997*, Leiden: Deo Publishing. 336.

65) P. Patterson(1986), *Song of Solomon*, Chicago: Moody Press, 17-27.

66) T. Longman III(2001) *Song of Songs*, Michigan/ Cambridge: William B. Eerdmans. 61-64.

아가서의 기록 목적과 신학

아가서는 끌레르부의 성 버나드(Saint Bernard of Clairvaux)와 십자가의 성 요한 (Saint John of the Cross) 그리고 성 토마스 아퀴나스 같은 위대한 성인들과 신비가들의 총아(寵兒)였다. 알렉산드리아의 오리겐과 초기 교부시대부터 19세기 말까지 대부분 아가서를 우의적(Allegory) 해석으로 이해하여, 성도와 그리스도 간의 관계, 영혼의 부부 결합으로 해석하였다.[67] 그러다가 19세기 말과 20세기 들어서 아가서를 색다르게 읽기 시작한다. 델리치(Franz Delitzsch)는 1875년 주석에서 말한다. "아가서는 자연적이지만 거룩한 사랑을 미화시켰다. 하나님이 정해놓은 결혼관계의 영역에서 두 영혼이 함께 결합하는 사랑이 가장 행복하고 가장 견고한 결속을 만들어내는 것이라면 그것이 여기서 살아 있는 그림으로 우리에게 제시되고 있다."[68]

델리취는 아가서를 고대 히브리인들의 연속된 결혼 노래라고 보았다. 머피(Roland E. Murphy)나 폽(Marvin H. Pope)의 해석 경향은 인간의 사랑 시라는 것이었다.[69] 뷜만(Walter Bühlmann)은 젊은 남녀의 구애, 연인의 사모와 공동체의 기쁨과 즐거움의 노래이며, 아가서는 비유와 시, 말의 형식으로 되었다고 주장한다.[70] 킬(Othmar Keel)은 루돌프(Rudolph), 게르레만(Gerlemann), 폽(Marvin H. Pope), 크리네츠키(Krinetzki) 등의 주석과 비교하면서,[71] 아가서의 노래는 고대 이집트의 사랑 시에서 영향을 받은 것으로서 신학적으로 해석하여 그 의미를 전달하려 했다. 그것이 야웨 종교화(야웨이즘)를 나타내려 한 것이라고 주장한다. 지혜 교사와 예언자들이 아가서를 기본적인 힘으로 사랑을, 기본적인 세력으로 사랑의 신학적 정당성을 주려고 하였다.[72] 고대 세계에서는 사랑은 죽음을 능가할 만큼 강한 세력으로 간주한다.

---

67) Stephen D. Moore(2000), "The Song of Songs in the History of Sexuality," *ChH* 69: 348. 재인용, Luis Stadelmann(1992), *Love and Politics: A New Commentary on the Song of Songs*, Mahwah, N.J.: Paulist, 20세기 우의적인 해석가로서, 그밖에 폴 주옹(Paul Jouon), André Robert, Raymond Tournay, André Feuillet 등이 있다.

68) Stephen D. Moore, "The Song of Songs in the History of Sexuality," 348. 재인용, Franz Delitzsch(1980), *Proverbs, Ecclesiastes, Song of Solomon*, trans. M. G. Easton, Grand Rapids, Mich.: Eerdmans, 5.

69) S. D. Moore, 윗글, 재인용 Roland E. Murphy(1990), *The Song of Songs: A Commentary of the Book of Canticles or The Song of Songs, Hermeneia* Minneapolis: Fortress. 박종수(2004), '아가서' 『구약 성서 개론』, 김영진 외 공저, 서울: 대한기독교서회. 517-518.

70) Walter Bühlmann(1997), *Das Hohelied*, Stuttgart: Katholisches Bibelwerk. 11.

71) Othmar Keel (1994), The Song of Songs: A Continental Commentary, tr. by Frederick J. Gaiser, Minneapolis: Fortress Press. vii-viii. 루돌프 주석은 헤르더(Herder)의 전통이 강하게 남아 있다. 붸츠스타인(Wetzstein)과 부데(Budde)는 팔레스틴과 시리아로부터 온 현대의 최근 아랍 노래들의 유비를 사용하여 아가서 노래가 다소간 농부 결혼축제와 직접 연관된 민속 노래의 수집이라고 주장한다. 겔르만(Gerlemann)은 아가서가 고대 이집트의 사랑 시에 분명히 의존하고 있는 문헌이라고 한다. 폽(Pope)은 아가서의 표현과 비유가 북서 셈족 문헌과 신화(Ugarit)에 의존하고, 수메르의 거룩한 결혼에 많은 뿌리를 두었다고 생각한다. 크리네츠키(Krinetzki)는 자료의 형태를 강하게 동의하면서 심층심리학을 사용하여 아가서의 모티프를 설명하려고 시도한다.

72) Othmar Keel, *The Song of Songs*, 1-37.

아가서가 하나님과 이스라엘의 관계를 나타내며 하나님의 사랑 안에서 이스라엘이 성장하는 것을 증명하고자 하는 구약의 축제의 노래들이나 혹은 아가서가 하나님 예배를 통하여 올바르게 사랑하는 곳인 예루살렘 성전과 연관되었다고 본다.73) 한편 고대 근동의 맥락에서 거룩한 결혼 본문(이난나, 두무지 본문처럼), 왕가의 사랑 노래(수메리아 왕가 사랑 노래처럼), 제의적 본문(바빌론 사랑 서사시), 세속적인 사랑 시(이집트 사랑 노래)라고 보는 견해가 있다. 스파크(K. L. Sparks)는 젊은 유대 여인의 지혜로서, 왕궁에 들어가는 과정, 하렘에서 궁으로 가는 신부의 길고 먼 길이라는 것이다. 결혼 자체와 결혼의 완성, 왕과 여왕이 즐기는 잇따른 친밀한 관계를 묘사한다고 본다.74) 하지만 고대 결혼과 사랑의 노래를 수집하여 초기 유대교의 정황에서 하나님의 사랑을, 이스라엘과의 관계에서 보여주는 노래이다. 하나님과의 관계, 사랑의 관계는 읽는 그림 책으로 유월절 의식 때 읽는 책으로 전승되었고, 정경화 단계에서 자연스럽게 경전으로 들어오게 되었다.

아가서는 종교적 주제나 하나님 명칭에 대한 언급이 전혀 없다. 이 책이 순전히 성애적 시라고 하면 정경에 들어올 수 없었다. 하지만 아가서를 알레고리적이고 유형론적으로 해석해서 하나님과 그의 백성 사이의 관계에 대한 중요한 진리를 가르쳐준다고 보기 때문에 정경이 된 것이다. 아가서를 문자적으로 해석하는 사람들이 아가서가 쓰인 목적은 세 가지(결혼 노래, 교훈, 인간 사랑의 축하 찬양)라고 한다.

첫째, 아가서가 결혼 노래라는 것이다. 시리아 결혼시와 솔로몬의 아가서 시의 유사성에 대한 연구가 많다.75) 아가서가 백성들의 결혼의식과 연결된 시의 수집이라 한다. 그래서 연인의 아름다움을 찬양하는 아가서의 시들과 결혼식 때 신부와 신랑을 찬양하는 와사프(wasaf)라는 아랍 노래 사이의 유사성을 연구한다.

아가서는 여러 섹션(sections)으로 나뉘는데 아랍사람들은 7일 동안 결혼 축하 의식을 하는 것과 부합되며, 유대 전통에도 이와 아주 유사한 풍습이 있다.76) 시리아 결혼에서 신랑이 왕이 되고 신부가 왕비가 되는 것이, 아가서(6:13)에서 신랑이 솔로몬 왕이 되고 신부가 술람미 여인이 되는 것과 똑같다. 아가서 3장 11절의 솔로몬의 면류관은 그가 왕이 되었을 때 쓴 왕

---

73) E. K. Wondra(2006), "Poetry, Theology, Exegesis & hermeneutics, Essays, Religion, Editors, Love," *ATR* 88: 493-98.

74) K. L. Sparks(2008), "The Song of Songs: Wisdom for Young Jewish Women," CBQ 70: 277-278.

75) E. M. Curtis, *Song of Songs*, 39. 재인용, Rowley, "Interpretation," 209-212; Pope, AB, 141-145; F. Delitzsch (1950), *Commentary on the Song of Songs*, tr. by M. G. Easton, Grand Rapids, Michigan: Wm. B. Eerdmans Publishing Co., 162-176.

76) E. M. Curtis, 윗글, 39. 재인용, R. Gordis(1974), *The Song of Songs and Lamentations*, Newyork: KTAV Publishing House, 17.

관이다. 하지만 전체 아가서가 결혼의식을 말한다고 보기는 힘들다. 아가서의 여러 섹션이 결혼식과 무관한 것 같다. 결혼의 아이디어는 다만 아가서 이해에 중요한 기여를 하고 있다.

둘째로, 아가서는 인간 사랑의 교훈을 위해 저술된 것이라는 것이다. 물론 아가서의 기록 목적은 교훈적 가르침에 있다. 인간의 사랑을 축하하는 것을 넘어서 가르침, 교훈적 목적을 가진다. 알레고리적·유형론적 해석자들은 하나님과 그의 백성 사이의 심오한 가르침을 발견한다. 목동 가설을 따르는 사람들은 사회적·윤리적 가르침과 많은 부와 세상 영광을 버리고 평범한 목동을 찾아 나선 여인의 사랑에서 큰 가치를 발견한다. 남녀 사랑 관계에 대한 중요한 교훈을 이 아가서에서 배울 수 있다. 진정한 사랑은 남녀의 사랑을 넘어선 아가페 사랑, 이스라엘에 대한 야웨의 사랑을 가르치고자 하는 의도가 정경과정에서 영적 해석의 교리와 가르침을 통해 전달되었다.

셋째로, 인간 사랑의 축하 찬양이라는 것이다. 아가서의 주요 목적은 하나님의 선물로서 인간의 사랑을 찬양하고 축하하는 것이다. 성 윤리와 도덕에 대한 사회적 가치는 시대마다 다르다. 창세기 2장에 남녀 창조에 있어서 여성은 하나님의 형상으로서, 적절하게 돕는 배필로서 창조되었다. 오늘날 성에 대한 문화적 가치와 태도는 많이 변화되었다.

잠언 30장 18~19절; 잠5~7장; 잠5장 15~20절에서 음녀에 대하여 경고한다. 남자와 그의 아내 사이의 성적 관계를 언급하며 바람직한 부부관계를 말한다. 전도서는 하나님을 두려워하고 사랑하는 아내와 먹고 마시고 인생을 즐기는 것이 적절하다고 말한다(전9:7-9). 구약은 인간의 성은 하나님의 선물로 주어졌다고 말한다. 성적인 완성의 관계가 솔로몬 왕의 결혼식(아3:11)을 언급하는 것으로 대신한다. 아가서 3장 11절 이후에 소녀를 '신부'(아4:8-12;5:1)라고 언급하고 있다.

이 사랑의 표현이 결혼서약을 내포한 것이지만 결혼이 아가서의 초점은 아니다. 두 사람의 연인이 서로 기뻐하고, 서로 둘이 사랑하는, 다른 상대의 아름다움을 칭송하고 서로서로 갈망하는 것이 이 시의 강조점이다. 아가서는 남녀 사이의 결혼, 사랑을 축하한다. 이 책은 창세기 2장 24절에 '한 육체가 되어라'라는 말의 주석과 설명이다. 그래서 그 말을 연구하고 축하한다. 이 시에서 사랑할 능력은 하나님의 아름다운 선물로서 받아들여진다. 그 사랑의 깊이와 열정, 사랑의 힘과 강렬함에 대하여 이 아가서 시에서 축하하고 있다.

이 사랑은 결혼의 완성으로 발전되고 육체적 성적 사랑의 표현은 결혼서약 맥락에서만 적절하다. 성서를 통하여 요구된 성적 사랑이 표현된 것이다. 신앙공동체에서 이 남녀 사이의 성애적 사랑의 표현은 사랑의 신비한 관계로 아름답고 놀라운 하나님의 선물로 이해된다. 하나님께서 자신의 형상으로 만든 인간이, 하나님이 원하시는 결혼이 되도록 이 아가서가 메시지를 주고 있다는 사실, 그리고 그리스도가 교회를 위해 가지신 사랑의 모본을 보여준다. 인간의 사랑을 축하하기 위해 아가서가 쓰였고, 아가서는 하나님이 그의 백성을 위한, 보다 순수하고 고상한 사랑을 가지셨다는 것을 보여 준다.

아가서의 신학을 살피기 위해서는 아가서 전체의 구조를 살피는 것이 중요하다.

아가서 전체가 교차 대구법적 구조(chiastic structure)로 되어 있고,[77] 히브리적 문학구조로 아가서가 기록되었다는 것은, 마지막 편집과정에서 아가서 저자나 편집자의 신학적 정교함이 배가 되었음을 보여주기보다는 7개의 큰 단위로 하나님의 사랑을 대칭적 구조로 보여준다.[78] 기록 목적과 연관하여 해석하지 않고 오늘의 시점에서 윤리적 요청을 도외시하고 시대적 관점에서 해석할 때는 세 인물설이 무난하다.[79] 논리적으로 아가서를 읽기 위해, 공동번역에는 신부와 신랑, 합창단의 노래로 본문을 구분하기도 한다.[80]

영원한 사랑은 두 사람 간의 사랑으로 사랑의 과정을 통해 완전한 사랑에 이를 수 있음을 보여준다. 아가서는 이러한 사랑의 과정을 잘 나타내주며 사랑의 결말에 이르는 것을 잘 표현한다. 따라서 두 인물 저작설을 영적 해석으로 풀어, 인류의 평화의 솔로몬과 그 상대자 술람미 여인의 이야기, 두 사람 신랑과 신부의 사랑이야기로, 하나님과 이스라엘 관계, 교회와 그리스도의 사랑이야기로 아가서를 해석하는 것이 오늘날 독자들과 교회공동체, 아름다운 기독교 가정의 모델을 위해 규범적 해석을 제공한다.

맺는말

노래들 중의 노래(shir hashirm), 최고의 노래 아가서는 하나님의 사랑을 이해할 수 있는 사랑의 정의를 시 형식으로, 사랑의 선집으로, 드라마를 가진 사랑이야기 등으로 보여준다. 두 사

---

77) D. A. Dorsey(1990), "Literary Structuring in The Song of Songs", *JSOT 46*: 81-96. 이 구조를 보면 솔로몬의 이름이 강조되고 있다.

78) D. A. Dorsey, 류근상 역(2003), 『구약의 문학적 구조: 창세기-말라기주석』, 서울: 크리스천 출판사, 314-336.

79) 박신배(2003), "아가서", 『2003년도 구약공과: 예배·말씀·삶』, 서울: 그리스도의 교회, 94-137. 아가서의 구조를 보고 본문을 해석하다 보면 세 인물설로 놓고 해석하면 쉽게 본문을 읽어나갈 수 있다. 그러나 세 인물설 해석은 교회의 기존 이해를 넘어서야 하는 문제와 오해의 여지를 불러 일으켜 성서 해석의 유익이 없어질 수 있다. 그래서 솔로몬과 술람미 여인의 사랑과 신랑과 신부의 사랑이야기로 풀면서 수석하고 이야기를 기술하게 된다.

80) 김호용(1988), 『공동번역』, 서울: 대합성서공회, 1087-1102.

람 저작설이나 세 사람 저작설(목동가설)이 아가서 이해의 논의를 이끌고 있음을 살펴보았다. 오랜 세월 솔로몬과 술람미 여인의 사랑이야기라는 이해에서, 최근에는 이성적이고 지적인 이해로서 세 사람 저작설이 설득력을 얻고 있다. 하지만 두 사람의 사랑이야기라는 결론을 통한 결혼의 과정과 사랑의 완성을 말한다. 남녀 간의 사랑을 통하여 하나님의 사랑의 신비한 관계를 이해할 수 있게 된다. 아가서는 두 연인의 사랑을 통한 교회와 가정의 이야기로 받아들일 수 있었다. 영적으로 아가서를 이해하는 것이 중요한 열쇠인 것을 알아보았다.

아가서는 솔로몬이 처음에 썼고, 후대에 아가서 편집자가 페르시아시대보다 후기에 유월절의 역사적 의미를 새기며, 하나님의 사랑을 유추하게 하기 위해 저술하였다.[81] 알레고리적 해석과 유형론적 해석을 통하여 하나님의 사랑이 남녀의 사랑에서 이해되고 유추될 수 있는 가능성이 있음을 보고 정경으로 채택하였다. 아가서 저작의 신학적 목적은 유월절에 대한 역사적 이해를 위해 인간 사랑의 이해와 축하 이야기를 기록한 것이다.

앞으로 육적 사랑의 결혼 관계에서 영적 사랑의 관계로 심화될 수 있는 본문 이해를 위해 솔로몬과 술람미 여인의 사랑이야기로 계속 해석할 수 있는 여지를 가질 수 있는지 연구할 필요가 있다. 영적 이해를 위한 아가서 연구에 새로운 관점을 제시할 수 있는 연구가 더 필요하다.

---

81) 흑기신길(1978), 『구약성서주해: 시편, 잠언, 전도서, 아가』, 서울: 성서교재간행사, 540. 흑기는 주전 3세기 헬라시대에 아가서가 기록된 것으로 본다.

문학과 문화에
나타난 사랑

문학의 사랑

사랑의 로맨스가 문학 작품 속에 유독 많이 나타나고 있고, 로맨스가 없으면 문학이 성립되지 않는 듯하다. 특히 에로스 사랑이야기가 소설의 주종을 이루고 있는 것을 살펴볼 수 있다. 에로스의 사랑이야기에서 필리아의 사랑으로, 아가페의 사랑으로 진화되어 나타나면 그 사랑의 문학은 숭고하고 지순하게 보일 것이다.

셰익스피어의 4대 비극 『맥베스』는 사랑 때문에 사람을 죽이기까지 하는 극단적인 커플의 사랑이야기이다. 맥베스와 부인은 서로 너무 사랑하기 때문에 던컨 왕을 죽이면 그들이 왕과 왕비가 되어 영원히 행복하게 살 수 있으리라 믿었다. 그 사랑이 비극을 불렀던 것이다.

또 윌리암 셰익스피어의 4대 비극 중 하나인 『오셀로』는 아내를 살해하게 한 자신의 질투가 아내에 대한 사랑에서 나왔다고 한다. 데스데모나를 사랑하는 오셀로는 이아고의 계략으로 결혼 방해공작에 휘말리게 되고, 손수건 사기로 오셀로를 질투의 늪에 빠지게 한다. 결국 아내를 살해하는 파국에 빠지고 아내의 결백이 밝혀지지만 불행한 상태가 되어버리고 이야기는 끝난다.

'오셀로 증후군'이라는 병적 질투는 정신과 치료의 대상이다. 대부분의 경우 환자는 근거 없이 자신의 아내가 성적 배신을 저질렀다는 망상에 시달리고 있는 남편들이다. 그래서 그들은 괴로워하며, 아내에게 다른 사람들을 만나지 못하게 하거나, 어디에 있는지를 항상 알게 하고, 모욕적인 욕설이나 폭력을 퍼붓고 심지어는 살해하기까지 한다. 사랑하면 질투를 하게 마련이다. 질투 없는 사랑은 없을 수 없다. 적당한 질투, 사랑의 질투는 필요하지만 적절함이 필요한 것이다.

'두란테 델리 알리기에'라는 단테는 레오나르도, 미켈란젤로 갈릴레오처럼 성을 빼고 이름만으로 충분히 알려진 몇 안 되는 영광스러운 이탈리아 사람들의 선두에 있다. 단테는 시인으로서 이탈리아어로 『신곡』을 써서 르네상스 시대의 라틴어와 다른 지방의 사투리를 섞어서 '이탈리아어'라는 합성어로 시를 썼던 것이다. 그의 최고 걸작 『신곡』은 중세의 세계관을 실감나게 보여주면서 세계의 문호로 격상시킨 작품을 펼친 것이다. '지옥', '연옥', '천국'의 삼부로 구성된 이 서사시에는 기독교 세계관을 아가페 사랑의 모티브로 그리며 아름다운 이야기를 만든다.

단테는 로마시대의 시인 베르길리우스의 안내를 받아 지옥과 연옥을 두루 살핀다. 천국에서는 구원의 여인 베아트리체가 그를 인도하는데, 자신의 짝사랑이자 영원한 사랑의 대상을 영적 세계에서도 안내자로 선정한 깃은 영원한 아가페의 사랑의 속성을 보여주는 것이다. 신학적이고 서정적인 서사시는 연옥과 천국에 대한 묘사를 하고 있고, 지옥의 모습을 비교할 때는 눈앞에 보이는 듯 가장 생생하게 보여준다. 지옥에도 급수가 있어 구층천의 모티브를 따서 아홉 단계로 나뉘어 묘사한다. 가장 깊은 쪽에는 탐관오리, 사기꾼, 친족과 조국의 배신자들이 지옥 마왕의 앞잡이 노릇을 하는 것으로 묘사하여, 단테의 생각의 편린을 볼 수 있게 한다.

문학작품 중에 러시아 문학이 많은 감동을 주고 영화화되는 것을 볼 수 있다. <닥터 지바고>는 보리스 파스테르타크(1890~1960)의 반자전적 소설로 시적 화자의 작품이다. '눈 덮인 설원에서의 지바고와 라라의 사랑이야기'는 아름답다고 생각한다. 이 작품은 여주인공 라라를 놓고 삼각관계를 이루는 두 인물, 지바고와 파샤는 각기 다른 방식으로 혁명과 관계한다. 지바고는 방관자적 지식인의 비겁한 삶을 끝까지 유지하며, 반대로 파샤는 적극적인 행동가로서 혁명(역사)에 적극 개입하지만, 둘 다 불운한 죽음을 맞는다. 파샤는 자살하고, 지바고는 자신의 유고 시들을 남긴 채 길거리에서 죽음을 맞는 것이다. 작품에서의 불운한 엔딩은 실제 삶의 역사에서도 마찬가지로 비슷한 종말을 맞이한다. 작품 중 사제의 장례식 대사는 문학의 결론이 무엇을 말하고 있는지 시사한다. "대지와 그것을 채우고 있는 것, 우주와 그 위에 살고 있는 모든 것은 주의 것이니라."

문학의 사랑은 유행가 가사의 사랑만큼이나 아름답기도 하고 진부하기도 하다. 문학적 사랑의 패턴과 작가의 삶, 문학 작품이 추구하는 세계는 작가의 삶과 그 특징에서 잘 나타난다. 예를 들어 헤르만 헤세(Hermann Hesse, 1877. 7. 2~1962. 8. 9)의 삶과 작품 세계를 살펴보자. 독일의 소설가이자 시인으로서 단편집, 시집, 우화집 등 여러 종류의 글들을 썼다. 주요 작품으로 『수레바퀴 밑에서』(1906), 『데미안』(1919), 『싯다르타』(1922) 등이 있다. 『유리알유희』로 1946년 노벨문학상을 수상하였다.

그는 스위스 국적을 가졌지만 남독일에서 출생하여, 러시아령 에스틀란트 태생인 아버지 요하네스는 신교(新教)의 목사이고, 모계(母系)도 역시 유서 있는 신학자 가문이었다. 외조부 헤르만 군데르트는 우수한 신학자로, 인도에서 다년간 포교에 종사하였고, 그 인격과 인도학(印度學)과 수천 권의 장서(藏書)는 그에게 큰 영향을 주었다. 어머니 마리는 인도에서 태어나 독일에서 교육을 받고, 인도로 돌아가 그곳에서 영국인 선교사와 결혼하였으나, 그와 사별(死

別)한 후 칼프에서 요하네스와 재혼하여 그를 낳았다. 헤세는 4세부터 9세까지, 한때 스위스의 바젤에서 지낸 것 외에는 대부분 칼프에서 지냈으며, 후년에 이 거리를 '겔바스아우'란 이름으로 묘사하였다. 1890년 라틴어 학교에 입학하고, 이듬해에 어려운 주(州) 시험을 돌파하여 마울브론의 신학교에 들어갔다.

그러나 천성적인 자연아(自然兒)로서, 개성에 눈뜨면서 미래의 시인을 꿈꾼 헤세는, 신학교의 속박된 기숙사 생활을 견디지 못하고 그곳을 탈주, 한때는 자살을 시도하기까지 하였다. 노이로제가 회복된 후 다시 고등학교에 들어갔으나 1년도 못 되어 퇴학하고, 서점의 견습점원이 되었다. 그 후 한동안 아버지의 일을 돕다가 병든 어머니를 안심시키기 위해 칼프의 시계공장에서 3년간 시계 톱니바퀴를 닦으면서 문학수업을 시작하였다. 1895년 가을 튀빙겐의 서점에서 다시 견습점원이 되는 한편, 여가에 낭만주의 문학에 심취, 처녀시집『낭만적인 노래 Romantische Lieder』(1899)와 산문집『자정 이후의 한 시간 Eine Stunde hinter Mitternacht』(1899)을 출판하여 R. M. 릴케에게 인정을 받았다. 헤세는 이로써 시인으로 입신할 기회를 얻게 되었지만, 그의 이름을 유명하게 하고 그에게 확고한 문학적 지위를 얻게 해준 것은 최초의 장편소설『페터카멘친트 Peter Camenzind』(1904)였다.

그는 이 해에 9세 연상의 피아니스트 마리아 베르누이와 결혼하였고, 이어 스위스의 보덴호반(湖畔)의 마을 가이엔호펜으로 이주(移住)한 후 시작(詩作)에 전념하였으며, 1923년 스위스 국적을 취득하였다. 그 후 그가 걸어온 긴 생애에는, 인도 여행으로 동양에 대한 관심이 깊어진 일, 제1차 세계대전 중 독일의 문단과 출판계로부터 지식계급의 극단적인 애국주의에 동조하지 않는다는 비난과 공격을 당한 일, 아버지의 죽음, 아내의 정신병, 그 자신의 신병(身病) 등 가정적 위기를 당하자 정신분석 연구로 이 위기를 타개하고 작풍(作風)이 뚜렷하게 달라진 일, 제2차 세계대전 중 인간성을 말살시키려고 한 나치스의 광신적인 폭정에 저항한 일 등 많은 파란을 겪었지만, 1962년 8월 9일 세상을 떠날 때까지 그는 오로지 자기실현의 길만을 걸었다.

헤세는 신학교에서 신학을 배우고 주의 길을 갈 수 있었지만 문학의 길과 구도자의 삶을 살았다. 많은 인생의 풍파를 겪으며 수많은 방랑의 길에서 헤매는 것을 볼 수 있다. 선교사의 생애를 살다가 사별하여 재혼한 어머니의 교육과 인생관에 많은 영향을 받은 그는 진정한 십자가의 구도의 삶이 무엇인가를 고민하는 기독교 문학가의 삶을 살아가면서 고뇌에 찬 삶을 살았다고 볼 수 있다.

인간이란 사랑의 존재요 사랑의 삶을 살아가는 삶이라고 말할 수 있다. 그래서 우리말은 사람과 삶, 사랑과 4랑을 말하고 있다. 4랑은 이랑과 고랑, 풍랑과 사랑의 언어가 내포하는 의미를 가지고 있다고 볼 수 있다. 사랑의 밭이랑에 고랑을 만들어 물이 잘 빠지고 영양분이 있을 때 사랑은 꽃을 피게 되는 것이며 사랑의 위기가 닥쳐 올 때, 즉 풍랑이 사랑의 환란을 이겨낼 때 진정한 사랑이 이루어질 수 있음을 우리 선조들은 우리말 낱말에서 말해주고 있다.

그래서 사랑도 풋사랑, 첫사랑, 짝사랑이라는 단어로 그 과정의 발전 단계를 말해주고 있다. 어린아이의 풋사랑에서부터 첫사랑이, 혼자서 마음 졸이며 사랑하는 짝사랑의 초보 단계에서 성숙한 사랑으로 발전되어가는 것을 경험할 수 있다. 문학은 이 사실을 사건과 이야기 구성을 통하여 잘 표현해주고 있다.

또한 사랑은 각 지역의 문화와 풍습, 환경에 따라 사랑의 개념과 문화가 판이하게 다른 것을 볼 수 있다. 제주도에 가면 남자들이 빨리 죽는 것을 볼 수 있다. 그래서 여자들의 기가 세고, 해녀들이 물질을 하며 오래 살며 자녀를 양육하는 것을 볼 수 있다. 제주도에서는 여자들이 3~4번 결혼하는 것은 흔히 볼 수 있는 광경이다. 제주도의 거친 바닷바람과 함께 근대 역사 속에서 수많은 역사의 굴곡으로 불가피한 것이었지만 특이한 결혼모습과 가정의 형태를 가지고 있는 것을 볼 수 있다. 러시아도 추운 지방에서 사랑의 형태와 결혼풍속이 우리나라와는 아주 다른 것을 볼 수 있다. 재혼은 극히 자연스럽고 정조개념도 없는 것을 볼 수 있다. 오늘날 한국사회에서도 찾아볼 수 없는 것이 유교식 정조개념이다. 그리고 일부종사의 결혼 제도는 사라지고 있는 것을 볼 수 있다.

이는 성경에서 예수가 간통한 여자를 돌로 쳐 죽이려는 대중을 향하여 죄 없는 사람들이 돌로 치라는 말 속에서 어느 누구도 윤리적으로나 도덕적으로 완전한 성인군자가 없다는 사실을 가르쳐주고 있다. 몰래 한 사랑이 미화된 영화, <메디슨 카운티의 다리>는 또 우리에게 많은 생각을 해주게 한다. 문학이나 영화가 우리의 사고에 어떤 한 부분을, 로맨스의 상황으로 몰아가게 하는 착각을 일으키게 하기도 한다. 그래서 우리는 문화 속 사랑이라는 로맨스의 환상에 빠져 예수가 말하는 심리적·심층적 죄의식까지도 파헤치고 있는 죄책감을 상실하게 하고 몰인식하게 하는 것이다.

어렸을 때 읽었던 <동토>는 기억에 오래 남는 소설이었다. 박경수 장편소설인 동토는 자전적 요소가 짙은 작품이었다. 이 작품으로 가난한 삶 속에서의 입지, 부귀한 자에 대한 철저한 증오, 우수한 빈자의 오만 그리고 그러한 편견과 고정관념에서 오는 철저한 좌절과 실패가 다루어지고 있다. 자전적 요소가 강한 작품일 경우 흔히 상투적인 주인공의 미화나 변호가 두

드러지는 경향과는 달리 이 작품은 주인공의 인격적 결함에 의한 삶의 실패과정을 적나라하게 펼쳐 보여주고 있다. 주인공 강문호는 가난이 주는 불행한 여건과의 싸움에서 그 벽을 뚫고 어느 정도의 성공을 거둔다. 끼니를 굶으면서도 항상 우등생이었고, 고된 급사노릇을 하면서도 초등학교 교사가 되었으며, 부귀한 집안의 딸과 사랑하게 된다. 그러나 '부는 곧 악이다'라고 규정하고 있는 그의 아집으로 인하여 끝내 한 여인을 순수하고 당당하게 사랑하는 데 실패하고 만다.

그는 성장과정을 통해 불행한 생활여건과의 싸움 속에서 형성된 완고한 편견과 고정관념을 초월할 수 없었다. 오히려 문호의 편견과 오만의 밑바닥에는 부귀에 대한 집요한 탐욕과 질투가 증오와 적대감 못지않게 깔려 있었던 것이다. 문호라는 인물은 결국 가난이라는 상황으로 인해 왜곡된 성격을 가짐으로써 조화로운 인격을 갖지 못하고 인간에 대한 진정한 사랑을 실현할 수 없었던 것이다. 이러한 작가의 삶과 문학적 작업 그리고 진정한 사랑을 추구할 수 없는 상처와 인식의 틀은 아가페 사랑의 지난한 과정과 치유과정을 통하여 행복한 사랑에 이를 수 있음을 보여준다.

기형도의 시에 나타난 세계도 우리에게 많은 생각을 해주게 한다. 연평도 출신의 시인, 그는 자신의 시 세계에 천착하며 살아간다. 기이한 사랑의 행적은 그의 시 세계에 영적 굴절로 나타난다. 자신을 문학 세계에 가두고 진정한 사랑의 세계를 찾지 못하는 방랑의 흔적을 읽어낼 수 있을까. 문학의 세계와 영의 문학 세계, 기독교 문학 세계를 구별하고 좁은 천국에 이르는 문학 세계를 갈 수 있을까. 삼포능자(미우라 아야코), 엔도우 슈사크, 니코스 카찬스키, A. J. 크로닌(천국열쇠, 성채)의 문학 세계와 같은 구도의 세계를 가질 수 있을까. 문학과 예술의 다른 초점의 결과가 작가의 삶과 문학과 예술작품에 나타난다. 이해인 수녀의 시는 하나님 사랑, 아가페 사랑을 잘 보여준다. 그의 시에서는 하나님 사랑이 무엇인지 알게 하고, 신비로운 창조주의 세계를 보여준다. 신비주의가 무엇인지 몰라도 신비한 사랑의 세계를 알게 해주는 것이다. 나는 이러한 사랑의 문학, 그 문학을 사랑하며 그 세계를 추구하고 싶은 것이다.

예술의 사랑

음악과 미술의 세계는 흔히 예술의 세계라 말한다. 회화의 세계는 공간의 미가 있고, 음악의 세계에는 시간의 미가 있다. 미학적 세계가 예술의 세계라고 하면 그 아름다움은 어디에서부터 오는 것일까. 하나님이 천지를 창조하고 '보기에 좋았다'라고 탄성을 자아낸 것은 바로 하나님의 창조, 창작이었기 때문이다. 이러한 아름다움의 세계를 어떤 예술가들이 따르고 있는가.

이미 앞에서도 예술의 사랑을 언급하였기에 여기서는 간략하게 다시 한 번 신을 찬양하며 하나님의 주권을 인정한 예술가와 예술세계를 말하고자 한다. 피카소를 자신의 세계를 추구한 천재성 있는 인본주의적 회화 세계라 하면 렘브란트나 미켈란젤로, 레오나르도 다빈치, 밀레 등이 바로 신의 회화의 세계를 멋있게 그려낸 화가라고 할 수 있을 것이다.

음악의 세계도 모차르트와 베토벤처럼 천재적 음악성으로 자신의 고전음악의 아버지가 되었지만 예술성을 가지고 자신의 이름을 내며 세상적 성공과 더불어 권력과 부의 세계에 들어가서 세속화의 길로 들어섰던 바벨탑의 예술 세계를 가지게 된 것이다. 이전의 헨델과 바하가 추구하던 종교 음악의 세계를 넘어서서, 모차르트와 하이든, 에릭 사티는 인본주의적 자유 추구와 신비주의적 성향, 세속적 비밀 귀족 사교회(프리메이슨, 장미십자단, 하나회) 참여 등으로 순수한 예술세계를 갖지 못한 아쉬움이 있었던 것이다. 그로 말미암아 비참한 인생의 최후를 맞이하는 것을 볼 수 있다. 예술가의 세계의 비참한 결말의 모델로 화려한 음의 세계를 추구할 것이냐, 신을 찬양하고 하나님의 주권을 인정하는 음악을 펼칠 것이냐. 이 물음은 예술성을 가진 유발의 후손들이 답해야 하는 과제가 되었다.

음악을 사랑하고 미술을 사랑하는 사람들은 유대교의 우상금지 특성과 초대 그리스도의 교회의 성도들의 아카펠라 사랑을 이해해야 한다. 순수한 예술의 세계에서 음악을 사랑한 사람들, 토스카니니처럼 진정한 음악을 사랑하여 자유의 세계를 선택하여 미국으로 가는 삶은 음악인이 어떠한 삶을 살아야 하는지 생각하게 하는 대목이다. 히브리 노예들의 합창인 오페라 <라부꼬>는 헨델의 메시아보다 듣는 이에게 커다란 감동을 불러일으키는 아름다운 예술성을 보여주는 것이리라.

결국 예술혼을 가진 세계는 가난의 미학이라고 말할 수 있다. 예술혼의 시를 한편 보는 것으로 예술 사랑의 글을 갈음하고자 한다.

예술혼

세파에 지친 혼들이여, 나래를 접고 보금자리로 들라
가난한 마음에 화폭을 펴고 캔버스에 붓을 던져라
심령이 열려서 영혼의 닻을 달고 천상가를 불어라.

세속의 길을 찾지 못해 방랑하는 나그네들이여,
어디, 빵의 길이 있는지 가르쳐다오.
일상의 예술혼은 길가에서 손짓하며 미소짓는구나
순례자를 맞이하는 레위인이여, 너도 가난하다.

세상은 가난한 사람을 찾지 않고 맘몬과 바알에 속하라.
천국인은 곱지 않게 쳐다보는 눈초리에 가슴아파라.

평화를 찾는 기러기는 남쪽을 향하여 날갯짓을 하고
안식을 구하는 비둘기는 천상을 바라보며 비상을 멈춘다.

시인과 화가여, 음악가와 농민이 함께 하니 즐겁구나.
예술가여, 글을 짓고 그림을 펼치고 노래를 부르자구나.
인간 창조의 세계가 열리고 생명 알 낳아 움트게 하라.

시간은 소리하는 자의 것이라 말하여라.
현실은 그림을 그리는 자의 것이어라.
이상은 글을 짓는 자의 것이라 외치라.

예술을 사랑하는 자들은 진실을 좇는다.
미학을 고집하는 한 이곳에서 떠도는 자이어라.
멋은 춤을 추게 하며 아름다운 피안을 향하여 오른다.

오늘이 그대를 슬프게 해도 낙담하지 말아라.
예술은 아파할수록 사무치도록 더 깊이 열리니
저 멀리 끝자락에서 얼의 몸짓 듣고 꿈이 움트려
그대여, 이제 맘을 모아 땅에서 우리 노래하라.

종교의 사랑

　종교적 사랑은 신에 대한 열정, 신비주의적 경향의 일체성을 말한다. 신과 인간이 하나가 되는 상태, 열광적 엑스타시나 황홀경의 신비적 상태를 이르기도 하지만 인간이 신을 향한 기도, 교제를 의미하기도 한다. 그래서 종교에서는 명상과 기도로 신과 합일하는 상태를 추구한다.

기독교 신앙에서는 기도와 말씀을 사랑하는 것을 강조한다. 항상 기도하라, 하나님 말씀인 성경 말씀에 주목하고 순종하며 살라고 한다. 시편은 하나님과 하나 되어 찬양하는 삶이 무엇인지 보여준다. 시편의 시 사랑에서는 시편 기자의 인품과 경건, 하나님을 경외하는 모습을 살필 수 있다. 하나님과 친밀하라고 하고, 하나님을 경외하는 자들이 신인합일하게 된다고 말한다. 하나님의 언약을, 하나님을 사랑하고 경외하는 사람들에게 보이리라고 강조한다(시 25:14). 더욱이 경건한 신앙인이 되기 위해선 경건서적을 사랑하고 깊이 묵상하는 가운데 깊은 영성에 이르게 된다.

종교에서 사랑의 의미가 무엇인가. 인도의 『우파니샤드』 경전에 따르면, 고대 인도의 성서인 이 책 이름인 우파니샤드라는 뜻은 '곁에, 내 곁에 존재한다, 내 곁에 함께 존재한다'는 뜻이다. 사랑이라는 것은 바로 마주 바라보는 대결, 상대적인 게 아니라 너와 내가 아니라, 곁에 존재한다는 것이다. 너와 내가 아니라 우리이다. 우파니샤드 철학은 바로 이런 사랑의 철학이다.

종교마다 사랑의 의미가 다르다. 유교에서는 인(仁), 불교에서는 자비(慈悲), 기독교에서는 박애(博愛)가 사랑의 의미이다. 불교의 보살은 중생의 현실, 그들의 고통과 함께 있고, 그 고통을 건져주고 달래는 사람을 말한다. 높은 도도 중요하고, 부처가 되는 일이 가장 큰 문제이나 그와 함께 모든 중생의 현실에서 괴로움을 조금이라도 없애주는 보살의 행위야말로 불교의 가장 큰 일이다. 관음보살, 문수보살, 대세지 보살 지장 등은 고통받는 사람이나 산 것들을 건져내고 달래고 언제나 함께 있는 자들이다.

사랑이란 이처럼 어려운 중생들과 동고동락하는 것이라는 의미를 가지고 있는 것을 엿볼 수 있다. 우리 인간의 무의식, 잠재의식의 세계를 연구한 프로이드와 융은 심리학적 사랑의 개념을 말하나, 프로이드는 인간이란 본성상 원시적인 욕망의 존재이므로 사랑을 배워야 한다고 주장한다. 또 그는 '인간되기'의 과정에 오이디푸스 콤플렉스의 극복이 필요하다고 하였다. 유년기 어머니에게 느끼는 남자아이의 애착과 아버지에게 느끼는 여자아이의 애착을 극복하는 것이다. 성적인 소망을 성이 다른 부모와 동일시하여 전이시킬 때는 심각한 위기상황이 발생한다. 이를 극복하며 완전히 독립할 수 있는 기회를 얻지만, 그렇지 못한 경우 아들은 어머니의 대체물, 딸은 아버지의 대체물을 찾는다. 그러면 사랑의 능력 또한 제한받게 된다.

프로이드의 『모세와 유일신』도 이러한 심리학적 차원에서 신적 사랑의 오이디푸스 콤플렉스를 찾는 과정으로 보며 이스라엘 하나님을 분석하고 있다. 아가서의 사랑도 유대적 개념으로 육체적 개념의 사랑으로 물리적으로 이해된 사랑이 개념으로 신적인 영적 사랑의 개념으로 확대하고 있다. 성경의 사랑은 실제로 온 인류의 사랑, 선교의 사랑에서 꽃을 피게 된다. 선교지를 품고 선교하는 사람은 온 인류 한 가족이라는 우주적 사랑으로 기독교 가족관계를 형성한다. 인도 나갈랜드의 리케두라는 친구를 보면 아버지가 둘, 어머니가 둘이라는 기이한 형태의 가족사를 볼 수 있다. 그는 태어나자 아버지가 돌아가신 것이다. 어머니가 생활하기 위해 새 시집을 가서 새 아버지를 만났지만 어머니가 돌아가신 것이다. 그래서 다시 새 어머니를 맞이하여 가정생활을 하여 여러 가족을 가진 것이다. 우리의 눈으로 볼 때 불행한 가족 형성사라는 차원을 가지지만 주를 영접하여 그리스도 예수의 사랑이라는 차원에서 아가페 사랑으로 그 가족사의 한계와 한을 극복하며 주어진 현실을 꿋꿋이 살아가는 모습을 볼 수 있다.

인류를 사랑하는 것, 이것이 바로 기독교의 사랑, 종교의 사랑의 극치가 아니고 무엇이겠는가. 인구밀도가 높은 나라가 방글라데시라고 한다. 행복지수가 가장 높은 나라, 가장 가난한 나라, 그런데도 왜 행복하다고 하는가. 바랄 것이 너무도 없기 때문에 상대적으로 조그만 것에 감사를 느끼고 살아가는 것이 아닌가. 회교 나라나 아프리카 나라의 민중들은 절대빈곤, 구조적 악순환의 굴레 속에 너무도 불행하게 살아가고 있다. 이 불행한 인생들을 구원할 수 있는 사랑의 사도가 누구인가. 그가 아가페 사랑을 가진 선교사일 것이다. 작은 예수, 슈바이처, 이태석, 테레사, 데미안 등이다.

인간은 사랑의 존재이다. 사랑할 수밖에 없는 존재, 사랑하지 않으면 살 수 없는 존재가 인간이다. 사람은 사랑할 때만이 존재의 의미를 느끼고 숨 쉬고 살아갈 수 있다. 사랑하는 연습을 하지 못하고 훈련을 하지 못해서 사랑한다고 말하지 못하고 살아가는 것이다.

잘못된 사랑을 하는 사람들도 대의(大義)적 사랑을 하지 못하고 파멸의 존재가 된 것이다. 인류에게 욕을 먹었던 히틀러도 사랑하였던 것이다. 그래서 그 연인과 함께 불행한 최후를 맞이하지 않았는가. 대도 신창원도 여자들과 사랑행각을 벌이며 도망 다니지 않았는가. 그들은 비극 속에 산다는 것이 사랑에 있었음을 알 수 있다. 인간은 그래서 사랑으로만 존재할 수 있다는 사실을 알게 된다. 그래서 종교는 진정한 사랑, 참된 사랑, 영적 사랑을 말하고 있다. 인간을 자유롭게 하고 해탈하게 하는 사랑이 바로 이 아가페 사랑(아하브 사랑)이라고 말할 수 있다.

플라톤이 주장했던 플라토닉 러브는 종교적 사랑의 전 단계라고 말할 수 있다.

"자신에 대한 그런 관심이 사랑으로 표현된 형태가 바로 플라토닉 러브이다. 하지만 일반적인 생각과는 달리 플라톤은 육체적 사랑을 거부하지 않았다. 오늘날 플라토닉 러브는 육체적인 금욕을 통해 사랑의 수준을 높이는 '승화된 사랑', '정신적 사랑으로 이해된다. 고대인들도 그런 식의 우회된 성욕을 잘 알고 있었다. 하지만 플라톤조차도 자신의 사랑 철학이 공중누각이 되는 것을 원치 않았다. 그는 피와 살로 만들어진 사랑을 가슴에 담은 현실주의자였다. 플라토닉 러브의 원래 의미는 추상이 아니다. 육체적 만족과 정신적 만족의 힘 자랑이다. 최고의 만족은 육체와 정신이 부합될 때, 그 둘이 균형을 이룰 때 가능하기 때문이다.”(볼프강 리트, 『사랑: 그 딜레마의 역사』)

이 세상에는 너무나 많은 잘못된 사랑, 동성애, 성 변태자들이 존재한다. 오늘날 커밍아웃이라고 하고 동성애를 하나의 유행처럼 현대인과 문명인의 대명사로 선전하는 경향이 있기도 하다. 그래서 이러한 현상이 팽배한 현실이 되고 있는 사회모습이다. 과거에는 이런 현상을 말도 꺼내지 못한 시대에서 성전환 연예인이 방송에 나와서 떳떳이 활동하는 모습을 자연스럽게 여기는 시대가 된 것이다. 이런 때에 영적 사랑과 종교의 사랑이 갖는 참된 의미가 무엇인지 알리는 것이 필요한 시대가 되었다. 정신적 사랑보다도 더한 참된 영적 사랑이 중요함을 교화하고 알리는 작업이 이루어져야 하리라 본다.

문화, 철학의 사랑

철학이라는 말은 영어로 필라소피(Philasophy)이다. 이 말은 헬라어로 필라(좋다, 사랑하다)라는 말과 소피아(지혜)라는 말이 결합된 말이다. 지혜를 사랑하는 것, 생각하는 것을 좋아하는 것이 바로 철학이라는 말이다. 그래서 철학은 생각 사랑, 지혜 사랑이라고 말할 수 있다. 철학자들은 에로스와 로고스(아리스토 텔레스), 플라토닉 러브(플라톤)를 생각하였고, 신적인 사랑(아가페, 엑크하르트)에 대한 생각들을 하게 되었다. 이성과 영혼에 대한 생각에서 신존재 증명을 하려고 했던 안셀름, 세례 받은 이성의 차원에서 사유한 토마스 아퀴나스, 죄와 신학적 사유를 이끈 아우구스티누스는 중세 철학을 신과 영혼의 사랑에서 철학적 사유를 전제하였다. 결국 신적 사랑에 이르는 철학을 한 철학자와 인간 중심의 인본주의적 철학자로 대별할 수 있을 것이다.

신비체험과 순수직관을 주장한 니콜라우스와 고행의 이성을 주장하며 신앙에 기울어진 고유한 철학적 과제를 가진 파스칼, 유대교로부터 파문을 받은 영원한 신을 추구한 스피노자, 경건성을 통한 사유의 엄밀성을 추구한 칸트, 자유를 위한 반란 신의 자유를 말한 피히테, 절대자를 향한 열망 쉘링, 절대자를 추구한 철학적 신학을 한 헤겔, 독신의 모나드(근원적인 통일체) 이론 창시자 라이프니츠, 신의 밀사 키르케고르는 레기나의 사랑을 실험을 통하여 절대자의 사랑을 연구한 철학자 등이다. 반면 인본주의적 무신론적 철학자들은 다음과 같다. 창조주 자체를 거부하였던 회의주의자 데카르트, 교회와의 싸움으로 일관한 볼테르, 다섯 자녀를 고아원에 보낸 불행한 감성적 사상가 루소, 회의주의에 난파된 흄, 사악한 통찰력의 염세주의자 쇼펜하우어, 신의 창조자로서의 인간 포이에르바하의 무신론, 현실에 대한 혁명 이론가이자 공산주의 창시자 마르크스, 허무주의의 권능과 무능의 니체 등으로 나눌 수 있다. 그 외 칼 야스퍼스와 비트겐슈타인, 하이데거, 러셀 등이 있다.

러브 스토리 영화 등이 많이 나와서 인간은 사랑하면서 사는 존재이기에 사랑의 영화에 감동하고 사랑하며 사랑하는 존재임을 알게 된다. <룸메이트>, <블랙 스완>, <존경하는 어머니> 등 최근 영화가 계속 관심을 끄는 이유도 이와 같다. 우리는 예술의 사랑, 종교의 사랑을 통하여 진정한 사랑이 무엇인지 생각해보았다. 윤리적 가치의 개념에서 사랑이 갖고 있는 개념은 단순 일개념이 아니라 복합 다차원적 개념이라는 사실을 알게 되었다. 자기애에서 시작한 사랑은 성과 사랑, 사랑의 심리학 등으로 확대되었고, 예술혼을 가지고 살아가는 주위의 사람들을 통하여 진정한 사랑이 무엇인지 평화가 무엇인지 일상에서 고민할 수 있었다. 평화를 실천하며, 평화를 사랑하는 사람들이 있음을 보고 안도의 한숨을 내쉴 수 있는 것은 일상의 여유일 것이다.

주일마다, 수요일마다, 금요일마다 저술을 위한 사랑 연구를 위해 만나는, 성서의 사랑본문과 사랑에 관한 책들을 보면서 그동안 즐거웠다. 이 저술 작업을 하는 동안에 많은 사랑의 생각을 해서 행복하였다. 이 글을 쓰면서 십자가 사랑을 생각할 수 있었다. 안식일은 문학, 철학, 역사, 문화예술, 일상시사의 읽을거리를 통하여 사랑의 초점을 가진 아가페 사랑의 단계를 더듬을 수 있었다. 처음에 큐피드 그리스 신화를 언급하지 않으면 안 되는 서양 문화와 오늘의 세속 문화의 문제들, 그래서 아가페+로고스, 아니 아하브+로고스, 아하브로지(아가페로지)를 말하지 않으면 안 되는 상황에 이르게 된 것을 보게 되었다. 누구의 컴퓨터 댓글이 눈에 띄어서 가져온 글귀다. 가볍게 생각해보자.

“사랑의 전쟁을 위해 우리가 준비해야 할 무기들-아가페 사랑
사랑의 또 다른 이름-질투, 적당한 시샘, 24시간 배우자 감시하기(사랑의 눈으로 관심 갖기)
우리가 사랑을 하는 이유-사랑도 배운 사람이 할 수 있다(프롬의 사랑의 기술), 계속 배워 나가야 한다. 인생의 사랑의 학교에서.
사랑의 심리학-내게 진심을 말해봐!

'사랑학'에 대하여

저자에게, 나(표중실)는 '사랑학'에 대하여 저자와 좀 다른 생각을 갖고 있다. 저자가 말하는 '사랑학'(Ahavelogy)이란 사랑(Agape, Ahave)에 대한 학적學的(Logos)접근을 말하는 것이 아닌가? 그렇다면 '학적學的'(Logos)이란 무엇을 의미하며 어떤 의도를 갖고 있느냐고 묻고 싶다. 성경은 분명히 사랑(Agape)을 말하고 있다. 그러나 '사랑학'을 말하고 있지는 않다. 이러한 사실은 '헤브라이즘'과 '헬레니즘'의 차이라고 말할 수 있다. 그 이유는 무엇일까?

나는 성경의 사실을 '학화學化'하는 것에 대하여 반대하는 사람이다. 왜냐하면 서양의 모든 학적사고學的思考는 사람과 사물을 '대상화對象化'하여 치밀하게 분석하는 '과학적科學的' 작업이기 때문이다. 주관과 대상 사이에 일정한 '거리'가 있다. 도무지 좁혀지지 않는다. 사실 사랑학이란 '사랑에 대하여'라는 말과 같다. 이 '대하여'라는 것이 문제다. 모든 강의와 설교가 그렇지는 않지만 그 구조를 생각해보면, 강사와 청중 모두가 일정한 거리를 두고 마주 '대'하고 있으며 강사의 주장과 논리를 지루하리만치 듣기만 해야 하는 것이다. 이를 두고 우리는 '주입식 교육'이라 해온 것이다. 가르치는 주관이 이쪽에 있으면, 배우는 객관은 저쪽에 있다. 주관의 말을 듣지 않으면 객관은 곤란한 입장에 처하게 된다. 아무리 Agape를 강조한다고 해도 사정은 마찬가지일 것이다. 그 거리에는 인격적 상호성이 없다. 냉철한 이성의 칼날만이 번뜩인다. 모든 것을 해부해 놓는다. 서양에서는 일찍이 그 학적한계를 인식하여, 특별히 '대화'를 강조하고, '의사소통'을 중요시하는 문화와 교육을 실시하고 있다고 들었다. 서로 거리의식을 버리고 사랑으로 하나가 되기 위함인 듯하다. 그렇게 하나님과 사람과 자연을 서로 같이 호흡하려는 것이다.

우리는 Logos를 '학적學的으로' 사용하지 말고 성경의 '말씀' 그대로 두었으면 한다. 성경에서 주관은 오직 하나님, 예수 그리스도, 성령이시다. 세계와 역사와 모든 문화의 주인 되심을 뜻한다. 저자의 글이 그러한 노정에 있기를 바란다.

사랑학, 드디어 종착역에 다다랐다. 한 겨우내 사랑의 몸살을 앓았다고 해야 할 듯하다. 글이라는 속성은 무엇인가 몰두하게 하고 끝을 맺게 하는가 보다. 사랑에 대한 생각들을 좇아가는 일, 사랑에 대한 책을 찾아 떠나는 여행, 성서에서 말하는 사랑을 연구하려고 시작한 작업이 커졌다. 아가페 사랑은 무엇일까 묻는 작업이 아가페로지, 사랑학까지 나가게 되었고, 다음의 사랑학 관심자들에게 새로운 개척 분야가 되어 전문적으로 사랑학을 연구하는 세상이 펼쳐지기를 바라는 심정이다. 점점 사랑이 없어지는 세상에서 인간을 사랑하고, 자연을 사랑하고, 하나님을 사랑하는 일이 많아지면 어떨까.

이 책에서는 이 글을 쓰게 된 배경에 대하여 프롤로그에서 말하고, 아하브로지(Ahavelogy)라는 용어를 만들어 신조어(新造語) 생성의 필요를 언급한다. 하나님 사랑의 차원까지 확대된 사랑학을 말한다. 이는 기독교 사랑학이라고 말할 수 있고, 창조의 법칙을 따르는 온전한 사랑을 찾으려는 작업이라고 말할 수 있다. 사랑학 서설(序說)에서는 사랑에 관한 책을 찾아 '연구사'라는 제목을 달고 서평을 한다. 사랑학의 고전적인 책인 에릭 프롬의 『사랑의 기술』을 중심으로 대화식으로 이야기를 전개했다. 사랑은 학습이 필요하며 배워야 하는 독특한 사랑의 예술, 기술이라는 사실을 보여준다. 사랑의 심리학은 인간의 사랑의 감정에서부터 사랑의 삼각형 이론에까지 심도 있는 사랑의 이론을 살피게 한다.

사랑학에 대한 짧은 생각들을 모아 단상(斷想)이라는 제목으로 사랑학으로 가는 여행을 한다. 그 글은 지식과 사랑, 이태석의 사랑, 태초의 아가페 사랑, 신학 지원자의 사랑, 일상 속의 사랑, 영적 사랑, 갈비뼈, 사랑학을 위한 생각, 잠꼬대 같은 사랑의 단상, 사랑학 박사, 십자가 사랑, 학위수여자, 사랑이란 단어가 없는 그곳, 성공학의 사랑 등이다. 또한 설교체로 아가페 사랑의 글을 소개한다. 사랑하며 삽시다, 십자가와 사랑, 서로 사랑, 하나님의 선물, 사랑, 온전한 사랑, 사랑과 침묵, 이가페와 필레오 등. 몇 편 안 되는 사랑의 설교문이지만 아가페 사랑의 차원을 생각하게 하는 글이다.

결국 이 책의 아가페 사랑은 성서적 사랑, 하나님의 사랑임을 말하고 있다. 그래서 성서의 사랑에서 여러 편의 사랑을 소개한다. 구약의 사랑, 아브라함의 사랑, 이삭의 아내, 사랑의 조언, 야곱의 사랑, 요셉의 사랑, 모세의 사랑, 여호수아와 라합의 만남, 삼손의 사랑, 룻의 사랑, 한나의 사랑, 요나단의 우정, 다윗과 아비가일, 다윗과 밧세바, 솔로몬의 사랑, 에스더의 사랑, 시편의 사랑 1~5편, 한결같은 사랑, 평화와 사랑, 시온과 사랑, 공평과 사랑, 영광의 시편 등, 잠언의 사랑, 전도서의 사랑, 아가서의 사랑, 이사야서의 사랑, 예레미야서의 사랑, 예레미야 애가의 사랑, 에스겔의 사랑, 다니엘의 사랑, 소선지서의 사랑 1, 2, 신약의 사랑, 마태의 사랑, 복음서의 사랑, 바울서신의 사랑, 비바울서신의 사랑, 성서의 사랑을 맺으며 등. 여러 글로 성서의 사랑을 찾는 대장정(大長征)을 하게 된다. 성서의 아가페 사랑은 정의와 자비가 정확히 평형을 이루고 공의가 사랑의 모습으로, 사랑이 공의의 모습으로 나타나는 것이 신비롭게 조화를 이룬 것이라 볼 수 있다.

그리고 구약의 사랑책인 아가서를 아름다운 노래, 사랑하는 연인의 대화, 사랑의 병과 고난, 사랑의 갈망과 결혼, 어여쁜 연인과 사랑의 동산, 여자의 사랑, 고백과 시련, 사랑의 회복과 술람미 여자, 사랑의 성취와 결합, 사랑은 죽음보다 강하고, 사랑의 부름 등을 다루고, 학문적으로 아가서의 기록과 목적 신학을 문학적 형태와 저작설, 아가서 해석의 문제, 아가서 기록 목적과 신학 등으로 나누어 다룬다. 아가서가 오늘의 상황에서 어떻게 읽혀야 바르게 독서하는 것임을 말하고자 한다.

끝으로 문학과 문화에 나타난 사랑으로서 문학의 사랑, 예술의 사랑, 종교의 사랑, 문화 철학의 사랑으로 대별하여 이 세상 사랑에 대한 이해와 세속적 사랑의 차원이 어떻게 표현되고 있는지 살피고 아가페 사랑의 차원을 향한 작업이 필요함을 역설하고자 한다.

이제 사랑학 여행의 돛을 접을 때가 되었다. 사랑은 현재형이고 늘 자신 안에서 사랑의 씨앗을 담고 사랑의 밭으로 향해야 하고, 사랑의 농장에서 열매를 거두는 작업을 해야 한다. 나의 거룩하고 지극한 사랑을 받을 큐피드 화살의 과녁이 필요하다. 이는 아가페 사랑의 놀라운 차원이 형성되어야 한다. 사랑은 행동이며 행위의 차원에서 논의되어야 할 문제이다. 평화의 차원에서 사랑을 통한 첫 단추가 끼워져야 인간사회의 평화가 이루어진다. 역사(歷史)는 진정한 사랑의 역사(役事)에 참다운 구속 역사(歷史)를 이루고 있다는 사실을 시인하는 순간, 사랑의 큰 차원으로 나갈 수 있다. 이제부터 비로소 사랑의 의미를 알 수 있을 듯하다.

이 책을 읽는 모든 사람들과 사랑의 역사를 같이 만들어가고 싶은 마음이다. 그래서 새로운 에덴동산에서 사랑하며 마가의 다락방에서 성령의 강림을 같이 받고 싶은 마음이 있는 것이다. 평화의 나라로 들어서기를 바라며 이 사랑의 나라는 물댄 동산에서 유토피아 세계를 만들고자 하는 마음이 든다. 이제 새 아담과 새 하와로 다가오기를 바란다. 샬롬.

참고문헌

1. 최복현 편저, 『사랑이란 말의 마지막 의미』, 글읽는세상, 2002.
2. 김대규, 『사랑의 팡세』, 한겨레, 1990.
3. 권일송, 『생(生), 왜 사랑이어야 하는가』, 을지출판사, 1979.
4. 김우종, 『사랑과 고독을 위한 연습』, 도서출판 금박, 1980.
5. 고은, 『사랑을 위하여』, 전예원, 1980.
6. 스코트 스펜서, 안정효 역, 『끝없는 사랑』, 태멘, 1981.
7. 서정범, 『사랑과 죽음의 마술사』, 범조사, 1982.
8. 정공채, 『전혜린 평전: 아! 전혜린』, 문학예술사, 1982.
9. 안병욱, 『지상에서 가장 아름다운 것』, 갑인출판사, 1983.
10. R. L. 스트라우스, 곽선희 역, 『참사랑의 이야기』, 성서에 나타난 부부의 사랑, 양서각, 1985.
11. 고은 전집 1, 『지상의 너와 나』, 동광출판사, 1985.
12. 김형석, 『영원과 사랑의 대화』, 청아출판사, 1991.
13. 익냐스 렙, 이유리 엮음, 『사랑의 심리학』, 박우사, 1992.
14. 알랜 로이 맥기니스, 지상우 한정혜 공역, 『사랑과 우정의 비결』, 크리스천 다이제스트, 1994.
15. 이나미, 『에로스, 타나토스』, 평단문화사, 1995.
16. 이문구, "가난한 사랑 노래", 『신경림 문학의 세계』, 창작과 비평사, 1995.
17. 이수호, 『사랑의 교육, 희망의 교육』, 내일을 여는 책, 1995.
18. 스티븐 미첼, 구자명 역, 『애초에 예수는 사랑만 말씀하셨다』, 둥지, 1995.
19. 투르게네프, 안정범 역, 『첫사랑』, 소담출판사, 1997.
20. 페터 라우스터, 홍명희 역, 『사랑하기 전에, 사랑한 후에』, 룩스, 2001.
21. 스티븐 카터, 나선숙 역, 『사랑을 움직이는 9가지 사소한 습관』, 베텔스만, 2002.
22. 윤선아, 『나에게는 55cm 사랑이 있다』, 좋은생각, 2005.
23. 김용규 저, 『철학카페에서 문학읽기』, 지식하우스, 2006.
24. 신현운 엮음, 장윤숙 점토공에, 『당신을 사랑합니다』, 연인M&B, 2006.
25. 이병욱, 『그중에 제일은 사랑이라』, 이병욱 박사의 암 환자를 위한 가족치료, 중앙M&B, 2007.
26. 박창석, 『만화가 사랑한 미술』, 미술과 만화의 유쾌한 만남, 아트북스, 2008.
27. 이윤기, 『그리스 로마 신화 2』, 사랑의 테마로 읽는 신화의 12가지 열쇠, 웅진지식하우스, 2010.
28. 김애리, 『책에 미친 청춘』, 천 권의 책에 인생을 묻다, 미다스북스, 2010.
29. 리처드 칼슨 · 크리스틴 칼슨 저, 이창식 역, 『사랑은 사소한 일에도 상처를 입는다』, 창해, 2000.
30. 김원호, 『하나님이 창안하신 부부질서: 부부가 사랑하며 사는 길』, 큰믿음, 2008.
31. 마이클 하퍼, 안정혜 역, 『사랑-아가페 대 에로스』, 신앙계, 1989.
32. 노우호, 『신학은 사랑학이다』, 에스라하우스, 2007.

박신배

그리스도대학교 교수

『환원신학과 구약성서』
『구약의 개혁신학』
『평화학』

사랑학

아하브로지 Ahavelogy

초판인쇄 | 2012년 3월 2일
초판발행 | 2012년 3월 2일

지 은 이 | 박신배
펴 낸 이 | 채종준
펴 낸 곳 | 한국학술정보㈜
주   소 | 경기도 파주시 문발동 파주출판문화정보산업단지 513-5
전   화 | 031) 908-3181(대표)
팩   스 | 031) 908-3189
홈페이지 | http://ebook.kstudy.com
E-mail | 출판사업부 publish@kstudy.com
등   록 | 제일산-115호(2000. 6. 19)

ISBN   978-89-268-3182-3 93230 (Paper Book)
        978-89-268-3183-0 98230 (e-Book)